Florian Bruns
Krankseins im Sozialismus

KOMMUNISMUS UND GESELLSCHAFT

Reihe des Leibniz-Zentrums
für Zeithistorische Forschung Potsdam
Herausgegeben von Juliane Fürst,
Jens Gieseke und Martin Sabrow

BAND 12

Leibniz-Zentrum für
Zeithistorische
Forschung Potsdam

FLORIAN BRUNS

Kranksein im Sozialismus

Das DDR-Gesundheitswesen aus Patientensicht 1971–1989

Ch.Links VERLAG

Gedruckt mit Unterstützung der Bundesstiftung zur Aufarbeitung der SED-Diktatur

BUNDESSTIFTUNG
AUFARBEITUNG

Die deutsche Nationalbibliothek verzeichnet diese Publikation in der Deutschen Nationalbibliographie; detaillierte bibliographische Daten sind im Internet über www.dnb.de abrufbar.

Ch. Links Verlag ist eine Marke der Aufbau Verlage GmbH & Co. KG

www.christoph-links-verlag.de
Prinzenstraße 85, 10969 Berlin
Umschlaggestaltung: zero-media.net, München, unter Verwendung eines Fotos von Hubert Link/ADN-ZB (Bundesarchiv, Bild 183-N0110-407): Einweihung eines Krankenhauskomplexes in Schwedt, 20.12.1973, Herbert Warnke (vorn, 3. v. r.), Gesundheitsminister Ludwig Mecklinger (2. v. r.)
Lektorat: Margret Kowalke-Paz, Berlin
Satz: Britta Dieterle, Berlin
Druck und Bindung: Druckerei F. Pustet, Regensburg
Gedruckt auf säurefreiem, chlorfrei gebleichtem Papier

ISBN 978-3-96289-167-1

Inhalt

I. Eingaben – Schnittpunkt von Medizin und Politik

1. Ein Hilferuf an Honecker

Wer an einer Herzkrankheit leidet, weiß in der Regel auch ohne spezielle medizinische Kenntnisse, dass ein lebenswichtiges Organ geschädigt und damit die eigene Existenz bedroht ist. Der 52-jährige Werner K.[1] kannte diese Angst. Ärzte[2] hatten bei ihm eine Herzmuskelerkrankung mit verminderter Auswurfleistung des Herzens diagnostiziert, die letztlich zu seiner Frühberentung führte. Als im Mai 1982 in seinem Wohnort Pirna das ihm verordnete Herzmedikament plötzlich nicht mehr erhältlich ist, sieht er sein Leben in Gefahr. Werner K. schreibt daraufhin an den Staats- und Parteichef der DDR, Erich Honecker, und schildert ihm seine Lebenssituation und jetzige Notlage:

> »Sehr geehrter Genosse Erich Honecker! Ich wende mich heute als Parteiloser an Sie mit der Bitte um Auskunft über ein gesichertes Leben in der DDR. Nach Ihren Aussagen und Berichten in Presse, Rundfunk und Fernsehen ist unsere Republik ein Staat mit hoher sozialer Sicherheit sowie medizinischer Betreuung und ohne Klassenunterschiede. Mein Anliegen an Sie ist folgendes: Im Jahr 1979, im Alter von 49 Jahren, wurde ich durch eine Herzkrankheit (Herzerweiterung) Frührentner und konnte somit meine bisherige Tätigkeit als Maschinenschlosser und Monteur nicht mehr ausführen […]. Seit Anfang des Monats April ist nun die Tatsache eingetreten,

1 Aus Gründen des Schutzes von Persönlichkeitsrechten werden hier und im Folgenden Patienten nicht mit ihrem wirklichen Namen genannt. Um den Lesefluss nicht durch Auslassungen zu stören, werden fiktive Vor- und Nachnamen benutzt, wobei der Nachname auf einen Buchstaben verkürzt erscheint. Nicht pseudonymisiert wurden die Namen von Funktionären der SED oder hochrangigen Ärzten, die bereits in der wissenschaftlichen Sekundärliteratur Erwähnung fanden. Rechtschreibfehler in den Originaltexten wurden nur dort korrigiert, wo Lesbarkeit und Verständnis dies erforderten. Durchgehend an die reformierte Rechtschreibung angepasst wurde allerdings die Schreibung von Doppel-s nach kurzen Vokalen.

2 Das generische Maskulinum wird als biologisch neutral betrachtet und schließt somit Personen aller Geschlechter ein.

> dass eine medizinische Betreuung in Form von Medikamenten in Pirna nicht mehr gewährleistet ist. Von den Ärzten wurde mir das Medikament Pentalong-Longo, Hersteller: VEB ISIS-Chemie Zwickau, mit 4 Stück pro Tag verordnet. Dieses Medikament ist für mich lebenswichtig [...]. Ich werde nun seit dieser Zeit, trotz Rezept meines Arztes, vertröstet, was für mich persönlich bedeutet, dass sich mein Gesundheitszustand täglich verschlechtert und damit gefährdet ist.«[3]

Werner K. beschließt seinen Brief an den politischen Führer der DDR mit der Bitte, ihm das benötigte Präparat möglichst schnell wieder zur Verfügung zu stellen. Seinen Wunsch nach unmittelbarer Problemlösung verbindet er jedoch mit einer ins Grundsätzliche gehenden Bemerkung, die exemplarisch zeigt, dass Eingaben stets auch als politische Texte zu lesen sind. Es könne doch nicht sein, so merkt Werner K. an,

> »dass es irgendjemand in die Hand gelegt ist, darüber zu entscheiden, wie lange ein Mensch zu leben hat, ganz gleich ob es sich dabei um einen Arbeiter, Bauern, Handwerker oder Intelligenz handelt. Da ich keinerlei Verwandtschaft in einem westlichen Land habe, ist auch auf diesem Wege das Medikament für mich nicht erreichbar.«

Das Schreiben des Werner K. ist eines von 1077, die den Generalsekretär der Sozialistischen Einheitspartei Deutschlands (SED) allein im Mai 1982 erreichten.[4] Der Brief, ausgewählt aus einer Vielzahl von ähnlichen Eingaben, die in Archiven das Ende der DDR überdauert haben, führt uns in das zentrale Thema der vorliegenden Untersuchung: die noch weitgehend unbekannte Welt des Patienten in der DDR. Texte wie dieser liefern uns Einblicke in das Leben und das Patientsein im real existierenden Sozialismus. Um diesen bisher kaum erforschten Bereich der Medizingeschichte wird es im Folgenden gehen. Wie erlebten Kranke die medizinische Versorgung im Gesundheitswesen der DDR? Welche Erfahrungen machten sie oder ihre Angehörigen und über welche Möglichkeiten der Problemlösung verfügten sie? Welche Erwartungen richteten die Menschen an das staatliche Gesundheitssystem, welche Ansprüche wurden formuliert? Und andererseits: Wie trat der Staat gegenüber »seinen« Patienten auf, wie reagierte er auf die von ihnen artikulierten Bedürfnisse?

3 Eingabe vom 17.5.1982 an Erich Honecker, weitergeleitet an Abteilung Gesundheitspolitik beim Zentralkomitee der SED, Stiftung Archiv der Parteien und Massenorganisationen der DDR (SAPMO) im Bundesarchiv Berlin (BArch), DY 30/vorl. SED 32017.

4 Vgl. Eingabenanalysen Büro Honecker, SAPMO-BArch, DY 30/2589, Bl. 110–113. Im Gesamtjahr 1982 erhielt Honeckers Büro etwa 13 600 Eingaben, vgl. ebd.

Werner K. schildert in seiner Eingabe nicht nur einen Schwachpunkt der gesundheitlichen Versorgung in der DDR, nämlich die unzureichende Verfügbarkeit von Arzneimitteln, sondern gibt auch unaufgefordert Einblick in seine politische und berufliche Biografie als Parteiloser und Frührentner. Weshalb erwähnt er diese lebensgeschichtlichen Aspekte, die sich zugleich als Stationen seiner Patientenkarriere lesen lassen, in seinem Brief? Welche Bilder möchte er beim Adressaten hervorrufen, welche narrativen Strategien benutzt er? Auch darum soll es im Folgenden gehen. Als Patient sieht K. offenkundig nicht nur sein unmittelbares Überleben in Gefahr, sondern er sieht auch explizit das »gesicherte Leben in der DDR« infrage gestellt. Mithin wird in der vorliegenden Arbeit auch über die wechselseitigen Vorstellungen vom guten oder »normalen« Leben in der DDR zu sprechen sein.[5] Gab es diesbezüglich einen Konsens zwischen Patienten und Vertretern des staatlichen Gesundheitswesens, oder unterschieden sich die jeweiligen Ansichten und Vorstellungen?

Das Hauptaugenmerk der vorliegenden Studie liegt auf den Jahren 1971 bis 1989 und damit auf der Ära Honecker. Dabei handelt es sich um die von Andreas Malycha, Stefan Wolle und anderen Autoren abgesteckte Phase der DDR-Geschichte, in der es zunächst schien, als hätte sich der ostdeutsche Teilstaat erfolgreich zu einer funktionierenden und stabilen Alternative zu seinem westdeutschen Pendant entwickelt.[6] Erich Honecker, seit 1958 Politbüromitglied und ZK-Sekretär, hatte im Mai 1971 mit Rückendeckung der Sowjetunion Walter Ulbricht an der Spitze der SED abgelöst. Fünf Jahre später übernahm er auch das Amt des Staatsratsvorsitzenden. Honecker setzte in den Folgejahren auf eine expansive Sozial- und Konsumpolitik, die der schnellen Steigerung des Wohlstands der Bevölkerung dienen sollte. Die politische Neuausrichtung war mit der Rezentralisierung des Planungs- und Lenkungssystems verbunden. Dies bedeutete eine Abkehr von den unter Ulbricht in Gang gesetzten Wirtschaftsreformen, die – wenig erfolgreich – Plan und Markt verbinden sollten.[7] Fortan dominier-

5 Vgl. Mary Fulbrook: Ein ganz normales Leben. Alltag und Gesellschaft in der DDR, 2., durchgesehene Auflage, Darmstadt 2011.

6 Vgl. hier und zum Folgenden Stefan Wolle: Die heile Welt der Diktatur. Alltag und Herrschaft in der DDR 1971–1989, 4. Auflage, Berlin 2013; Andreas Malycha: Die SED in der Ära Honecker. Machtstrukturen, Entscheidungsmechanismen und Konfliktfelder in der Staatspartei 1971 bis 1989, München 2014. Kritisch zu dieser Periodisierung Eckhard Jesse: Die Periodisierung der DDR, in: Detlev Brunner/Mario Niemann (Hrsg.): Die DDR – eine deutsche Geschichte. Wirkung und Wahrnehmung, Paderborn 2011, S. 21–35.

7 Siehe dazu Annette Kaminsky: Konsumpolitik in der Mangelwirtschaft, in: Clemens Vollnhals/Jürgen Weber (Hrsg.): Der Schein der Normalität. Alltag und Herrschaft in der SED-Diktatur, München 2002, S. 81–112; André Steiner: Von Plan zu Plan. Eine Wirtschaftsgeschichte der DDR, Berlin 2007.

ten wieder die traditionellen Lenkungsmechanismen einer staatssozialistischen Ökonomie. Der im Juni 1971 stattfindende VIII. Parteitag der SED, auf dem Honecker erstmals als neuer Erster Sekretär der Partei auftrat, erklärte die »Erhöhung des materiellen und kulturellen Lebensniveaus des Volkes« zum vordringlichsten Ziel der nächsten fünf Jahre.[8] Gleichzeitig wurde damit der Legitimitätsanspruch des Sozialismus eng an die erhoffte wirtschaftliche Prosperität und den angestrebten Konsumzuwachs geknüpft – ein Umstand, welcher Ende der 1980er Jahre, als die DDR vor dem wirtschaftlichen Ruin stand, erheblich zur Delegitimierung des sozialistischen Gesellschaftsmodells beitragen sollte. Zunächst jedoch schien Honeckers Konzept, das 1976 als »Einheit von Wirtschafts- und Sozialpolitik« im Parteiprogramm der SED verankert wurde, aufzugehen. Mieten und Gebrauchsgüter blieben dank staatlicher Subventionierung erschwinglich, und der Lebensstandard erhöhte sich. Die soziale Absicherung und die verbesserte materielle Lage erhöhten, wie von Honecker beabsichtigt, die Akzeptanz des SED-Regimes in der Bevölkerung. 1968 war das Machtmonopol der SED in der Verfassung verankert worden, Staat und Partei waren aufs Engste miteinander verknüpft. Das eigentliche Machtzentrum der DDR war auch unter Honecker stets das Politbüro des Zentralkomitees der SED, das er als Vorsitzender leitete. Grundsatzentscheidungen jedoch wurden weiterhin in Moskau getroffen. Innenpolitisch gehörte der stalinistische Terror der Vergangenheit an, verdeckte Repression ersetzte nun die offene Verfolgung politischer Gegner. Ausdruck dessen war die Expansion des Ministeriums für Staatssicherheit; die Stasi – Geheimpolizei und Nachrichtendienst der SED in einem – erfuhr in den 1970er Jahren ein personelles Wachstum wie nie zuvor. Das Gesundheitswesen erbrachte in der Ära Honecker Leistungen auf international hohem Niveau, so überstieg die Lebenserwartung der DDR-Bevölkerung in den 1970er Jahren zeitweilig die der Bundesrepublik, auch aufgrund der äußerst niedrigen Säuglingssterblichkeit. Als gesellschaftlich progressiver Schritt wurde die 1972 vollzogene Liberalisierung des Schwangerschaftsabbruchs wahrgenommen, die nicht zuletzt Gleichberechtigung und Selbstbestimmung der Frauen entscheidend voranbrachte. Nimmt

8 Protokoll der Verhandlungen des VIII. Parteitages der Sozialistischen Einheitspartei Deutschlands, Band 2, Berlin 1971, S. 296. An gleicher Stelle übermittelte Honecker sein Verständnis vom Sozialismus: »alles zu tun für das Wohl des Menschen, für das Glück des Volkes, für die Interessen der Arbeiterklasse und aller Werktätigen. Das ist der Sinn des Sozialismus.« Protokoll der Verhandlungen des VIII. Parteitages der Sozialistischen Einheitspartei Deutschlands, Band 1, Berlin 1971, S. 34, hier zitiert nach Peter Skyba: Sozialpolitik als Herrschaftssicherung. Entscheidungsprozesse und Folgen in der DDR der siebziger Jahre, in: Clemens Vollnhals/Jürgen Weber (Hrsg.): Der Schein der Normalität. Alltag und Herrschaft in der SED-Diktatur, München 2002, S. 39 – 80, hier S. 42.

man die außenpolitischen Erfolge jener Jahre wie etwa die Aufnahme in die Vereinten Nationen und den Beitritt zur Weltgesundheitsorganisation im Jahr 1973 hinzu, so wird erklärlich, weshalb die 1970er Jahre häufig als das beste Jahrzehnt der DDR bezeichnet werden.[9] Allerdings legten die wachsende Verschuldung im Ausland sowie die enge Anbindung an die wirtschaftlich schwächelnde Sowjetunion zugleich den Keim für die nicht mehr zu beherrschende Krise der 1980er Jahre, die auch im Gesundheitswesen sichtbar wurde. Zu den Auslösern der Agonie gehörte in wirtschaftlicher Hinsicht die 1982 einsetzende Kürzung und Verteuerung der sowjetischen Rohöllieferungen. Mit Blick auf die Politik war es die ideologische Erstarrung der SED-Führung, deren Ausmaß sichtbar wurde, als sich die DDR Ende der 1980er Jahre sogar von ihrer sowjetischen Schutzmacht zu distanzieren begann, nur um Michail Gorbatschows Reformpolitik nicht übernehmen zu müssen.

Diese hier nur grob skizzierten Rahmenbedingungen der Ära Honecker bilden die Folie, vor der im Folgenden die Korrespondenz zwischen Patienten und Vertretern des Gesundheitswesens über die medizinische Versorgung analysiert wird. Forschungsleitend ist dabei die Annahme, dass die Erwartungen, die der Konsumsozialismus à la Honecker in der Bevölkerung weckte, die Kritikbereitschaft von Patienten gegenüber dem Gesundheitswesen förderten und zu einer selbstbewussten Artikulation von Beschwerden führten. Gestützt wird diese Überlegung durch den politischen Charakter vieler Eingaben, in denen explizit auf die Versprechungen von Staat und Partei Bezug genommen wird.

Die Eingaben zu gesundheitlichen Belangen der Bevölkerung sind historisch auch deshalb interessant, weil sie sich inhaltlich nicht auf medizinische Aspekte beschränken, sondern, wie bereits angedeutet, auch politische und medizinethische Fragen thematisieren. Indem die Patienten sich und ihr Anliegen oftmals in einen größeren Zusammenhang stellen, wird der in der Patientengeschichtsschreibung gängige Fokus auf die Arzt-Patient-Beziehung, wie er etwa in Krankenakten oder -journalen vorherrscht, um gesellschaftliche, politische oder auch medizinethische Aspekte erweitert. Ein weiterer heuristischer Vorzug dieser Selbstzeugnisse ist die Abwesenheit von ärztlichen Deutungen oder Filterungen in den Texten – aus Eingaben spricht tatsächlich allein der Patient, mitunter noch seine Angehörigen.

9 So unter anderem Clemens Vollnhals/Jürgen Weber: Einleitung, in: dies. (Hrsg.): Der Schein der Normalität. Alltag und Herrschaft in der SED-Diktatur, München 2002, S. 9–16, hier S. 14; Klaus Schroeder: Der SED-Staat. Geschichte und Strukturen der DDR 1949–1990, Köln 2013, S. 232.

Bei den in dieser Arbeit untersuchten Eingaben handelt es sich um Briefe, die an Vertreter des Gesundheitswesens oder politisch verantwortliche Personen gerichtet waren. Solche Schreiben wurden in der DDR sowohl von offizieller Seite als auch von den Verfassern relativ einheitlich als »Eingaben« bezeichnet. Eingaben galten nach offizieller Lesart als

> »Vorschläge, Hinweise, Anliegen und Beschwerden, die von Bürgern, Arbeitskollektiven, Gemeinschaften oder gesellschaftlichen Organisationen an staatliche und wirtschaftsleitende Organe, volkseigene Betriebe und Kombinate, sozialistische Genossenschaften und Einrichtungen sowie an die Abgeordneten herangetragen werden. [...] Sie können sich auf alle Fragen des gesellschaftlichen Lebens, auf die Tätigkeit staatlicher und wirtschaftsleitender Organe sowie gesellschaftlicher Einrichtungen und auf persönliche Angelegenheiten erstrecken.«[10]

In einem Land, das seit 1952 keine Verwaltungsgerichte mehr besaß, die staatlichem Handeln juristische Grenzen hätten setzen können, stellten die an keine Form gebundenen Eingaben oft das einzige Mittel dar, um sich bei Konflikten mit Behörden oder sonstigen staatlichen Einrichtungen Gehör zu verschaffen.[11] Ähnlich wie in der Sowjetunion, in Polen oder in der Tschechoslowakei erlebte dieses auf die Gunst des Adressaten angewiesene und damit eher vormodern anmutende Medium in der DDR eine bemerkenswerte Konjunktur.[12] Seit den

10 Werner Klemm/Manfred Naumann: Zur Arbeit mit den Eingaben der Bürger, Berlin 1977, S. 36.

11 Siehe übergreifend Jonathan Zatlin: Ausgaben und Eingaben. Das Petitionsrecht und der Untergang der DDR, in: Zeitschrift für Geschichtswissenschaft 45 (1997) 10, S. 902–917; Felix Mühlberg: Bürger, Bitten und Behörden. Geschichte der Eingabe in der DDR, Berlin 2004; Ursula Wittich: »Dann schreibe ich eben an Erich Honecker!« »Eingaben« und »Stellungnahmen« im Alltag der DDR, in: Ruth Reiher/Antje Baumann (Hrsg.): Vorwärts und nichts vergessen. Sprache in der DDR – was war, was ist, was bleibt, Berlin 2004, S. 195–205. In Gestalt von Gravamina oder Supplikationen reicht das Instrument der Eingabe bis in das Spätmittelalter und die Frühe Neuzeit zurück (supplicare: demütig bitten, niederknien). Bittschriften erlaubten den Untertanen in Notlagen direkten Zugang zur Obrigkeit. Sie zielten vornehmlich auf die Gnade oder Gunst des Fürsten ab und formulierten eher moralische als rechtliche Ansprüche. Mit der Durchsetzung des Parlamentarismus und der Etablierung definierter Rechtspositionen der Bürger gegenüber staatlicher Macht verloren Supplikationen allmählich an Bedeutung. In der vorliegenden Arbeit verwende ich den in der DDR üblichen Begriff »Eingabe«.

12 Vgl. Wolfgang Bernet: Verwaltungsrecht, in: Uwe-Jens Heuer (Hrsg.): Die Rechtsordnung der DDR. Anspruch und Wirklichkeit, Baden-Baden 1995, S. 395–426; Jochen Staadt: Eingaben. Die institutionalisierte Meckerkultur in der DDR, Berlin 1996; Ulrich Löffler: Eingaben im Bereich des Zivilrechts, in: Rainer Schröder (Hrsg.): Zivilrechtskultur in der DDR. Band 1, Berlin 1999, S. 213–243; Mühlberg: Bürger, Bitten und Behörden; Paul Betts: Die Politik des Privaten. Eingaben in der DDR, in: Daniel Fulda/Dagmar Herzog/Stefan-Ludwig Hoffmann/Till van Rahden (Hrsg.): Demokratie im Schatten der Gewalt. Geschichten des Privaten im deutschen Nachkrieg, Göttingen 2010, S. 286–309. Zum Eingabewesen in der Sowjetunion siehe Mirjam Sprau: Leben nach dem GULAG. Petitionen ehemaliger sowjetischer Häftlinge als Quelle, in: Vierteljahrs-

1950er Jahren bildete sich in Ostdeutschland eine spezifische und ritualisierte Eingabenkultur heraus.[13] Das Eingabewesen galt offiziell als Ausdruck »sozialistischer Demokratie« und avancierte zu einem vielgenutzten Mittel der Konfliktregulierung zwischen der politischen Führung und den Normalbürgern.[14] Die Staats- und Parteiführung nahm Eingaben als Indikator für Probleme und Unzufriedenheit der Bevölkerung durchaus ernst. Als 1971 Tausende Rentner ihren Unmut über die geringe Höhe ihrer Rente in Briefen an das Zentralkomitee und die Volkskammer bekundeten, sah sich die SED-Führung gezwungen, ihre Rentenpolitik neu auszurichten.[15] Einige Jahre zuvor waren es die zahlreichen und eindringlichen Briefe abtreibungswilliger Frauen, die mit dazu beitrugen, dass 1965 und 1972 die Möglichkeiten des legalen Schwangerschaftsabbruchs aus sozialer Indikation erweitert wurden.[16] Weniger existenziell, für den Alltag der Menschen aber gleichwohl bedeutsam, war die Kaffeekrise des Jahres 1977. Um den weltweit stark gestiegenen Preisen für Rohkaffee begegnen zu können, wurde in der devisenknappen DDR in jenem Jahr eine zur Hälfte mit Erbsen und Getreide gestreckte neue Kaffeesorte eingeführt. Der kaum genießbare Ersatzkaffee (»Erichs Krönung«) löste eine Flut schriftlicher Beschwerden aus, die zusammen mit sinkenden Weltmarktpreisen bereits im Folgejahr zur Beendigung des Kaffeemix-Experiments führte. In unzähligen Eingaben drückten Bürger schließlich gut zehn Jahre später ihren Protest gegen die Fälschung der Ergebnisse der Kommunalwahlen vom 7. Mai 1989 aus.[17]

hefte für Zeitgeschichte 60 (2012) 1, S. 93–110. Zur entsprechenden Praxis in der Tschechoslowakei: Tomáš Vilímek/Václav Rameš: Pohyblivé hranice diktatury ve světle stížností občanů, in: Soudobé dějiny / CJCH 28 (2021) 3, S. 17–42. Zu Polen: Ewelina Szpak: »Zdrowie na peryferiach«. Lecznictwo i opieka zdrowotna w praktyce codziennej pierwszych dwóch dekad PRL na przykładzie listów do władz, in: Polska 1944/45–1989. Studia i Materiały 16 (2018), S. 227–243.

13 Ina Merkel (Hrsg.): »Wir sind doch nicht die Meckerecke der Nation!« Briefe an das Fernsehen der DDR, 2. Auflage, Berlin 2000, S. 15; Mühlberg: Bürger, Bitten und Behörden, S. 190.

14 Vgl. Klemm/Naumann: Zur Arbeit mit den Eingaben, S. 7f.

15 Vgl. Dierk Hoffmann: Von Ulbricht zu Honecker. Die Geschichte der DDR 1949–1989, Berlin 2013, S. 114 f. Generell zu Themen und Wirksamkeit von »Rentnereingaben« siehe Christiane Streubel: Wir sind die geschädigte Generation. Lebensrückblicke von Rentnern in Eingaben an die Staatsführung der DDR, in: Heike Hartung/Dorothea Reinmuth/Christiane Streubel/Angelika Uhlmann (Hrsg.): Graue Theorie. Die Kategorien Alter und Geschlecht im kulturellen Diskurs, Köln 2007, S. 241–263; Christiane Reuter-Boysen: Artikulation von Fraueninteressen – Die Rentendiskussion in der frühen DDR im Spiegel von Eingaben, in: Ulrich Becker/Hans Günter Hockerts/Klaus Tenfelde (Hrsg.): Sozialstaat Deutschland. Geschichte und Gegenwart, Bonn 2010, S. 81–102.

16 Ein wichtiges Belegdokument für diesen Zusammenhang ist die SED-Hausmitteilung der Abteilung Gesundheitspolitik an das ZK- und Politbüromitglied Kurt Hager vom 24.8.1963, SAPMO-BArch, DY 30/68453, Bl. 1–2, in der auf »mehrere Schreiben von werktätigen Frauen« an Walter Ulbricht Bezug genommen wird. Siehe dazu unten.

17 Vgl. Malycha: Die SED in der Ära Honecker, S. 373.

Den mit Abstand häufigsten Anlass für das Verfassen einer Eingabe stellten Wohnungsfragen dar, gefolgt von Problemen bei der Versorgung mit Konsumgütern. An dritter Stelle rangierten Reisewünsche.[18] Doch auch im Gesundheitswesen war die Zahl der Eingaben beachtlich: Zwischen 1980 und 1987 erhielt allein das Referat Eingaben des Ministeriums für Gesundheitswesen über 30 000 Zuschriften. Ende der 1980er Jahre erreichten immer mehr Eingaben das Ministerium, im ersten Halbjahr 1988 wurden bereits 3276 Schreiben registriert. Für die Folgezeit bis zum Frühjahr 1990 liegen keine Jahresstatistiken mehr vor.[19]

Da das Verfassen einer Eingabe in der DDR an keine besondere Form gebunden und damit, abgesehen von der nötigen Schreib- und Ausdruckskompetenz, relativ niedrigschwellig möglich war, gewährt diese Quellengattung auch Einblicke in Mentalitäten und Praktiken von Bevölkerungsschichten jenseits der sogenannten Intelligenz. Damit kommt die Auswertung von Eingaben dem genuinen Anspruch der Sozialgeschichte der Medizin, die Wahrnehmungsweisen »gewöhnlicher« Menschen im Hinblick auf Gesundheit, Krankheit und medizinische Versorgung zu untersuchen, recht nahe.[20] Eine weitere heuristische Besonderheit der hier untersuchten Eingaben besteht darin, dass in den Archiven häufig auch die Antworten der zuständigen Stellen überliefert sind, teilweise flankiert vom internen Briefwechsel der involvierten Einrichtungen untereinander. Damit lässt sich die Perspektive nochmals drehen: Die subjektive Sichtweise der Patienten kann mit den Ansichten und Bewertungen der Vertreter des Gesundheitswesens in Beziehung gesetzt und kontrastiert werden. Häufig finden sich in den Antwortschreiben neben den Versuchen, das unmittelbare Problem zu lösen, auch grundsätzliche Ausführungen über den Charakter und die Funktionsweise des sozialistischen Gesundheitssystems. Dort, wo die Repliken zur Ideologievermittlung genutzt werden, lässt sich eine gezielte politische Instrumentalisierung der Eingaben erkennen.

Auch im Fall von Werner K. geben die Quellen Auskunft über den Fortgang der Ereignisse. Das Büro Honecker leitete die Eingabe zur Bearbeitung an die

18 Vgl. Mühlberg: Bürger, Bitten und Behörden, S. 178–184.

19 Vgl. Eingabenanalysen 1975–1989, BArch, DQ/1/12611 (Ministerium für Gesundheitswesen). Der Anstieg der Eingabenfrequenz im Gesundheitsbereich in den 1980er Jahren korrespondiert mit der generell wachsenden Zahl an Eingaben in diesem Zeitraum, vgl. Zatlin: Ausgaben und Eingaben, S. 906; Christina Schröder: Sozialismus und Versorgungsprobleme: Die Zunahme materieller Unzufriedenheit und das Ende der DDR, in: Hallische Beiträge zur Zeitgeschichte (2001) 10, S. 43–90, hier S. 45; Mühlberg: Bürger, Bitten und Behörden, S. 175.

20 Frühzeitig so formuliert bei John Woodward/David Richards: Towards a social history of medicine, in: dies. (Hrsg.): Health care and popular medicine in nineteenth century England. Essays in the social history of medicine, London 1977, S. 15–55, hier S. 25 und passim.

Abteilung Gesundheitspolitik beim Zentralkomitee der SED weiter. Gut zwei Wochen später erhielt K. eine Antwort des stellvertretenden Leiters der Abteilung Gesundheitspolitik, Christian Münter:

> »Sehr geehrter Herr K.! [...] Wir haben uns umgehend mit dem zuständigen Bezirksapotheker von Dresden, Koll. D. in Verbindung gesetzt und erfahren, dass es zeitweise Schwierigkeiten in der Bereitstellung des Medikamentes gab. Koll. D. versicherte uns gleichzeitig, dass über die für Sie zuständige Apotheke umgehend die Versorgung mit dem Medikament gewährleistet wird.«[21]

Ob die hier in Aussicht gestellte Lösung des Problems letztlich auch so umgesetzt wurde, ist in den Akten nicht überliefert. Zumindest scheint sich Werner K. nicht noch einmal in dieser Angelegenheit zu Wort gemeldet zu haben. Das Antwortschreiben lässt erkennen, dass die Eingabe zügig und pragmatisch bearbeitet wurde, wenn auch nicht direkt vom eigentlichen Adressaten bzw. dessen Büro. Wie sich im Verlauf dieser Studie zeigen wird, waren die Abläufe im Fall Werner K. durchaus typisch für die Eingabenkultur im Gesundheitswesen; ähnliche Anliegen sowie die Art der Problemlösung finden sich in den Akten häufig. Schwierigkeiten im Bereich der Arzneimittelversorgung waren im DDR-Gesundheitswesen an der Tagesordnung, und sehr oft wurden die daraus resultierenden Notlagen durch individuelle Zusagen und Ausnahmeregelungen im Sinne der Betroffenen behoben. Auf die politischen Hintergründe dieser mitunter willkürlich anmutenden Form der Problemlösung seitens der staatlichen Organe, die ja überdies den Gleichheitsanspruch der DDR-Gesellschaft verletzte, wird noch ausführlicher einzugehen sein. Indem sich selbst höhere Stellen um Einzelfälle kümmerten, ließ sich jedenfalls signalisieren, dass man Beschwerden ernst nahm und dass auch im Gesundheitswesen, wie in Artikel 2 der DDR-Verfassung von 1974 gefordert, der Mensch im Mittelpunkt aller Bemühungen der sozialistischen Gesellschaft und des Staates stand.[22]

Erleichtert wurde das Bemühen um Lösungen, wenn sich die Beteiligten in der Bewertung des Problems einig waren. Ein durch Lieferschwierigkeiten erzwungener wochenlanger Verzicht auf ein gängiges Präparat wie Pentalong®, das zudem kein Import-Medikament war, sondern von der DDR-Arzneimittelindustrie selbst hergestellt wurde, erschien den Vertretern des Gesundheits-

21 Schreiben Münters vom 2.6.1982, SAPMO-BArch, DY 30/vorl. SED 32017. Christian Münter (1926–2012) war Arzt und Sektorenleiter in der Abteilung Gesundheitspolitik des ZK der SED.

22 Vgl. Kurt Winter: Das Gesundheitswesen in der Deutschen Demokratischen Republik. Bilanz nach 30 Jahren, 2., überarbeitete Auflage, Berlin 1980, S. 7.

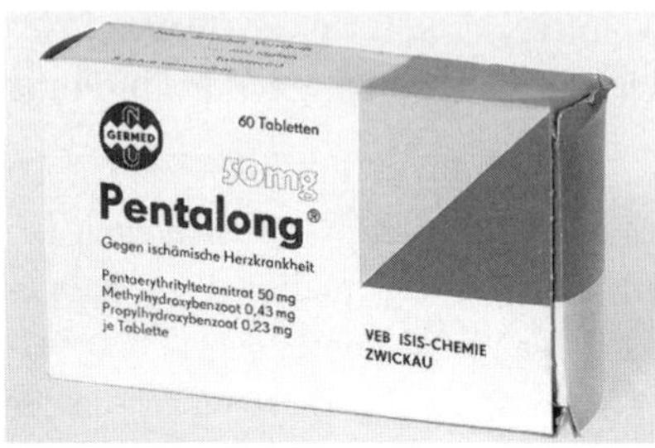

Abb. 1: Pentalong®, Medikamentenpackung, Hersteller: VEB ISIS-CHEMIE Zwickau

wesens offenbar ebenso inakzeptabel wie dem Patienten Werner K.[23] An dieser Stelle wird ein Konsens sichtbar über die Grenzen dessen, was den Patienten zumutbar war. Nicht weniger interessant sind freilich die Fälle, in denen eine solche Übereinstimmung zwischen den Beschwerdeführern und den Funktionären des Gesundheitswesens fehlte. Dann trat die Differenz zwischen dem, was das staatliche Gesundheitssystem für sozial angemessen hielt und den Patienten zubilligte, und den artikulierten Ansprüchen der Bürger in besonderer Weise zutage. Dabei konnte es um Medikamente oder sonstige Heilmittel, Kur- oder Rentenansprüche, Auslandsbehandlungen oder einfach um Höflichkeit und Respekt in der Arzt-Patient-Beziehung gehen.

Die vorliegende Untersuchung zielt somit weniger darauf ab, den zumeist als hoch angenommenen medizinischen Versorgungsstandard in der DDR mit historischen Quellen zu überprüfen. Sie will auch nicht primär die historiografisch weitgehend unstrittige Diskrepanz zwischen Anspruch und Wirklichkeit des DDR-Gesundheitswesens erneut nachzeichnen. Ein Auseinanderklaffen von Ideologie und Realität wird in der vorliegenden Untersuchung ohnehin sichtbar werden, zumal sich viele Patienten bei ihrer Kritik an den Verhältnissen auf die offiziellen Aussagen über die Vorzüge des sozialistischen Gesundheitssystems beriefen. Mehr noch interessiert hier aber die Frage, welche Erwartungen die Patienten an den sozialistischen Staat und sein Gesundheitssystem richteten,

23 Pentalong® wurde 1964 erstmals von Isis-Chemie Zwickau produziert, einem Betrieb, der 1979 in das pharmazeutische Kombinat GERMED Dresden eingegliedert wurde. Pentalong® war in der Nomenklatur A gelistet, was bedeutete, dass es in jeder Apotheke hätte verfügbar sein müssen. Das Präparat war das einzige in der DDR verfügbare Langzeitnitrat zur Anwendung bei Herzinsuffizienz (Herzmuskelschwäche) und stand im Ruf, ein sehr günstiges Nebenwirkungsprofil zu haben. Es ist auch im Jahr 2022 noch im Handel. Siehe Lothar Engelmann et al.: Development and status of nitrate therapy in East Germany, in: Zeitschrift für Kardiologie 78 (1989), Suppl 2, S. 99–101; Heinz Theodor Schneider/Dirk Schalleicken (Hrsg.): Pentaerithrityltetranitrat. Beiträge zum klinischen und pharmakologischen Status, Darmstadt 1995.

wo sie die Grenzen des Hinnehmbaren zogen – und welches Maß an Kritik und Eigensinn sie gegenüber Staat und Partei an den Tag legten.

Das historiografische Konzept »Eigen-Sinn«, von Alf Lüdtke Ende der 1980er Jahre zunächst zum Verständnis der Handlungsweisen von Fabrikarbeitern und später von ihm und Thomas Lindenberger auch zur Erforschung der Alltagsgeschichte in der DDR angewandt, erscheint zur Analyse von Eingaben besonders geeignet.[24] Anstatt eine an Institutionen und politischen Eliten orientierte Top-down-Perspektive einzunehmen, rückt das Eigensinn-Konzept die Handlungsspielräume und Widerspruchsmöglichkeiten in den Mittelpunkt, die es auch in der vom SED-Politbüro beherrschten DDR für den Einzelnen geben konnte.[25] Indem es Herrschaftspraxis als ständigen Interaktionsprozess zwischen Herrschern und Beherrschten begreift, dessen Resultate stets von beiden Seiten mitbestimmt werden, vermag das Eigensinn-Konzept die gängige Macht-Ohnmacht-Dichotomie aufzubrechen, die sowohl in der Geschichtsschreibung zur DDR als auch in der Patientengeschichtsschreibung immer noch verbreitet ist. So können z. B. die in einer Eingabe enthaltene Problemschilderung und die daran geknüpfte Bitte des Verfassers sowie das Bemühen um eine Lösung des Problems durch den Empfänger als interaktiver Prozess begriffen und analysiert werden, in dem die Macht nicht immer so eindeutig verteilt ist, wie es zunächst scheinen mag.[26] Wie dynamisch die Machtverhältnisse sein konnten, zeigt sich daran, dass es Patienten mitunter sehr effektiv gelang, mit ihrer Beschwerde eine Maßregelung von Ärzten herbeizuführen, von denen sie sich menschlich oder fachlich schlecht behandelt fühlten. Herkömmliche Ansichten vom klaren Machtgefälle zwischen Arzt und Patient sind an solchen Stellen zu relativieren. Gelegentlich richteten sich Eingaben auch gegen andere Patienten, etwa wenn Bett- oder Zimmernachbarn sich durch das Verhalten von Mitpatienten belästigt fühlten und staatliches Eingreifen forderten.[27] Eine solche Konstellation kommt jener nahe,

24 Siehe Alf Lüdtke: Lohn, Pausen, Neckereien: Eigensinn und Politik bei Fabrikarbeitern in Deutschland um 1900, in: ders.: Eigen-Sinn. Fabrikalltag, Arbeitererfahrungen und Politik vom Kaiserreich bis in den Faschismus, Hamburg 1993, S. 120–160; Thomas Lindenberger: Eigen-Sinn, Herrschaft und kein Widerstand, Version 1.0, in: Docupedia-Zeitgeschichte 2.9.2014, DOI: http://dx.doi.org/10.14765/zzf.dok.2.595.v1 [Zugriff: 1.8.2022].

25 Siehe dazu u. a. Fulbrook: Ein ganz normales Leben.

26 Macht wird hier in Anlehnung an Foucault nicht als vertikales Oben-Unten-Gefüge, sondern als komplexes Beziehungsgeflecht verstanden, in dem jeder Akteur in der Lage ist, auf eine bestimmte Art und Weise Macht auszuüben. Es gibt demnach keine Position außerhalb der Macht. Vgl. Karen Nolte: Gelebte Hysterie. Erfahrung, Eigensinn und psychiatrische Diskurse im Anstaltsalltag um 1900, Frankfurt am Main 2003, S. 18 f.

27 So baten 1985 Bewohner eines Pflegeheims in Wernigerode, eine Mitbewohnerin von ihrer Station zu entfernen, weil diese regelmäßig das Essen verunreinige, vgl. Becker an ZK der SED

die Foucault als typisch für »Das Leben der infamen Menschen« beschreibt. Unbedeutende oder in Verruf geratene Personen seien nicht nur durch die willkürlichen Anordnungen, die »lettres de cachet« des absolutistischen Herrschers in ihrer Freiheit bedroht. Daneben war es auch möglich, dass Bürger diese »lettres« gegen unliebsame Nachbarn oder Familienangehörige einsetzten, um diese in Gefängnissen oder Anstalten unterzubringen. Hieran wird deutlich, dass »jeder für sich, zu seinen eigenen Zwecken und gegen die anderen, die ungeheure Größe der absoluten Macht nutzen konnte«.[28]

Das Eigensinn-Konzept erlaubt es nicht zuletzt, auch »das Neben-, Mit- und Ineinander von äußerer Konformität mit Regimeerwartungen und individuell praktiziertem Abstand zu den Systemerwartungen« zu untersuchen und als ein »Normal des realsozialistischen Alltags zu denken«.[29] Ein solches Vorgehen verspricht überall dort Erkenntnisgewinn, wo es in Eingaben – implizit oder explizit – um Übernahme oder Abwehr von Rollenerwartungen geht, die vom Gesundheitssystem an den jeweiligen Patienten herangetragen wurden. Unabhängig von solchen Erwartungen beweisen die Verfasser von Eingaben ihre Handlungsfähigkeit – und das in einem Gesundheitssystem, welches die Handlungskompetenz der vielen Einzelnen eher fürchtete als förderte und – beispielsweise – die Bildung von Selbsthilfegruppen bis zuletzt unterdrückte.[30]

Ausgehend von diesen Vorüberlegungen lassen sich drei Hauptthesen aufstellen, die der vorliegenden Untersuchung zugrunde liegen. *Erstens:* Patienten und Angehörige übten in Eingaben nicht nur selbstbewusst Kritik an Missständen im DDR-Gesundheitswesen. Sie formulierten daneben grundsätzliche politische Erwartungen und traten zugleich ein Stück weit aus der passiven Rolle des Patienten heraus. *Zweitens:* Eingaben boten dem Staat die Möglichkeit, nicht nur individuelle medizinische oder soziale Probleme der Bürger zu lösen, sondern

(weitergeleitet an Abteilung Gesundheitspolitik), 16.9.1985, SAPMO-BArch, DY 30/vorl. SED 34850-1.

28 Michel Foucault: Das Leben der infamen Menschen, in: ders.: Schriften in vier Bänden. Dits et Ecrits, Band III 1976–1979, Frankfurt am Main 2003, S. 309–332, hier S. 323. Für Beispiele siehe Arlette Farge/Michel Foucault: Familiäre Konflikte. Die »Lettres de cachet«. Aus den Archiven der Bastille im 18. Jahrhundert, Frankfurt am Main 1989.

29 Lindenberger: Eigen-Sinn, Herrschaft und kein Widerstand, S. 10.

30 Gesundheitsminister Mecklinger erklärte 1985 gegenüber einem westdeutschen Mediziner, »dass Selbsthilfeorganisationen, wie in der BRD, für die DDR auf Grund der gegebenen staatlichen und gesellschaftlichen Verantwortung nicht angezeigt sind«. Mecklinger an Lange, 8.7.1985, SAPMO-BArch, DY 30/vorl. SED 35715. Karl Seidel, Leiter der Abteilung Gesundheitspolitik beim ZK der SED und damit höchstrangiger Gesundheitspolitiker der DDR, sah in Selbsthilfegruppen »eine spezifische Form des Selbstschutzes Kranker vor den negativen Auswirkungen kapitalistisch verformter Gesundheitsfürsorge«, für die es in der DDR keine Notwendigkeit gebe. Seidel an Mecklinger, 10.7.1985, ebd.

ihnen bei dieser Gelegenheit auch die Grundsätze des DDR-Gesundheitswesens nahezubringen und seine Funktionsweise zu erklären. Eingaben mitsamt den Reaktionen darauf sind daher auch als politische Texte zu lesen. *Drittens:* Obwohl sich Eingaben häufig gegen die Zumutungen eines zunehmend maroden Gesundheitssystems richten, sind sie nicht notwendigerweise als Dokumente von Nonkonformität oder gar eines Aufbegehrens aufzufassen. Ebenso gut lassen sie sich als Zeugnisse für die Aneignung und damit Legitimierung herrschaftskonformer Handlungsweisen deuten.

2. Material und Quellenkritik

Jeder von uns kennt Patientengeschichten – aus eigener Erfahrung oder bei Angehörigen und Nachbarn miterlebt. Die wenigsten dieser Geschichten werden schriftlich festgehalten. Meist wird das in Krankenhäusern oder Arztpraxen Erlebte im Umfeld des Betroffenen erzählt, kommentiert und später, je nach Intensität der Erfahrung, wieder erinnert oder vergessen. Nur selten werden der individuelle Umgang mit Krankheit sowie die Interaktion mit Ärzten und Pflegenden aktenkundig – Ausnahmen bilden Gerichtsprotokolle, Briefe, Tagebücher oder literarische Verarbeitungen. Hier berichten Patienten überwiegend retrospektiv über das, was ihnen widerfahren ist und mitteilsam erscheint. Als Schriftquelle äußerst rar sind ereignisnah verfasste Texte, in denen versucht wird, den Ablauf der Dinge noch zu beeinflussen, das Geschehen in die eine oder andere Richtung zu lenken. Zu dieser Quellengattung zählen die hier untersuchten Eingaben von Patienten. Sie weisen zudem die Besonderheit auf, dass sie an übergeordnete politische Instanzen gerichtet sind und die Ebene der Ärzteschaft, der Krankenhäuser oder Polikliniken übergehen – häufig, weil hier eine Konfliktlösung nicht gelang oder nicht aussichtsreich schien oder weil die Betroffenen das Problem von vornherein auf einer höheren Ebene verorteten.

Für die Forschung zur DDR bieten Eingaben die Möglichkeit, den vielfältigen Narrativen, welche die Oral History speziell in diesem Kontext hervorgebracht hat,[31] eine schriftliche Quellengattung entgegenzusetzen, die im Gegensatz zu lebensgeschichtlichen Interviews ereignisnah entstanden und damit frei von späteren Überlagerungen und Interpretationen ist. Da sie in unmittelbarer zeit-

31 Siehe dazu u. a. Julia Obertreis/Anke Stephan (Hrsg.): Erinnerungen nach der Wende – Oral History und (post)sozialistische Gesellschaften (Remembering after the fall of communism), Essen 2009.

licher Nähe zu dem beschriebenen Sachverhalt verfasst wurden, unterliegen Eingaben nicht dem modellierenden Einfluss des Gedächtnisses und sind, anders als etwa Erinnerungen von Zeitzeugen oder Autobiografien, frei von späteren »Erfahrungsaufschichtungen«.[32] Allerdings ging es den Autoren von Eingaben, ähnlich wie den Verfassern von Autobiografien, häufig um eine bestimmte und zielgerichtete Konstruktion ihrer Identität und Biografie. So arrangierten die Eingabenschreiber biografische Fakten häufig in einer Weise, die das Bild einer idealtypischen sozialistischen Persönlichkeit entstehen ließ, die es »verdient« hatte, dass man sich ihres Anliegens annahm und es erfüllte. Aspekte, die dieses Bild stören oder den Adressaten der Eingabe irritieren konnten, wurden dementsprechend heruntergespielt oder gar nicht erwähnt (vgl. dazu Kapitel III). Dass Eingaben in der Regel zweckrational verfasst wurden, muss quellenkritisch bedacht werden.

Meine Untersuchung stützt sich vornehmlich auf drei Quellengruppen: erstens Eingaben, die Patienten oder deren Angehörige zwischen 1971 und 1989 an die SED-Zentrale, an das Gesundheitsministerium oder an Honecker persönlich richteten; zweitens Antworten auf diese Eingaben mitsamt dem zugehörigen internen Schriftverkehr sowie drittens Aktenmaterial aus dem Ministerium für Gesundheitswesen (MfG), das sich mit der Auswertung von Eingaben auf übergeordneter Ebene befasste. Die Materialien sind im Bundesarchiv in Berlin überliefert, das nach 1990 die Bestände des ehemaligen SED-Parteiarchivs übernommen hat. Die Studie beruht auf der zunächst groben Durchsicht von 600 Eingabevorgängen, die stichprobenartig aus 22 Aktentiteln entnommen wurden, und der nachfolgenden Auswahl und eingehenderen Autopsie von 300 dieser Vorgänge. Ausgewählt wurden solche Vorgänge, in denen Patienten oder Angehörige ein konkretes Problem oder ein Anliegen schildern, das mit der gesundheitlichen Versorgung zu tun hat.

Üblicherweise wurden Eingaben nach einer Aufbewahrungsdauer von fünf bis zehn Jahren kassiert. Die Vernichtung scheint jedoch nicht konsequent vorgenommen worden zu sein. Die uneinheitliche Aufbewahrungspraxis bzw. Umsetzung der Kassationsordnung sowie das unerwartete, schnelle Ende der DDR 1989/90 haben dazu geführt, dass große Bestände an Eingaben in den ostdeutschen Archiven erhalten geblieben sind.

32 Ulrike Jureit: Erfahrungsaufschichtung: Die diskursive Lagerung autobiographischer Erinnerungen, in: Magnus Brechtken (Hrsg.): Life Writing and Political Memoir – Lebenszeugnisse und Politische Memoiren, Göttingen 2012, S. 225–242.

3. Stand der Forschung

Der Untergang der DDR und ihr 1990 vollzogener Beitritt zur Bundesrepublik nach Artikel 23 des bundesdeutschen Grundgesetzes führten zu einer in der Geschichtswissenschaft äußerst seltenen Situation: Bereits kurze Zeit nach dem Zusammenbruch des SED-Staates öffneten sich dessen Archive. Die übliche, meist eine Generation währende Sperrfrist für Archivgut war nach der Vereinigung der beiden deutschen Teilstaaten politisch nicht gewollt, sodass sich Historikern die nahezu einmalige Gelegenheit bot, Archivmaterial zu sichten und auszuwerten, das zum Teil erst wenige Jahre zuvor entstanden war. Auf die unblutige Revolution von 1989/90 folgte eine Archivrevolution, die eine gegenwartsnahe, auf Primärquellen beruhende Geschichtsschreibung – mit allen ihren Vor- und Nachteilen – ermöglichte.[33] Auch die Medizinhistoriografie nahm in diesem Kontext das Thema DDR allmählich in den Blick. Die seit den 1990er Jahren erarbeiteten Forschungsansätze und Ergebnisse sind jedoch trotz der guten Quellenlage im Vergleich zu anderen Themenfeldern der Medizingeschichte überschaubar geblieben. So fehlt eine wissenschaftlichen Maßstäben genügende Überblicksdarstellung zum DDR-Gesundheitswesen bis heute. Dies korrespondiert mit dem eher geringen Interesse, das dem Thema in der medizinhistorischen Lehre entgegengebracht wird.[34] Über die Gründe für diese Zurückhaltung, die erst in den letzten Jahren wieder einem wachsenden Interesse Platz gemacht hat, lässt sich nur mutmaßen. Mit Sicherheit war bis in die frühen 2000er Jahre hinein der zeitliche Abstand zu den Ereignissen für eine konsequente Historisierung noch zu gering und die politisch-normative Aufladung des Forschungsfeldes zu stark. Vielleicht spielten auch der Respekt oder gar die Sorge vor den Reaktionen der noch aktiven Zeitzeugen eine Rolle, zumal Letztere selbst fleißig an ihrer Geschichte schrieben.[35] Möglich auch, dass die überfällige Erforschung der Medizin

33 Siehe Klaus Oldenhage: Die Gesetzgebung zur Sicherung des Archivgutes der Parteien und Massenorganisationen der DDR, in: Historisch-Politische Mitteilungen 2 (1995) 1, S. 299–307; Sonia Combe (Hrsg.): Archives et histoire dans les sociétés postcommunistes, Paris 2009.

34 Vgl. dazu die Ergebnisse einer Befragung von Lehrverantwortlichen in Deutschland: Jan Schildmann/Florian Bruns/Volker Hess/Jochen Vollmann: »History, Theory and Ethics of Medicine«: The last ten years. A survey of course content, methods and structural preconditions at twenty-nine German medical faculties, in: GMS Journal for Medical Education 34 (2017) 2: Doc23.

35 Siehe u. a. die mehrbändige Dokumentation zur Geschichte des Gesundheitswesens der DDR der Interessengemeinschaft Medizin und Gesellschaft. Beispielhaft aus dieser Reihe: Horst Spaar: Dokumentation zur Geschichte des Gesundheitswesens der DDR. Teil I: Die Entwicklung des Gesundheitswesens in der sowjetischen Besatzungszone (1945–1949), Teil II: Das Gesundheitswesen zwischen Gründung der DDR und erster Gesellschaftskrise (1949–1953), Berlin 1996.

im Nationalsozialismus, die in den 1990er Jahren nach langer Latenz endlich auf breiterer Front begonnen wurde, Ressourcen und Aufmerksamkeit von den unerwartet verfügbar gewordenen Quellen zur Medizingeschichte der DDR abgezogen hat. Gerade die verstärkte Forschung zur Medizin im Nationalsozialismus führte jedoch auch zu einem befruchtenden Austausch: Das zunehmend breitere Wissen über die Gesundheitspolitik in der NS-Diktatur war dienlich, um die Entstehung des Gesundheitswesens in der Sowjetischen Besatzungszone (SBZ) besser zu verstehen. Dies gilt etwa für die prominente Rolle von Remigranten, das Wiederanknüpfen an gesundheitspolitische Konzepte der Weimarer Republik, aber auch für die personellen Kontinuitäten nach 1945. Vor diesem Hintergrund ist es wohl auch kein Zufall, dass gerade die zeitlich unmittelbar an den Nationalsozialismus anschließende Aufbauphase des DDR-Gesundheitswesens zwischen 1945 und 1949 vergleichsweise gut erforscht ist.[36]

Mit Einschränkungen gilt der Befund einer guten Forschungslage noch für die folgenden Jahre bis zum Bau der Berliner Mauer 1961.[37] Die Jahrzehnte nach dem Mauerbau, also die Phase der Stabilisierung des Regimes durch die gestoppte Abwanderung nach Westen sowie die Ära Honecker von 1971 bis 1989, sind dagegen bisher nur unzureichend untersucht worden.[38]

36 Siehe u. a. Udo Schagen/Sabine Schleiermacher: Die Sowjetische Besatzungszone und Berlin, in: Bundesministerium für Arbeit und Sozialordnung/Bundesarchiv (Hrsg.): Geschichte der Sozialpolitik in Deutschland seit 1945, Band 2/1, Die Zeit der Besatzungszonen 1945–1949. Sozialpolitik zwischen Kriegsende und der Gründung zweier deutscher Staaten, hrsg. von Udo Wengst, Baden-Baden 2001, S. 511–528; Wolfgang Woelk/Jörg Vögele (Hrsg.): Geschichte der Gesundheitspolitik in Deutschland. Von der Weimarer Republik bis in die Frühgeschichte der »doppelten Staatsgründung«, Berlin 2002; Sabine Schleiermacher: Rückkehr der Emigranten: Ihr Einfluss auf die Gestaltung des Gesundheitswesens in der SBZ/DDR, in: Sabine Schleiermacher/Norman Pohl (Hrsg.): Wissenschaft in der SBZ und DDR. Organisationsformen, Inhalte, Realitäten, Husum 2009, S. 79–94.

37 Siehe Anna-Sabine Ernst: »Die beste Prophylaxe ist der Sozialismus«. Ärzte und medizinische Hochschullehrer in der SBZ/DDR 1945–1961, Münster 1997; Udo Schagen/Sabine Schleiermacher: Gesundheitswesen und Sicherung bei Krankheit, in: Bundesministerium für Gesundheit und Soziale Sicherung/Bundesarchiv (Hrsg.): Geschichte der Sozialpolitik in Deutschland seit 1945, Band 8, Deutsche Demokratische Republik 1949–1961. Im Zeichen des Aufbaus des Sozialismus, hrsg. von Dierk Hoffmann und Michael Schwartz, Baden-Baden 2004, S. 387–433; Melanie Arndt: Gesundheitspolitik im geteilten Berlin 1948 bis 1961, Köln 2009. Zeitlich etwas darüber hinaus geht Christian Sammer: Gesunde Menschen machen. Die deutsch-deutsche Geschichte der Gesundheitsaufklärung, 1945–1967, Berlin/Boston 2020.

38 Siehe als bisher einzigen Überblick Jürgen Wasem/Doris Mill/Jürgen Wilhelm: Gesundheitswesen und Sicherung bei Krankheit und im Pflegefall, in: Bundesministerium für Arbeit und Soziales/Bundesarchiv (Hrsg.): Geschichte der Sozialpolitik in Deutschland seit 1945, Band 10, 1971–1989. Deutsche Demokratische Republik. Bewegung in der Sozialpolitik, Erstarrung und Niedergang, Baden-Baden 2008, S. 363–415.

Darüber hinaus ist grundsätzlich festzustellen, dass sich die Forschung zum Gesundheitswesen der DDR lange Zeit stark auf die Ärzteschaft konzentriert hat. Im Vordergrund standen dabei das Verhältnis dieser Berufsgruppe zum sozialistischen Staat, insbesondere die politisch motivierte Zurückdrängung der Freiberuflichkeit der Ärzte, die Behinderung wissenschaftlicher Kontakte zum westlichen Ausland, die relativ geringen Verdienstmöglichkeiten, die fehlende Selbstverwaltung und schließlich, als eine Folge dieser Einschränkungen, die Abwanderung und Flucht von Ärzten in den Westen.[39] Neben dieser ärztezentrierten Forschung hat es eine ganze Reihe von Studien zur engeren Fach- bzw. Institutionengeschichte gegeben. Auch hier treten als handelnde Akteure (bzw. Zeitzeugen) einmal mehr Ärzte, Hochschullehrer oder politische Funktionäre in Erscheinung.[40] Lebenswirklichkeit und Handlungsmöglichkeiten von Patienten, Angehörigen oder anderen Berufsgruppen des Gesundheitssystems blieben demgegenüber unterbelichtet. Erste Anstöße zur Stärkung der Patientenperspektive ergaben sich aus der Opferforschung, die zunehmend auch Stimmen der Betroffenen zu Wort kommen ließ. Hierzu gehört beispielsweise die Studie über die

39 Siehe etwa Klaus-Dieter Müller: Zwischen Hippokrates und Lenin. Gespräche mit ost- und westdeutschen Ärzten über ihre Zeit in der SBZ und DDR, Köln 1994; Anna-Sabine Ernst: Von der bürgerlichen zur sozialistischen Profession? Ärzte in der DDR, 1945–1961, in: Richard Bessel/Ralph Jessen (Hrsg.): Die Grenzen der Diktatur. Staat und Gesellschaft in der DDR, Göttingen 1996, S. 25–48; Klaus-Dieter Müller: Die Ärzteschaft im staatlichen Gesundheitswesen der SBZ und der DDR 1945–1989, in: Robert Jütte (Hrsg.): Geschichte der deutschen Ärzteschaft. Organisierte Berufs- und Gesundheitspolitik im 19. und 20. Jahrhundert, Köln 1997, S. 243–273; Ernst: »Die beste Prophylaxe ist der Sozialismus«; Gerhard Naser: Hausärzte in der DDR. Relikte des Kapitalismus oder Konkurrenz für die Polikliniken? Bergatreute 2000; Sebastian Günther/Wiebke Janssen: »Beamte des sozialistischen Staates?« Professoren der Medizin in der DDR (1968–1989), in: Bios 26 (2013) 2, S. 200–217; Markus Wahl: »Warum habt ihr solche Angst, dass wir nicht wiederkommen?« Grenzübertritte der medizinischen Intelligenz in den 1970er Jahren, in: Andreas Frewer/Rainer Erices (Hrsg.): Medizinethik in der DDR. Moralische und menschenrechtliche Fragen im Gesundheitswesen, Stuttgart 2015, S. 59–80. Auch die politisch-biografischen Prägungen speziell der sozialistischen Ärzte durch das während der NS-Zeit erlittene Unrecht oder die in den 1950er Jahren einsetzende Unterwanderung durch die Staatssicherheit sind thematisiert worden, siehe Schleiermacher: Rückkehr der Emigranten; Francesca Weil: Zielgruppe Ärzteschaft. Ärzte als inoffizielle Mitarbeiter des Ministeriums für Staatssicherheit der DDR, Göttingen 2008. Für eine frühe Kritik am »traditional iatrocentric approach« der Medizinhistoriografie siehe Woodward/Richards: Towards a social history of medicine, hier S. 16.

40 Siehe beispielhaft Heike Krumbiegel: Polikliniken in der SBZ/DDR. Konzeption und Umsetzung öffentlicher, poliklinischer Einrichtungen unter der besonderen Berücksichtigung Brandenburgs, Frankfurt am Main 2007; Rainer Herrn/Laura Hottenrott (Hrsg.): Die Charité zwischen Ost und West 1945–1992. Zeitzeugen erinnern sich, Berlin 2010; Christoph Lorke: Dozenten und die »sozialistische Umgestaltung«. Die Hochschullehrerschaft der Medizinischen Akademie Magdeburg vom Mauerbau bis zum Ende der 60er Jahre, in: Benjamin Schröder/Jochen Staadt (Hrsg.): Unter Hammer und Zirkel. Repression, Opposition und Widerstand an den Hochschulen der SBZ/DDR, Frankfurt am Main 2011, S. 205–221.

Disziplinierung junger Patientinnen in geschlossenen venerologischen Stationen, die unter anderem auf narrativen Interviews basiert.[41] Dennoch bleibt zu konstatieren, dass es zur Geschichte der Patienten im real existierenden Sozialismus nur sehr wenig Forschungsliteratur gibt.

Dieses Desiderat fällt umso mehr ins Auge, als die Patientengeschichte längst ein gut entwickelter Zweig der Medizingeschichtsschreibung geworden ist. Der britische Medizinhistoriker Roy Porter hatte bereits im Jahr 1985 seine Fachkollegen zu mehr Aktivität auf dem Gebiet der Patientengeschichte aufgerufen und dies als »doing medical history from below« propagiert.[42] In den Folgejahren erschlossen Forscher im In- und Ausland mehr und mehr patientenbezogenes Quellenmaterial für die Medizinhistoriografie, sodass heute von einem Mangel an patientenorientierten Studien nicht mehr gesprochen werden kann.[43] Auf der Basis von Fallsammlungen, ärztlichen Praxistagebüchern oder Krankenakten sind wegweisende Studien veröffentlicht worden. Neben indirekten Quellen, in denen die Patientenperspektive meist nur mittelbar zum Ausdruck kommt, wurden inzwischen vermehrt echte Selbstzeugnisse, etwa in Form von Autobiografien oder Briefen, herangezogen, um die Sichtweisen und Erfahrungen von Patienten zu rekonstruieren.[44] Zu Selbstzeugnissen sind auch Bittschriften, Eingaben oder Petitionen zu zählen, die an Behörden, Parlamente oder Regierungsvertreter

41 Siehe Florian Steger/Maximilian Schochow: Disziplinierung durch Medizin. Die geschlossene Venerologische Station in der Poliklinik Mitte in Halle (Saale) 1961–1982, Halle 2014.

42 Roy Porter: The patient's view. Doing medical history from below, in: Theory and society 14 (1985) 2, S. 175–189. Nahezu wortgleich auch schon bei Woodward/Richards: Towards a social history of medicine, S. 25. Flurin Condrau hat auf konzeptionelle Schwächen in Porters Ansatz hingewiesen, vgl. Flurin Condrau: The patient's view meets the clinical gaze, in: Social History of Medicine 20 (2007) 3, S. 525–540.

43 Allgemein zur Patientengeschichte siehe Eberhard Wolff: Perspektiven der Patientengeschichtsschreibung, in: Norbert Paul/Thomas Schlich (Hrsg.): Medizingeschichte: Aufgaben, Probleme, Perspektiven, Frankfurt am Main/New York 1998, S. 311–334; Katharina Ernst: Patientengeschichte – Die kulturhistorische Wende in der Medizinhistoriographie, in: Ralf Bröer (Hrsg.): Eine Wissenschaft emanzipiert sich. Die Medizinhistoriographie von der Aufklärung bis zur Postmoderne, Pfaffenweiler 1999, S. 97–108; Wolfgang Uwe Eckart/Robert Jütte: Medizingeschichte. Eine Einführung, 2., überarbeitete und ergänzte Auflage, Köln 2014, S. 195–207.

44 Auf solchen Berichten aus erster Hand basieren beispielsweise Barbara Elkeles: Arbeiterautobiographien als Quellen der Krankenhausgeschichte, in: Medizinhistorisches Journal 23 (1988), S. 342–358; Jens Lachmund/Gunnar Stollberg: Patientenwelten. Krankheit und Medizin vom späten 18. bis zum frühen 20. Jahrhundert im Spiegel von Autobiographien, Opladen 1995; Michael Stolberg: Homo patiens. Krankheits- und Körpererfahrung in der Frühen Neuzeit, Köln 2003; Martin Dinges/Vincent Barras (Hrsg.): Krankheit in Briefen im deutschen und französischen Sprachraum. 17.–21. Jahrhundert, Stuttgart 2007; Nicole Schweig: Gesundheitsverhalten von Männern. Gesundheit und Krankheit in Briefen, 1800–1950, Stuttgart 2009. Allgemein zur Bedeutung von Selbstzeugnissen für die Patientengeschichte siehe Philipp Osten (Hrsg): Patientendokumente. Krankheit in Selbstzeugnissen, Stuttgart 2010.

gerichtet wurden und Gesundheit, Krankheit oder die medizinische Versorgung thematisieren. Medizinhistoriker haben diese Quellengattung bis jetzt vor allem zur sozialgeschichtlichen Erforschung der Medizin der Frühen Neuzeit benutzt. Supplikationen boten seinerzeit den Untertanen direkten Zugang zur Obrigkeit.[45] In diesen Bittbriefen gaben die Menschen neben ihrem konkreten Anliegen häufig auch über ihre Lebenswelt und die Probleme Auskunft, von denen sie betroffen waren, etwa im Falle einer Erkrankung. Auch die jeweilige Wahrnehmung und Deutung von Krankheit oder Behinderung teilen sich mitunter auf diesem Wege mit.[46] Mittlerweile sind Eingaben an Behörden sowie Briefe an nichtstaatliche Organisationen auch für die Zeitgeschichte der Medizin fruchtbar gemacht worden.[47] In den allermeisten Fällen tragen die hierbei untersuchten Briefe den Charakter einer Beschwerde. Dies trifft auch für den weitaus größten Teil der Eingaben zu, die von Patienten in der DDR verfasst wurden.[48] Insofern soll hier die aus Großbritannien stammende Anregung aufgegriffen werden, die medizinische Versorgung verstärkt anhand von Patientenbeschwerden und damit aus

45 Vgl. Christina Vanja: Supplikationen als Quelle der Patientengeschichte, in: Arnd Friedrich/Irmtraut Sahmland/Christina Vanja (Hrsg.): An der Wende zur Moderne. Die hessischen Hohen Hospitäler im 18. und 19. Jahrhundert, Petersberg 2008, S. 163–172. Der Begriff Supplikation oder auch Supplik leitet sich vom lateinischen Verb supplicare (»flehentlich bitten«) ab. Eine Supplikation bezeichnet die Bitte eines Bürgers, einer Gruppe oder einer Korporation an den Landesherren. Die Beantwortung konnte in Form eines schriftlichen Gutachtens (Reskript) oder einer Ausnahmebewilligung (Dispensation) erfolgen, vgl. Otto Ulbricht: Supplikationen als Ego-Dokumente. Bittschriften von Leibeigenen aus der ersten Hälfte des 17. Jahrhunderts als Beispiel, in: Winfried Schulze (Hrsg.): Ego-Dokumente. Annäherung an den Menschen in der Geschichte, Berlin 1996, S. 149–174.

46 Siehe Angela Schattner: Zwischen Familie, Heilern und Fürsorge. Das Bewältigungsverhalten von Epileptikern in deutschsprachigen Gebieten des 16.–18. Jahrhunderts, Stuttgart 2012. Für das frühe 20. Jahrhundert: Katrin Marx-Jaskulski: Narratives of ill-health in applicant letters from rural Germany, 1900–30, in: Andreas Gestrich/Elizabeth Hurren/Steven King (Hrsg.): Poverty and sickness in modern Europe. Narratives of the sick poor, 1780–1938, London 2012, S. 209–223.

47 So hat etwa Sylvelyn Hähner-Rombach Petitionen an den Landtag von Baden-Württemberg ausgewertet, in denen Strafgefangene über ihre gesundheitlichen Belange und Probleme Auskunft geben, siehe Sylvelyn Hähner-Rombach: Gesundheit und Krankheit im Spiegel von Petitionen an den Landtag von Baden-Württemberg 1946 bis 1980, Stuttgart 2011. Philipp Eisele hat Briefe an eine Patientenorganisation untersucht: Philipp Eisele: Pluralismus in der Medizin aus Patientenperspektive. Briefe an eine Patientenorganisation für alternative Behandlungsmethoden (1992–2000), Stuttgart 2016.

48 Die in der DDR mit der Auswertung von Eingaben befassten Stellen versuchten mitunter, das zahlenmäßige Überwiegen von Beschwerden (gegenüber nur wenigen lobenden Äußerungen) durch Einführung alternativer Kategorien wie »Vorschläge« oder »Hinweise« zu beschönigen, vgl. Hartmut Bettin: Zwischen Verdüsterung und Verklärung. Eingabenanalysen des Ministeriums für Gesundheitswesen (MfG) der DDR als Quelle zur Beschreibung von Problemschwerpunkten und Bewältigungsstrategien im DDR-Gesundheitswesen, in: Medizinhistorisches Journal 51 (2016) 4, S. 327–363, hier S. 333 f.

der oft marginalisierten und wenig erforschten Perspektive der Unzufriedenen oder Geschädigten zu rekonstruieren.[49] In der Tat ist die Geschichte der Patientenbeschwerde in der Medizin noch nicht geschrieben worden. Der Zeitpunkt dafür erscheint günstig, nicht zuletzt, da in der heutigen Medizin allmählich die Erkenntnis reift, dass Beschwerden und ein professioneller Umgang mit ihnen hilfreich sein können, um Prozesse und Qualität der Patientenversorgung zu verbessern.[50] In einem stark kommerzialisierten Gesundheitswesen findet sich allerdings mitunter auch eine rein instrumentelle Sichtweise auf Patientenbeschwerden: Beschwerden sind demnach nicht primär um der Patienten willen ernst zu nehmen und zu bearbeiten, sondern um den wirtschaftlichen Erfolg der Klinik nicht zu gefährden.[51] Umso wichtiger wäre es, unser Wissen über das, was Patienten in Kliniken und Praxen erleben und erlebt haben, zu erweitern und sowohl für die Gesellschaft als auch für die Forschung nutzbar zu machen.

Obwohl bereits in den 1990er Jahren auf das heuristische Potenzial von Eingaben für die Erforschung der DDR-Geschichte hingewiesen wurde, fand eine tiefergehende Beschäftigung mit dieser gerade für die Alltagsgeschichte der DDR

49 Siehe Linda Mulcahy: Disputing doctors. The socio-legal dynamics of complaints about medical care, Maidenhead 2003; Jonathan Reinarz/Rebecca Wynter (Hrsg.): Complaints, controversies and grievances in medicine. Historical and social science perspectives, London 2015. Für den Kontext der vorliegenden Untersuchung sind die britischen Ansätze von besonderer Bedeutung, da der 1948 gegründete National Health Service (NHS), ebenso wie es beim DDR-Gesundheitssystem der Fall war, staatlich organisiert ist und die jeweiligen Beschwerdekulturen manche Ähnlichkeit aufweisen.

50 Siehe Merrilyn Walton: Why complaining is good for medicine, in: Internal Medicine Journal 31 (2001) 2, S. 75–76; Kim Price: Towards a history of medical negligence, in: Lancet 375 (2010) 9710, S. 192–193; Rob Behrens: Handling complaints: harnessing feedback to improve services, in: British Journal of General Practice 68 (2018) 675, S. 483; Matthew Pearce/Victoria Wilkins/David Chaulk: Using patient complaints to drive healthcare improvement: a narrative overview, in: Hospital Practice 49 (2021) sup1, S. 393–398. Die Historisierung des Phänomens »Beschwerde« hat gerade erst begonnen. Dabei setzt sich mehr und mehr die Auffassung durch, Beschwerden nicht per se als Negativum, sondern als wichtige gesellschaftliche Triebfeder zur Verbesserung der Zustände, »as a directed expression of a refusal or inability to accept that things are not as they ought to be« zu begreifen, Julian Baggini: Complaint. From minor moans to principled protests, London 2008, S. 127. Die historische Literatur zu Beschwerden in der Medizin ist spärlich, als klassisch gilt die Studie von Rudolf Klein: Complaints against doctors. A study in professional accountability, London 1973. Für eine historische Lokalstudie aus dem deutschsprachigen Raum siehe Heiner Fangerau: »Geräucherte Sülze, mit Schwarten durchsetzt, teilweise kaum genießbar ...« – Patientenkritik und ärztliche Reaktion in der Volksnervenheilstätte 1903–1933, in: Heiner Fangerau/Karen Nolte (Hrsg.): »Moderne« Anstaltspsychiatrie im 19. und 20. Jahrhundert – Legitimation und Kritik, Stuttgart 2006, S. 371–393.

51 Beispielhaft für eine solche Sichtweise: »Kein Unternehmen im Gesundheitswesen kann es sich im zunehmenden Wettbewerb leisten, einen Patienten zu verlieren. Man könnte sagen, dass bei einer Patientenbeschwerde die Dienstleistung erneut ›verkauft‹ werden muss.« Gisela Meese: Schriftliche Patientenbeschwerden professionell beantworten. Erfolgreich kommunizieren und überzeugen, Stuttgart 2018, S. 19.

bedeutsamen Quellengattung nur sporadisch statt. Erst in jüngster Zeit haben Zeithistoriker begonnen, Eingaben und Petitionen in ihren jeweiligen west- und ostdeutschen Kontexten als Forschungsfeld zu entdecken.[52] Inzwischen hat auch die Medizinhistoriografie auf Eingaben zurückgegriffen, um das DDR-Gesundheitswesen näher zu untersuchen. In eigenen Arbeiten habe ich das thematische Spektrum von Eingaben beschrieben, die in den 1980er Jahren an die Abteilung Gesundheitspolitik des ZK der SED gerichtet wurden. Darüber hinaus bin ich den Erfolgsaussichten von Eingaben nachgegangen.[53] Andere Autoren haben parallel zeigen können, dass es Patienten in der DDR mithilfe von Eingaben vereinzelt gelingen konnte, Einfluss auf die Produktion und den Import von Psychopharmaka zu nehmen. Auch der Prozess der Auswertung von Patienteneingaben auf den Leitungsebenen des DDR-Gesundheitswesens ist näher untersucht worden.[54]

4. Methode und Aufbau

Die vorliegende Untersuchung stellt eine Kombination aus Struktur- und Alltagsgeschichte dar, wobei der spezifische Bereich der gesundheitlichen Versorgung im Mittelpunkt steht. Die Arbeit folgt einem sozialhistorischen Erkenntnisinteresse, das, im Sinne einer frühen Forderung (und Kritik) Thomas Nipperdeys, nicht allein Strukturen analysiert, sondern die anthropologische Dimension der Sozialgeschichte in den Vordergrund rückt.[55] Die Studie ist deshalb vorrangig

52 Siehe u. a. Beatrix Bouvier: Die DDR – ein Sozialstaat? Sozialpolitik in der Ära Honecker, Bonn 2002; Thomas Kübler: »So wende ich mich mit dieser Eingabe ...«. Ein Streifzug durch das Eingabenwesen in den 70er und 80er Jahren in Dresden, in: Dresdner Geschichtsbuch 12 (2007), S. 250–269; Streubel: Wir sind die geschädigte Generation; Reuter-Boysen: Artikulation von Fraueninteressen. Für einen westdeutschen Kontext, in dem Eingaben meist synonym mit Petitionen verwendet wurden, siehe Michaela Fenske: Demokratie erschreiben. Bürgerbriefe und Petitionen als Medien politischer Kultur 1950–1974, Frankfurt am Main/New York 2013.

53 Siehe Florian Bruns: Krankheit, Konflikte und Versorgungsmängel. Patienten und ihre Eingaben im letzten Jahrzehnt der DDR, in: Medizinhistorisches Journal 47 (2012) 4, S. 335–367; Florian Bruns: Die gesundheitliche Versorgung in der DDR aus Patientensicht. Eine Untersuchung von Eingaben an die SED, in: Das Gesundheitswesen 78 (2016) 5, S. 285–289; Florian Bruns: ›Werte Genossen! Heute komme ich mit einer Bitte zu Euch ...‹ Der Umgang mit Patienteneingaben im DDR-Gesundheitswesen, in: Markus Wahl (Hrsg.): Volkseigene Gesundheit. Reflexionen zur Sozialgeschichte des Gesundheitswesens der DDR, Stuttgart 2020, S. 93–109.

54 Siehe Viola Balz: »Für einen Aktivisten wie mich muss es in einem sozialistischen Staat doch effektive Medikamente geben«. Psychopharmaka und Konsumenteninteresse in der DDR, in: NTM 21 (2013) 3, S. 245–271; Ulrike Klöppel/Matthias Hoheisel: »Wunschverordnung« oder objektiver »Bevölkerungsbedarf«? Zur Wahrnehmung des Tranquilizer-Konsumenten in der DDR (1960–1970), in: NTM 21 (2013) 3, S. 213–244; Bettin: Zwischen Verdüsterung und Verklärung.

55 Vgl. Thomas Nipperdey: Kulturgeschichte, Sozialgeschichte, historische Anthropologie, in: Vierteljahrschrift für Sozial- und Wirtschaftsgeschichte 55 (1968), S. 145–164. Programma-

akteurszentriert.[56] Sie will die Erfahrungen und Wahrnehmungen der Patienten konsequent aus deren Blickwinkel erfassen, anstatt sie durch die Brille des SED-Staates oder – zum Beispiel – indirekt aus den Berichten der Staatssicherheit zu beschreiben. Die Geschichten, die Patienten oder Angehörige in den hier untersuchten Eingaben erzählen, liefern vielfältige Hinweise darauf, wie die Menschen das sozialistische Gesundheitswesen wahrnahmen und was sie von ihm erwarteten. Dabei geht es eher am Rande um die mitgeteilten Körper- und Krankheitserfahrungen (die eine eigene Untersuchung wert wären), sondern in erster Linie um den politischen Inhalt der untersuchten Eingaben. Ich möchte wissen, wie die Patienten die gesundheitliche Versorgung in der DDR erlebt, welche Vorstellungen und Ansprüche sie artikuliert haben, mit welchen Enttäuschungen sie konfrontiert wurden – und welche Forderungen sie daraus abgeleitet haben. Bei der Analyse der Eingaben orientiere ich mich an dem Prinzip der »thick description« von Clifford Geertz, das in der Alltagsgeschichte breite Anwendung gefunden hat.[57] Angelehnt an Geertz' ursprünglich ethnografisch inspirierte Methode werde ich die Eingabentexte zitieren, möglichst genau (»dicht«) beschreiben und aus ihrem gesellschaftlichen Entstehungskontext heraus interpretieren, ohne damit auf allgemeingültige oder gar restlose Erklärung der Texte abzuzielen.[58] Da die in den Eingaben enthaltenen Patientennarrative keine direkten Abbilder der Realität darstellen, sondern subjektive Wahrnehmungen wiedergeben, werde ich sie historisch einordnen und quellenkritisch analysieren. Somit geht es weniger darum, die Eingabentexte als Ausdruck von Faktizität und Repräsentativität zu lesen, sondern darin Deutungs- und Handlungsmuster der Verfasser aufzusuchen. Folgt man den Ausführungen Michel de Certeaus über die »Kunst des Handelns«, so lässt sich das Schreiben von Eingaben als Taktik des gemeinen Mannes verstehen, mit deren Hilfe dieser versucht, den Mächtigen auf vorgegebenem Terrain kleine Erfolge abzutrotzen. Taktik wird hierbei interpretiert als eine »Kunst des Schwachen«, der aufgrund der Grenzsetzungen anderer (z.B.

tisch zur Alltagsgeschichte Alf Lüdtke: Einleitung. Was ist und wer treibt Alltagsgeschichte?, in: ders. (Hrsg.): Alltagsgeschichte. Zur Rekonstruktion historischer Erfahrungen und Lebensweisen, Frankfurt am Main 1989, S. 9–47.

56 Vgl. die Abgrenzung zum »Subjekt« oder zum noch wirkungsmächtigeren »Agenten« bei Alf Lüdtke: Alltagsgeschichte: Aneignung und Akteure. Oder – es hat noch kaum begonnen!, in: Werkstatt Geschichte 17 (1997), S. 83–91, hier S. 86.

57 Siehe Hans Medick: »Missionare im Ruderboot«? Ethnologische Erkenntnisweisen als Herausforderung an die Sozialgeschichte, in: Alf Lüdtke (Hrsg.): Alltagsgeschichte. Zur Rekonstruktion historischer Erfahrungen und Lebensweisen, Frankfurt am Main 1989, S. 48–84, insbesondere S. 59–62; Clifford Geertz: Dichte Beschreibung. Beiträge zum Verstehen kultureller Systeme, 3. Auflage, Frankfurt am Main 1994.

58 Vgl. ebd., S. 37, 261 und passim.

eines politischen Systems) nur über eine eingeschränkte »Manövrierfähigkeit« verfügt.[59]

Wo es die Quellenlage erlaubt, wird die Sichtweise der Patienten durch offizielle Verlautbarungen, Artikel des SED-Zentralorgans *Neues Deutschland* oder Berichte der Zentralen Auswertungs- und Informationsgruppe (ZAIG) der Staatssicherheit ergänzt, um die in den Schilderungen aufscheinenden Probleme in den jeweiligen Kontext einzubetten. Auch westdeutsche Zeitungsberichte aus der Feder gut informierter Korrespondenten werden zu diesem Zweck fallweise herangezogen. An solchen Stellen wird der primär alltagsgeschichtliche Zugriff durch struktur- und politikgeschichtliche Aspekte ergänzt. Dies erfolgt unter der Annahme, dass eine sozialgeschichtlich angelegte Studie nur ertragreich sein kann, wenn sie auch die politische Geschichte im Blick behält und berücksichtigt.[60] Ohnehin lässt sich mit Blick auf die DDR eine klare Trennung von Politik- und Sozialgeschichte kaum durchführen, zu sehr waren politische und soziale Gestaltungsmacht bei der Staatspartei SED konzentriert, und zu stark bestimmte diese über 40 Jahre hinweg die gesamtgesellschaftliche Entwicklung zwischen Elbe und Oder.

Um die Eingaben und die darin verhandelten Inhalte besser zu verstehen, werden im folgenden zweiten Kapitel zunächst die Leitideen und Strukturen des DDR-Gesundheitswesens dargestellt. Zum Kontext, den es auszuleuchten gilt, gehören insbesondere die Jahre 1971 bis 1989, aus denen die große Mehrzahl der untersuchten Eingaben stammt. Im dritten Kapitel steht das Medium der Eingabe im Fokus. Wie entwickelte sich das Eingabewesen, welche Bedeutung hatte es für den Bereich der gesundheitlichen Versorgung? Wer kommunizierte mit wem, und wie wurde kommuniziert? Das vierte Kapitel gewährt Einblicke in verschiedene Bereiche der gesundheitlichen Versorgung in der DDR, die besonders häufig Gegenstand von Eingaben waren. Zudem werden die Beweggründe analysiert, die hinter den Korrespondenzen zwischen den politischen Leitern des Gesundheitswesens und den Patienten bzw. Angehörigen standen. Die Schlussbetrachtung fragt, was uns Eingaben über ihre Verfasser verraten, wie sich die

59 Vgl. Michel de Certeau: Kunst des Handelns, Berlin 1988, S. 21–25, 89. Der Gegenbegriff zur Taktik ist für Certeau die Strategie, die aber meist die Möglichkeiten des gewöhnlichen Menschen übersteigt.

60 Zu dieser (auch umgekehrt gültigen) Wechselbeziehung siehe Mary Fulbrook: Methodologische Überlegungen zu einer Gesellschaftsgeschichte der DDR, in: Richard Bessel/Ralph Jessen (Hrsg.): Die Grenzen der Diktatur. Staat und Gesellschaft in der DDR, Göttingen 1996, S. 274–297, hier S. 295. Zum Verhältnis von Struktur- und Alltagsgeschichte siehe Lüdtke: Alltagsgeschichte: Aneignung und Akteure, insbesondere S. 83–86.

zeitgenössische Wahrnehmung des DDR-Gesundheitswesens in den Eingaben widerspiegelt und schließlich, welche Funktion das Eingabewesen für die Staatspartei SED und ihre Machtausübung besaß.

II. Der historische Rahmen: Das Gesundheitswesen der DDR

Das Gesundheitswesen der DDR bildet sowohl den Kontext als auch einen häufigen Bezugspunkt der Patienteneingaben. Um zu verstehen, worüber in den Eingaben gesprochen bzw. geschrieben wurde, ist es an dieser Stelle notwendig, sich aus der dichten Sphäre der Briefe zu lösen und einen kurzen Blick auf das DDR-Gesundheitswesen zu richten. Der Schwerpunkt liegt dabei auf Leitideen und Strukturen, die im Zusammenhang mit den hier untersuchten Eingaben von Bedeutung sind. Das Gesundheitswesen der DDR fußte auf der Staatsideologie des Sozialismus, von dem angenommen wurde, dass er objektiven Geschichtsprozessen Ausdruck verleihe, an deren Ziel und Ende der Kommunismus stehe. Nach Lenin kommt dem Gesundheitsschutz der Bevölkerung im Sozialismus eine herausgehobene Stellung zu. Gesundheitliche Vorsorge und medizinische Versorgung gelten als gesamtgesellschaftliche und deshalb staatlich zu organisierende Aufgaben.[1] Der Sozialhygieniker Kurt Winter, einer der theoretischen Vordenker des sozialistischen Gesundheitswesens in der DDR, formulierte dies wie folgt:

> »Die Sorge um den Menschen und seine allseitige körperliche und geistige Entwicklung ist das Grundanliegen der sozialistischen Gesellschaft. Aus dieser Sicht ergibt sich in der Periode der vollen Entfaltung der sozialistischen Gesellschaft eine immer engere Verflechtung der Aufgaben des Gesundheitswesens mit den Aufgaben der gesamten Gesellschaft. Der Gesundheitsschutz unserer Bevölkerung wird demnach zu einer gesamtgesellschaftlichen Verantwortung, wobei die Aufgabe des Gesundheitswesens darin besteht, mit allen Teilbereichen so zu kooperieren, dass sie befähigt werden, ihren Anteil bei der Erfüllung des Gesundheitsschutzes zu verwirklichen.«[2]

1 Vgl. Boris M. Potulow: W. I. Lenin und der Gesundheitsschutz, Berlin 1970.

2 Kurt Winter: Zum System-Aspekt des Gesundheitswesens, in: ders. (Hrsg.): Arzt und Gesellschaft, Jena 1970, S. 27–34, hier S. 29.

Als ein Zweig des sogenannten nichtproduzierenden Bereichs der Volkswirtschaft war das Gesundheitswesen vollständig in die zentrale Planwirtschaft integriert.[3] Das Gesundheitswesen war keineswegs von ökonomischen Rücksichten befreit, sondern umfassend in die Planungs- und Lenkungsstrukturen der sozialistischen Wirtschaftsordnung eingegliedert. Die Zuteilung der Personal- und Sachmittel – vom Universitätsklinikum bis zur kleinsten Poliklinik – hing direkt vom Volkswirtschaftsplan ab, war also eng an die ökonomische Entwicklung der DDR gekoppelt. Finanziert wurde das Gesundheitswesen aus drei wesentlichen Quellen: dem Beitragsaufkommen der Sozialversicherung, den staatlichen Zuschüssen zur Sozialversicherung sowie den direkt aus dem Staatshaushalt stammenden Geldern, mit denen medizinische Einrichtungen und Personal finanziert wurden.[4] Grundlegend für die Konzeption und Ausgestaltung des sozialistischen Gesundheitssystems war die Überzeugung, dass die gesundheitliche Versorgung der Bevölkerung primär in den Verantwortungsbereich des Staates falle und von jeglichen Marktmechanismen befreit zu sein habe. Nur so seien die allgemeine Zugänglichkeit und die Unentgeltlichkeit der medizinischen Behandlung gewährleistet.[5] Die Vereinheitlichung der Sozialversicherung, ein starker Fokus auf der Prophylaxe, die Errichtung von Polikliniken sowie der flächendeckende Aufbau eines Betriebsgesundheitswesens waren wichtige Merkmale sozialistischer Gesundheitspolitik. Die zentrale Rolle des Staates beim Gesundheitsschutz war dabei ideologisch gesetzt und galt als das grundlegende Prinzip, auf dessen Basis erst die Verwirklichung der anderen Elemente möglich sei. Der Staat, so hatte es Erich Honecker kurz nach seinem Amtsantritt 1971 bekräftigt, diente als Hauptinstrument der Arbeiterklasse beim Aufbau der sozialistischen Gesellschaft.[6] Die Überführung fast aller Einrichtungen des Gesundheitswesens in staatliches Eigentum (nach offizieller Lesart »Volkseigentum«) galt als wichtige Errungenschaft des Sozialismus. Im internationalen, besonders aber im deutsch-deutschen Systemwettbewerb war das staatliche Gesundheitswesen einer der wichtigsten Aktivposten der DDR. Es galt als Ausweis für medizinische Rationalität, wissenschaftliche Fundiertheit und letztlich für die Überlegenheit der sozialen

3 Vgl. Alfred Keck (Hrsg.): Planung und Ökonomie des Gesundheitswesens, Berlin 1981.

4 Vgl. Wasem/Mill/Wilhelm: Gesundheitswesen und Sicherung, S. 377.

5 Vgl. Winter: Das Gesundheitswesen, S. 7, 16 und passim.

6 Bericht des Zentralkomitees an den VIII. Parteitag der Sozialistischen Einheitspartei Deutschlands, Berichterstatter Erich Honecker, Berlin 1971, S. 63. Zum Staatsverständnis der DDR siehe u. a. Ulrich Lohmann: Zur Staats- und Rechtsordnung der DDR. Juristische und sozialwissenschaftliche Beiträge 1977–1996, Wiesbaden 2015.

Ordnung der DDR. Viele Eingabenverfasser beriefen sich auf einen Idealtypus sozialistischer Gesundheitsfürsorge, der auf SED-Parteitagen und in den Medien propagiert wurde, in der Realität aber kaum vorzufinden war.

1. Konzeption und Aufbau nach 1945

Das sozialistische Gesundheitswesen, das nach dem Ende des Zweiten Weltkriegs in der Sowjetischen Besatzungszone (SBZ) aufgebaut und ab 1949 in der DDR weiterentwickelt wurde, besaß zwei wesentliche Vorbilder: das Gesundheitswesen des Deutschen Reiches, dessen Strukturen sich seit Ende des 19. Jahrhunderts herausgebildet hatten, sowie jenes der Sowjetunion, das dort nach der Oktoberrevolution 1917 implementiert worden war. Zum Kernbestand der deutschen Tradition zählte in erster Linie das System der beitragsfinanzierten Krankenversicherung, das der Sozialreformer Theodor Lohmann und Reichskanzler Otto von Bismarck 1884 unter dem Eindruck der erstarkenden Sozialdemokratie ins Leben gerufen hatten. Im Zentrum dieses Systems standen die Krankenkassen, der dort versicherte Patient sowie der von den Kassen honorierte niedergelassene »Kassenarzt«. Zum sowjetischen Modell, das entscheidend durch den Moskauer Sozialhygieniker Nikolai A. Semaschko geprägt wurde, gehörten unter anderem der staatlich-zentralistische Charakter des Gesundheitswesens, die starke Orientierung an Prävention und Prophylaxe sowie die Unentgeltlichkeit der in Anspruch genommenen Leistungen.[7] Historisch lassen sich wiederum auch die Merkmale des sowjetischen Modells auf deutsche Wurzeln zurückführen, nämlich auf in Kaiserreich und Weimarer Republik unerfüllt gebliebene Forderungen der deutschen Arbeiterbewegung nach Unentgeltlichkeit und Verstaatlichung der Gesundheitsfürsorge.[8] Die Versuche, an Traditionen und Ideen sozialdemo-

7 Nikolai A. Semaschko (1874–1949) wurde 1918 Volkskommissar für das Gesundheitswesen in der Sowjetunion, das er bis zu Beginn der 1930er Jahre maßgeblich aufbaute und leitete. Siehe übergreifend zum sowjetischen Gesundheitswesen Heinz Müller-Dietz: Die Entwicklung des Gesundheitswesens in der Sowjetunion (1917 bis 1967), in: Medizinhistorisches Journal 3 (1968) 3, S. 243–253. Aus sowjetischer Perspektive: Boris V. Petrowski: Das sozialistische Gesundheitswesen in der UdSSR, Berlin 1972.

8 Die Forderung nach »Unentgeltlichkeit der ärztlichen Hilfeleistung einschließlich der Geburtshilfe und der Heilmittel« findet sich bereits 1891 im marxistisch geprägten Erfurter Programm der SPD, in dem auch die kostenlose Abgabe von Arzneien durch verstaatlichte Apotheken gefordert wird, vgl. Programm der Sozialdemokratischen Partei Deutschlands, Erfurt 1891, abgedruckt in: Heinrich Potthoff/Susanne Miller: Kleine Geschichte der SPD: 1848–2002, 8. aktualisierte und erweiterte Auflage, Bonn 2002, S. 463–466. Siehe auch Alfons Labisch: Die gesundheitspolitischen Vorstellungen der deutschen Sozialdemokratie von ihrer Gründung

kratischer Gesundheitspolitik aus der Zeit der Weimarer Republik anzuknüpfen, sind in den ersten Jahren nach 1945 unübersehbar. Diese Konzepte wurden von Remigranten mitgebracht, die vor dem Nationalsozialismus geflohen waren und nun mit der Hoffnung in die SBZ zurückkehrten, die progressiven gesundheitspolitischen Ansätze der Weimarer Republik in einem sozialistischen Staat wiederbeleben bzw. weiterverfolgen zu können.

Die Gestaltung der Gesundheitspolitik in der Sowjetischen Besatzungszone oblag seit Herbst 1945 der Deutschen Zentralverwaltung für das Gesundheitswesen (DZVG). Mit dieser Institution wurde erstmals in der Geschichte Deutschlands eine eigenständige Zentralbehörde für das gesamte Gesundheitswesen geschaffen, die über weitreichende politische Entscheidungskompetenz verfügte.[9] Die Bildung der DZVG verdeutlichte die staatliche Zuständigkeit für den Gesundheitsschutz und war damit zugleich Grundlage und Folge der sozialistischen Umgestaltung in diesem Bereich. Administrativ unterstand die DZVG der Sowjetischen Militäradministration (SMAD). Diese sorgte nicht nur dafür, dass sich die Neuordnung des Sozial- und Gesundheitswesens in ihren Grundzügen am sowjetischen Vorbild orientierte, sondern auch dafür, dass sie machtpolitisch überhaupt durchgesetzt werden konnte. Ungeachtet der sowjetischen Dominanz bestanden auf deutscher Seite gleichwohl eigene Handlungsspielräume, die vorwiegend von Akteuren genutzt wurden, die bereits in der Weimarer Republik gesundheitspolitisch aktiv gewesen waren. In der SBZ sahen sie den historischen Moment gekommen, ihre Vorstellungen eines sozialistischen Gesundheitswesens umzusetzen.[10]

Bis zur Gründung der DDR im Oktober 1949 prägten neben der DZVG auch die Regierungen der noch bestehenden fünf Länder die Gesundheitspolitik in der sowjetischen Zone. Die für die Sowjetunion und dann auch für die DDR typische Zentralisierung und Hierarchisierung des Gesundheitswesens setzte vollends

bis zur Parteispaltung (1863–1917), in: Archiv für Sozialgeschichte 16 (1976), S. 325–370, hier S. 345–348. Nach 1917 beriefen sich Lenin und die Bolschewiki auf die sozial- und gesundheitspolitischen Forderungen, die 1891 in Erfurt aufgestellt worden waren, vgl. Lothar Büttner/Bernhard Meyer: Gesundheitspolitik der Arbeiterbewegung. Vom Bund der Kommunisten bis zum Thälmannschen Zentralkomitee der KPD, Berlin 1984, S. 124. In Deutschland hielt unterdessen die Ende 1918 gegründete KPD der Sozialdemokratie vor, die einstmals angestrebte Sozialisierung des Gesundheitswesens nur noch halbherzig zu betreiben. »Erst in der kommunistischen Gesellschaft«, so hieß es 1923 im Kommunalprogramm der KPD, »hört die Gesundheitsfürsorge auf, ein Privileg der Besitzenden zu sein.« Das Kommunalprogramm der KPD, Berlin 1923, zitiert nach Büttner/Meyer: Gesundheitspolitik der Arbeiterbewegung, S. 140.

9 Vgl. Paul Konitzer: Die Aufgaben der Deutschen Zentralverwaltung für das Gesundheitswesen in der sowjetischen Besatzungszone, in: Das Deutsche Gesundheitswesen 1 (1946) 1, S. 4 – 6.

10 Vgl. Schleiermacher: Rückkehr der Emigranten.

erst nach der Entmachtung der Länderregierungen ein, die 1952 mit der Auflösung und dem Ersatz der Länder durch 14 Bezirke ihren Abschluss fand. Erst jetzt konnte das Ministerium für Gesundheitswesen, seit 1950 institutioneller Nachfolger der DZVG, unbehelligt von föderalen Einflüssen agieren und die Vorgaben umsetzen, die ihm Zentralkomitee und Politbüro der SED übermittelten. Freilich waren zu diesem Zeitpunkt alle wesentlichen Entscheidungen über die Struktur des staatlichen Gesundheitswesens bereits gefallen, unter anderem in Gestalt der SMAD-Befehle der Jahre 1945 bis 1949.

Nach 1945 war die gesundheitspolitische Kompetenz der Kommunistischen Partei zunächst nicht sehr ausgeprägt. Unmittelbar nach Kriegsende hielt die von Moskau gesteuerte Kommunistische Partei Deutschlands (KPD) andere Politikfelder für wichtiger, um sich die Macht in der sowjetisch besetzten Zone Deutschlands zu sichern. Dies eröffnete Räume für die Sozialdemokratische Partei Deutschlands (SPD), eigene Konzepte für die Sozial- und Gesundheitspolitik zu entwickeln und wichtige Posten in der DZVG zu übernehmen. Auch nach dem Zusammenschluss von KPD und SPD im April 1946 waren es vornehmlich ehemalige Sozialdemokraten, die dieses Themenfeld innerhalb der neu gegründeten SED besetzten. Viele von ihnen verfügten noch aus der Weimarer Zeit über praktische Erfahrung in der Leitung von Ämtern oder Krankenkassen, an vorderster Stelle der frühere Vorsitzende des Hauptverbandes deutscher Krankenkassen Helmut Lehmann. Lehmann wurde zum wichtigsten sozialpolitischen Akteur der SBZ, was auch daran lag, dass er das Vertrauen seines langjährigen sozialdemokratischen Weggefährten Otto Grotewohl besaß, der 1946 neben Wilhelm Pieck Vorsitzender der SED geworden war.[11]

Als sich 1947 eine Vertiefung der deutschen Teilung abzeichnete und damit die Wahrscheinlichkeit wuchs, dass die SBZ einen eigenen, sozialistischen Weg unter sowjetischer Schirmherrschaft einschlagen würde, verstärkte die SED ihr Engagement in der Gesundheitspolitik. Im März 1947 beschloss die Partei die maßgeblich von Lehmann entworfenen »Gesundheitspolitischen Richtlinien«, in denen die wichtigsten Grundsätze sozialistischer Gesundheitspolitik programmatisch festgeschrieben wurden. Dazu gehörten die Verstaatlichung des Gesundheitswesens, seine planwirtschaftliche Lenkung, die unentgeltliche Behandlung der Kranken sowie der Aufbau von Polikliniken und betrieblichen Gesundheits-

11 Vgl. Dierk Hoffmann: Sozialpolitische Neuordnung in der SBZ/DDR. Der Umbau der Sozialversicherung 1945–1956, München 1996, S. 28–41; Dierk Hoffmann: Otto Grotewohl (1894–1964). Eine politische Biographie, München 2009, S. 503.

einrichtungen.[12] Sofern nicht schon geschehen, wurden die wesentlichen Punkte dieses Programms in den folgenden Jahren sukzessive in die Tat umgesetzt. Allerdings durchdrang insbesondere die Verstaatlichung nicht alle Bereiche in gleichem Maße. So blieben konfessionelle Krankenhäuser von ihr ebenso ausgenommen wie bereits bestehende Arztpraxen.

Vereinheitlichung der Sozialversicherung

Mit der Zusammenlegung von Kranken-, Unfall- und Rentenversicherung war in der SBZ bereits im Sommer 1945 begonnen worden. Anfang 1946 verbot die Sowjetische Militäradministration den noch verbliebenen privaten Krankenkassen die weitere Ausübung ihrer Tätigkeit. Nach der Aufgabe gesamtdeutscher Rücksichtnahmen verkündete schließlich Ende Januar 1947 ein SMAD-Befehl den Aufbau einer sowjetzonalen Einheitsversicherung. Die zwei Monate später von der SED beschlossenen Gesundheitspolitischen Richtlinien erwähnen die vereinheitlichte Sozialversicherung bereits als Faktum und nicht als Forderung. In der Not der Nachkriegsjahre mit ihrem Mangel an finanziellen und personellen Ressourcen erschien die Vereinigung und Zentralisierung der Sozialversicherungsträger schon aus Effizienzgründen naheliegend.[13] Hinzu kam, dass die Sozialversicherungskassen finanziell ruiniert waren, da die Nationalsozialisten sie zur Kriegsfinanzierung herangezogen hatten. Politisch ging es unter anderem darum, die sozialrechtlichen Unterschiede zwischen Selbständigen und Beamten sowie Arbeitern und Angestellten bei der Alters- und Krankenversorgung zu beseitigen. Möglichst alle Bevölkerungs- und Berufsgruppen sollten in die Sozialversicherung einbezogen werden. Lediglich Post, Bahn und Knappschaften behielten einen gewissen Sonderstatus. Die sowjetische Besatzungsmacht verhinderte zudem die Neubildung der wegen ihrer nationalsozialistischen Durchdringung bei Kriegsende verbotenen Ärztekammern und ärztlichen Berufsver-

12 Siehe Gesundheitspolitische Richtlinien der Sozialistischen Einheitspartei Deutschlands, Berlin 1947.

13 Die Zusammenlegung begann dezentral im Sommer 1945, zunächst in Berlin und Sachsen. In der noch ungeteilten Hauptstadt löste die im Juli gegründete »Versicherungsanstalt Berlin« 156 einzelne Sozialversicherungsträger ab, darunter 122 verschiedene Krankenkassen, vgl. Arndt: Gesundheitspolitik im geteilten Berlin, S. 68. Auf dem gesamten Gebiet der SBZ existierten zu diesem Zeitpunkt mehr als 1300 Orts-, Betriebs-, Innungs- und Ersatzkassen sowie diverse Unfall- und Rentenversicherungsträger. Deren Vereinheitlichung war nicht allein unter Sozialisten populär, auch die Ost-CDU bekannte sich auf ihrem Parteitag im Juni 1946 zum Prinzip der Einheitsversicherung, forderte aber – ohne Erfolg – für bestimmte Berufszweige eine private Krankenversicherung, vgl. Hoffmann: Sozialpolitische Neuordnung, S. 32 f. und 49 f. Zum Prozess der Vereinheitlichung siehe auch Lohmann: Zur Staats- und Rechtsordnung, S. 165–171.

bände. Dahinter stand die Sorge, die ärztlichen Interessenverbände könnten im Falle ihrer Wiederzulassung die Umgestaltung des Gesundheits- und Versicherungssystems hintertreiben.

Ein hervorstechendes Merkmal der ostdeutschen Sozialversicherung war neben der Zusammenfassung von Kranken-, Renten- und Unfallversicherung die Beitragsstabilität. Diese war politisch intendiert. Tatsächlich blieben die Pflichtbeiträge der Versicherten von 1947 bis 1990 trotz erheblicher Leistungsausweitungen konstant. Arbeitnehmer hatten zehn Prozent ihres monatlichen Bruttolohns an die Sozialversicherung abzuführen; maximal jedoch 60 Mark im Monat, sodass die Höchstgrenze des sozialversicherungspflichtigen Monatseinkommens bei 600 Mark lag. Diese Beitragsbemessungsgrenze blieb trotz der seit den 1950er Jahren gestiegenen Durchschnittseinkommen bis zum Ende der DDR unverändert, was zuletzt eher Ausdruck von Stagnation als von Stabilität des Versicherungssystems war.[14] Die Betriebe übernahmen die andere Hälfte der Beitragszahlungen, ab 1978 noch etwas mehr, nämlich 12,5 Prozent. Damit betrug der Versicherungssatz 20 Prozent (nach 1978: 22,5 Prozent) der Arbeitseinkommen.[15] Bis 1951 reichte das Gesamtaufkommen der Beiträge aus, um alle Ausgaben der Sozialversicherung zu decken. In der Folgezeit war dies nicht mehr der Fall. Die steigenden Ausgaben insbesondere für medizinische Leistungen führten angesichts der nicht adäquat mitwachsenden Beitragseinnahmen zu einer jährlich größeren Finanzierungslücke, die vom Staatshaushalt zusätzlich zu den ohnehin für das Gesundheits- und Sozialwesen vorgesehenen Geldern ausgeglichen werden musste. Betrug der staatliche Zuschuss zur Sozialversicherung 1955 noch 147 Millionen Mark (was drei Prozent der Ausgaben entsprach), so war er 1960 bereits auf 1,3 Milliarden Mark (19 Prozent der Ausgaben) gestiegen und erreichte 1977 9,5 Milliarden Mark, was bedeutete, dass 46 Prozent der Gesamtausgaben der Sozialversicherung vom Staatshaushalt getragen wurden.[16]

Als Bindeglied zwischen Sozialversicherung, Betrieben und Werktätigen kamen in größeren Arbeitsstätten die sogenannten Bevollmächtigten der Sozialversicherung zum Einsatz, die von den Arbeitnehmern gewählt wurden. Als Kandidaten standen vor allem Funktionäre des SED-gelenkten Freien Deutschen Gewerkschaftsbundes (FDGB) zur Verfügung.[17] Zu den wichtigsten Aufgaben der

14 Vgl. Hoffmann: Sozialpolitische Neuordnung, S. 177.

15 Zum Hintergrund siehe Hans Günter Hockerts: Der deutsche Sozialstaat. Entfaltung und Gefährdung seit 1945, Göttingen 2011, S. 230 f. sowie detailliert Lohmann: Zur Staats- und Rechtsordnung, S. 177–180.

16 Vgl. Winter: Das Gesundheitswesen, S. 127.

17 Vgl. hier und zum Folgenden: Hoffmann, Sozialpolitische Neuordnung, S. 82–85, 253–256.

ehrenamtlich tätigen Bevollmächtigten gehörte neben der Überwachung von Hygiene und Arbeitssicherheit die »Betreuung« erkrankter Arbeitnehmer. Dazu zählten auch die Kontrolle der Arbeitsunfähigkeit durch Hausbesuche sowie die Überprüfung der Befolgung ärztlicher Anweisungen. Von diesen Maßnahmen versprach man sich eine Senkung des Krankenstandes und eine Erhöhung der Arbeitsproduktivität. Weder der eine noch der andere Effekt trat jedoch ein. Nach dem Arbeiteraufstand vom 17. Juni 1953 beschloss der Zentralrat der Sozialversicherung, die Überwachung der Kranken in dieser Form aufzugeben. Stattdessen führte man das Prinzip der Kollektivbegutachtung ein, was bedeutete, dass sogenannte Ärzteberatungskommissionen nach einer bestimmten Zahl an Krankheitstagen die Arbeits(un)fähigkeit der Beschäftigten zu prüfen hatten. Die hierfür stunden- oder tageweise herangezogenen Ärzte kontrollierten letztlich die Arbeit ihrer Kollegen – eine schwierige und unbeliebte Aufgabe. Am Krankenstand vermochten auch diese Maßnahmen wenig zu ändern.[18] Die Tätigkeit der Ärzteberatungskommissionen bildete einen häufigen Anlass für Eingaben, insbesondere wenn Patienten sich ungerecht behandelt bzw. begutachtet fühlten.

Nach Ausgliederung der Selbständigen, Handwerker und Bauern und deren Überführung in die Deutsche Versicherungsanstalt (ab 1969: Staatliche Versicherung der DDR) übernahm der FDGB 1956 vollständig die Leitung der Sozialversicherung der Arbeiter und Angestellten. Seitdem bestanden in der DDR zwei unterschiedliche Versicherungsträger: zum einen die Sozialversicherung für Arbeiter und Angestellte, der etwa 90 Prozent der Erwerbstätigen angehörten und die vom FDGB kontrolliert wurde, zum anderen die unmittelbar dem Ministerium für Finanzen unterstehende Sozialversicherung bei der Staatlichen Versicherung der DDR, in der Mitglieder sozialistischer Produktionsgenossenschaften der Landwirtschaft und des Handwerks sowie Selbständige und Freiberufler versichert waren.

Vom proklamierten Ziel der Einheitssozialversicherung hatte sich die DDR damit nach nur wenigen Jahren wieder entfernt. Dies wird noch deutlicher, wenn man die bevorzugte Behandlung einzelner Berufsgruppen berücksichtigt. So erhielten nach 1953 die Angehörigen der »Bewaffneten Organe« (Staatssicherheit, Polizei, Nationale Volksarmee und Zoll), angelehnt an das traditionelle Modell der Beamtenversorgung, eine von den entsprechenden Ministerien getragene eigene Versicherung, womit sie aus der Sozialversicherung der Arbeiter und Angestellten ausschieden. Überdies verfügten die Mitarbeiter der Staatssicher-

18 Vgl. Analyse der Arbeit der Ärzteberatungskommissionen, 1.11.1955, SAPMO-BArch, DY 30/IV 2/19/40.

heit sowie leitende Kader von Partei und Staat über exklusive Behandlungseinrichtungen, wie etwa das Regierungskrankenhaus, die Poliklinik des SED-Zentralkomitees oder das Krankenhaus der Staatssicherheit in Berlin-Buch.[19] Eine separate Gesundheitsversorgung existierte seit Mitte der 1950er Jahre auch in der Region des Uranbergbaus in Ostthüringen und Sachsen, wo das sowjetisch-deutsche Bergbauunternehmen Wismut ein separates Gesundheitswesen für seine gesundheitlich stark belasteten Mitarbeiter unterhielt. Die insgesamt mehr als 40 Bergarbeiterkrankenhäuser, Polikliniken und Sanatorien waren oft erheblich besser ausgestattet als andere Einrichtungen in der Region. Da sie oft nicht ausgelastet waren, standen sie teilweise auch Patienten offen, die nicht für die Wismut arbeiteten.[20]

Der Zusammenschluss von Kranken-, Unfall- und Rentenversicherung zu einem zentralen Sozialversicherungsträger, wie er sich in der SBZ und DDR bis in die 1950er Jahre vollzog, war einschneidend. Er bedeutete aber zugleich den prinzipiellen Erhalt des Versicherungsgedankens – ein markanter Unterschied zum sowjetischen Versorgungsmodell, das überhaupt keine Beitragsleistung der Versicherten kannte. Indem sie 1968 sukzessive die Möglichkeit einer freiwilligen Zusatzversicherung einführte, entfernte sich die DDR noch weiter vom sozialistischen Prinzip einer rein staatlichen Finanzierung der Sozialversicherung. Nimmt man die oben erwähnte Privilegierung bestimmter Berufsgruppen durch Sonderversorgungssysteme hinzu, die vor allem der Verbesserung der Rente dienten, so lässt sich auch kaum noch von einer Einheitsversicherung sprechen. Vielmehr war man letztlich doch wieder bei einem gegliederten Versicherungssystem angekommen, in dem die Beitragszahler je nach Beruf und individueller Zusatzversicherung auch unterschiedliche Leistungen erhielten. Sowohl diese Differenzierung als auch der für sozialistische Länder noch vergleichsweise hohe Anteil des Beitragsaufkommens an der Ausgabenfinanzierung unterschieden das DDR-Sozialversicherungswesen erheblich von dem der Sowjetunion und anderer Ostblockstaaten. Vom Anspruch einer wirklichen Einheitsversicherung, die dem

19 Vgl. Peter Apelt: Gleichheit und Ungleichheit im Gesundheitswesen der DDR, in: Medizin – Mensch – Gesellschaft 16 (1991) 1, S. 27–33. Im Jahr 1989 zählten zu dieser Machtsicherungselite immerhin 700 000 Personen, vgl. Jens Gieseke: Soziale Ungleichheit im Staatssozialismus. Eine Skizze, in: Zeithistorische Forschungen/Studies in Contemporary History 10 (2013) 2, S. 171–198, hier S. 178.

20 Die Existenz des Wismut-Gesundheitswesens war eine Reaktion auf die anfänglich katastrophalen und auch späterhin gesundheitsgefährdenden Arbeitsbedingungen im Uranbergbau, vgl. Juliane Schütterle: Gesundheit im Dienste der Produktion? Das betriebliche Gesundheitswesen und der Arbeitsschutz im Uranbergbau der DDR, in: Deutschland Archiv 44 (2011) 8, S. 362–368.

sozialistischen Ideal am ehesten nahegekommen wäre, hatte sich die Partei- und Staatsführung bereits im ersten Jahrzehnt der DDR wieder verabschiedet. Die größtenteils aus dem Staatshaushalt finanzierten Sonderversorgungssysteme waren politisch nötig, um die jeweiligen Berufsgruppen zum Bleiben in der DDR zu bewegen. Sie wurden selbst nach weitgehender Unterbindung der Fluchtbewegung durch den Mauerbau 1961 nicht abgeschafft. Trotz aller Probleme konnte die ostdeutsche Sozialversicherung jedoch etwas vorweisen, was es in der als Referenzgesellschaft dienenden Bundesrepublik in den 1950er Jahren in diesem Umfang nicht gab: einen Krankenversicherungsschutz für die gesamte Bevölkerung.[21]

Neue ambulante Versorgungsstrukturen und Ärztemangel

Im Unterschied zur Sozialversicherung, in der das traditionelle deutsche Konzept der Krankenkassen zumindest teilweise erhalten blieb, orientierte sich speziell die ambulante Gesundheitsversorgung in SBZ und DDR deutlich stärker am sowjetischen Vorbild. Im ambulanten Sektor entstanden neue, in Deutschland zuvor allenfalls punktuell bekannte Behandlungseinrichtungen: die Polikliniken und Ambulatorien. Bevor sich diese staatlichen Einrichtungen flächendeckend durchsetzten, blieb die Grundstruktur der ambulanten Gesundheitsversorgung zunächst erhalten. Auch nach 1945 ruhte die medizinische Versorgung der Bevölkerung außerhalb der Krankenhäuser noch jahrelang auf den Schultern der niedergelassenen Ärzte. 1955 waren noch mehr als 5000 Ärzte (und etwa 5500 Zahnärzte) in eigener Praxis tätig.[22] Obgleich es nicht der reinen Lehre sozialistischer Gesundheitsversorgung entsprach, blieb die Möglichkeit der privaten Niederlassung noch jahrelang bestehen. Vermutlich wäre ohne dieses Zugeständnis die medizinische Versorgung in den Nachkriegsjahren nicht aufrechtzuerhalten gewesen. Dabei stellten nicht nur der schlechte Gesundheitszustand der Bevölkerung und die hohe Prävalenz von Infektionskrankheiten ein Problem dar, sondern auch die Tatsache, dass die Mehrheit der Ärzte dem Sozialismus skeptisch gegenüberstand und es daher viele in den Westen zog. Ohne

21 Vgl. Schagen/Schleiermacher: Gesundheitswesen und Sicherung bei Krankheit, S. 403. Allerdings waren 1959 auch in der Bundesrepublik immerhin 85 Prozent der Bevölkerung in der gesetzlichen Krankenversicherung versichert, vgl. Florian Tennstedt: Sozialgeschichte der Sozialversicherung, in: Maria Blohmke et al. (Hrsg.): Handbuch der Sozialmedizin, Band III, Sozialmedizin in der Praxis, Stuttgart 1976, S. 385–492, hier S. 422.

22 Vgl. Johannes Frerich/Martin Frey: Handbuch der Geschichte der Sozialpolitik in Deutschland. Band 2: Sozialpolitik in der Deutschen Demokratischen Republik, München/Wien 1993, S. 211.

die Aussicht auf Eröffnung einer eigenen Praxis wäre die hohe Abwanderungsrate der Mediziner wohl noch höher gewesen. Trotz solcher Konzessionen wies die Gesundheitspolitik der SED mittel- und langfristig in eine andere Richtung. Erklärtes Ziel war es, durch den Aufbau von Polikliniken und Ambulatorien die Zahl privat niedergelassener Ärzte mittelfristig drastisch zu verringern und auf lange Sicht diese Form ärztlicher Berufsausübung abzuschaffen. 1965 hatte sich die Zahl der Mediziner in eigener Praxis gegenüber 1955 nahezu halbiert (vgl. Tabelle 1). Mehr und mehr zeichnete sich ab, dass es kollektive Strukturen und Einrichtungen waren, denen die Zukunft gehörte.

Jahr	Ärzte	Zahnärzte	Staatliche Arztpraxen	Polikliniken	Ambulatorien
	in eigener Niederlassung				
1948	6979	–	–	> 150	
1949	6291	–	–	348	
1950	–	–	–	184	575
1955	5048	5552	–	369	720
1960	3253	4010	298	403	766
1965	2524	3140	787	412	855
1970	1888	2391	1301	452	828
1975	1308	1617	1606	522	929
1980	863	1064	1645	561	969
1985	502	654	1602	590	889
1989	341	447	1635	626	1020

Tabelle 1: Kennzahlen zur ambulanten Gesundheitsversorgung 1948–1989. Eigene Zusammenstellung, beruhend auf Werner Wilk (Hrsg.): Zur Frage der Polikliniken. Ein Diskussionsbeitrag, Potsdam 1948; Karl Linser: Ein Jahr Planung im Gesundheitswesen, Rückblick und Ausblick, in: Das Deutsche Gesundheitswesen 5 (1950) 21, S. 643–678 sowie, für die Jahre ab 1950, Johannes Frerich/Martin Frey: Handbuch der Geschichte der Sozialpolitik in Deutschland. Band 2: Sozialpolitik in der Deutschen Demokratischen Republik, München/Wien 1993. Die Angaben der letztgenannten Studie stützen sich auf die Statistischen Jahrbücher der DDR.

Durch die Einrichtung von Polikliniken sollten nach ihren Kollegen in den Krankenhäusern nun auch die ambulant tätigen Mediziner in staatliche (»demokratische«) Institutionen eingebunden werden. Die freiberufliche Tätigkeit von Ärzten galt dagegen als Ausdruck einer kapitalistischen Wirtschaftsordnung, die

Abb. 2: Patienten im Wartezimmer der Poliklinik Süd in Halle (Saale), um 1947

man zu beseitigen trachtete.[23] Zudem erzwang der eklatante Mangel an Ärzten und medizinischen Gerätschaften einen möglichst effizienten und rationellen Einsatz dieser Ressourcen. Besser als in Einzelpraxen schien dies in Polikliniken und Ambulatorien gewährleistet zu sein, deren Infrastruktur mehrere Mediziner gemeinsam und rationeller nutzen konnten. So hieß es in einer Verordnung der sächsischen Landesverwaltung aus dem Januar 1946:

> »Die Zahl der zur Verfügung stehenden Ärzte und der Bestand an ärztlichen Einrichtungsgegenständen und Apparaten ist zu gering, als dass eine Verteilung auf kleine und kleinste Arztpraxen weiter zugelassen werden könnte. Es muss vielmehr zur Sicherung der ärztlichen Versorgung der gesamten Bevölkerung ein planvoller Einsatz der vorhandenen Kräfte und Mittel erfolgen.«[24]

23 »In der kapitalistischen Gesellschaftsordnung wurde die Tätigkeit des Arztes zu einem Gewerbe. Seine Bindung an die Besitzenden entfremdete ihn seiner eigentlichen Aufgabe, allen Leidenden zu helfen.« Gesundheitspolitische Richtlinien der SED, S. 5.

24 Amtliche Nachrichten der Landesverwaltung Sachsen Nr. 7/1946 (10.1.1946), S. 56, zitiert nach Horst Spaar: Dokumentation zur Geschichte des Gesundheitswesens der DDR. Teil I, S. 11.

Auf Länderebene, wie zum Beispiel in Brandenburg, begann die Einrichtung von Polikliniken noch bevor sich die SED in ihren Gesundheitspolitischen Richtlinien von 1947 ausdrücklich dazu bekannte. Der flächendeckende Aufbau von Polikliniken und Ambulatorien stieß allerdings nur bei einer Minderheit der Ärzte auf Gegenliebe und musste im Dezember 1947 per SMAD-Befehl nochmals forciert werden.[25] Die Anordnung der SMAD erleichterte somit den vielerorts bereits in Gang gesetzten Aufbau der neuen Einrichtungen eher, als dass sie ihn initiierte. Im Ganzen war es eine Mischung aus regionalen Versorgungsdefiziten und gezielten gesundheitspolitischen Erwägungen, die ab 1946 flächendeckend zur Schaffung von Polikliniken führte. In der dünn besiedelten Provinz war eine Niederlassung für Ärzte finanziell wenig attraktiv. Zugleich waren auf dem Land enteignete Gutshäuser oder kleine Schlösser verfügbar, um darin staatliche Arztpraxen oder Ambulatorien einzurichten und den Medizinern feste Gehälter zu bieten. Aus einer solchen Konstellation heraus entstand 1946 im Schloss von Golßen in der Niederlausitz das erste Landambulatorium in der Sowjetischen Besatzungszone.[26] Im selben Jahr eröffnete in Schwerin die erste eigenständige Poliklinik außerhalb eines Krankenhauses. Die in den Polikliniken arbeitenden Ärzte waren staatliche Angestellte und behandelten die Patienten unter einem Dach mit Kollegen unterschiedlicher Fachrichtungen.[27] Ziel der weitgehenden Verstaatlichung der ambulanten Versorgung war nicht nur die Rationalisierung der ärztlichen Tätigkeit, sondern auch ihre Loslösung von kommerziellen Erwägungen. Als Angestellte des Staates sollten Ärzte in der Lage sein, therapeutische, vor allem aber auch prophylaktische Maßnahmen ohne Rücksicht auf eigene finanzielle Interessen durchzuführen:

> »In unserem staatlichen Gesundheitswesen sind die Ärzte, die ambulant und stationär in seinen Einrichtungen arbeiten, von Beginn an all der Bürden ledig, die durch die Notwendigkeit eigener Anschaffungs- und Unterhaltungskosten von Privatpraxis

25 Der Befehl Nr. 272 vom 11. Dezember 1947 ist abgedruckt in: Befehle der Sowjetischen Militäradministration in Deutschland zum Gesundheits- und Sozialwesen. Dokumentensammlung, hrsg. vom Koordinierungsrat der medizinisch-wissenschaftlichen Gesellschaften der DDR, Berlin 1976, S. 169–176. Zu Details siehe Krumbiegel: Polikliniken in der SBZ/DDR, S. 202–220.

26 Vgl. Kurt Winter: In der Landesregierung in Potsdam, in: Karl Seidel/Lothar Büttner/Christa Köhler (Hrsg.): Im Dienst am Menschen. Erinnerungen an den Aufbau des neuen Gesundheitswesens 1945–1949, Berlin 1985, S. 330–337.

27 Polikliniken mussten »mindestens folgende fachärztlich geleitete Abteilungen besitzen: Innere Krankheiten, Chirurgie, Frauenkrankheiten und Geburtshilfe, Kinderkrankheiten, Zahnheilkunde, Röntgendiagnostik, Medizinisches Laboratorium, Elektrophysikalische Abteilung und Medikamentenausgabe (oder Apotheke).« Irene Uhlmann: Kleine Enzyklopädie Gesundheit, 3. Auflage, Leipzig 1957, S. 487 f.

Abb. 3: Das Landambulatorium im Schloss von Golßen, 1983

> ausübenden Ärzten übernommen werden müssen. Außerdem hängt ihr wirtschaftliches Wohlergehen auch nicht vom Geldbeutel der Patienten und von etwaigen kommerziellen Verflechtungen mit Kollegen oder Unternehmern ab. Die sozialistische Gesellschaft, in der die Arbeiterklasse die Führung innehat, verschafft dem werktätigen Menschen die Würde, die ihm gebührt, und befreite Hand in Hand damit auch den Arzt aus den erniedrigenden Bedingungen, die aus merkantilen Abhängigkeiten für ihn resultieren.«[28]

Die Patienten gewannen den Ambulatorien und Polikliniken durchaus Positives ab. Sie fanden dort gebündelte medizinische Expertise und die Möglichkeit einer interdisziplinären Behandlung ohne umständliche Überweisungen. Später übernahmen die Polikliniken auch die Dispensaire-Betreuung, d.h. die gezielte Früh- und Nachbehandlung chronischer Erkrankungen, wie zum Beispiel Diabetes. Was die Patienten weniger schätzten, war der häufige Wechsel der ärztlichen Ansprechpartner in den Polikliniken.[29] So trauerten manche Familien der

28 Alexander Mette/Gerhard Misgeld/Kurt Winter: Der Arzt in der sozialistischen Gesellschaft, Berlin 1958, S. 66.

29 Vgl. Günter Becker: Arzt und Patient im sozialistischen Recht, Berlin 1973, S. 28 f.

Abb. 4: Poliklinik Halle-Silberhöhe, 1987

stabilen, oft langjährigen Bindung an den Hausarzt hinterher, den es in dieser Form immer seltener gab und der von der SED nur noch als ein »Relikt des Kapitalismus« angesehen wurde.[30] Eine Art Mittelweg stellten die ab 1956 eingeführten staatlichen Arztpraxen dar. Dabei handelte es sich um kleinere Behandlungseinrichtungen, in denen der Arzt nicht freiberuflich tätig, sondern Angestellter des Staates war. 1960 gab es erst rund 300, zehn Jahr später jedoch schon mehr als 1300 solcher Praxen. Bis 1989 stieg ihre Zahl auf über 1600 (vgl. Tabelle 1).

Die Zurückdrängung der privaten Einzelpraxis entzog den frei praktizierenden Ärzten neben der Möglichkeit der Selbständigkeit auch ihre standespolitische Macht. Schon das seit 1945 fortgeltende Verbot ärztlicher Interessenverbände hatte gezeigt, dass die SED auf dem Gebiet der Gesundheitspolitik keine Organisation duldete, die als Gegenkraft zur Partei hätte auftreten können. Als Alternative blieb den Ärzten lediglich die Mitgliedschaft in der Fachgruppe Ärzte im SED-gelenkten FDGB. Wirkliche Anerkennung als Berufsvertretung fand der FDGB bei der Mehrheit der Mediziner jedoch nicht.[31]

30 So der Untertitel von Naser: Hausärzte in der DDR.
31 Vgl. Ernst: »Die beste Prophylaxe ist der Sozialismus«, S. 85.

Für das Gesundheitswesen äußerst problematisch blieb der allgegenwärtige Mangel an Ärzten. Zwischen 1950 und 1960 nahm die Zahl der praktizierenden Mediziner kaum zu, vor allem aufgrund der starken Abwanderung in den Westen, wo höhere Gehälter, eine freiere Berufsausübung und ein demokratischer Rechtsstaat lockten. Äußerst schwierig war die Lage auch in der zahnmedizinischen Versorgung. Die Anzahl der Zahnärzte war in den 1950er Jahren sogar gesunken, von 7290 im Jahr 1952 auf 6360 im Jahr 1960.[32] Der Bau der Berliner Mauer 1961 stoppte die Abwanderung gewaltsam und abrupt. In den Folgejahren stabilisierte sich die Beschäftigtenzahl im ärztlichen und zahnärztlichen Sektor. Durch die Einrichtung der Medizinischen Akademien in Dresden, Erfurt und Magdeburg erhöhte sich zudem die Zahl der Absolventen, sodass Anfang der 1970er Jahre fast doppelt so viele Ärzte im Land arbeiteten wie 1960 (vgl. Kapitel II.3, Tabelle 2). Als die Fluchtmöglichkeit in den Westen abgeschnitten war, gewann auch der Umbau der ambulanten Gesundheitsversorgung weiter an Fahrt. Die ärztliche Niederlassung wurde mehr und mehr erschwert, da eine weitere Massenabwanderung der Ärzte und Zahnärzte nun nicht mehr zu befürchten stand. Älteren Medizinern bot man an, ihre bestehende Praxis in eine staatliche Arztpraxis umzuwandeln, in der sie als Angestellte und mit vorgegebenen Sprechzeiten weiterarbeiten konnten.

Die hier skizzierte Entwicklung macht deutlich, dass bei der Umstrukturierung der ambulanten medizinischen Versorgung, ähnlich wie bei der Neuordnung der Sozialversicherung, sowohl politische als auch pragmatische Erwägungen eine Rolle spielten. Rationalisierung beim Einsatz des knappen Personals, aber auch der Wunsch nach politischer Durchdringung und Lenkung waren handlungsbestimmende Motive von SMAD und SED in der frühen Nachkriegszeit. In den 1980er Jahren, als die Polikliniken die ambulante Versorgung längst dominieren, fallen diese Einrichtungen in den Eingabenanalysen des Ministeriums für Gesundheitswesen immer häufiger negativ auf. In allen Bezirken der DDR sind nun Klagen über eine schlecht organisierte Terminvergabe, überlange Wartezeiten und zuweilen harsche Umgangsformen an der Tagesordnung.[33]

32 Vgl. Frerich/Frey: Handbuch der Geschichte der Sozialpolitik, S. 208.

33 Vgl. Kleinert, Sekretariat des Ministerrates, an Mecklinger, 27.12.1988, BArch DQ 1/12610 (»ineffizientes Bestellsystem«, Polikliniken behandeln »immer weniger Patienten im gleichen Zeitraum«).

Die Gesundheitsfürsorge in den Betrieben

Eine weitere wichtige Säule der Gesundheitsversorgung außerhalb von Krankenhäusern bildete neben den Polikliniken das Betriebsgesundheitswesen. Entsprechend der zentralen Stellung des Faktors Arbeit in der sozialistischen Wirtschaft und Gesellschaft kam dem Gesundheitsschutz am Arbeitsplatz eine große Bedeutung zu.[34] Die betriebliche Gesundheitsfürsorge erfuhr in SBZ und DDR eine erhebliche Aufwertung und grundlegende Neuordnung. Nur der mit dem jeweiligen Betrieb und seinen Arbeitsverfahren vertraute Arzt sei in der Lage, Gefahren für die Gesundheit der Werktätigen rechtzeitig zu erkennen, hielten die Gesundheitspolitischen Richtlinien der SED 1947 fest. Als Konsequenz wurde gefordert, in »allen Großbetrieben [...] moderne Diagnose- und Behandlungsstellen einzurichten, um die frühzeitige Erkennung und Behandlung der Krankheiten sicherzustellen«.[35] Treibende Kraft bei der praktischen Umsetzung war auch hier die SMAD. Mit ihrem Befehl Nr. 234 vom 9. Oktober 1947 (»Über Maßnahmen zur Steigerung der Arbeitsproduktivität und zur weiteren Verbesserung der materiellen Lage der Arbeiter und Angestellten in der Industrie und im Verkehrswesen«) stieß sie den Aufbau eines flächendeckenden Betriebsgesundheitswesens an, wobei der Titel des Befehls einen Teil seiner Zielsetzung verrät, nämlich die Erhöhung der Produktivität.[36] Doch die Gesundheitsfürsorge in den Betrieben allein auf solche instrumentellen, rein wirtschaftspolitischen Erwägungen zu reduzieren würde der Sache nicht gerecht. Die der betrieblichen Gesundheitsfürsorge zugedachten Aufgaben gingen weit über die Kompetenzen der früheren Werksärzte hinaus. Die Aufgaben umfassten neben der Verhütung von Arbeitsunfällen und Erster Hilfe auch die allgemeine ambulante Behandlung der Beschäftigten, Vorbeugemaßnahmen, Gesundheitsaufklärung sowie die Durchführung von Reihenuntersuchungen und epidemiologischen Studien. Ärztliche Ansprechpartner in die Produktionsstätten zu integrieren, erleichterte es Arbeitnehmern generell, medizinische Beratung und Hilfe in Anspruch zu nehmen, da ein Aufsuchen der Sprechstunde direkt am Arbeitsplatz und somit ohne Zeitverlust oder Rücksicht auf Praxisöffnungszeiten möglich war. 1978

34 »Die Menschen schaffen in der gesellschaftlichen Produktion den gesamten Reichtum der Gesellschaft und bestimmen dadurch ihre Entwicklung. Die Arbeit schlechthin ist die wichtigste Seite des Menschseins, ihre Produktivität der Hauptweg zur Vermehrung des gesellschaftlichen Wohlstands.« Mette/Misgeld/Winter: Der Arzt, S. 28.

35 Gesundheitspolitische Richtlinien der SED, S. 20.

36 Vgl. Befehle der Sowjetischen Militäradministration in Deutschland zum Gesundheits- und Sozialwesen, S. 160.

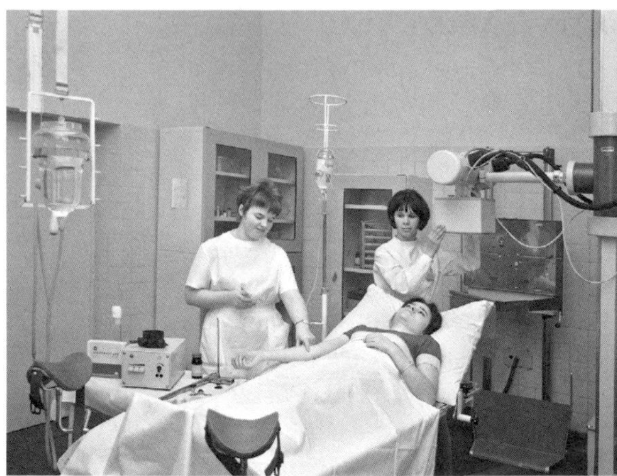

Abb. 5: Betriebspoliklinik der Leunawerke, Endoskopie- und Röntgenanlage, 1974

konnten mit 5,2 Millionen Beschäftigten knapp zwei Drittel aller Arbeitnehmer am Arbeitsplatz medizinisch betreut werden. Dafür sorgten 14 600 Fachkräfte des betrieblichen Gesundheitswesens, darunter knapp 2500 Betriebsärzte und über 600 Betriebszahnärzte.[37] Der SMAD-Befehl von 1947 hatte vorgesehen, in allen Betrieben mit 200 bis 5000 Beschäftigten Sanitätsstellen und in Betrieben mit mehr als 5000 Beschäftigten eigene Polikliniken einzurichten. Zahnärztliche Behandlungsstellen waren in Betrieben mit mehr als 2000 Mitarbeitern vorzuhalten. Diese Ziele waren bereits 1953 – zumindest auf dem Papier – im Wesentlichen erreicht.

Die vergleichsweise intensive medizinische Betreuung der Werktätigen war mehr als nur die »medizinische Absicherung der Planerfüllung«.[38] Zwar wird der Grad der »Produktionsorientierung« des ostdeutschen Gesundheitswesens von Historikern üblicherweise recht hoch angesetzt. Die DDR-Führung hat solche Motive jedoch bestritten und den Vorwurf in umgekehrter Richtung erhoben. Das kapitalistische Gesundheitswesen beschränke sich im Wesentlichen auf die »Reproduktion der Ware Arbeitskraft« und zeige sich am ganzheitlichen Wohlergehen der Werktätigen desinteressiert. Die westdeutsche Arbeitsmedizin friste eher ein Schattendasein am Rande der vornehmlich kurativ ausgerichteten Medizin. Demgegenüber diene das Gesundheitswesen im Sozialismus »der Befriedigung der Bedürfnisse nach Erhaltung, Förderung und Wiederherstellung der

37 Vgl. Frerich/Frey: Handbuch der Geschichte der Sozialpolitik, S. 213, 241.

38 Lothar Büttner/Bernhard Meyer: Über die gesundheitspolitische Zusammenarbeit mit der Sowjetunion, in: dies./Eckhard Wetzstein: Gesundheitspolitik. Aufgaben und Traditionen, Jena 1980, S. 99–112, hier S. 103.

Abb. 6: Betriebspoliklinik der Leunawerke, Physiotherapie, 1974

Gesundheit aller Bürger, unabhängig von ihrer sozialen Lage, ihrem Alter und dem Territorium, in dem sie leben und arbeiten«.[39]

Auf der anderen Seite wurde in offiziellen Publikationen zum DDR-Gesundheitswesen recht unverhohlen eingeräumt, dass der sozialistische Gesundheitsschutz auf die Erhöhung der gesellschaftlichen Aktivität und die bestmögliche Ausschöpfung der menschlichen Arbeitskraft abziele. So formulierte Kurt Winter in dem weit verbreiteten Buch »Der Sozialismus – Deine Welt«:

> »Die Hauptaufgabe bei der Sorge um den Menschen besteht in der sozialistischen Gesellschaft also darin, durch gesunde Lebensweise, durch richtige Gestaltung der Arbeits- und Lebensbedingungen, durch Krankheitsverhütung und eine gute medizinische Betreuung – bis hin zur sozialen Wiedereingliederung nach Krankheit und Unfall – für jeden Bürger die Voraussetzungen zu schaffen, die heute mögliche Lebenserwartung voll und in gesellschaftlicher Aktivität ausschöpfen zu können. Mit anderen Worten: Die Medizin, die Gesellschaft und alle Bürger müssen sich gemeinsam bemühen, Lebensalter und Leistungsalter in Übereinstimmung zu bringen.«[40]

Bis 1970 war die Zahl der Betriebspolikliniken auf 94 angewachsen, 1989 bestanden 151 solcher Einrichtungen. Die Zahl der Betriebsambulatorien lag 1970 bei 243 und 1989 bei 364. Kurz vor dem Ende der DDR waren 3023 Ärzte für das Betriebsgesundheitswesen tätig; das entsprach etwa 7,5 Prozent der im Land tätigen

39 Kleines Politisches Wörterbuch, 4., überarbeitete und ergänzte Auflage, Berlin 1983, S. 338.
40 Kurt Winter: Gesundheit, Leistungsfähigkeit und Lebensfreude, in: Heinrich Gemkow (Red.): Der Sozialismus – Deine Welt, hrsg. vom Zentralen Ausschuss für Jugendweihe in der Deutschen Demokratischen Republik, Berlin 1975, S. 296 – 300, hier S. 300.

Mediziner.[41] Stärker als ursprünglich vorgesehen übernahmen sie auch Aufgaben in der allgemeinen ambulanten Versorgung der Arbeitnehmer. Dies war nicht unproblematisch für jene, die altersbedingt aus dem Arbeitsleben und damit aus den Betrieben ausschieden. Nicht wenige Rentner erfuhren dadurch eine gesundheitliche Unterversorgung in einem Lebensabschnitt, der durch ein erhöhtes Krankheitsrisiko gekennzeichnet ist. Davon abgesehen war es dank der betrieblichen Gesundheitsfürsorge gelungen, die Zahl der Arbeitsunfälle und Berufskrankheiten stetig zu senken. Angesichts der nicht eben einfachen Produktionsbedingungen in vielen Betrieben der DDR stellt dies eine besondere Leistung dar.

2. Licht und Schatten: Das Gesundheitswesen in der Ära Honecker 1971–1989

Die Ablösung Walter Ulbrichts durch Erich Honecker an der Spitze der SED im Mai 1971 bedeutete eine wichtige Zäsur in der Geschichte der DDR und wurde bereits zeitgenössisch als solche wahrgenommen. Honecker war bemüht, sich von seinem Vorgänger nicht nur in der Wirtschaftspolitik abzugrenzen, sondern auch bisher eher vernachlässigten Politikfeldern wie der Gesundheitspolitik mehr Aufmerksamkeit zu schenken. So überrascht es nicht, dass der Führungswechsel an der Parteispitze auch personelle Konsequenzen im Ministerium für Gesundheitswesen nach sich zog. Im Herbst 1971 übernahm mit Ludwig Mecklinger erstmals ein SED-Politiker das Amt des Ministers für Gesundheitswesen. Ulbricht hatte das Amt seit der ersten Regierungsbildung 1949 den Mitgliedern der CDU-Blockpartei Luitpold Steidle (bis 1958) und Max Sefrin überlassen. Fachlich waren beide mit Blick auf ihren Werdegang als Landwirt bzw. Berufsoffizier nicht unbedingt prädestiniert für das Ressort. Zeitgenössischen Beobachtern zufolge hatte die tatsächliche politische Leitung des Gesundheitsministeriums lange Zeit bei der SED-Funktionärin Jenny Matern gelegen, der ersten Stellvertreterin des Ministers.[42] 1964 übernahm der Arzt und Jurist Ludwig Mecklinger das Amt des stellvertretenden Ministers für Gesundheitswesen. Zuvor hatte er

41 Vgl. Frerich/Frey: Handbuch der Geschichte der Sozialpolitik, S. 210, 241.

42 Vgl. Wilhelm Weiß: Das Gesundheitswesen in der sowjetischen Besatzungszone. I. Textteil, 3. Auflage, Bonn 1957, S. 18. Jenny Matern (1904–1960) hatte seit ihrem Beitritt zur KPD im Jahr 1923 im Apparat der Partei gearbeitet. Die Ehefrau des KPD/SED-Politikers Hermann Matern übernahm nach ihrer Rückkehr aus dem sowjetischen Exil 1946 das Amt des ersten Vizepräsidenten der Deutschen Zentralverwaltung für Arbeit und Sozialfürsorge. Von 1950 bis 1959 war sie Staatssekretärin und stellvertretende Ministerin für Gesundheitswesen, vgl. Helmut Müller-Enbergs/Jan Wielgohs/Dieter Hoffmann/Andreas Herbst/Ingrid Kirschey-Feix (Hrsg.): Wer war wer in der DDR? Ein Lexikon ostdeutscher Biographien, 5. Auflage, Berlin 2010, S. 850.

die militärmedizinische Sektion an der Universität Greifswald geleitet. Als Mecklinger 1971 zum Minister aufstieg, kannte er somit die Lage, in der sich das Gesundheitswesen befand, und war nach sechs Jahren im Ministerium für Erfolge wie Probleme mitverantwortlich. Mecklingers Stellung wurde jedoch durch die politisch mächtigere (wenn auch personell viel kleinere) ZK-Abteilung für Gesundheitspolitik relativiert, mit der es seit Mitte der 1970er Jahre vermehrt zu Konflikten kam.[43] Über diese Abteilung wiederum wachte formal der seit 1967 (unter anderem) für den Bereich Gesundheitspolitik zuständige ZK-Sekretär Kurt Hager, der sein Hauptbetätigungsfeld jedoch in der Kultur- und Bildungspolitik sah. Weder Mecklinger noch die Abteilung Gesundheitspolitik erhielten von Hager nennenswerte Unterstützung, wenn es galt, vom Politbüro ausreichende finanzielle Mittel für das Gesundheitswesen zu erhalten. Hinzu kam, dass der Gesundheitsschutz als ein »Bereich der gesellschaftlichen Konsumption« angesehen wurde; Investitionen im Gesundheitswesen konnten somit nicht unmittelbar zur Wertschöpfung beitragen und standen deshalb auf der staatlichen Prioritätenliste nicht sehr weit oben.[44] Das daraus resultierende Grundproblem der mangelnden Finanzierung belastete das Gesundheitswesen durchgängig von 1971 bis 1989. Zwar stiegen die staatlichen Ausgaben für das Gesundheits- und Sozialwesen von knapp 5,9 Milliarden Mark im Jahr 1970 auf 17,8 Milliarden Mark im Jahr 1988. Der Anteil dieser Ausgaben an den Gesamtausgaben des Staatshaushalts ging jedoch im gleichen Zeitraum zurück. Betrachtet man nur die Aufwendungen für das Gesundheitswesen, so reduzierte sich ihr Anteil an den Gesamtausgaben während der Ära Honecker kontinuierlich von 8,1 Prozent (1971) auf 5,2 Prozent (1986). Erst danach kam es wieder zu einem leichten Anstieg auf 6,7 Prozent im Jahr 1989.[45] Diese Entwicklung erlaubt Rückschlüsse auf den Stellenwert, den das Gesundheitswesen jenseits aller ideologischen Beteuerungen bei der Staats- und

43 Vgl. Wasem/Mill/Wilhelm: Gesundheitswesen und Sicherung, S. 371 f. Der erste Leiter der 1959 ins Leben gerufenen ZK-Abteilung Gesundheitspolitik, Werner Hering, betrieb frühzeitig Mecklingers Ablösung, wurde jedoch 1981 nach einem missglückten Auftritt im Politbüro seinerseits gestürzt, vgl. Rüdiger Bergien: Im »Generalstab der Partei«. Organisationskultur und Herrschaftspraxis in der SED-Zentrale (1946–1989), Berlin 2017, S. 381–385, 403. Es war dann Herings Nachfolger, Karl Seidel (*1930), der den fast 70-jährigen Mecklinger im Januar 1989 wegen Erfolglosigkeit in den politischen Ruhestand schickte. Zum Nachfolger wurde der Arzt und stellvertretende Minister für Hoch- und Fachschulwesen Klaus Thielmann (*1933) bestimmt.

44 Vgl. Bergien: Im »Generalstab der Partei«, S. 385 f. sowie Apelt: Gleichheit und Ungleichheit, S. 28.

45 Zahlen nach: Das Gesundheitswesen der Deutschen Demokratischen Republik 24 (1989), S. 315; Bundesministerium für Arbeit und Soziales (BMAS), Statistische Übersichten zur Sozialpolitik in Deutschland sei 1945 (Band SBZ/DDR), zusammengestellt von André Steiner, unter Mitarbeit von Matthias Judt und Thomas Reichel, Bonn 2006, S. 51.

Parteiführung tatsächlich besaß. Die für den Gesundheitssektor nötigen Gelder mussten im Staatshaushalt der Ära Honecker mit anderen Ausgaben konkurrieren, an erster Stelle mit den enormen Subventionen für Mieten, Verkehrstarife und Grundnahrungsmittel. Hierbei schnitt das Gesundheitswesen, wohl auch aufgrund mangelnder Durchsetzungsfähigkeit seiner führenden Protagonisten, zusehends schlechter ab.[46]

Zu Beginn der 1970er Jahre standen im DDR-Gesundheitswesen Fortschritte und Defizite nebeneinander. Die durch hohe Inzidenzen von Tuberkulose und anderen Infektionskrankheiten geprägte Nachkriegszeit lag zwei Jahrzehnte zurück, und die epidemiologische Situation im Land hatte sich deutlich verbessert. Bei international vergleichbaren Indikatoren wie beispielsweise der Säuglingssterblichkeit, der Zahl der schwangerschaftsbedingten mütterlichen Sterbefälle oder der Lebenserwartung Neugeborener stand die DDR in den 1970er Jahren sehr gut da.[47] Mitunter waren die Kennziffern besser als in der oft vergleichend herangezogenen Bundesrepublik. Auch die Lebenserwartung bewegte sich in der Mitte des Jahrzehnts mit 69 Jahren für Männer und 74,5 Jahren für Frauen auf ähnlichem Niveau wie in Westdeutschland (Männer 68,3 Jahre, Frauen 74,7 Jahre).[48] Allerdings sank die Lebenserwartung ab Ende der 1970er Jahre für Frauen wie für Männer dauerhaft unter das westdeutsche Niveau. Auch andere gesundheitliche Indizes entwickelten sich seitdem ungünstig. 1988 wurde dieser negative Trend in der DDR erstmals öffentlich thematisiert.[49] Nicht nur gesundheitspolitisch, sondern vor allem auch volkswirtschaftlich bedeutsam war ferner, dass es nicht gelang, den 1973 erstmals auf deutlich über 6 Prozent gestiegenen Krankenstand in den Folgejahren nennenswert zu senken (1988: 6,06 Prozent). Darunter litt die wirtschaftliche Leistungsfähigkeit, zumal selbst ein gleichbleibender Krankenstand angesichts der steigenden Arbeitsproduktivität Jahr für

46 Vgl. Wasem/Mill/Wilhelm: Gesundheitswesen und Sicherung, S. 378; Hockerts: Der deutsche Sozialstaat, S. 231. Ähnlich in der Rückschau auch Mecklinger selbst: Ludwig Mecklinger: Zur Umsetzung der Gesundheitspolitik im Gesundheits- und Sozialwesen der DDR, hrsg. von Günter Ewert und Lothar Rohland, Berlin 1998, S. 31f., 51f.

47 Die Säuglingssterblichkeit lag in der DDR zwischen 1966 und 1980 unter jener der Bundesrepublik, danach bis 1989 auf gleichem Niveau, vgl. Stephan Mallik: Lebendgeburt und Totgeburt in der DDR. Motive und Konsequenzen der Neudefinition von 1961, in: Der Gynäkologe 46 (2013) 11, S. 858–864. Als Gründe für die zeitweilig geringere Sterblichkeit in der DDR werden die hohe Rate an Klinikgeburten, der bezahlte Mutterschutzurlaub sowie eine konsequente Todesfallanalyse angenommen. Zum möglichen Einfluss veränderter Definitionen von Lebend- und Totgeburt auf die Statistik siehe ebd.

48 Bereinigte Zahlen für 1974 nach https://lebenserwartung.info/Tab_e0_konventionell.pdf [Zugriff 12.6.2022]. Die Werte in den Statistischen Jahrbüchern beider deutscher Staaten weichen davon leicht ab.

49 Vgl. Apelt: Gleichheit und Ungleichheit, S. 28.

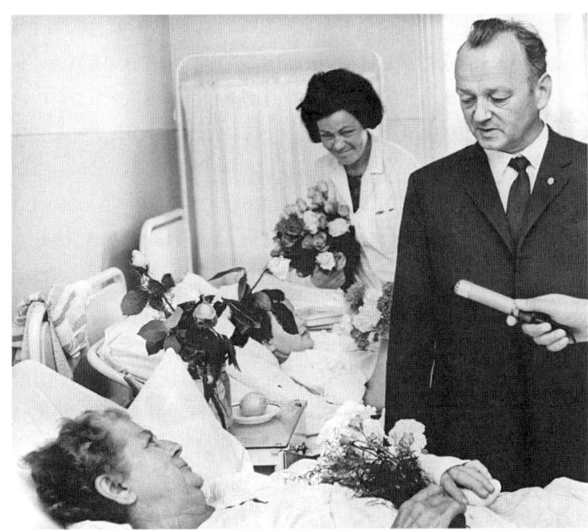

Abb. 7: Als stellvertretender Gesundheitsminister besucht Ludwig Mecklinger im Juli 1967 Verletzte des Eisenbahnunglücks bei Langenweddingen im Kreiskrankenhaus Bahrendorf.

Jahr einen höheren Produktionsausfall nach sich gezogen hätte.[50] Allerdings ist zu bedenken, dass der Krankenstand immer auch von sozialen Faktoren mitbestimmt wird, auf die das Gesundheitswesen wenig Einfluss hat.

Unzweifelhafte Erfolge stellten sich bei der Prävention von Infektionskrankheiten sowie bei der stomatologischen und geburtsmedizinischen Prophylaxe ein. So ermöglichten die Schwangeren- und Mütterberatungsstellen eine systematische Betreuung von Schwangeren und Säuglingen. Kinder und Jugendliche wurden bis zum Ende des Schulalters durch regelmäßige Gesundheitsuntersuchungen engmaschig überwacht. Das System des »sanften Zwanges«, wie die Journalistin Marlies Menge das ostdeutsche Gesundheitswesen 1972 titulierte, schien sich in diesem Bereich zu bewähren.[51] Im innerdeutschen Systemwettbewerb konnte sich die DDR erfolgreich als Vorsorgestaat profilieren und ähnlich wie im Sport einen Vorsprung gegenüber der Bundesrepublik erzielen. Auch die in den ersten beiden Dekaden nach der Staatsgründung initiierten Impfkampagnen trugen in den 1970er Jahren Früchte. Die routinemäßige Immunisierung

50 Zahlen nach BMAS: Statistische Übersichten zur Sozialpolitik in Deutschland seit 1945, S. 238; Konstantin Pritzel: Gesundheitswesen und Gesundheitspolitik in der DDR, in: Deutschland Archiv 9 (1976) 3, S. 260–276, hier S. 271. Zum Vergleich: Der Krankenstand in der Bundesrepublik lag in den 1970er Jahren unter 6 Prozent, in den 1980er Jahren sogar meist unter 5 Prozent, vgl. https://www.bundesgesundheitsministerium.de/fileadmin/Dateien/3_Downloads/Statistiken/GKV/Geschaeftsergebnisse/Krankenstand_Okt_2014.pdf [Zugriff: 1.8.2022].

51 Marlies Menge: Sanfter Zwang zur Gesundheit. Die medizinische Versorgung in der DDR ist in vielem vorbildlich, in: Die Zeit 22/1972.

gegen Diphterie, Keuchhusten, Pocken, Tetanus und Tuberkulose war seit den 1950er Jahren etabliert und hatte diese Erkrankungen stark zurückgedrängt. Insbesondere die 1960 nach sowjetischem Vorbild eingeführte Poliomyelitis-Impfung nach Sabin hatte sich als sehr effektiv erwiesen. Bereits 1962 galt die DDR als poliofrei, während man sich in der Bundesrepublik trotz hoher Polio-Inzidenz erst in jenem Jahr dazu entschließen konnte, anstelle des weniger wirksamen Salk-Impfstoffs die Sabin-Vakzine einzusetzen.[52] Auch bei der 1970 eingeführten Masernimpfung wurde eine hohe Durchimpfungsrate erreicht, was dazu führte, dass 1988 in der DDR nur noch 17 Masernfälle registriert wurden. Fälle von Diphterie traten bereits seit 1974 nicht mehr auf. Seit 1980 verzichtete man auf die Pockenimpfung, da die Erkrankung eliminiert war. Anders sah es bei Mumps und Röteln aus. Hier standen keine Impfseren aus der Sowjetunion oder anderen sozialistischen Ländern zur Verfügung. Da ein Import aus dem Westen in dem für eine flächendeckende Kampagne notwendigen Umfang nicht finanzierbar erschien, verzichtete man bei diesen Krankheiten auf eine Pflichtimpfung.[53] Hatte der Staat bei den Impfungen zunächst auf Freiwilligkeit gesetzt, besaßen diese ab den 1960er Jahren verbindlichen Charakter. Allerdings wurden Impfverweigerer in der Regel lediglich dokumentiert und nicht mit Sanktionen belegt. Aufklärung und freiwillige Bereitschaft standen klar im Vordergrund, sodass Experten Ende der 1970er Jahre von einer *formalen* Impfpflicht bei *faktischer* Freiwilligkeit sprachen. Tatsächlich war in den Folgejahren angesichts der gesunkenen Krankheitslast eine Impfmüdigkeit in der DDR-Bevölkerung zu verzeichnen. Hinzu kamen Lieferschwierigkeiten besonders bei Mehrfachimpfstoffen, sodass die Durchimpfungsraten in den 1980er Jahren sanken.[54]

Auf zwei wichtigen Feldern blieben die Präventionsanstrengungen nahezu vergeblich: Der Nikotin- und der Alkoholkonsum waren und blieben in der DDR außerordentlich hoch und zogen eine entsprechende Morbidität und Mortalität nach sich. Dies zu beeinflussen erwies sich nicht zuletzt aufgrund milieutypischer Verhaltensweisen und der Dominanz proletarischer Werte im selbsternannten

52 Vgl. Malte Thießen: Immunisierte Gesellschaft. Impfen in Deutschland im 19. und 20. Jahrhundert, Göttingen 2017, S. 313 f.; Annette Hinz-Wessels: Medizinische Verflechtung und Systemkonkurrenz im Kalten Krieg: Poliobekämpfung im geteilten Berlin, in: Medizinhistorisches Journal 55 (2020) 2, S. 132–171; Anne Thordis Wanke/Florian Bruns: Die Impfaktion gegen Poliomyelitis in der DDR im Jahr 1960 am Beispiel der Stadt Halle (Saale): Historische Erfahrungen und Probleme, in: Bundesgesundheitsblatt – Gesundheitsforschung – Gesundheitsschutz 65 (2022) 6, S. 718–724.

53 Vgl. Thießen: Immunisierte Gesellschaft, S. 312. 1988 wurden in der DDR mehr als 115 000 Fälle von Mumps registriert, vgl. Das Gesundheitswesen der Deutschen Demokratischen Republik 24 (1989), S. 63.

54 Vgl. Thießen: Immunisierte Gesellschaft, S. 345.

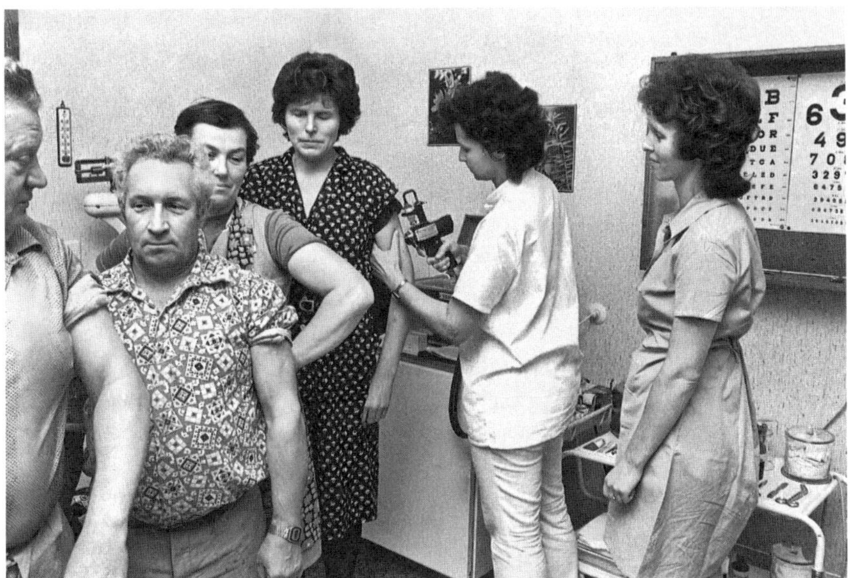

Abb. 8: Grippeschutzimpfung im VEB Wasserglasfabrik Wurzen, 1984

Arbeiter-und-Bauern-Staat als sehr schwierig.[55] Wie in allen Industrieländern nahmen auch in der DDR Überernährung und chronisch-metabolische Erkrankungen wie Diabetes mellitus immer mehr zu. Die ostdeutsche Todesursachenstatistik unterschied sich Mitte der 1970er Jahre nicht wesentlich von jener der Bundesrepublik. Krankheiten des Kreislaufsystems sowie Krebserkrankungen bildeten hier wie dort die beiden hauptsächlichen Todesursachen.[56] Eine wachsende Diskrepanz zwischen Ost und West ergab sich, wie bereits angedeutet, bei der Lebenserwartung. Zwischen 1970 und 1988 betrug der Gewinn an Lebensjahren in der DDR bei Männern 1,63 und bei Frauen 2,43 Jahre, in der Bundesrepublik lag der Zuwachs im selben Zeitraum hingegen für Männer bei 4,72 Jahren und für Frauen bei 4,83 Jahren.[57]

55 Vgl. Thomas Kochan: Blauer Würger. So trank die DDR, Berlin 2011, S. 129. Kochan spricht von einer »alkoholzentrierten Gesellschaft«, ebd., S. 11. Zu den Präventionsanstrengungen im Hinblick auf Alkohol und Rauchen siehe auch Jenny Linek: Gesundheitsvorsorge in der DDR zwischen Propaganda und Praxis, Stuttgart 2016.

56 Vgl. Konstantin Pritzel: Konvergenzen und Divergenzen im Gesundheitswesen der beiden deutschen Staaten, in: Deutschland Archiv 14 (1981) 12, S. 1284–1296, hier S. 1285.

57 Vgl. Frerich/Frey: Handbuch der Geschichte der Sozialpolitik, S. 262 f.

Ambivalent stellte sich in der Ära Honecker auch die Beschäftigungssituation im Gesundheitswesen dar. Der Bau der Berliner Mauer im August 1961 hatte die Abwanderung von Ärzten und medizinischen Fachkräften in den Westen gewaltsam unterbunden. In Verbindung mit der Erweiterung von Ausbildungskapazitäten hatte sich im folgenden Jahrzehnt die Zahl der berufstätigen Ärzte nahezu verdoppelt und lag 1970 bei 27 255. Damit war es Mitte der 1960er Jahre erstmals gelungen, die Zahl der statistisch von einem Arzt zu versorgenden Einwohner auf unter 1000 zu drücken (vgl. Tabelle 2). Dennoch gab es zu Beginn der 1970er Jahre besonders im ambulanten Sektor eine massive fachärztliche Unterversorgung.[58] Zwar stieg die Zahl der Ärzte in der Ära Honecker weiter an, sodass 1988 über 40 000 Ärzte in der DDR tätig waren, was einer im internationalen Vergleich hohen Arztdichte entsprach. Aufgrund starker regionaler Disproportionen und einer deutlichen Ausweitung der medizinischen Leistungen blieb die Versorgungsrealität jedoch weiterhin vom Mangel an Ärzten und pflegerischen Fachkräften geprägt. Neben den hohen Arbeitsanforderungen trug hierzu auch eine im Vergleich zur Industrie unterdurchschnittliche Bezahlung der im Gesundheitswesen Beschäftigten bei. Zwar wurden die Gehälter im Zuge eines gemeinsamen Beschlusses von Politbüro, Ministerrat und FDGB-Bundesvorstand vom 25. September 1973 erheblich erhöht, doch blieb dieser Zuschlag in seiner Größenordnung bis 1989 einmalig.[59] Die materielle Unzufriedenheit vieler Ärzte, die sich häufig auch auf die sozialistische Gesellschaftsordnung insgesamt erstreckte, korrespondierte mit einem grundsätzlichen Misstrauen, das die SED dieser Berufsgruppe gegenüber hegte. Honecker selbst wird die Äußerung nachgesagt, dass zwei Drittel der Ärzte »unzuverlässige Staatsbürger« seien, die man »auf den Mond schießen« könne.[60] Der Organisationsgrad der Ärzteschaft in der Partei blieb im Vergleich zur Gesamtbevölkerung tatsächlich überschaubar, lag jedoch höher als bei Krankenschwestern.[61] Auf der anderen Seite ließ sich in den

58 Besonders dramatisch war der Mangel an Psychiatern bzw. Nervenärzten. So war 1971 in 92 von insgesamt 220 Kreisen der DDR kein ambulant tätiger Psychiater vorhanden. Ein Sofortprogramm zur Erhöhung der Absolventenzahl in der Psychiatrie sollte wenigstens »die Absicherung der ambulanten psychiatrischen Betreuung in jedem Kreis bzw. Stadtbezirk« gewährleisten, so Gesundheitsminister Sefrin, doch selbst dieses Minimalziel sei frühestens im Jahr 1975 erreichbar. Sefrin an Karwath, 26.7.1971, BArch, DQ 1/4930-2, Bl. 390.

59 Zur Einkommenssituation siehe Maria Elisabeth Ruban: Gesundheitswesen in der DDR, Berlin 1981, S. 64 f.; Frerich/Frey: Handbuch der Geschichte der Sozialpolitik, S. 237 f.

60 So angeblich 1981 im Politbüro, vgl. Erich Fischer: Geständnisse und Bekenntnisse, Schkeuditz 2002, S. 152. Siehe auch Bergien: Im »Generalstab der Partei«, S. 383.

61 »Der Parteianteil unter den Ärzten ist von 1971 bis 1974 von 8 % auf 9,2 %, bei den Zahnärzten von 3,3 % auf 4,2 % gestiegen. Der Parteianteil bei den Schwestern beträgt nach wie vor ca. 5 %.« Entwicklung des Gesundheits- und Sozialwesens seit dem VIII. Parteitag und Grund-

1970er und 1980er Jahren eine kleine, aber nicht zu vernachlässigende Minderheit von drei bis fünf Prozent der Ärzte (darunter auch parteilose) auf eine Spitzeltätigkeit für die Staatssicherheit ein.[62] Die Stasi war schon deshalb besonders an Erkenntnissen über die Ärzteschaft interessiert, weil es wiederum überproportional viele Mediziner waren, die in den Jahren der Ära Honecker versuchten, die DDR legal oder durch »Republikflucht« zu verlassen.[63]

Jahr	Ärzte insgesamt	Einwohner je Arzt
1946	12 329	1380
1948	11 383	–
1949	13 222	1429
1950	13 268	–
1955	13 755	1296
1960	14 555	1181
1965	19 528	872
1970	27 255	626
1975	31 810	530
1980	33 894	494
1985	37 943	439
1989	40 143	414

Tabelle 2: Berufstätige Ärzte und Arztdichte in SBZ und DDR 1946–1989
Eigene Zusammenstellung nach Ernst: »Die beste Prophylaxe ist der Sozialismus«; Frerich/Frey: Handbuch der Geschichte der Sozialpolitik, deren Zahlen auf den Statistischen Jahrbüchern der DDR beruhen

orientierung für die Jahre 1976 bis 1980, S. 14, SAPMO-BArch, DY 30/vorl. SED 21929. Für spätere Jahre ist von 16 Prozent SED-Mitgliedern innerhalb der Ärzteschaft die Rede, vgl. Weil: Zielgruppe Ärzteschaft, S. 46.

62 Vgl. Sonja Süß: Politisch missbraucht? Psychiatrie und Staatssicherheit in der DDR, Berlin 1998, S. 273 sowie Weil: Zielgruppe Ärzteschaft, die knapp 500 von ihnen genauer untersucht hat. Dass wichtige Entscheidungsträger im Gesundheitswesen, von den Bezirksärzten bis zum Minister, zum Netz der Stasizuträger gehörten, überrascht dagegen weniger, vgl. Süß: Politisch missbraucht, S. 177–183; Rainer Erices: Im Dienst von Staat und Staatssicherheit: Bezirksärzte der DDR in einem maroden Gesundheitssystem, in: Totalitarismus und Demokratie 11 (2014), S. 207–220.

63 Vgl. Süß: Politisch missbraucht, S. 151–157 sowie Wahl: »Warum habt ihr solche Angst, dass wir nicht wiederkommen?«. Allein in den neun Monaten unmittelbar vor dem Fall der Mauer im November 1989 verließen laut Stasi-Erkenntnissen 589 Beschäftigte des Gesundheitswesens »ungesetzlich« die DDR, darunter 219 Ärzte und 80 Zahnärzte, vgl. Daniela Münkel (Hrsg.): Herbst '89 im Blick der Stasi. Die geheimen Berichte an die SED-Führung, 2. Auflage, Berlin 2014, S. 184.

Der Mangel an Fachkräften blieb eine stete Herausforderung. Die Gewinnung von qualifiziertem Personal scheiterte mitunter auch daran, dass es in den Städten an geeignetem Wohnraum zur Ansiedlung der Beschäftigten und ihrer Familien fehlte. Mitte der 1970er Jahre umriss ein interner Bericht das Ausmaß der Probleme:

> »Der seit langem bestehende Nachholbedarf an Arbeitskräften in Krankenhäusern einschließlich der medizinischen Einrichtungen des Hochschulwesens konnte nicht abgebaut werden. In den Krankenhäusern fehlen nach gründlicher Analyse und bei Anlegung international üblicher Maßstäbe mindestens 40 000 Arbeitskräfte. Besonders in chirurgisch-operativen Fachgebieten, der Intensivtherapie sowie der mit Schichtarbeit verbundenen allgemeinen Krankenpflege überschreiten die physischen und psychischen Belastungen der Ärzte und Schwestern oft die Grenze des Zumutbaren. Vor allem in Großstädten gibt es ernste Anzeichen dafür, dass das hohe Niveau der stationären medizinischen Betreuung mit den vorhandenen Arbeitskräften nicht mehr gehalten werden kann. Die Anzahl der wegen Schwesternmangel gesperrten Betten erhöhte sich von 3,4% im Jahre 1970 auf 5,2% des Gesamtbettenfonds im Jahre 1975. Die Wartezeiten der Bürger auf einfache chirurgische Behandlungen nehmen weiter zu.«[64]

Den Schwierigkeiten bei der Rekrutierung und Motivation des medizinischen Personals standen Mängel bei der Infrastruktur und in der Arzneimittelversorgung gegenüber. Zum Teil korrespondierten diese Probleme miteinander, da sich baufällige Krankenhäuser, fehlendes Material und Gerätschaften sowie Lieferengpässe bei Medikamenten notwendigerweise auch auf die Zufriedenheit und Einsatzfreudigkeit von Ärzten und Schwestern auswirken mussten. Gerade im Bereich des Bauwesens wurde die chronische Unterfinanzierung des Gesundheitswesens für jedermann – Patienten wie Personal – deutlich sichtbar. Die Gelder, die an der einen Stelle für Sanierungen oder Neubauten ausgegeben wurden, fehlten andernorts genauso dringend. So beanspruchten allein der 1982 fertiggestellte prestigeträchtige Neubau eines Bettenhochhauses für die Berliner Charité und die Rekonstruktion der umliegenden Klinikgebäude 80 Prozent der gesamten Investitionsmittel des Ministeriums für Hoch- und Fachschulwesen. Dies führte zur weiteren Vernachlässigung anderer Kliniken im Land oder behinderte die Fortsetzung von zeitgleichen Neubauprojekten. So musste etwa die geplante zweite Ausbaustufe des neuen Universitätsklinikums in Halle (Saale)

64 Entwicklung des Gesundheits- und Sozialwesens seit dem VIII. Parteitag und Grundorientierung für die Jahre 1976 bis 1980, S. 11f., SAPMO-BArch, DY 30/vorl. SED 21929.

vom Umfang her erheblich reduziert werden und blieb bis zum Ende der DDR unvollendet, weil die dafür vorgesehenen Gelder des Ministeriums für Hoch- und Fachschulwesen nach Berlin geflossen waren.[65] Bauliche Mängel, rückständige Haus- und Medizintechnik sowie Personalmangel führten seit Mitte der 1970er Jahre immer wieder zur Schließung von Ambulatorien, Polikliniken oder Krankenhausabteilungen im ganzen Land.[66] Eingaben von Patienten wie Angehörigen enthalten teils drastische Schilderungen dessen, was sie in den oftmals überalterten und unsanierten Krankenhäusern erlebten.[67]

»Manchmal nicht einmal Hustensaft« – Engpässe bei Arzneimitteln

Während der Bauzustand und die medizintechnische Ausstattung der meisten Gesundheitseinrichtungen kaum anders als prekär einzuschätzen war, stellte sich die Situation im Bereich des Arzneimittelwesens differenzierter dar. Neben einer leidlich funktionierenden Basisversorgung und wiederholten Engpässen bei Spezialmedikamenten muss hier auch die Grundkonzeption der staatlichen Arzneimittelregulierung berücksichtigt werden, um ein ausgewogenes Bild zu erhalten. Das Arzneimittelwesen der DDR war von seiner Anlage her nicht auf stete Erhöhung des Verbrauchs und die Bereitstellung möglichst vieler verschiedener Arzneivarianten ausgerichtet, sondern folgte weitgehend einer rationellen, an wissenschaftlichen Kriterien orientierten Verordnungsweise. Hierzu gehörte eine bewusste und regelmäßig evaluierte Begrenzung des Arzneimittelsortiments auf notwendige, wirksame und geprüfte Wirkstoffe. Das registrierte Sortiment umfasste Ende der 1980er Jahre knapp 2000 Medikamente. Jedes Jahr wurden ungefähr 30 bis 50 neue Präparate zugelassen und etwa die gleiche Anzahl aus dem Register gestrichen. Dieser auf den medizinischen Bedarf hin orientierte Ansatz war nicht allein planwirtschaftlich motiviert, sondern auch

65 Vgl. Herrn/Hottenrott: Die Charité zwischen Ost und West, S. 104; Wiebke Janssen: Medizinische Hochschulbauten als Prestigeobjekt der SED. Das Klinikum Halle-Kröllwitz, in: Deutschland Archiv Online, http://www.bpb.de/147756 [Zugriff: 1.8.2022].

66 Im November 1982 informierte der Leiter der ZK-Abteilung für Gesundheitspolitik, Karl Seidel, das zuständige Politbüromitglied Kurt Hager über die erforderliche Schließung von Polikliniken in Bautzen, Radebeul, Wittenberge und Rostock-Mitte und warnte: »Stillegungen bei Gesundheitsbauten haben in der Bevölkerung eine hohe politisch-ideologische Auswirkung.« Seidel an Hager, 3.11.1982, SAPMO-BArch, DY 30/vorl. SED 32025. Zur desolaten Bausubstanz siehe auch überblicksartig Michael Arnold/Berndt Schirmer: Gesundheit für *ein* Deutschland, Köln 1990, S. 103–105, sowie Frerich/Frey: Handbuch der Geschichte der Sozialpolitik, S. 252 f.

67 Siehe dazu Kapitel IV.1 »Ärztemangel, Wartezeiten und bauliche Probleme«.

medizinisch-pharmazeutisch gut begründbar.[68] Als infolge der Entspannungspolitik der 1970er Jahre der Eiserne Vorhang zwischen Ost und West allmählich durchlässiger wurde, geriet dieses System unter Druck. Ostdeutsche Patienten (und Ärzte) maßen das ihnen zur Verfügung stehende Arzneimittelsortiment immer häufiger an der quantitativ viel größeren pharmazeutischen Produktvielfalt des Westens, die freilich nicht nur medizinisch-rationalen Kriterien, sondern in weiten Teilen kommerziellen Interessen unterlag. Das begrenzte, primär an Bedarf und Nutzen orientierte Arzneimittelsortiment der DDR geriet spätestens in den 1980er Jahren in eine inoffizielle Konkurrenz mit dem seinerzeit wenig regulierten, in gewisser Hinsicht irrationalen Arzneimittelmarkt der Bundesrepublik. Über Besuche, Postsendungen[69] und andere Kanäle lernten DDR-Bürger Teile dieses Marktes kennen, und viele Kranke setzten verständliche Hoffnungen auf vermeintlich bessere Medikamente aus dem Westen. Da Arzneimittel in der DDR vor ihrer Zulassung einer kritischen Nutzenbewertung unterzogen wurden, stellten sich manche der vermeintlichen Novitäten jedoch als Präparate ohne zusätzlichen Nutzen gegenüber den in der DDR vorhandenen Wirkstoffen heraus – ein Umstand, der Patienten mitunter schwer nahezubringen war, erst recht nicht auf schriftlichem Wege im Zuge der Beantwortung von Eingaben. Daran wird deutlich, dass die wachsende Nachfrage nach westlichen Präparaten nicht in jedem Fall auf eine tatsächliche Lücke im DDR-Sortiment schließen lässt. Sehr oft handelte es sich schlicht um Parallelpräparate, deren Zusatznutzen letztlich nur der westdeutsche Markenname war. Dies bedeutet jedoch nicht, dass es nicht auch eine echte Unterversorgung gegeben hätte. Defizite bei der Versorgung mit Medikamenten begleiteten das DDR-Gesundheitswesen seit seinen Anfängen,

68 Die DDR lehnte sich damit sehr viel stärker als die Bundesrepublik an das WHO-Konzept der »essential medicines« an, das erstmals 1977 vorgestellt wurde und bis heute global als Basis einer rationellen, evidenzbasierten Arzneitherapie gilt: https://www.who.int/groups/expert-committee-on-selection-and-use-of-essential-medicines/essential-medicines-lists [Zugriff: 1.8.2022]. Die Gesetze und Institutionen des staatlich regulierten Arzneimittelwesens der DDR gehen auf die 1940er und frühen 1950er Jahre zurück, siehe dazu Winter: Das Gesundheitswesen, S. 149–157; Volker Hess: Psychochemicals crossing the wall. Die Einführung der Psychopharmaka in der DDR aus der Perspektive der neueren Arzneimittelgeschichtsschreibung, in: Medizinhistorisches Journal 42 (2007) 1, S. 61–84; Ulrike Klöppel/Viola Balz: Psychopharmaka im Sozialismus. Arzneimittelregulierung in der Deutschen Demokratischen Republik in den 1960er Jahren, in: Berichte zur Wissenschaftsgeschichte 33 (2010) 4, S. 382–400. Siehe auch Ulrich Meyer: Steckt eine Allergie dahinter? Die Industrialisierung von Arzneimittel-Entwicklung, -Herstellung und -Vermarktung am Beispiel der Antiallergika, Stuttgart 2002, S. 254–257. In Meyers Studie lassen sich exemplarisch Entwicklung und Herstellung von Arzneimitteln in der DDR nachverfolgen, hier am Beispiel der Antihistaminika, siehe ebd., S. 257–329.

69 1984 erleichterten die DDR-Behörden die seit Oktober 1961 blockierte Einfuhr westlicher Medikamente in die DDR. Siehe hierzu und zum Folgenden Kapitel IV.2.

und die meisten der Probleme in diesem Bereich hatten nichts mit Westdeutschland zu tun, sondern mit den Schwächen der ostdeutschen Planwirtschaft.

Aufgrund der Kriegszerstörungen in der chemischen Industrie und der Demontagen durch die sowjetische Besatzungsmacht war schon die wirtschaftliche Ausgangslage in diesem Bereich nach 1945 schwierig. Hinzu kam die Tatsache, dass die meisten der großen pharmazeutischen Unternehmen schon vor dem Krieg im westlichen Teil Deutschlands angesiedelt waren. So konnte es östlich der Elbe zunächst nur darum gehen, wenigstens eine Grundversorgung mit den wichtigsten Wirkstoffen sicherzustellen. Nach beachtlichen Aufbauleistungen in den 1950er Jahren wurde es immer schwerer, mit dem in kapitalistischen Ländern erreichten Produktions- und Innovationsniveau mitzuhalten. Die von der volkseigenen Industrie hergestellten Medikamente waren meist Nachsynthesen; in vielen Indikationsgruppen blieb man auf die Einfuhr von Westpräparaten angewiesen. Die drastische Einschränkung solcher Importe im Zuge des Baus der Berliner Mauer im Jahr 1961 verschärfte die angespannte Versorgungslage. Durch die bereits im Vorfeld des Mauerbaus begonnene Politik der »Störfreimachung« konnte die Abhängigkeit von Westimporten zwar etwas gemindert und ein Notstand auf dem Arzneimittelsektor abgewendet werden. Dennoch traten immer wieder Lieferengpässe (im pharmazeutischen Sprachgebrauch: Defekte) auf, zumal die Medikamentenproduktion nicht durch Angebot und Nachfrage, sondern durch politisch festgelegte Pläne bestimmt wurde. Angesichts jährlich steigender Verordnungszahlen, die so im System nicht »vorgesehen« waren, wurden diese Produktionspläne immer häufiger von der Wirklichkeit überholt und damit zur Makulatur.[70] Den leer ausgegangenen Patienten blieb in dieser Situation oft nur die Möglichkeit, sich illegal Medikamente aus dem Westen schicken zu lassen oder über Eingaben ihren individuellen Bedarf geltend zu machen. Auf diese Weise wurden Eingaben nicht selten zu Seismografen der Arzneimittelnachfrage.

Als Erich Honecker sein Amt als Erster Sekretär der SED antrat, befand sich die Medikamentenversorgung in der DDR in einer Krise. In den Apotheken sei »manchmal nicht einmal Hustensaft zu haben« monierte die SED-Funktionärin Hanna Wolf auf der 14. Tagung des Zentralkomitees ihrer Partei im Dezember

70 Vgl. Hans Probst/Dietmar Funke: Pharmazie, Apothekenwesen und Medizintechnik, in: Horst Spaar (Hrsg.): Dokumentation zur Geschichte des Gesundheitswesens der DDR, Teil VI, B: Das Gesundheitswesen in der Periode wachsender äußerer und innerer Widersprüche, zunehmender Stagnation und Systemkrise bis zur Auflösung der bestehenden sozialistischen Ordnung in der DDR (1981–1989), Berlin 2003, S. 172–183.

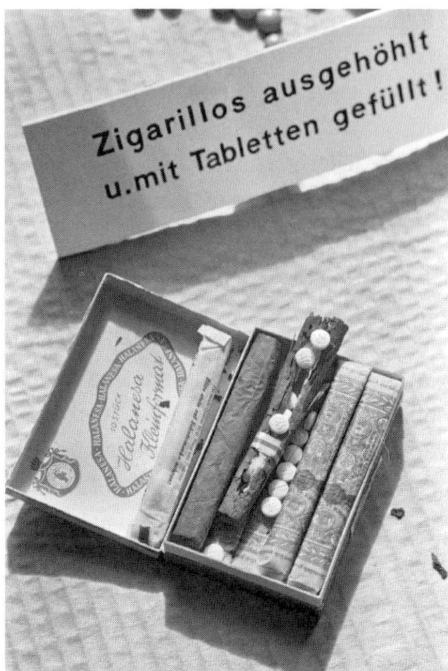

Abb. 9: Abgefangenes Westpaket mit versteckten Tabletten, 1960

1970.[71] Die harsche Kritik, die Walter Ulbricht auf dieser ZK-Tagung entgegenschlug, läutete zwar sein Ende als Staats- und Parteichef ein. An der »instabilen Versorgung« mit Arzneimitteln, die neben Wolf auch das Politbüromitglied Paul Verner ungewohnt offen angesprochen hatte, ließ sich kurzfristig jedoch wenig ändern, da es trotz entsprechender Planvorgaben an Herstellungskapazitäten fehlte.[72] Die zuständigen Stellen im Gesundheitsministerium und in der ZK-Abteilung reagierten mit Verordnungsbeschränkungen, was aber nicht verhinderte, dass es zu den von der Partei gefürchteten »Diskussionen in der Bevölkerung« kam. Signifikante Lieferengpässe gab es zu Beginn der Ära Honecker beispielsweise beim Insulin. Zu dieser Zeit war der VEB Berlin-Chemie Alleinhersteller von Insulin in der DDR und hatte Anfang der 1970er Jahre »seine Aufgaben nicht restlos erfüllt«, wie es in der euphemistischen Prosa des *Neuen Deutschlands* hieß.[73]

71 Zitiert nach Jochen Stelkens: Machtwechsel in Ost-Berlin. Der Sturz Walter Ulbrichts 1971, in: Vierteljahrshefte für Zeitgeschichte 45 (1997) 4, S. 503–533, hier S. 505.
72 Ebd.
73 Planmäßiger Ausbau des Berliner Gesundheitswesens, Neues Deutschland, 17.11.1973, S. 8.

Nach einer Phase relativer Stabilität häuften sich am Ende des Jahrzehnts erneut die Beschwerden über nicht verfügbare Medikamente. Einer der Gründe für die Misere war auch die arbeitsteilige Herstellung von Pharmaka innerhalb des Rates für gegenseitige Wirtschaftshilfe (RGW), die in den 1970er Jahren im Zuge von Rationalisierung und Spezialisierung der Produktionsprozesse intensiviert worden war, aber letztlich nicht funktionierte. So hatte die DDR im Rahmen der Absprachen im RGW auf den weiteren Ausbau der nach dem Krieg begonnenen Antibiotikaproduktion verzichtet und dies anderen sozialistischen Staaten überlassen. Als in den 1970er Jahren neue Antibiotika mit breiterem und spezifischerem Wirkspektrum auf dem internationalen Markt erschienen, war die DDR zu umfangreichen und kostspieligen Westimporten gezwungen. 1979 wurde deshalb eilig mit dem Bau einer eigenen Produktionsanlage begonnen, was jedoch den Versorgungsrückstand nicht mehr wettmachen konnte.[74] Bereits Mitte der 1970er Jahre deuteten sich die Probleme der kommenden Jahre an:

> »Der Rückstand in der Entwicklung und Produktion neuer hochwertiger und oft lebensrettender Medikamente (z. B. Antibiotika) und medizintechnischer Geräte (z. B. Herzschrittmacher) hat gegenüber dem internationalen Niveau weiter zugenommen. Die Abhängigkeit der DDR gegenüber dem NSW auf diesem Gebiet ist gewachsen. So müssen von 30 in der DDR benötigten Antibiotika allein 15 aus dem NSW eingeführt werden, nur 4 kommen aus der eigenen Produktion.«[75]

Der zunehmende Devisenmangel wirkte sich zuerst auf den Import von Medikamenten aus, die für speziellere Indikationen benötigt wurden. In einer Mitteilung an Kurt Hager warnte der Leiter der ZK-Abteilung für Gesundheitspolitik Ende 1982 angesichts fehlender Valutamittel vor »Niveauminderungen in der medizinischen Betreuung« unter anderem von Krebskranken, Asthmatikern und psychisch Kranken. Auch die »hochspezialisierte Antibiotika-Behandlung« sei gefährdet.[76] Ende der 1980er Jahre verschärfte sich die ohnehin latent angespannte Versorgungslage bei Arzneimitteln. Selbst in Bereichen, die gesundheitspolitisch besonders hoch gewichtet wurden, wie etwa der Impfprophylaxe, ließen sich die Lücken nicht mehr schließen. Mehr und mehr traten jetzt auch

74 Vgl. Hans Probst/Dietmar Funke: Pharmazie, Apothekenwesen und Medizintechnik, in: Horst Spaar (Hrsg.): Dokumentation zur Geschichte des Gesundheitswesens der DDR, Teil V, B: Das Gesundheitswesen der DDR in der Periode der weiteren Gestaltung der entwickelten sozialistischen Gesellschaft und unter dem Kurs der Einheit von Wirtschafts- und Sozialpolitik (1971–1981), Berlin 2002, S. 152–158.

75 Entwicklung des Gesundheits- und Sozialwesens seit dem VIII. Parteitag und Grundorientierung für die Jahre 1976 bis 1980, S. 11 f., SAPMO-BArch, DY 30/vorl. SED 21929.

76 Seidel an Hager, 3.11.1982, SAPMO-BArch, DY 30/vorl. SED 32025.

bei Standardmedikamenten, die in der DDR hergestellt wurden, Lieferprobleme auf. Im Februar 1988 stellte die Stasi in einem Bericht fest:

> »Ärzte und andere Beschäftigte, darunter Leitungskader, aus dem Gesundheits- und Sozialwesen der Kreise Jena und Gera z. B. bringen ihr Unverständnis darüber zum Ausdruck, dass die Arzneimittelversorgung aus der pharmazeutischen Produktion der DDR ›immer lückenhafter‹ werde. [...] Im Kreis Nordhausen/Erfurt fehlen nach vorliegenden Hinweisen 70 verschiedene pharmazeutische Präparate, was sich für die Versorgung der Bevölkerung im gesamten Kreisgebiet negativ auswirkt.«[77]

Nicht nur den betroffenen Patienten, auch den Ärzten und Apothekern waren diese Probleme kaum noch zu vermitteln. Ärzte hätten zum Ausdruck gebracht, so die Stasi-Beobachter, »dass trotz Anerkennung begrenzter ökonomischer Möglichkeiten der DDR eine kontinuierliche und stabile Grundversorgung mit Medikamenten und medizinischen Verbrauchsmaterialien gewährleistet werden müsste«. Mit Blick auf die Mediziner sei insgesamt festzustellen, dass »ihre Anfälligkeit gegenüber gegnerischen Argumenten offensichtlich größer geworden ist«.[78] Im November 1988 schien sich an der Gesamtsituation wenig geändert zu haben, wie ein weiterer Stasi-Bericht zeigt. In der für die Genossen Stoph, Hager, Mittag, Mecklinger und Seidel bestimmten Information wird auf »anhaltende Probleme in der kontinuierlichen und bedarfsgerechten Bereitstellung von wichtigen Arzneimitteln« hingewiesen und festgehalten, dass »seit längerer Zeit wechselnd etwa 40 bis 50 Arzneimittel nicht ständig zur Verfügung gestellt werden können«, darunter »moderne, wirksame Herz-Kreislaufmittel wie z. B. Corinfar, Cordanum, Ralofekt, Agapurin«. Die andauernde Versorgungskrise habe »konkrete negative politisch-ideologische Auswirkungen«, so das Fazit. Es seien »Resignation und Vertrauensverlust hinsichtlich der Wirksamkeit sozialistischer Gesundheitspolitik feststellbar«.[79]

77 Information Nr. 80/88 über Reaktionen von Ärzten und anderen Beschäftigten des Bereiches Gesundheitswesen auf Probleme der Versorgung mit bestimmten medizinischen Verbrauchsmaterialien und Arzneimitteln (16.2.1988), BStU, MfS, ZAIG, Nr. 3648, Bl. 1–6, in: Frank Joestel (Bearb.): Die DDR im Blick der Stasi 1988. Die geheimen Berichte an die SED-Führung, Göttingen 2010, Dokument auf CD-ROM.

78 Ebd.

79 Information Nr. 489/88 über einige beachtenswerte Probleme der materiellen Versorgung des Gesundheitswesens der DDR (14.11.1988), BStU, MfS, ZAIG, Nr. 3713, Bl. 1–8, in: Joestel: Die DDR im Blick der Stasi 1988, Dokument auf CD-ROM.

Frauen, hört die Signale: Die Regelung der Abtreibungsfrage

Zu den Bereichen, in denen die Gesundheitspolitik der frühen DDR von der sozialistischen Programmatik sowjetischer oder Weimarer Prägung in bemerkenswerter Weise abwich, zählte die Frage des Schwangerschaftsabbruchs. Bereits in den 1920er und 1930er Jahren war der §218 ein politisches Streitthema in Deutschland; eine wesentliche Lockerung des Abtreibungsverbots hatten SPD und KPD in dieser Zeit nicht erreichen können. 1948 hatten die fünf Länderparlamente der SBZ neue Abtreibungsgesetze erlassen, die sich zwar in Details voneinander unterschieden, insgesamt aber das Abtreibungsrecht liberalisierten und den Schwangerschaftsabbruch unter bestimmten Voraussetzungen legalisierten. Erstmals war es Frauen nun erlaubt, bei Vorliegen einer sozialen Indikation den Abbruch einer Schwangerschaft vornehmen zu lassen. Doch schon 1950 kassierte die Regierung der soeben gegründeten DDR diese föderale Gesetzgebung wieder. Das neue »Mutterschutzgesetz« sah nur noch eine eng gefasste medizinische sowie eine eugenische Indikation vor, eine soziale Indikation wurde gänzlich verworfen. Abtreibungen aus einer sozialen Notlage heraus wurden damit erneut unter Strafe gestellt.[80] Ausschlaggebend für diese Umkehr dürften bevölkerungspolitische Rücksichtnahmen gewesen sein, aber auch der Einfluss konservativer Gynäkologen wäre noch zu untersuchen. Eine mögliche Einflussnahme der Sowjetunion, die ihrerseits 1936 die 16 Jahre zuvor unter Lenin eingeführte Legalisierung der Abtreibung rückgängig gemacht hatte, wird in der Forschung ebenfalls diskutiert. Nicht zuletzt könnten auch persönliche Moralvorstellungen Walter Ulbrichts eine Rolle gespielt haben.[81]

Die überraschende Restauration des Abtreibungsverbots im ersten sozialistischen Staat auf deutschem Boden enttäuschte viele Frauen und führte zu großer Ernüchterung bei engagierten Sozialistinnen und Frauenrechtlerinnen. Dies umso mehr, als die Abschaffung des §218 eine ureigene Forderung der politischen Linken zu Zeiten der Weimarer Republik gewesen war. So bekundete die Kommunistin Elfriede Paul, selbst Ärztin und Vorreiterin des Frauengesundheitsschutzes, ihr Unverständnis über das von der SED-Führung installierte Abtreibungsverbot:

80 Vgl. Atina Grossmann: »Sich auf ihr Kindchen freuen.« Frauen und Behörden in Auseinandersetzungen um Abtreibungen, Mitte der 1960er Jahre, in: Alf Lüdtke/Peter Becker (Hrsg.): Akten. Eingaben. Schaufenster. Die DDR und ihre Texte. Erkundungen zu Herrschaft und Alltag, Berlin 1997, S. 241–257; Donna Harsch: Society, the State and Abortion in East Germany, 1950–1972, in: American Historical Review 102 (1997) 1, S. 53–84.

81 Vgl. Annette Leo/Christian König: Die »Wunschkindpille«. Weibliche Erfahrung und staatliche Geburtenpolitik in der DDR, Göttingen 2015, S. 54f.

»Den Gedankengängen des Gesetzes können, das muss offen ausgesprochen werden, gerade viele derjenigen Frauen und Männer, die den jahrzehntelangen Kampf gegen den §218 in seiner bestehenden Form aus dem Jahr 1871 mit Nachdruck geführt haben, nur schwer folgen.«[82]

Wenig überzeugend wirkte auch die Begründung, mit der die SED die erneute Verschärfung der Abtreibungsregelung zu rechtfertigen suchte. Die sozialen Folgen, so hieß es von offizieller Seite, die mit der Austragung eines Kindes insbesondere für bereits bestehende Familien verbunden seien, würden durch die sozialpolitischen Maßnahmen der jungen DDR ausreichend abgefedert.[83] Diese Behauptung musste hohl klingen in einem Land, in dem noch bis 1958 Butter, Fleisch und andere Grundnahrungsmittel rationiert und nur mit Bezugskarten erhältlich waren. »Es wird, auch von Frauen, die sonst allen Dingen unserer fortschrittlichen Sozialpolitik aufgeschlossen gegenüberstehen, immer wieder ausgesprochen, dass es auch heute noch ganz gewiss sehr schwer sei, mehrere Kinder aufzuziehen«, so Elfriede Paul.[84]

Vor dem Hintergrund der immer stärkeren Integration von Frauen in das Erwerbsleben und der vielen illegalen und gefahrvollen Aborte wurde die restriktive Regelung im Jahr 1965 durch eine verwaltungsinterne Rundverfügung des Gesundheitsministeriums etwas gelockert. Dabei spielte auch die hohe Zahl kritischer Eingaben eine Rolle, die zu diesem Thema bei der Staats- und Parteiführung eingingen.[85] Der Verfügung des MfG zufolge konnten Schwangere unter 16 oder über 40 Jahren ihr jugendliches oder fortgeschrittenes Alter als

82 Undatiertes, wahrscheinlich aus dem Spätherbst 1950 stammendes Manuskript »Die Geburtenregelung im Rahmen unserer Gesundheitspolitik – von Dr. Elfriede Paul«, SAPMO-BArch, NY 4229/13, Bl. 16f. Das Wort »schwer« wurde handschriftlich geändert in »zögernd«. Paul gab ihr Manuskript auch dem Ministerium für Arbeit und Gesundheitswesen zur Kenntnis, vgl. Schaldach an Paul, 11.12.1950, ebd., Bl. 15.

83 Vgl. Grossmann: »Sich auf ihr Kindchen freuen«, S. 245.

84 »Die Geburtenregelung im Rahmen unserer Gesundheitspolitik – von Dr. Elfriede Paul«, SAPMO-BArch, NY 4229/13, Bl. 16f.

85 Vgl. die zugrunde liegende Korrespondenz zwischen Werner Hering (Abteilung Gesundheitspolitik) und Kurt Hager (Politbüro) aus dem August 1963, SAPMO-BArch, DY 30/68453, Bl. 1–10: »In der letzten Zeit erhielten wir über das Büro Walter Ulbricht mehrere Schreiben von werktätigen Frauen, die beim Genossen Walter Ulbricht um Unterstützung bei der Unterbrechung ihrer erneuten Schwangerschaft nachsuchen. Diese Schreiben – von denen es sicherlich noch viele bei anderen Briefbüros auf staatlicher Ebene gibt – und unsere eigenen Kenntnisse gaben uns Veranlassung, vor ca. 5 Wochen mit der Genossin Inge Lange als Leiterin der Frauenkommission eine Konsultation durchzuführen, wie sie darüber denkt und was man am besten vorschlagen und tun solle.« Hering an Hager, 24.8.1963, ebd., Bl. 1. Siehe auch Leo/König: Die »Wunschkindpille«, S. 114–117.

rechtfertigenden Grund vorbringen und einen Abbruch beantragen. War die Schwangere bereits Mutter von mehr als fünf Kindern, oder war seit der letzten Schwangerschaft nur wenig Zeit vergangen, war ebenfalls eine Abtreibung möglich. Die endgültige Entscheidung über den Abbruch der Schwangerschaft oblag sogenannten Interruptio-Kommissionen, die unter anderem mit Ärzten besetzt waren und auf Kreisebene gebildet wurden. Als letzte Einspruchsinstanz dienten entsprechende Kommissionen auf Bezirksebene. Im Kontext dieser Kommissionen und ihrer Entscheidungen sind zahlreiche Eingaben von Frauen geschrieben worden, die unter Verweis auf ihre schwierige individuelle bzw. familiäre Situation um die Genehmigung zum Schwangerschaftsabbruch bitten.

Nach der 1971 erfolgten Ablösung Walter Ulbrichts durch den deutlich jüngeren und in der Abtreibungsfrage weniger dogmatischen Erich Honecker entstand eine politische Konstellation, die eine weitere Liberalisierung des Schwangerschaftsabbruchs im Sinne einer Fristenlösung begünstigte. Das »Gesetz über die Unterbrechung der Schwangerschaft«, das die Volkskammer nach vorheriger Billigung durch das SED-Politbüro im März 1972 beschloss, übertrug Frauen das Recht, innerhalb der ersten drei Schwangerschaftsmonate über den Abbruch der Schwangerschaft eigenverantwortlich zu entscheiden. Ärzten wurde eine Beratungspflicht auferlegt, deren Inanspruchnahme Frauen jedoch nicht nachweisen mussten. Auch mussten sie keine Gründe für den Abbruch der Schwangerschaft darlegen. Das Gesetz »bedeutete nicht nur die Vermeidung von Gesundheitsgefährdung und Tod, sondern die längst fällige Befreiung der Frauen vom Gebärzwang und eröffnete ihnen das Selbstbestimmungsrecht, über den Zeitpunkt, die Anzahl und die zeitliche Aufeinanderfolge von Geburten frei entscheiden zu können«.[86] Zugleich gelang es der DDR, durch flankierende sozialpolitische Maßnahmen den Geburtenrückgang, der schon Jahre vor der Einführung der Fristenlösung eingesetzt hatte, vorübergehend zu stoppen. Zwischen 1975 und 1980 stieg die Zahl der Geburten erheblich an, bevor nach 1980 erneut ein Rückgang einsetzte, der bis zum Ende der DDR anhielt.[87]

86 Edith Ockel: Gesundheit der Frauen und Gesundheitspolitik in der DDR, in: Jahrbuch für kritische Medizin 24 (1995), S. 105–119, hier S. 107.

87 Vgl. Wasem/Mill/Wilhelm: Gesundheitswesen und Sicherung, S. 389.

3. Eine besondere Beziehung: Arzt und Patient im Staatssozialismus

Die Beziehung zwischen Arzt und Patient gehört zu den Themen, die in Eingaben häufig und nicht selten sehr emotional angesprochen werden. Es lohnt sich deshalb an dieser Stelle, in knapper – und notwendigerweise vorläufiger Form – darzustellen, wie dieses Verhältnis im sozialistischen Gesundheitswesen theoretisch gedacht und aus Patientensicht erlebt wurde.

Als die Schriftstellerin und Heinrich-Mann-Preisträgerin Brigitte Reimann (1933–1973) Ende der 1960er Jahre an Krebs erkrankte, berichtete sie in Briefen nicht nur über ihre Krankheitswahrnehmung und -verarbeitung, sondern auch über ihre Erfahrungen mit Ärzten, denen sie an ihrem Wohnort Neubrandenburg und später in Berlin begegnete. Spät erst hatten die Mediziner die Bösartigkeit der Erkrankung erkannt und stattdessen die Beschwerden der jungen Frau lange Zeit als harmlos eingestuft: »Unbegreiflich, dass sich kein Arzt zu mehr als einem beschwichtigenden Lächeln aufgerafft hat«, schrieb Reimann Anfang 1969 an ihre Freundin Christa Wolf.[88] Nach Feststellung der Diagnose und einem Therapieversuch wurde die Patientin von den behandelnden Ärzten nicht über das eingetretene Rezidiv aufgeklärt. »Du weißt ja«, klagte Reimann im Herbst 1971, » – die Ärzte mit ihrem vertrackten Berufsethos, ihrem Schweigen oder den netten Tröstungen, die es einem bloß schwermachen, sich einzurichten und eine Haltung zu erarbeiten.«[89] Die junge Frau erlebt, wie nur hinter ihrem Rücken über Diagnose und Prognose gesprochen wird. Selbst ihr Ehemann, der als Arzt von Kollegen eingeweiht wird, klärt sie zunächst nicht auf.

> »[Z]ufällig habe ich mitangehört, wie Ärzte über meinen vorgeblichen Bandscheibenschaden sprachen (offenbar haben sie meine Krankengeschichte gelesen, schon aus Neugier, weil ich das Weib eines Kollegen bin). Wahrscheinlich habe ich selbst nie an diese Bandscheiben-Mär geglaubt; trotzdem war es im Moment ein tüchtiger Schock. Inoperabler Krebs im Rückenwirbel, soviel ich verstanden habe, d. h. ein Herd, und der fällige Prozess ist bloß gestoppt durch die Operation.«[90]

In den Notaten Brigitte Reimanns über ihre Krankengeschichte klingen Beobachtungen an, die Rückschlüsse auf zeittypische, gleichwohl nicht immer DDR-spezifische Aspekte im Verhältnis zwischen Ärzten und ihren Patienten zulassen.

88 Reimann an Wolf, 29.1.1969, in: Brigitte Reimann/Christa Wolf: Sei gegrüßt und lebe. Eine Freundschaft in Briefen 1964–1973, hrsg. von Angela Drescher, Berlin 1993, S. 17.
89 Reimann an Wolf, 29.11.1971, in: ebd., S. 115.
90 Reimann an Wolf, 5.12.1971, in: ebd., S. 121.

Die Geschichte einer jungen Frau, deren Krebsdiagnose von Ärzten zunächst verkannt und ihr dann über längere Zeit »rücksichtsvoll« verschwiegen wird, verweist auf eine klassische Problematik in der Patient-Arzt-Dyade: die Aufklärung über fatale Diagnosen. Den auch schon in den 1970er Jahren mehrheitlich an Wahrhaftigkeit und Selbstbestimmung interessierten Patienten standen vielfach Ärzte gegenüber, die mit paternalistischem Gestus das Überbringen schlechter Nachrichten vermieden, um sich selbst und die Betroffenen vor Angst, Trauer, Wut und einer Auseinandersetzung mit dem Sterben zu schützen. Das angebliche »therapeutische Privileg« der Ärzte, Patienten nicht die volle Wahrheit über ihren Zustand zu sagen, wurde seinerzeit auch in der Bundesrepublik und der westlichen Welt diskutiert, dort aber zunehmend als unzeitgemäß und juristisch nicht haltbar verworfen.[91] In der DDR hielt man hingegen daran fest und räumte dem Arzt einen vergleichsweise großen Ermessensspielraum ein, ob und in welchem Ausmaß er den Patienten informierte.[92] Zwar bestand unter Medizinern und Juristen weitgehende Übereinstimmung, dass die Behandlung des Patienten mit ständiger Beratung und Aufklärung verbunden sein müsse, allerdings wurde ausdrücklich betont, »dass die Aufklärung des Patienten dem Heilzweck untergeordnet ist« und dass die Aufklärungspflicht des Arztes dort ende, wo sie den Behandlungserfolg gefährde.[93]

> »Vorstellungen, die auf uneingeschränkte Aufklärung des Patienten durch die Gesundheitseinrichtung hinauslaufen, gleich mit welcher Begründung sie vorgetragen werden, sind vor allem im Hinblick auf die von erfahrenen Ärzten immer wieder geltend gemachten Bedenken, wonach sich unter solchen Bedingungen der Zweck

91 Siehe Erwin Deutsch: Das therapeutische Privileg des Arztes. Nichtaufklärung zugunsten des Patienten, in: Neue Juristische Wochenschrift (1980) 24, S. 1305–1309; Heiner Fangerau/Igor Polianski: Die Wahrheit am Krankenbett. Das »Gespenst des therapeutischen Privilegs«, in: Ärzteblatt Baden-Württemberg 65 (2010) 9, S. 370–374. Siehe auch die seinerzeit grundlegende empirische Studie von Dennis H. Novack/Robin Plumer/Raymond L. Smith et al.: Changes in physicians' attitudes toward telling the cancer patient, in: Journal of the American Medical Association 241 (1979) 9, S. 897–900.

92 Vgl. Ulrike Seifert: Gesundheit staatlich verordnet. Das Arzt-Patienten-Verhältnis im Spiegel sozialistischen Zivilrechtsdenkens in der DDR, Berlin 2009, S. 161–178. Zeitgenössisch: Hannes Hüttner (Red.): Der Patient im Krankenhaus. Erwartungen, Rechte und Pflichten, Zufriedenheit, Berlin 1979; Karl-Heinz Riessbeck/Rosemarie Dietze: »Aufklärung des Krebskranken«: die psychische Führung unserer krebskranken Patienten, in: Radiobiologia Radiotherapia 22 (1981) 2, S. 165–183; Susanne Hahn (Leiterin des Autorenkollektivs): Im Mittelpunkt steht der Mensch. Zu aktuellen Tendenzen und Problemen der Arzt-Schwester-Patient-Beziehungen im Gesundheitswesen der DDR, Berlin 1987, S. 75–80.

93 Becker, Arzt und Patient, S. 61. Im Tenor ähnlich: Hüttner: Der Patient im Krankenhaus, S. 84 f.

der medizinischen Betreuung unter Umständen ins Gegenteil verkehrt, für den sozialistischen Gesundheitsschutz grundsätzlich abzulehnen.«[94]

Die weiter oben zitierten Ausführungen Reimanns machen klar, was dieses ärztliche »Privileg« für aufklärungswillige Patienten bedeuten konnte: Sie fühlten sich bevormundet, wurden der Möglichkeit beraubt, eine »Haltung« zur eigenen Krankheit zu entwickeln, und erfuhren nicht selten ebenso unvorhergesehen wie unvorbereitet doch von ihrem drohenden Schicksal. Auch Reimanns gleichaltrige Schriftstellerkollegin Maxie Wander, die ebenfalls an Krebs erkrankte und 1977 daran starb, geht in ihren Aufzeichnungen auf dieses Defizit ein. Kaum weniger eindringlich als Reimann schildert sie die Unfähigkeit und den Unwillen der sie behandelnden Ärzte, offen über die schlechte Prognose ihrer Krankheit zu sprechen.[95] Patienten über fatale Diagnosen hinwegzutäuschen, sie aber nahestehenden Familienmitgliedern sehr wohl zu offenbaren, war eine in den 1970er Jahren noch verbreitete und keinesfalls DDR-spezifische Praxis. Angehörige an Stelle der Kranken ins Vertrauen zu ziehen entsprach einer jahrzehntelangen ärztlichen Gewohnheit, die in früheren medizinethischen Lehrbüchern sogar ausdrücklich empfohlen wurde.[96]

Wie sah nun aber der Idealtypus einer Arzt-Patient-Beziehung in der DDR aus? Worin konnte – oder sollte – das spezifisch Sozialistische im Verhältnis zwischen Arzt und Patient liegen? Einigkeit bestand darüber, dass die Begegnung zwischen Arzt und Patient gleichberechtigt und auf Augenhöhe stattzufinden habe.[97] Die früheren Klassenschranken zwischen bürgerlichem Arzt und werktätigem Patient gebe es nicht mehr, stattdessen »das enge Bündnis zwischen Arbeiterklasse und Ärzten«.[98] Dies schloss nicht aus, neben den Rechten auch die Pflichten des Patienten hervorzuheben. So hatte dieser an seiner Behandlung mitzuwirken, etwa durch gewissenhafte Befolgung ärztlicher Verordnungen.[99] Oberstes Ziel war die Restitution der Gesundheit des Patienten. So galt

94 Becker, Arzt und Patient, S. 66. Als unumgänglich erachtet Becker hingegen die Aufklärung über anstehende Untersuchungs- und Behandlungsmaßnahmen, vgl. ebd.

95 Siehe Maxie Wander: Leben wär' eine prima Alternative. Tagebuchaufzeichnungen und Briefe, hrsg. von Fred Wander, Darmstadt/Neuwied 1980.

96 Siehe etwa Carly Seyfarth: Der »Ärzte-Knigge«. Über den Umgang mit Kranken und über Pflichten, Kunst und Dienst der Krankenhausärzte, Leipzig 1935, S. 61.

97 Vgl. Becker, Arzt und Patient, S. 19. Siehe auch Herbert Mück: Die rechtliche Entwicklung des Arzt-Patient-Verhältnisses in der DDR. Vom Dienstvertrag zum medizinischen Betreuungsverhältnis, Köln 1982.

98 Ursula Hörnlein: Zum Ringen um ein sozialistisches Arzt-Patient-Verhältnis nach der Weimarer Gesundheitskonferenz. Medizinische Diplomarbeit, Berlin, 1978, S. 22.

99 Vgl. Becker: Arzt und Patient, S. 86–92.

auch, anders als in der Bundesrepublik, der im Einklang mit der medizinischen Wissenschaft durchgeführte ärztliche Eingriff nicht als tatbestandsmäßige Körperverletzung. Vielmehr wurde ärztliches Handeln zur Erhaltung oder Wiederherstellung der Gesundheit eines Kranken als ein gesellschaftlich positiv zu bewertendes Verhalten angesehen – und nicht als potenzielle Straftat, die erst durch Einwilligung von der Strafbarkeit ausgeschlossen wird.[100]

Daneben fällt ins Auge, wie in der zeitgenössischen Literatur immer wieder die gesellschaftliche Bedingtheit des Arzt-Patient-Verhältnisses, seine Abhängigkeit von der jeweils herrschenden Staats- und Gesellschaftsordnung hervorgehoben wird. »Es gab und es gibt nie eine Medizin außerhalb der Gesellschaft«, so ein namhafter Vordenker des sozialistischen Gesundheitsschutzes. Deshalb müsse jeder Arzt in der Begegnung mit dem Patienten »wissenschaftlich fundierte soziale Denkweisen anwenden«.[101] Größte Skepsis herrscht gegenüber dem hergebrachten individualistischen, eher gesellschaftsfernen Verständnis des Arzt-Patient-Verhältnisses. Deutlich zeigt sich auch das Bemühen, das Bild vom Arzt und die Beziehung zu »seinen« Kranken zu entmythologisieren: Die »Kontakttiefe zwischen Arzt und Patient« dürfe nicht von »Irrationalismen« abhängig sein. An die Stelle der Subjektivität in der Begegnung zwischen Arzt und Patient habe die Berücksichtigung der objektiven äußeren Gegebenheiten zu treten, unter denen diese Begegnung stattfinde.

> »Häufig wird die Auffassung vertreten, die Beziehungen zwischen dem Arzt als dem ständig Helfenden und dem Patienten als dem ständig Hilfsbedürftigen seien so spezifisch auf diese Partnerbegegnung zugeschnitten, dass ihr eine soziale Bedingtheit und Gesellschaftsbezogenheit fehlen. Wenn man sich die umfassende gesellschaftliche Zielstellung des sozialistischen Gesundheitsschutzes vor Augen hält, dann wird deutlich, dass sich eine derartige Auffassung vom Arzt-Patient-Verhältnis hemmend auswirken muss.«[102]

Krankheit und Gesundheit spielten sich zwar in einem biologischen Organismus ab, so der Tenor namhafter Autoren, dieser werde aber geprägt von historisch-gesellschaftlichen Bedingungen. Daher könne ärztliches Handeln nicht auf den einzelnen Kranken, auf die unmittelbaren Ursachen der Erkrankung beschränkt

100 Ebd., S. 17.

101 Winter: Zum System-Aspekt, S. 28.

102 Becker: Arzt und Patient, S. 18. Siehe als Kontrast dazu die bis in die 1950er Jahre populären Werke von Albert Krecke: »Vom Arzt und seinen Kranken« (1932, Neuauflage 1955) und Erwin Liek »Der Arzt und seine Sendung« (1926, [10]1936), in denen eine politikferne und hermetische Innerlichkeit der Arzt-Patient-Beziehung beschworen wird.

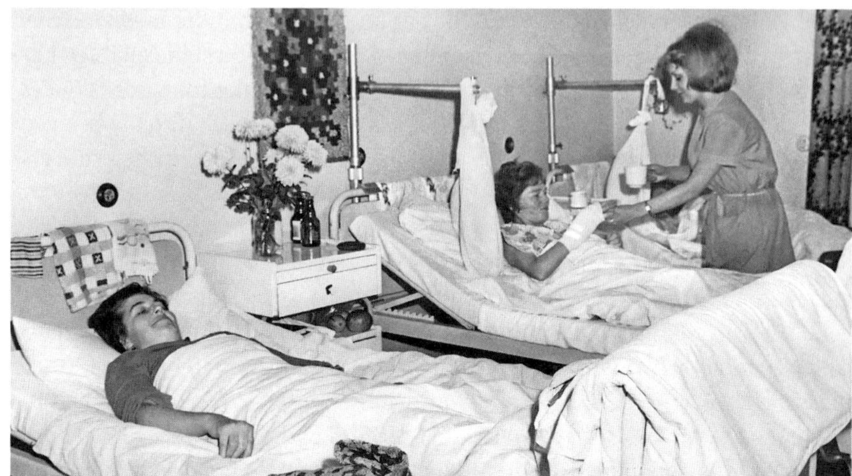

Abb. 10: Patientinnen in der Klinik für Orthopädie der Medizinischen Akademie Dresden, 1975

bleiben. Ärzte müssten vielmehr über die Erziehung des Patienten die sozialistische Gesellschaft mitgestalten. Zu den ärztlichen Aufgaben gehörten daher auch die politische Ansprache des Patienten und die Parteinahme für den Sozialismus.[103] Unverkennbar ist der Versuch, den Charakter der persönlichen Begegnung zwischen Arzt und Krankem zu entprivatisieren und sie in ein gesellschaftliches, ja politisches Verhältnis umzudeuten, das nicht nur aus zwei Beteiligten besteht. Begründet wurde dies mit den Erfordernissen der modernen Medizin:

> »Beim gegenwärtigen Stand der Wissenschaft ist der medizinische Betreuungsprozess derart vergesellschaftet und technisch-apparativ durchsetzt, dass die persönliche Arzt-Patient-Beziehung dadurch zwar keinesfalls aufgehoben, aber schon von dieser objektiven Entwicklungsgesetzmäßigkeit her erheblich modifiziert wird.«[104]

Aus einer ursprünglich dyadischen Beziehung wird so eine Gemeinschaftsaufgabe, die von einem Kollektiv (zum Beispiel einer Poliklinik) arbeitsteilig erfüllt werden kann und nicht länger an den einzelnen Arzt oder gar die Arztpersönlichkeit gebunden ist. Diese Wandlung vollzieht sich auch auf terminologischer Ebene: Seit den 1970er Jahren wird immer häufiger von »medizinischer Betreu-

103 Vgl. Seifert: Gesundheit staatlich verordnet, S. 38.
104 Becker: Arzt und Patient, S. 18.

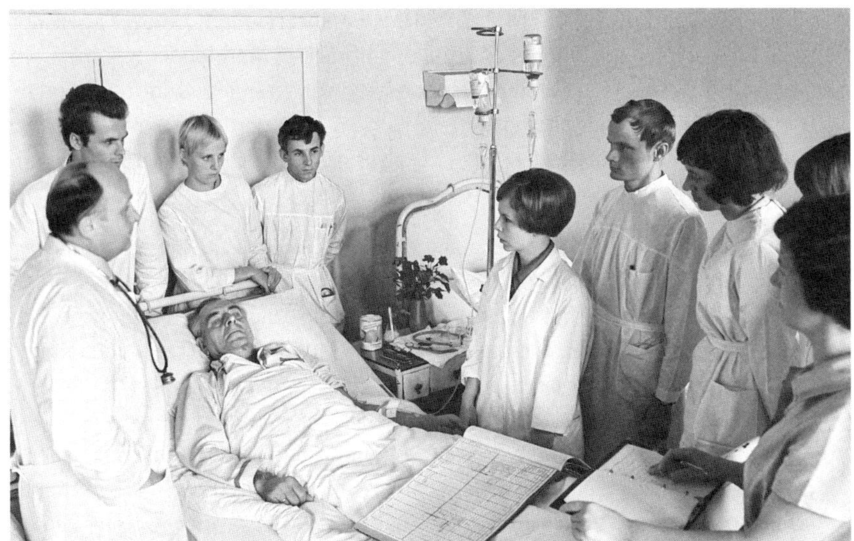

Abb. 11: Der Patient im Mittelpunkt? Visite in der Berliner Charité, 1972

ung« gesprochen, wo zuvor die Arzt-Patient-Beziehung gemeint war. Entsprechend existierten auch auf juristischer Ebene Bestrebungen, »die als gesellschaftlich bedeutsam erkannte medizinische Behandlung aus dem Bereich des Privaten und aus der Nähe des bürgerlichen Rechts in eine öffentliche, gesellschaftliche Sphäre zu übertragen«.[105] Der Begriff der »Betreuung« zielte dagegen auf eine andere Rechtsbeziehung ab. Gemäß klassischer, auf dem Bürgerlichen Gesetzbuch beruhender Rechtsprechung des Reichsgerichts handelte es sich beim Arzt-Patient-Verhältnis um einen privatrechtlichen Dienstvertrag besonderer Art. Schon in den 1950er Jahren hatte sich das Oberste Gericht der DDR bemüht, den herkömmlichen, auf »merkantilen Grundlagen« beruhenden Behandlungsvertrag durch ein neues, sozialistisch geprägtes Rechtsverhältnis zwischen Arzt und Patient zu ersetzen.[106] Dies sollte nicht mehr auf die einzelne Konsultation anlässlich der Behandlung einer Erkrankung begrenzt sein, sondern über die konkrete Heilbehandlung hinausweisen. Die Rede von der »Betreuung« weitete den Begriff der »Behandlung« aus und ermöglichte es auf semantischer Ebene, die Beiträge nichtärztlicher Berufsgruppen zur Behandlung des Patienten stärker

105 Seifert: Gesundheit staatlich verordnet, S. 153.
106 Becker: Arzt und Patient, S. 47f.

zu berücksichtigen und aufzuwerten.[107] Dies entsprach nicht zuletzt auch der sozialen Wirklichkeit sowohl in Polikliniken als auch in ländlichen Regionen, wo Ärzte rar und stattdessen Gemeindeschwestern für viele die ersten Ansprechpartner bei medizinischen Fragen waren. So hieß es in dem populären, 1980 erschienenen Ratgeber-Büchlein »Ärzte, Klinik und Patienten« etwas umständlich, aber inhaltlich doch nachvollziehbar:

> »Allein von der Arzt-Patienten-Beziehung zu sprechen, würde somit nicht die gesamte Vielfalt der Beziehungen des Patienten zu anderen Mitarbeitern in der Gesundheitseinrichtung erfassen. Das rechtliche und soziale Wesen der tatsächlich bestehenden Beziehungen zwischen Patient und Mitarbeitern der Gesundheitseinrichtung kann daher nur exakt bestimmt werden, wenn die Komplexität der verschiedenen diagnostischen und therapeutischen, aber auch der prophylaktischen und Rehabilitationsmaßnahmen und die Verantwortung für ihre gewissenhafte Realisierung, sich in einer adäquaten Bezeichnung widerspiegelt: Das ist das medizinische Betreuungsverhältnis, ein Rechtsverhältnis, das ein Kernstück des gesamten Gesundheitsrechts bildet.«[108]

Allerdings beantwortet Joachim Mandel in seinem Ratgeber die offenbar häufig gestellte Frage, ob ein Patient das Recht habe, seinen Arzt unter vier Augen sprechen zu können, ausdrücklich mit Ja.[109] Auch die freie Arztwahl steht nicht zur Disposition. Obwohl der Begriff der »medizinischen Betreuung« 1979 auch Eingang in die neue Rahmenkrankenhausordnung fand, setzte sich die Abkehr vom herkömmlichen bipolaren Arzt-Patienten-Denken nicht überall durch. Zwar betonte Ursula Hörnlein in ihrer Dissertation von 1978 noch einmal die sozialistische Maxime, wonach »das Arzt-Patienten-Verhältnis kein systemdifferentes Intimverhältnis sein kann!«[110] Doch einige Jahre später vertrat der marxistische Medizinethiker Ernst Luther nahezu das Gegenteil. »Die traditionelle und bewährte Sprechstunde, die der Patient braucht und in der der so wichtige Dialog zwischen dem Arzt und dem Patienten die vertrauensbildende Basis für die Behandlung entstehen lässt, hat nach wie vor ihre Bedeutung.«[111] Luther rühmte explizit »[u]nsere seit vielen Generationen bewährte ärztliche Diagnostik, die

107 So ist denn auch immer häufiger und etwas sperrig vom »Arzt-Schwester-Patient-Verhältnis« die Rede, siehe Susanne Hahn/Brigitte Rieske: Das Arzt-Schwester-Patient-Verhältnis im Gesundheitswesen der DDR, Jena 1980.

108 Joachim Mandel: Ärzte, Klinik und Patienten, Berlin 1980, S. 31.

109 Ebd., S. 56f.

110 Hörnlein: Zum Ringen um ein sozialistisches Arzt-Patient-Verhältnis, S. 10.

111 Ernst Luther (Leiter des Autorenkollektivs): Ethik in der Medizin, Berlin 1986, S. 68.

mit dem vertrauensvollen Dialog zwischen Arzt und Patient beginnt«, und betonte »die für jede Diagnostik und Therapie so wichtige Nähe des Arztes, das Geborgensein durch seine Anwesenheit, sein mitfühlendes und verständnisvolles Wort als unabdingbare Voraussetzung für eine baldige Gesundung«. Der Patient schätze zwar die technischen Möglichkeiten der modernen Medizin, »[d]och auf den Arzt, auf seine Nähe, will er dabei nicht verzichten, da er sich allein gelassen fühlt und in diesen technischen Hilfsmitteln des Arztes eher stets eine ungern gesehene Vertretung spürt«.[112] Solche traditionalistischen Ansichten, die den Advokaten eines neuen sozialistischen Arztbildes geradezu reaktionär erschienen sein mussten, zeigen, dass es durchaus Vorbehalte gegenüber der Entprivatisierung der Arzt-Patient-Beziehung gab. Somit ist fraglich, ob sich in der DDR tatsächlich ein »neues, dem sozialistischen Humanismus entsprechendes Arzt-Patient-Verhältnis« etablieren konnte.[113] Eher scheint es so, dass dieses Verhältnis zwar einiges von seiner früheren Exklusivität verlor, die Persönlichkeit des Arztes jedoch weiterhin eine zentrale Rolle spielte.

Wie wünschten sich die Patienten ihren Arzt, was erwarteten sie von ihm? Zu den wenigen zeitgenössischen Erhebungen mit dieser Fragestellung gehört eine Umfrage, die Anfang der 1970er Jahre unter Lesern der populärmedizinischen Zeitschrift *Deine Gesundheit* durchgeführt und im Oktober 1971 semiquantitativ ausgewertet wurde.[114] Wenn sie auch kaum repräsentativ zu nennen ist, so liefert sie doch einige Hinweise auf die Wahrnehmungen und Wünsche ostdeutscher Patienten in dieser Zeit. 375 Leser der Zeitschrift hatten Chefredakteur Gerhard Misgeld zuvor in Briefen mitgeteilt, welche Anforderungen ein Arzt im ambulanten Gesundheitswesen ihrer Meinung nach idealerweise zu erfüllen habe. Ob besonders kritische Äußerungen von der Auswertung bzw. Veröffentlichung ausgeschlossen wurden, ist nicht belegbar, aber durchaus möglich. Mit Abstand die meisten Leser erwarteten, dass der Arzt Zeit haben und zuhören können müsse, kaum weniger forderten, dass es eine »gleichberechtigte Partnerschaft« zwischen Arzt und Patient geben müsse. Am häufigsten kritisiert wurden am ärztlichen Verhalten »Überheblichkeit/Arroganz« sowie »taktlose Bemerkungen«. 63 Prozent der Briefeschreiber wünschten, auch bei »schwersten unheilbaren Erkran-

112 Ebd., S. 65 f., 68.
113 Hörnlein: Zum Ringen um ein sozialistisches Arzt-Patient-Verhältnis, S. 22.
114 Vgl. Gerhard Misgeld: Die Leser hatten das Wort, in: Deine Gesundheit (1971) 10, S. 312–314. Methodik und Art der Darstellung erscheinen zwar aus heutiger Sicht verbesserungswürdig, zu berücksichtigen ist aber, dass es sich bei dem monatlich erscheinenden Periodikum *Deine Gesundheit* nicht um eine wissenschaftliche Fachzeitschrift handelte und dass es den Herausgebern offenkundig in erster Linie auf die Wiedergabe einiger Grundtendenzen ankam.

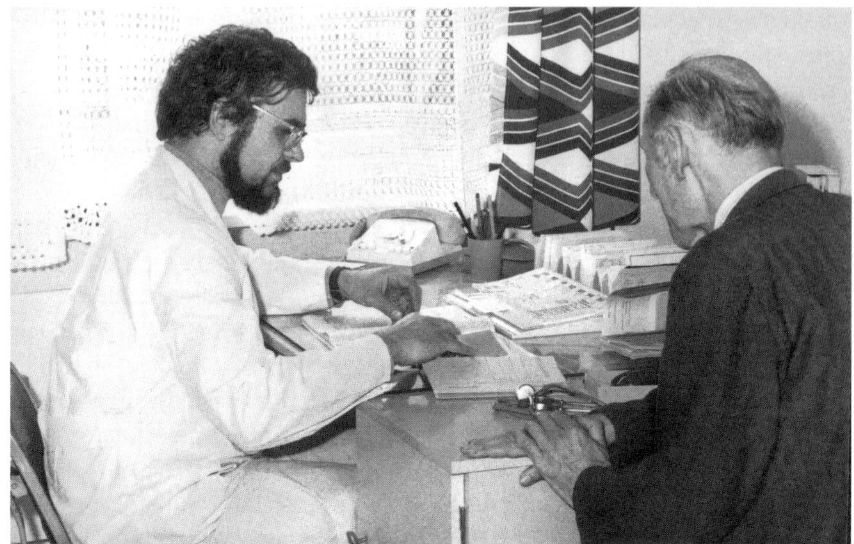

Abb. 12: Arzt und Patient, Betriebssanitätsstelle der Medizinischen Akademie Dresden, 1974

kungsformen« umfassend vom Arzt aufgeklärt zu werden. »Sehr deutlich«, schrieb Misgeld in diesem Zusammenhang, »wurden die ›schweigsamen Ärzte‹ kritisiert. Einige Leser betonten, dass sie die Verschwiegenheit des Arztes in große Sorgen versetzt und sie sich der eigenen Spekulation über den Schweregrad ihrer Erkrankung preisgegeben fühlten«.[115] Politisch brisant erscheinen kritische Äußerungen zur poliklinischen Versorgung. Immerhin fast jeder fünfte Leser drückte das Verlangen nach regelmäßiger Konsultation des selben Arztes aus, 15 Prozent kritisierten den ständigen Arztwechsel in den Polikliniken, und ungefähr ebenso viele wünschten sich einen klassischen Hausarzt. Misgeld kündigte in seinem Artikel an: »Die Ergebnisse unserer Aussprache empfehlen wir den verschiedenen Verantwortungsebenen des Gesundheitswesens unserer Republik zur Auswertung.« Tatsächlich wurden die wichtigsten Ergebnisse der Studie unter der Überschrift »Wann genießt ein Arzt Vertrauen« im *Neuen Deutschland* abgedruckt.[116] Doch das Zeitfenster, in dem zu Beginn der Ära Honecker offen über Präferenzen der Patienten und mögliche Schwächen des Gesundheitswesens geschrieben werden durfte,

115 Ebd., S. 313.
116 Vgl. Wann genießt ein Arzt Vertrauen?, Neues Deutschland, 28.10.1971, S. 4.

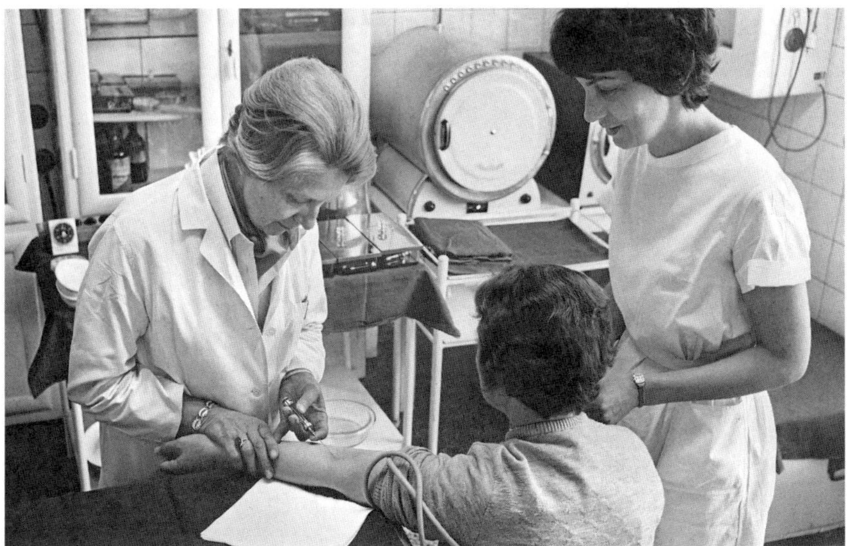

Abb. 13: Ärztin bei der Blutentnahme, Poliklinik der Medizinischen Akademie Dresden, 1976

war klein. Entgegen Misgelds Ankündigung, weitere Umfragen dieser Art folgen zu lassen, blieb seine Erhebung lange Zeit singulär. Sie wurde in den Folgejahren mehrfach in der wissenschaftlichen Literatur zitiert[117] – was einerseits auf Interesse an der Perspektive der Patienten hindeutet, andererseits aber auch zeigt, wie wenig Daten dazu zur Verfügung standen. Erst Anfang der 1980er Jahre fand eine größere Patientenbefragung im Klinikum Berlin-Buch statt, die auch publiziert wurde.[118] In der Studie wurde deutlich, dass die Patienten der adäquat vermittelten ärztlichen Information und der Höflichkeit des medizinischen Personals große Bedeutung beimaßen. Über Kritik an der Struktur bzw. den Institutionen der medizinischen Versorgung verrät die Studie wenig. Vor diesem Hintergrund wird einmal mehr verständlich, worin die besondere Bedeutung von Eingaben lag. Ihre Auswertung erlaubte es, Stimmungen und akute Problemschwerpunkte im Gesundheitswesen diskret und fern der Öffentlichkeit zu erfassen.

117 Vgl. Becker: Arzt und Patient, S. 28 f.

118 Siehe Joachim Glomb/Eike Glomb/Bernd Rößler: Gestaltung des Betreuungsmilieus im Krankenhaus, Jena 1983. Siehe auch »Was der ›Spinne‹ ins Netz geht. Im Städtischen Klinikum Berlin-Buch wird die Meinung der Patienten hoch geschätzt«, humanitas 23 (1983) 12, S. 15.

III. Patienten und ihre Beschwerden

Eingaben, also Beschwerde- oder Bittbriefe an staatliche Organe, Parteien, Medien oder prominente Politiker, waren für DDR-Bürger eine wichtige und oft die einzige Möglichkeit, staatlich-politisches Handeln zu hinterfragen, es zu beeinflussen oder bestenfalls mitzugestalten. Eingaben dienten darüber hinaus der Konfliktlösung oder stellten den Versuch dar, sich durch die erhoffte Hilfe des Adressaten aus einer individuellen Notlage zu befreien. Die DDR war zwar ein Normenstaat, der auf der Basis von Gesetzen funktionierte, aber kein Rechtsstaat.[1] Es fehlten sowohl eine staatliche Gewaltenteilung als auch eine unabhängige Justiz, die staatliches Verwaltungshandeln hätte hinterfragen können. Die Staatspartei SED besaß einen absoluten Herrschaftsanspruch. Sie weigerte sich, das Recht als der Politik vorgeordnet anzuerkennen und stellte es sogar ausdrücklich unter den Vorbehalt des Politischen.[2] Insofern konnten Bürger bei Konflikten mit staatlichen Institutionen, zu denen so gut wie alle Gesundheitseinrichtungen zählten, nur eingeschränkt den Rechtsweg nutzen. Hinzu trat, dass die DDR seit 1952 keine Verwaltungsgerichtsbarkeit mehr besaß, die staatliches Handeln hätte überprüfen können. In manchen Fällen stellten Eingaben somit einen (unvollkommenen) Rechtsbehelf dar.[3] Sie waren auch Ausdruck einer besonderen, von

1 Vgl. Michael Stolleis: Sozialistische Gesetzlichkeit. Staats- und Verwaltungsrechtswissenschaft in der DDR, München 2009, hier S. 38.

2 Vgl. Roger Engelmann/Clemens Vollnhals (Hrsg.): Justiz im Dienste der Parteiherrschaft. Rechtspraxis und Staatssicherheit in der DDR, Berlin 1999; Lohmann: Zur Staats- und Rechtsordnung. Speziell zur Diskussion über den »Unrechtsstaat« DDR siehe ebd., S. 408–414. Das Wirken der Staatssicherheit zeigt, dass die DDR in Teilen auch ein Maßnahmenstaat war, der sich nicht an Gesetzen, sondern an politischer Zweckmäßigkeit orientierte. Zur Unterscheidung zwischen Normen- und Maßnahmenstaat siehe Ernst Fraenkel: Der Doppelstaat, Frankfurt am Main 1974.

3 Theoretisch bot auch das DDR-Recht Möglichkeiten, durch Geltendmachung privater Ansprüche Kritik an Entscheidungen des Staates anzumelden. »[Z]um Beispiel hätte ein Bürger, gestützt auf § 329 ZGB [›Ansprüche bei Immissionen‹, F. B.], einen staatseigenen Betrieb wegen gesundheitsschädigender Luftverschmutzung auf Schadensersatz oder Unterlassung verkla-

der SED gern als harmonisch und konfliktfrei dargestellten Beziehung zwischen Staat und Gesellschaft, in der angeblich eine weitgehende Übereinstimmung der Interessen herrschte und in der es harter juristischer Auseinandersetzungen kaum bedürfe.[4] Darüber hinaus dienten Eingaben als Mittel, um mit einem persönlichen Anliegen bis an die Spitze von Staat und Partei vorzudringen und dort um Hilfe nachzusuchen. Wie die Angelegenheit ausging, hing letztlich von der Willkür und Gunst der Adressaten ab. Schon dieser Umstand lässt die Eingabe als ein vormodernes Medium der Kommunikation erscheinen, zumindest solange sie ausschließliches (und nicht ergänzendes) Mittlerinstrument zwischen Bürger und Obrigkeit ist. Rechtssicherheit gab es für die Eingabenverfasser ebenso wenig wie Einspruchsmöglichkeiten; Antworten vom Staats- und Parteichef oder vom Staatsrat bildeten gleichsam die letzte Instanz. Aufgrund der fehlenden Öffentlichkeit von Eingaben wurden Präzedenzfälle naturgemäß nur inoffiziell und durch Hörensagen bekannt. Dem Staat schienen Eingaben geeignet zu sein, »um Bürgerwillen und -wollen in rechtsähnliche Bahnen zu gießen und nach dem paternalistischen Konzept, das Staat und Verwaltung universell dominierte, von Fall zu Fall zu befriedigen oder nicht«.[5] Mit der Etablierung des Eingabewesens schaffte die DDR die klassische Unterscheidung von (förmlichen) Rechtsmitteln, Petitionen und Bittbriefen ab. Sie konnte sich dabei – einmal mehr – am sowjetischen Vorbild orientieren, wo diese Differenzierung ebenfalls nicht üblich war.[6] Eingaben avancierten so über die Jahre hinweg zum Allheilmittel gegen nahezu alle möglichen Unzulänglichkeiten – und wurden entsprechend massenhaft genutzt.

gen können. Praktisch werden sich potentielle Kläger in der DDR gehütet haben, den Staat in gesellschaftlich so brisanten Fällen vor Gericht zu fordern.« Inga Markovits: Der Handel mit der sozialistischen Gerechtigkeit. Zum Verhältnis zwischen Bürger und Gericht in der DDR, in: Thomas Lindenberger (Hrsg.): Herrschaft und Eigen-Sinn in der Diktatur. Studien zur Gesellschaftsgeschichte der DDR, Köln 1999, S. 315–347, hier S. 334.

4 Vgl. Rainer Faupel: Vereinheitlichung der Rechtssysteme und Neuaufbau der Justiz im Zuge der Wiedervereinigung, in: Zeitschrift für Geschichtswissenschaft 67 (2019) 2, S. 139–161, hier S. 153. Tatsächlich kamen juristische Auseinandersetzungen in der DDR vergleichsweise selten vor. Bei einer Bevölkerungszahl von etwa 16 Millionen verfügte die DDR 1989 gerade einmal über 600 Rechtsanwälte. Das hinsichtlich der Einwohnerzahl gleich große Land Nordrhein-Westfalen hatte damals 16 000 Rechtsanwälte, vgl. ebd.

5 Bernet: Verwaltungsrecht, S. 416.

6 Die Bolschewiki hatten 1918 ein allgemeines Beschwerderecht eingeführt, mit dem sich die Menschen gegen Entscheidungen von Behörden wenden konnten. Mit Blick auf die zaristische Tradition, die weder das Prinzip der Rechtsstaatlichkeit noch eine Verwaltungsgerichtsbarkeit nach mittel- oder westeuropäischem Vorbild kannte, war dies ein nicht unerheblicher Fortschritt, vgl. ebd., S. 418 f.

1. Historische Entwicklung des Eingabewesens

Das Verfassen von Gesuchen jeglicher Art an einen Herrscher, an ein Parlament oder an Behörden besitzt in Deutschland eine lange Tradition. Am besten erforscht ist diese Praxis für die Frühe Neuzeit.[7] Untertanen, die eine Bittschrift (Supplikation) an den Souverän richteten, erhofften sich in der Regel Hilfe in Notlagen oder Streitfällen oder auch Gnade bei richterlichen Verurteilungen. Üblicherweise war der jeweilige Landesfürst imstande, selbst ein bereits rechtskräftiges Urteil gegen den Supplikanten aufzuheben. Ein legendäres Beispiel ist der Fall des Wassermüllers Christian Arnold aus der preußischen Neumark, der sich 1779 wegen eines als ungerecht empfundenen Richterspruchs mit mündlichen und schriftlichen Eingaben an den preußischen König Friedrich II. wandte. Dieser verhalf dem Müller schließlich zu seinem »Recht«, indem er den Richtern Standesdünkel vorwarf, sie ihres Amtes enthob und Arnold Schadensersatz zusprach.[8]

Spätestens in der Zeit des aufgeklärten Absolutismus kreuzten sich im Eingabe- bzw. Supplikationswesen zwei unterschiedliche Grundinteressen. Während die Petenten auf Unterstützung in Problemlagen oder auf einen Gnadenerweis hofften, waren Regent und Obrigkeit an Informationen über die Alltagsrealität im Lande und über die Qualität der Arbeit staatlicher Instanzen interessiert.[9] Beides ließ sich den Briefen entnehmen. Die Bearbeitung der Zuschriften war jedoch mit Aufwand verbunden, zumal es allgemein zu den Pflichten des Landesherrn gerechnet wurde, Bittschriften in angemessener Frist zu beantworten. Hierfür musste eigens Verwaltungspersonal abgestellt und ermächtigt werden, den Großteil der vorgebrachten Anliegen eigenverantwortlich zu klären. Da seinerzeit nur ein kleiner Teil der Bevölkerung des Schreibens mächtig war, verfassten die wenigsten Petenten ihre Bittschrift selbst. Stattdessen baten die Menschen Amtsträger oder Schreiber, das Gesuch aufzusetzen, zumal diese auch dessen formalen Aufbau beherrschten, der häufig von der Anrede bis zur Schlussformel dem gleichen Muster folgte. Der Einsatz solcher Mittelsmänner war in

7 Siehe umfassend und mit europäischer Perspektive Cecilia Nubola/Andreas Würgler (Hrsg.): Bittschriften und Gravamina. Politik, Verwaltung und Justiz in Europa (14.–18. Jahrhundert), Berlin 2005.

8 Für einen prägnanten Abriss dieser vielzitierten Episode siehe Johannes Kunisch: Friedrich der Große. Der König und seine Zeit, München 2004, S. 295 f.

9 Ein Landschaftsregistrator in Stuttgart fasste 1797 Funktion und Bedeutung der Supplikation für den Souverän wie folgt zusammen: »Zu allen Zeiten kann er sich glaubwürdige Nachrichten von dem Zustande seines Landes und seiner Unterthanen, von der Art und Weise, wie die Geseze durch alle Theile der Regierung vollzogen werden, [und von] der öffentlichen Meinung [...] verschaffen.« Zitiert nach Johann Heinrich Kumpf: Petitionsrecht und öffentliche Meinung im Entstehungsprozess der Paulskirchenverfassung 1848/49, Frankfurt am Main 1983, S. 50.

der Regel mit Kosten verbunden. Die Praxis, kundige Verwandte oder Bekannte für das Schreiben einer Eingabe einzusetzen, findet sich mitunter auch in den Eingabeakten der DDR wieder.

Im Preußischen Allgemeinen Landrecht von 1794 findet sich erstmals niedergelegt, was schon seit langer Zeit gängige Praxis, aber nicht kodifiziert war: das Recht eines jeden, sich mit einer Petition – so die ab jetzt gültige Bezeichnung – an die Obrigkeit zu wenden.[10] Zu Beginn des 19. Jahrhunderts wird das Petitionsrecht in die süddeutschen Länderverfassungen aufgenommen, so beispielsweise 1818 in die Verfassung des Königreichs Bayern. Das 1848 zusammengetretene Frankfurter Paulskirchenparlament bearbeitete binnen eines Jahres etliche tausend Petitionen.[11] Angesichts der in der Folgezeit nur zögerlich voranschreitenden Parlamentarisierung rückte die Person des Herrschers wieder stärker ins Zentrum des Eingabewesens. Obwohl das Petitionsrecht in der Reichsverfassung von 1871 nur marginale Erwähnung findet, erreichen den Kaiser unzählige Bittgesuche aus der Bevölkerung.

Kaum war das Recht auf Petition in §126 der Weimarer Reichsverfassung von 1919 wieder fest verankert worden, verlor es im Nationalsozialismus seine eigentliche Bedeutung. Zwar galt das Petitionsrecht formal weiter, mit der Abschaffung der Parlamente lief es jedoch weitgehend ins Leere, zumal für unbequeme Petenten die Gefahr bestand, als Querulant verfolgt zu werden. Eingaben richteten sich nun vor allem an den Diktator selbst. Die Deutschen schrieben unzählige Briefe an Hitler und berichteten ihm über Alltagsprobleme oder gaben Ergebenheitserklärungen ab.[12] Hitler wiederum behielt sich vor, in Einzelfällen per »Führerentscheid« am geltenden Recht vorbei zu intervenieren und auf diese Art seine Macht zu demonstrieren.

Das vom Parlamentarischen Rat in Bonn für die entstehende Bundesrepublik ausgearbeitete Grundgesetz räumte 1949 jedem Bürger das Recht ein, »sich ein-

10 »Dagegen steht es einem Jeden frey, Einwendungen und Bedenklichkeiten gegen Gesetze und andere Anordnungen im Staate sowie überhaupt seine Bemerkungen und Vorschläge über Mängel und Verbesserungen sowohl dem Oberhaupt des Staates, als den Vorgesetzten der Departments anzuzeigen; und letztere sind der gleichen Anzeigen mit erforderlicher Aufmerksamkeit zu prüfen verpflichtet.« §156 Preußisches Allgemeines Landrecht, zitiert nach Deutscher Bundestag (Hrsg.): Stichwort Petitionen. Von der Bitte zum Bürgerrecht, Berlin 2016. Online unter https://www.btg-bestellservice.de/pdf/20201500.pdf, S. 12 [Zugriff: 2.8.2022].

11 Vgl. Kumpf: Petitionsrecht und öffentliche Meinung, S. 389. Der Begriff der Supplik(ation) war zu dieser Zeit nicht mehr gebräuchlich. Neben dem Wort Petition, für das sich bereits im 16. Jahrhundert Belegstellen finden, etabliert sich zunehmend der Oberbegriff Eingabe, vgl. ebd., S. 28 f.

12 Vgl. Henrik Eberle (Hrsg.): Briefe an Hitler. Ein Volk schreibt seinem Führer. Unbekannte Dokumente aus Moskauer Archiven – zum ersten Mal veröffentlicht, Bergisch Gladbach 2007.

zeln oder in Gemeinschaft mit anderen schriftlich mit Bitten oder Beschwerden an die zuständigen Stellen und an die Volksvertretung zu wenden«.[13] Seitdem konstituieren sich in jeder Legislaturperiode auf Bundes- und Länderebene Petitionsausschüsse, die pro Jahr mit Tausenden Petitionen befasst sind. So wurden im Jahr 2019, dem letzten Jahr vor der Coronapandemie, 13 529 Petitionen an den Petitionsausschuss des Bundestages gerichtet, von denen 1758 (13 Prozent) in den Geschäftsbereich des Bundesministeriums für Gesundheit fielen.[14] Im jährlichen Tätigkeitsbericht sowie in den Verfahrensgrundsätzen des Ausschusses werden die Begriffe Petition und Eingabe synonym verwendet.[15] Für manche Autoren verbindet sich der Begriff der Petition jedoch generell eher mit einem Anliegen, das von mehreren Petenten unterzeichnet wird. Abgesehen vom Erfordernis der Schriftlichkeit und der Absenderangabe müssen Petitionen keinen besonderen Formalien genügen.[16] In der Wahrnehmung von Politik und Öffentlichkeit erreichte das Petitionsrecht in der Bundesrepublik nie die Bedeutung, die das Eingabewesen für die DDR besaß.[17] Freie Wahlen auf Bundes-, Landes- und kommunaler Ebene sicherten die Partizipation der Bürger an der politischen Willensbildung. Verwaltungsgerichte machten staatliches Handeln juristisch überprüfbar, und eine unabhängige Presse konnte bei Bedarf Unterstützung und Öffentlichkeit liefern. Dessen ungeachtet haben Bürger auch in der Bundesre-

13 Artikel 17 GG. Siehe umfassend Reinhard Bockhofer (Hrsg.): Mit Petitionen Politik verändern, Baden-Baden 1999 sowie Deutscher Bundestag, Stichwort Petitionen.

14 Vgl. Jahresbericht des Petitionsausschusses des Deutschen Bundestages, Ausgabe 2020, https://www.bundestag.de/resource/blob/881212/07846b72b014a33bff0320760aab5bb8/Ausgabe_2020-data.pdf [Zugriff: 2.8.2022]. Vermutlich bedingt durch die Pandemie ist die Zahl der auf das Thema Gesundheit bezogenen Petitionen im Jahr 2020 auf 2215 angestiegen (15,5 Prozent von insgesamt 14 314 Petitionen), womit der Geschäftsbereich Gesundheit vom dritten auf den ersten Rang vorgerückt ist (gefolgt von Inneres, Bau und Heimat mit 1860 Petitionen), vgl. Jahresbericht des Petitionsausschusses des Deutschen Bundestages, Ausgabe 2021, https://www.bundestag.de/resource/blob/881214/36327f758f2ad8eaa8583148b7793 7af/Ausgabe_2021-data.pdf [Zugriff: 2.8.2022].

15 »Petitionen sind Eingaben, mit denen Bitten oder Beschwerden in eigener Sache, für andere oder im allgemeinen Interesse vorgetragen werden.« Deutscher Bundestag, 19. Wahlperiode, Bericht des Petitionsausschusses, Drucksache 19/2250 (6.6.2018), S. 109, https://dserver.bundestag.de/btd/19/022/1902250.pdf [Zugriff 2.8.2022].

16 Laut Bericht des Petitionsausschusses werden auch Schreiben, »in denen Menschen beispielsweise ihre allgemeinen Sorgen und Nöte mitteilten oder lediglich Anregungen für vermeintliche Verbesserungen gaben, […] von den zuständigen Mitarbeiterinnen und Mitarbeitern des Ausschussdienstes sorgfältig gelesen und beantwortet. Soweit es möglich war, halfen sie den Einsendern mit einem Rat oder einem Hinweis, übersandten Informationsmaterial oder leiteten die Zuschriften an die zuständigen Stellen weiter. Nicht beantwortet wurden lediglich Schreiben mit beleidigendem Inhalt.« Ebd., S. 7.

17 Kumpf zufolge sei das Petitionsrecht bereits 1948 in den Beratungen des Parlamentarischen Rates als antiquiert bezeichnet worden, vgl. Kumpf, Petitionsrecht und öffentliche Meinung, S. 9.

publik zwischen 1949 und 1990 sowie in den Jahren danach zahllose Briefe mit persönlichen Anliegen an Behörden und prominente Politiker auf Landes- oder Bundesebene geschrieben.[18]

2. »Eine Anschrift, an die sich viele Tausende wenden« – Präsident und Staatsrat als Adressaten von Eingaben in der frühen DDR

Angelehnt an die Verfassungen der zunächst noch bestehenden Länder der Sowjetischen Besatzungszone garantierte auch die 1949 in Kraft getretene Verfassung der DDR das Eingaberecht der Bürger, wenn auch zunächst nur gegenüber der Volksvertretung und nicht gegenüber Behörden.[19] Diese Regelung wurde jedoch schnell von der sich entfaltenden massenhaften Beschwerdepraxis überholt. Eingaben entwickelten sich zu einem von allen sozialen Schichten der Bevölkerung genutzten Mittel, um mit dem sozialistischen Staat in Kontakt zu treten und seinen Vertretern Bitten, Beschwerden oder (seltener) Anregungen vorzutragen. Immer häufiger erfolgte dies unabhängig davon, ob überhaupt ein Verwaltungshandeln vorlag oder nicht. Anders als in der Verfassung vorgesehen schrieben die Menschen auch längst nicht nur an die mit der Gründung der DDR entstandene Volkskammer, sondern an unterschiedlichste Stellen von Staat und Partei. Rasch offenbarte sich, dass die Volkskammer lediglich ein Pseudoparlament war und dass die eigentlichen politischen Entscheidungen andernorts getroffen wurden, nämlich im Politbüro, dem Führungszirkel der SED. Entsprechend wenig nutzte die Bevölkerung den Eingabenausschuss der Volkskammer. Eingaben an dieses Gremium blieben im Vergleich zu anderen politischen Institutionen mengenmäßig unbedeutend.[20]

Der mit Abstand am meisten in Anspruch genommene Adressat von Eingaben war bis zu seinem Tode 1960 der erste und einzige Präsident der DDR, Wilhelm Pieck. Schon aufgrund seines Alters galt Pieck vielen als gütiger Lan-

18 Siehe exemplarisch die von Michaela Fenske untersuchten Bürgerbriefe an die niedersächsischen Ministerpräsidenten zwischen 1950 und 1974: Fenske: Demokratie erschreiben.

19 »Jeder Bürger hat das Recht, Eingaben an die Volksvertretung zu richten.« Art. 3 Abs. 4 der Verfassung der DDR vom 7.10.1949, in: http://www.documentArchiv.de/ddr/verfddr1949.html [Zugriff: 2.8.2022]. Dass die Verfassung vorwiegend als Fassade des absoluten Herrschaftsanspruchs der SED diente und nie ein echtes norm- und wertebildendes Basisdokument für Staat und Gesellschaft wurde, sei hier nur am Rande angemerkt. Siehe dazu Stolleis: Sozialistische Gesetzlichkeit, S. 22 f.

20 Vgl. Mühlberg: Bürger, Bitten und Behörden, S. 110. Zur geringen Bedeutung der Volkskammer für die Gesundheitspolitik siehe Mecklinger: Zur Umsetzung der Gesundheitspolitik, S. 76.

desvater von einfacher Herkunft, an den sich jeder mit Bitten und Beschwerden wenden könne.[21] Nachdem er beim Machtkampf mit Walter Ulbricht ins Hintertreffen geraten war, residierte Pieck, dem unmittelbaren politischen Geschehen entrückt, seit 1949 im Schloss Niederschönhausen in Berlin-Pankow – »eine Anschrift, an die sich viele Tausende wenden«, wie es im *Neuen Deutschland* hieß.[22] In der Tat erreichten ihn dort allein in den ersten zwei Jahren seiner Amtszeit als Staatspräsident über 80 000 Zuschriften. Bis 1959 soll die Gesamtzahl der in der Präsidialkanzlei registrierten Eingaben auf über 600 000 gestiegen sein.[23] Nach Piecks Tod im Jahr 1960 übernahm der neugebildete Staatsrat mit Walter Ulbricht an der Spitze die Rolle des Staatsoberhaupts. Eingaben an den Staatsrat waren nicht weniger populär. »Sie standen im Ruf unerwartet häufigen Erfolgs und konnten sich, der Allzuständigkeit des Staates in einer weitgehend verstaatlichten Gesellschaft entsprechend, prinzipiell auf alle Lebensgebiete beziehen. [...] Eine Staatsratseingabe war die letzte Hoffnung, wenn man an den Vorschriften der Bürokratie oder ihren Schikanen gescheitert war. Und hatte man nicht mit der ersten Eingabe Erfolg, dann vielleicht mit der zweiten oder dritten.«[24] Bald beschäftigte allein die Eingabenabteilung des Staatsrats über 100 Mitarbeiter. Insbesondere bei Anliegen, deren Beantwortung fachliche Expertise voraussetzte, leitete die Bearbeitungsstelle des Staatsrats die dort eintreffenden Schreiben zur weiteren Bearbeitung an die zuständigen Ministerien weiter, so auch an das Ministerium für Gesundheitswesen. Die Zahl der eingehenden Briefe wuchs so stark an, dass der Staatsrat 1970 eigens ein Projekt zur elektronischen Erfassung und Auswertung der Eingaben ins Leben rief, um die Abläufe zu automatisieren und zu rationalisieren.[25]

In einem Land, in dem die Bürger nur wenig definierte Rechtspositionen gegenüber staatlicher Macht besaßen und öffentlich auftretende Kritiker politische Strafverfolgung befürchten mussten, boten Eingaben Unzufriedenen die Möglichkeit, eine Art Mittelweg zu gehen. Man schwieg nicht zu empfundenen Un-

21 So propagierte es das Neue Deutschland schon am 12. Oktober 1949 unter der Überschrift »Genosse Pieck, was macht meine Rente?«, Neues Deutschland, 12.10.1949, S. 5. Siehe dazu Mühlberg: Bürger, Bitten und Behörden, S. 79–83. Auch in der Tschechoslowakei schrieben die Menschen in großer Zahl an den »Genossen Präsidenten«, siehe Tomáš Vilímek: »Vážený soudruhu prezidente«. Stížnosti československých občanů adresované prezidentovi republiky v letech 1970 až 1989, in: Soudobé dějiny/CJCH 29 (2022) 1, S. 43–89.

22 Neues Deutschland, 12.10.1949, S. 5.

23 Vgl. Mühlberg: Bürger, Bitten und Behörden, S. 78–80.

24 So Lutz Niethammer im Rückblick auf seine alltagsgeschichtlichen Forschungen zur DDR: Lutz Niethammer: Ego-Histoire? und andere Erinnerungsversuche, Wien 2002, S. 18.

25 Vgl. Steffen H. Elsner: Das »EDV-Eingaben-Projekt« des Staatsrates der DDR: Stationen einer Odyssee, in: Historical Social Research/Historische Sozialforschung 24 (1999), S. 135–146.

gerechtigkeiten und Missständen, verzichtete aber auf Herstellung von Öffentlichkeit. Beides kam dem SED-Regime entgegen und bildete die Grundlage für den stillen Konsens, der das Eingabewesen bis zum Ende der DDR tragen sollte. Wer sich an die politischen Diskursregeln hielt und sein Anliegen individuell und im öffentlich nicht einsehbaren Raum der Eingabe vortrug, durfte auf eine individuelle Lösung seines Problems hoffen. Klar war jedoch auch: Im Eingabewesen wurde weniger nach allgemein gültigen Rechtsgrundsätzen als nach politischen, sozialen oder persönlichen Gesichtspunkten entschieden. Entsprechend waren die Erfolgsaussichten von Eingaben kaum kalkulierbar und die gefällten Entscheidungen weder transparent noch konsistent. Dass sich dadurch ein verstärktes »Abdriften vom Rechtsstaatlichkeitsdenken« sowohl in der Verwaltung als auch in der Bevölkerung einstellte, dürfte im Sinne der SED gewesen sein, für die ohnehin das Primat des Politischen vor dem Juristischen galt.[26]

3. Die Eingabengesetzgebung

Die Gründe für die Ausbildung eines von manchen Autoren als spätfeudal bezeichneten »modernen« Bittschriftenwesens in der DDR sind noch wenig erforscht.[27] War das Eingabewesen ein Relikt altpreußischer Obrigkeitstraditionen auf ostdeutschem Boden? Solche mentalen Kontinuitäten mochten untergründig eine Rolle gespielt haben, archivalisch besser fassbar sind jedoch die Bezüge zur Sowjetunion, wo sich eine dem ostdeutschen Eingabewesen vergleichbare Kommunikationspraxis zwischen Bürger und Staat bereits in den 1920er Jahren herausbildete.[28] Auch wenn sich das ostdeutsche Eingabewesen in vielen Punkten an sowjetischen Vorbildern orientierte, so fehlen doch bisher Belege, die eine bewusste Übernahme dieses Modells durch die ostdeutschen Machthaber nahelegen würden. Eher scheint der Erlass diverser Eingabeverordnungen durch die DDR-Regierung eine nachträgliche Reaktion auf eine bereits massenhaft prakti-

26 Bernet: Verwaltungsrecht, S. 417.

27 Manche Eingabenverfasser bezeichneten ihr Schreiben selbst als Bittschrift, so das Ehepaar Heinrich und Alwine A. am 29.7.1985 gegenüber dem ZK der SED: »Wir, die wir uns bisher selbst zu helfen gewusst haben, sind nunmehr auf Eure Hilfe angewiesen und erhoffen diese mit unserer Bittschrift.« SAPMO-BArch, DY 30/vorl. SED 34847.

28 Vgl. Alexey Tikhomirov: Das »Vertrauen der Partei« verdienen, rechtfertigen und wiederherstellen. Das sowjetische »Ich« in Briefen an das Regime im frühen Sowjetrussland, in: Geschichte in Wissenschaft und Unterricht 69 (2018) 5/6, S. 271–293. Mühlberg weist auf Studienreisen hin, die ostdeutsche Funktionäre in den 1960er Jahren nach Moskau unternommen hätten, um das Eingabewesen der Sowjetunion besser kennenzulernen, vgl. Mühlberg: Bürger, Bitten und Behörden, S. 87.

zierte Form der Kritik bzw. des Sich-Beschwerens gewesen zu sein.[29] Das Recht, Eingaben an die Volksvertretung zu richten, war bereits in der ersten Verfassung der DDR von 1949 verankert worden. Sehr schnell wurde dieses Petitionsrecht von der ostdeutschen Bevölkerung zu einem universellen Beschwerderecht umfunktioniert und für Anfragen aus nahezu allen Lebensbereichen genutzt. Die Mehrzahl der Eingaben richtete sich auch nicht an die Volkskammer, sondern meist an Minister oder den bereits erwähnten Präsidenten der DDR, Wilhelm Pieck. In den frühen 1950er Jahren erhielt dessen Präsidialkanzlei jedes Jahr weit über 1000 Eingaben, die das Gesundheitswesen betrafen. Eine erste Verordnung »Über die Prüfung von Vorschlägen und Beschwerden der Werktätigen« trat Anfang 1953 in Kraft. Sie hielt die Staatsfunktionäre dazu an, den schriftlichen Anliegen der Bevölkerung mehr Respekt zu zollen und weniger bürokratisch vorzugehen. Die eingehenden Briefe seien zügig zu beantworten, da sonst die Eingabenflut nur noch mehr zunähme.[30] In der zweiten, 1961 nach der Neubildung des Staatsrates erlassenen Eingabeverordnung findet sich in §1 erstmals der Passus, dass keinem Bürger durch seine Eingabe ein Nachteil entstehen dürfe. Überdies hatten Partei- und Staatsorgane Eingaben nun auch mündlich anzunehmen und dazu spezielle Sprechzeiten einzurichten. Damit wurde das Eingabewesen in der DDR weiter kultiviert. Längst hatte es die Partei auch als Instrument schätzen gelernt, mit dem sich Informationen über die Stimmung in der Bevölkerung gewinnen ließen – ein Aspekt, der nach der für das SED-Regime traumatischen Erfahrung des Aufstands vom 17. Juni 1953 erhebliche Bedeutung besaß. Ein weiterer, im Zuge der 1968 novellierten Verfassung der DDR herausgegebener Erlass »Über die Bearbeitung der Eingaben der Bürger« bestätigte 1969 im Wesentlichen die bisherigen Regelungen. Eingaben galten nun offiziell als Zeichen engen Zusammenwirkens zwischen Bürgern und staatlichen Organen. Das Verfassen von Fragen, Kritiken und Beschwerden, so die offizielle Lesart, sei Ausdruck staatsbürgerlicher Aktivität und stärke das Vertrauensverhältnis der Bürger zu ihrem sozialistischen Staat.[31]

Viele Menschen mit Fragen zur medizinischen Behandlung bzw. Versorgung beriefen sich zu Beginn der 1970er Jahre auf den Erlass von 1969, darunter auch ungewollt schwangere Frauen, die in dieser Zeit immer stärker und zahlrei-

29 Mühlberg zweifelt, ob das sowjetische Beschwerdewesen in den 1950er Jahren in der DDR überhaupt hinreichend bekannt war, und kommt zu dem Schluss, dass das Eingaberecht »ein originär DDR-deutsches Produkt« gewesen sei, vgl. ebd., S. 88.

30 Vgl. ebd., S. 84–93.

31 Erlass des Staatsrates der Deutschen Demokratischen Republik über die Bearbeitung der Eingaben der Bürger vom 20. November 1969, Gesetzblatt der DDR 1969 I, S. 239.

cher ein Recht auf Abtreibung einforderten. Wer sein Anliegen nicht in einer schriftlichen Eingabe vorbringen wollte oder dazu nicht in der Lage war, konnte sich ebenfalls auf den Erlass beziehen und um einen Termin in der öffentlichen Sprechstunde des Staatsrates oder der Ministerien bitten. So schrieb ein Patient aus Berlin-Lichtenberg, er sei in einer derartigen gesundheitlichen Notlage, dass er sein Anliegen in einer Aussprache dem Gesundheitsminister persönlich überbringen wolle. »Ich berufe mich bei der von mir gewünschten Aussprache auf die Eingabenverordnung des Staatsrats der DDR.«[32]

Der Form nach aufgehoben und zugleich in seinem inhaltlichen Kern fester institutionalisiert wurde der populäre Erlass durch das im Mai 1975 vom Politbüro abgesegnete und danach von der Volkskammer beschlossene Eingabengesetz, das am 19. Juni 1975 im Gesetzblatt verkündet wurde. Es kann als Ausführungsgesetz zur ein Jahr zuvor erneut geänderten DDR-Verfassung angesehen werden, in der das Eingaberecht nochmals bekräftigt worden war. Die Stärkung dieses Rechts sollte offenkundig gesetzlich fixiert werden.

> »Die strikte Wahrung der verfassungsmäßig garantierten Rechte der Bürger und ihrer Gemeinschaften sowie die gründliche Prüfung und sorgfältige Bearbeitung ihrer Eingaben sind Verfassungsgebot für alle Staats- und Wirtschaftsorgane. Die Leiter und Mitarbeiter der Staats- und Wirtschaftsorgane sind verpflichtet, über die Vorschläge, Hinweise, Anliegen, Kritiken und Beschwerden der Bürger schnell, unbürokratisch und gerecht zu entscheiden.«[33]

Das Gesetz schrieb eine vierwöchige Erledigungsfrist fest, innerhalb derer die Beantwortung und Erledigung von Eingaben zu erfolgen hatte – eine Vorschrift, die fortan vom Partei- und Staatsapparat durchaus ernst genommen wurde.[34] Beibehalten wurde auch der Hinweis, dass Bürgern durch Eingaben keine Nachteile entstehen durften. In der Praxis galt diese Zusicherung freilich nur gegenüber dem, der sich an bestimmte Diskursregeln hielt und auf politische Grundsatzkritik verzichtete. Wer den sozialistischen Staat als solchen, dessen Organe oder

32 Georg K. an Gesundheitsminister Sefrin, 27.4.1971, BArch, DQ 1/4930-2, Bl. 273.

33 SAPMO-BArch, DY 30/I IV 2/3/1525 (Vorbereitung eines Eingabengesetzes). Die hier an den Tag gelegte Rhetorik könnte auf einen Zusammenhang mit der zeitlich parallelen Konferenz über Sicherheit und Zusammenarbeit (KSZE) in Europa hindeuten. In der im Sommer 1975 unterzeichneten KSZE-Schlussakte verpflichtete sich die DDR formal zur Einhaltung von Menschenrechten und Grundfreiheiten, auf die sich kritische Bürger in der Folge immer wieder beriefen.

34 Vgl. Löffler: Eingaben im Bereich des Zivilrechts, S. 214. Das Eingabengesetz ist abgedruckt in Klemm/Naumann: Zur Arbeit mit den Eingaben, S. 59 – 62. Zu früheren Entwürfen des Gesetzes siehe SAPMO-BArch, DY 30/I IV 2/2/1563-64 und DY 30/I IV 2/2A/1883-86.

einzelne Repräsentanten infrage stellte oder mit einem Ausreiseantrag drohte, musste sehr wohl auf Konsequenzen, sprich auf Besuche, Nachfragen oder Hintergrundrecherchen der Staatssicherheit vorbereitet sein.[35] 1977 erschien schließlich eine Art Gesetzeskommentar, der Eingaben als »Ausdruck sozialistischer Demokratie« willkommen hieß und der Verwaltung Handreichungen gab, wie mit der Bürgerpost auf der Grundlage des neuen Gesetzes umzugehen sei.[36] In der zweiten Hälfte der 1970er Jahre waren Eingaben somit endgültig zum weit verbreiteten und fest etablierten Rechtsbehelf und Beschwerdemittel geworden, dem Gesellschaft und Verwaltung gleichermaßen Respekt entgegenbrachten.[37] Viele Menschen betrachteten die Eingabe längst nicht mehr als bloßes Surrogat für andere Rechtswege, sondern schlicht als etwas Selbstverständliches, das zum sozialistischen Alltag dazugehörte. Dem »Grundrecht der Bürger auf umfassende Mitgestaltung des politischen, wirtschaftlichen, sozialen und kulturellen Lebens der sozialistischen Gesellschaft und ihres Staates« schien mit der institutionalisierten Eingabenkultur ausreichend abgeholfen zu sein.[38]

4. Eingaben im Gesundheitswesen

In den über 40 Jahre hinweg millionenfach geschriebenen Eingaben wurden fast alle Probleme des sozialistischen Alltagslebens verhandelt. Dazu gehörten auch diverse Aspekte der gesundheitlichen Versorgung. In den Anfangsjahren der DDR spiegelten viele Briefe die blanke Not der Nachkriegszeit wider, sowohl hinsichtlich der fehlenden Arbeit, der mangelnden Ernährung und der typischen

35 Vgl. Steffen H. Elsner: Eingaben im Visier des MfS. Eine erste Annäherung zum Thema »Staatssicherheit und Eingabewesen« in der ehemaligen DDR, in: Heike Timmermann (Hrsg.): Die DDR in Deutschland. Ein Rückblick auf 50 Jahre, Berlin 2001, S. 313–345.

36 Vgl. Klemm/Naumann: Zur Arbeit mit den Eingaben, S. 7.

37 Exemplarisch: »Da es sich hier um eine Eingabe handelt, musste der Vorgang dem Bezirksarzt übergeben werden.« Krüger (Ministerium für Gesundheitswesen) an Hempel (Poliklinik für Diabetes, Halle), 13.12.1971, BArch, DQ 1/4930-2, Bl. 210. Ähnlich noch im November 1989 Marion W. aus Bad Belzig an Gesundheitsminister Thielmann: »Bitte betrachten Sie meinen Brief als Eingabe, damit ich auch eine Antwort bekomme.« Schreiben vom 8.11.1989, BArch DQ 1/14224.

38 Kleines Politisches Wörterbuch, 4., überarbeitete und ergänzte Auflage, Berlin 1983, S. 205. Der Vollständigkeit halber erwähnt sei an dieser Stelle, dass das Statut der SED nochmals ein separates Eingaberecht für Parteimitglieder vorsah (Statut der SED, Absatz I, 3c). Darauf beriefen sich manche der Eingabenschreiber, die sich an die gesundheitspolitische Abteilung des ZK der SED wandten. Hinweise darauf, dass solche halbinternen »Partei-Eingaben« anders behandelt wurden als andere, fanden sich in den Quellen nicht.

Krankheiten jener Zeit.[39] Nur einen Monat nach der Staatsgründung schrieb der arbeitslose und um seine kranke Ehefrau bangende Karl M. aus Weimar an den gerade ernannten Minister für Arbeit und Gesundheitswesen, Luitpold Steidle:

> »Betr.: Tbc-kranke Frau, selbst arbeitslos
>
> Geehrter Herr Minister!
>
> Ich bitte um Ihren Rat und Ihre Hilfe. Über meine Lage kurz folgendes: Meine Frau war vom 26. Febr. bis 10. Okt. 49 in einem Tbc-Sanatorium. Dort hatte sie gut zugenommen, ca. 25 Pfund. Verpflegung nach Kartengruppe 1 und durch persönlich aufgenommene Bekanntschaft im Lungenkurort mit Ziegenhaltern fast täglich zusätzlich 1 Ltr. Milch. Hier, keine Möglichkeit Ziegenmilch zu erhalten, Verpflegung nach Gr. 4 und die im Verhältnis zur Heilanstaltsverpflegung sehr minimale Tbc-Zusatzkost. [...] Meine Frau soll die Liegekuren zuhause fortsetzen und keine seelischen Aufregungen haben und möglichst das Gewicht halten. [...] Sie hat bereits wieder mehrere Pfund abgenommen. Ich bin leider nicht in der Lage weder sonst Zusätzliches noch in der HO zu kaufen. Aus dem Tbc-Fonds erhält sie eine Unterstützung, die mit meiner Arbeitslosenunterstützung knapp zur Lebensbestreitung reicht. [...] Meine Notlage habe ich Ihnen geschildert und sehe Ihrer raschen Hilfe, um die ich nochmals bitten darf, gern entgegen: meiner Frau bessere und ausreichende Verpflegung geben, damit sie uns noch erhalten bleibt und mir eine entsprechende Verdienstmöglichkeit vermitteln.«[40]

Erst nach einem erneuten Brief erhielt Karl M. schließlich Anfang Januar 1950 eine Antwort auf sein Schreiben, die ihm und seiner Frau aber keine Hilfe brachte:

> »Auf Ihre Erinnerung vom 11. Dezember 1949 teilen wir Ihnen mit, dass Ihr Gesuch wenige Tage nach seinem Eingang den zuständigen Abteilungen zur Bearbeitung übergeben worden ist. Da Ihr Antrag nicht von dem Ministerium direkt erledigt werden kann, sondern zur Weiterbearbeitung an das Land Thüringen abgegeben werden musste, ist die Verzögerung erklärlich. Wir hoffen, dass Sie inzwischen Nachricht vom Ministerium für Arbeit und Sozialwesen oder von dem zuständigen Amt für Arbeit und Sozialfürsorge erhalten haben.«[41]

39 Im Gegensatz zur Ära Honecker sind aus dieser Zeit jedoch deutlich weniger Eingaben archivalisch überliefert, vgl. die kleineren Bestände in BArch, DQ 1/1367 und 1618.

40 Karl M. an Steidle, 15.11.1949, BArch, DQ 1/1367.

41 Wolf (Ministerium für Arbeit und Gesundheitswesen) an Karl M., 5.1.1950, ebd.

Im hier schwerpunktmäßig untersuchten Zeitraum der 1970er und 1980er Jahre stehen in aller Regel nicht mehr existenzielle Nöte wie Arbeitslosigkeit, körperliche Auszehrung und Tuberkulose im Vordergrund. Der Lebensstandard der DDR-Bevölkerung hatte sich in den 1970er Jahren signifikant verbessert. Nun ging es meist um andere Fragen, die subjektiv als durchaus ebenso bedrückend empfunden werden konnten. Welche Krankheit habe ich, wer stellt eine Diagnose und wie geht es dann weiter? Wo wird meine Erkrankung am besten behandelt? Bin ich, medizinisch wie menschlich, richtig behandelt worden? Wie lässt sich mit Krankheit leben – und wie kann man weiterhin ein aktives Mitglied der sozialistischen Gesellschaft sein? Warum gibt es vor Ort zu wenig Ärzte? Weshalb fehlen wieder einmal diese oder jene Medikamente in der Apotheke? Wie soll ich als berufstätige Mutter noch ein weiteres Kind in der schon jetzt mehrköpfigen Familie versorgen? Wird mein Einsatz für den Aufbau des sozialistischen Staates im Alter angemessen gewürdigt? Weshalb stellt sich die gesundheitliche Betreuung im Sozialismus im Alltag so oft anders dar als von der SED offiziell behauptet?

Ihrer bloßen Zahl nach standen Eingaben zu gesundheitlichen Belangen nie an erster Stelle der Beschwerdeliste der Menschen in der DDR. So lag der Anteil der Zuschriften an das ZK der SED, die in den Zuständigkeitsbereich der Abteilung für Gesundheitspolitik fielen, im Jahr 1987 bei etwa fünf Prozent. Von den Eingaben an den Staatsrat betrafen im selben Jahr ungefähr sieben Prozent das Gesundheitswesen.[42] Vom vergleichsweise niedrigen Eingabeaufkommen im Gesundheitswesen lässt sich nicht ohne Weiteres auf eine weitgehend intakte medizinische bzw. pflegerische Versorgung schließen. Vielmehr gilt es die Gründe zu berücksichtigen, die Menschen davon abhielten, negative Erfahrungen auf dem Gebiet der medizinischen Betreuung mit gleicher Offenheit zum Gegenstand einer Eingabe zu machen, wie sie es bei Problemen in anderen Bereichen taten. So war nicht jeder bereit, staatlichen oder parteiamtlichen Stellen schriftlich Einblick in höchst private Lebensbereiche zu gewähren, manche waren dazu krankheits- oder altersbedingt nicht (mehr) in der Lage; andere wollten das Verhältnis zu ihren Ärzten bzw. lokalen Gesundheitseinrichtungen nicht durch Beschwerden aufs Spiel setzen. Wieder andere ließ die Dankbarkeit, eine Erkran-

42 Diese Relation ergibt sich aus den insgesamt ca. 84 000 im Jahr 1987 dokumentierten Staatsratseingaben und den 5758 im Ministerium für Gesundheitswesen (MfG) bearbeiteten Eingaben, vgl. Diagramm 1. Zu den im MfG registrierten Eingaben müssen noch jene Eingaben hinzugerechnet werden, die der Staatsrat nicht an das MfG, sondern an die ZK-Abteilung für Gesundheitspolitik oder direkt an die Bezirksebene abgab. Siehe auch Information über die Eingaben der Bevölkerung an die Abteilungen des Zentralkomitees der SED im 1. Halbjahr 1987, 20.7.1987, SAPMO-BArch, DY 30/2590.

kung oder einen Klinikaufenthalt überstanden zu haben, nachträglich über vieles hinwegsehen.[43] Die im Ministerium für Gesundheitswesen und in der ZK-Abteilung für Gesundheitspolitik eingetroffenen Eingaben lassen sich für die 1970er und 1980er Jahre hingegen recht genau beziffern, wobei über die Zeit hinweg ein stetiger Anstieg der Zahlen auszumachen ist.[44] So bearbeitete das MfG 1973 nach eigenen Angaben etwa 2700 Eingaben, 1977 bereits deutlich mehr als 4000 und zehn Jahre später weit über 5000 Eingaben (siehe Diagramm 1).

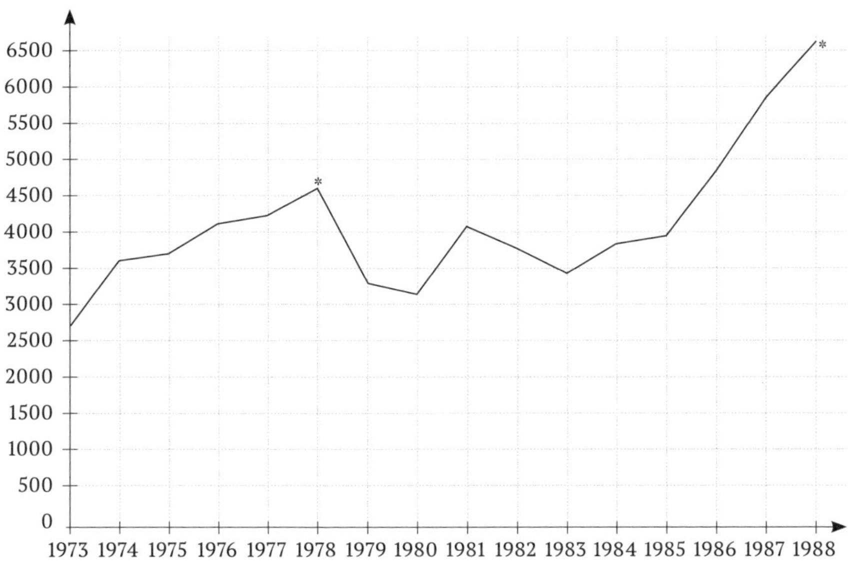

Diagramm 1: Eingaben an das Ministerium für Gesundheitswesen in den Jahren 1973 bis 1988, zusammengestellt nach dessen Jahres- und Halbjahresberichten in: BArch, DQ 1/12611 * Überschlägig geschätzt durch Verdoppelung der (einzig verfügbaren) Zahlen für das jeweils erste Halbjahr (1978: 2341, 1988: 3276)

43 Dass diese Gründe nicht spezifisch für DDR-Patienten waren, sondern bis heute Menschen davon abhalten, sich über Unzulänglichkeiten ihrer gesundheitlichen Versorgung zu beschweren, liegt auf der Hand. So hat die Medizinsoziologie westdeutschen Patienten in den 1970er Jahren eine erstaunliche Kritiklosigkeit und Anpassungsbereitschaft gegenüber ungünstigen sozialen oder räumlichen Bedingungen während ihres Krankenhausaufenthalts bescheinigt, vgl. zusammenfassend Johannes Siegrist: Arbeit und Interaktion im Krankenhaus. Vergleichende medizinsoziologische Untersuchungen in Akutkrankenhäusern, Stuttgart 1978, S. 10.

44 Zu dieser Tendenz vgl. MfG, Leiter der Hauptinspektion, Analyse über die Auswertung der Eingaben der Bürger und Einschätzung der Arbeit mit den Eingaben im 2. Halbjahr 1976, 22.3.1977, BArch, DQ 1/12611.

Die Abteilung Gesundheitspolitik beim ZK der SED registrierte mit durchschnittlich etwa 200 jährlichen Eingaben deutlich weniger Zuschriften. Ab 1985 stieg allerdings auch hier die Zahl erheblich an, nämlich auf bis zu 500 Eingaben pro Jahr.[45] Jährlich 400 bis 500 Eingaben bearbeitete in den 1980er Jahren die Zentralstelle für Ärztliches Begutachtungswesen in Berlin-Lichtenberg, die über materielle Leistungen im Zuge von Schadenersatzforderungen oder bei Anträgen auf Unfall- oder Invalidenrente entschied.[46] Wenig ist bislang über die Quantität der Eingaben zu gesundheitlichen Belangen auf Ebene der Bezirke, Kreise und der einzelnen Krankenhäuser und Polikliniken bekannt. Ein ausdifferenziertes Berichtswesen sorgte dafür, dass auch das MfG über die Kreis- und Bezirksärzte zumindest in groben Zügen erfuhr, wie viele Beschwerden die Krankenhäuser im Land jeweils erhielten und was die häufigsten Beschwerdegründe waren. Gesundheitseinrichtungen, die zentral geleitet, d. h. dem Ministerium direkt unterstellt waren, wie zum Beispiel die Zentralklinik für Herz- und Lungenkrankheiten Bad Berka, das Forschungsinstitut für Lungenkrankheiten und Tuberkulose (FLT) in Berlin-Buch oder auch eine nicht-klinische Institution wie das Dresdener Hygiene-Museum, hatten dem MfG unmittelbar und halbjährlich über Art und Zahl der Eingaben Bericht zu erstatten.[47] Hieran wird deutlich, in welchem Ausmaß die Leitungsorgane des Gesundheitswesens die Eingaben – auch – als Gradmesser für aktuelle Problemlagen und Befindlichkeiten von Patienten und allgemein jenen Menschen nutzten, die mit den Krankenhäusern und Polikliniken in Berührung kamen.

5. Wer schrieb?

Damit ihr Schreiben als Eingabe klassifiziert und beantwortet werden konnte, mussten die jeweiligen Verfasser notwendigerweise ihren Namen und ihre Anschrift angeben. So gut wie immer machten die Schreiber von Eingaben darüber

45 Vgl. die Statistiken in: Abteilung Gesundheitspolitik beim ZK der SED, Analysen der Eingaben der Bevölkerung an die leitenden Parteiorgane, SAPMO-BArch, DY 30/vorl. SED 21919.

46 Vgl. exemplarisch Müldner an Heinzel (MfG, Hauptabteilung Medizinische Betreuung), 8.1.1988 (»Eingang von 503 Eingaben im Jahr 1987«), BArch, DQ 1/12652. Nur 72 dieser Eingaben waren jedoch direkt an die Zentralstelle gerichtet, die meisten leitete das MfG dorthin weiter.

47 So informierte zum Beispiel die Zentralklinik Berka das MfG über 25 Eingaben, die bei der Klinikleitung im Laufe des Jahres 1989 eingegangen seien. Die Mehrzahl habe sich auf die Qualität des Essens und die räumliche Unterbringung der Patienten bezogen, vgl. Schreiben vom 10.1.1990 an MfG, BArch, DQ 1/12652. Zu den Eingabenanalysen des FLT und des Hygienemuseums siehe ebd.

hinaus ergänzende Angaben zu ihrer Person, nannten ihr Alter, ihren aktuell oder früher ausgeübten Beruf und schilderten weitere Lebensumstände. Hierzu konnten Angaben zur Familie, Parteizugehörigkeit, zum Gesundheitszustand oder zu gesellschaftlich-politischen Aktivitäten gehören. Eine derartige Selbstbeschreibung diente in vielen Fällen dazu, das jeweilige Anliegen als berechtigt bzw. »verdient« erscheinen zu lassen. Nicht zuletzt deshalb wurden nähere Angaben zur Person eher gezielt-absichtsvoll als systematisch gemacht; einmal fehlt diese, einmal jene Information. Da zudem selbst offensichtliche Merkmale wie das Geschlecht der Absender vom MfG nicht systematisch erfasst wurden, entziehen sie sich einer validen nachträglichen Auswertung. Im Rahmen einer 2016 publizierten Pilotstudie an 302 Eingaben habe ich die Merkmale ihrer Verfasser genauer untersucht. Basis war eine aus den Akten des Bundesarchivs gezogene Zufallsstichprobe, wobei nur Eingaben aus den 1980er Jahren berücksichtigt wurden.[48] Hierbei zeigte sich, dass Männer unter den Absendern zwar zahlenmäßig leicht überwogen, jedoch nicht in einem Maß, das besondere Schlüsse zugelassen hätte.[49] Auch aus der Tatsache, dass in diesem Sample gut 22 Prozent der Eingabenschreiber explizit ihre Mitgliedschaft in der SED erwähnten, ließ sich wenig ableiten, da die Nichterwähnung der Parteizugehörigkeit eine solche nicht ausschloss. Auch über das Alter der Absender konnten keine generalisierenden Aussagen getroffen werden, zu sehr war es an das jeweilige Anliegen geknüpft. Naturgemäß schrieben über 60-Jährige ganz allgemein häufiger zu Fragen der gesundheitlichen und sozialen Betreuung, wobei es meistens um sie selbst oder ihre Ehepartner ging. Dafür kamen wiederum die Jüngeren viel stärker in Eingaben zum Thema Schwangerschaftsabbruch oder zur Gesundheit ihrer kleinen Kinder zu Wort.

Wie bei Eingaben an Institutionen des Gesundheitswesens nicht anders zu erwarten, sind Hinweise auf eigene gesundheitliche Probleme oder auf solche anderer, nahestehender Personen so gut wie immer Bestandteil der Schreiben. Die Mehrzahl der untersuchten Eingaben wurde von Patienten verfasst. Wie

48 Vgl. Bruns: Die gesundheitliche Versorgung.

49 So interpretiert Fenske in ihrer Studie über niedersächsische Bürgerbriefe und Petitionen zwischen 1950 und 1974 die Tatsache, dass mehr Männer als Frauen solche Schreiben verfassten, dahingehend, dass sich primär die Männer »um die Gestaltung der familiären Außenbeziehungen« gekümmert hätten, Fenske: Demokratie erschreiben, S. 56. Eine Begründung für diese eher spekulative Annahme bleibt sie jedoch schuldig. Nicht weniger spekulativ wäre mit Blick auf die vorliegenden Eingaben zu gesundheitlichen Belangen die Annahme, dass Frauen in Gesundheitsfragen gemeinhin als engagierter gelten und dass sie deshalb unter den Absendern ungefähr genauso stark vertreten sind wie die meist stärker um die »familiären Außenbeziehungen« bemühten Männer.

wurde man zum Patienten? Ein medizinethisches Lehrbuch versuchte sich 1986 an einer Definition:

> »Der Bürger, der entsprechende Beschwerden empfindet und dadurch in seinem Befinden gestört ist, wendet sich hilfesuchend an den Arzt. Er nimmt damit mit den Mitarbeitern des Gesundheits- und Sozialwesens eine Beziehung auf, wird Patient. Er erwartet eine Klärung seiner Beschwerden, Heilung oder Linderung seiner Krankheit und Hilfe bei der durch die Krankheit eventuell ausgelösten Krisensituation in seinem Leben.«[50]

Patienten schrieben entweder inmitten einer Behandlungsphase oder äußerten sich rückblickend nach einer solchen. Manche Eingaben wurden noch im Krankenhaus verfasst, wie etwa jene der 1978/79 infolge einer sogenannten Anti-D-Prophylaxe an Hepatitis erkrankten Wöchnerinnen: »Wir Patientinnen unseres Zimmers gehören zu den Frauen, die rh/negativ sind und nach der Entbindung die entsprechende bzw. nicht entsprechende Spritze erhielten.«[51] Da es sich um eine infektiöse Erkrankung handelte, schrieben die betroffenen jungen Mütter häufig aus Isolierstationen heraus, was den Briefen ein noch spezielleres Kolorit verlieh.[52] Als Besonderheit kommt hier hinzu, dass im Zuge des Anti-D-Skandals ungewöhnlich viele kollektive Eingaben an das MfG oder andere Stellen gerichtet wurden, was mit der gemeinsamen Unterbringung vieler Frauen zu tun hatte. Auf diese Art entstanden Briefe, in denen sich die Stimmung und Atmosphäre einer ganzen Bettenstation widerspiegelte.[53] Für die Masse der Eingaben im Gesundheitswesen waren solche Sammeleingaben nicht typisch. Ganz überwiegend wur-

50 Luther: Ethik in der Medizin, S. 88. Diese Definition ähnelt der heute gängigen Auffassung, wonach ein Mensch nicht bereits durch die Erfahrung und das geduldige (»patiens«) Ertragen von Krankheit oder Leid, sondern erst durch die Interaktion mit Personen oder Institutionen der Heilkunde zum Patienten wird.

51 Barbara G. und andere an Mecklinger, 14.3.1979, BArch, DQ 1/11706-3. Neben Wöchnerinnen befanden sich unter den Betroffenen auch Frauen, die eine Fehlgeburt oder eine Abtreibung hinter sich hatten, da auch in solchen Fällen routinemäßig eine Anti-D-Prophylaxe durchgeführt worden war. Bei der Anti-D-Prophylaxe ging und geht es um die passive Immunisierung Rhesus negativer Frauen nach einer Schwangerschaft. Die Immunisierung verhindert, dass bei einer Folgeschwangerschaft das ungeborene Kind durch Antikörper noch im Mutterleib geschädigt wird oder zu Tode kommt. In der DDR wurde diese Methode seit Beginn der 1970er Jahre angewandt. 1978/79 kam es durch eine Kontaminierung der Anti-D-Seren durch Viren bei mehreren tausend Frauen zu einer Hepatitis-Infektion, siehe Florian Steger/Carolin Wiethoff/Maximilian Schochow: Vertuschter Skandal. Die kontaminierte Anti-D-Prophylaxe in der DDR 1978/1979 und ihre Folgen, Halle 2017.

52 Siehe die Sammeleingabe, die junge Frauen am 11.2.1979 von der Isolierstation des Bezirkskrankenhauses Hoyerswerda an Mecklinger richteten, BArch, DQ 1/11706-3.

53 Siehe die Sammeleingabe von 15 Frauen an Rechtsanwalt Friedrich Karl Kaul aus dem Isolierkrankenhaus Paudritzsch vom 20.2.1979, ebd.

den die Briefe von Einzelpersonen verfasst. Dies war auch die von Staat und Partei eigentlich gewünschte Eingabeform, während kollektive Beschwerden, auch wenn sie nicht offiziell verboten waren, häufig Misstrauen hervorriefen und intensivere Nachforschungen bei den Absendern auslösten, als diesen lieb sein konnte.

Neben Menschen, die selbst von Krankheit betroffen waren, schrieben auch Angehörige oder Hinterbliebene *für* Kranke.[54] Meistens handelte es sich um Eltern, die sich um medizinische Bedürfnisse ihrer Kinder kümmerten. Kaum weniger häufig traten Ehepartner füreinander ein. So beschwerte sich 1981 eine Frau aus dem Raum Dessau, dass eine bei ihrem Ehemann geplante Operation im Krankenhaus Rosslau wegen baulicher Mängel kurzfristig abgesagt und ihr Mann wieder nach Hause geschickt worden sei. Martin H. klagte 1985 in einem Brief an das SED-Politbüro, dass weder für ihn noch für seine Frau die benötigten Arzneimittel verfügbar seien. Zusammen mit ihrer Tochter stellte 1981 eine Witwe das Verhalten des Personals der Schnellen Medizinischen Hilfe infrage, das sie mit als ursächlich für den Tod ihres Mannes ansah.[55] Manche Schreiben wurden vom Ehepartner oder anderen Angehörigen mitgezeichnet, um deutlich zu machen, dass die Eingabe eine Angelegenheit der ganzen Familie war. »Hiermit bitten die Ehefrau und fünf Kinder von Heinz D. aus R. um Hilfe. Wir bitten um einen Termin in der Charité von Berlin«, hieß es beispielsweise in einem Brief aus der Nähe von Haldensleben.[56]

Es konnte auch vorkommen, dass Betriebsleiter oder Arbeitskollegen sich per Eingabe für die Belange ihrer Mitarbeiter oder Kollegen einsetzten. So fragte 1971 der Leiter des VEB Druckguss- und Kolbenwerke Harzgerode beim MfG an, ob es neue Erkenntnisse oder Methoden zur Behandlung der Multiplen Sklerose gebe. Ein Mitarbeiter, der zu den besten im Betrieb zähle und »Verdienter Erfinder des Volkes« sei, habe ein MS-krankes Kind und leide an der wenig erfolgreichen Behandlung seines Kindes. Man lege »besonderen Wert darauf, dass unserem Werksangehörigen […] geholfen wird«.[57] Auch bei den zahllosen Eingaben zum Thema Schwangerschaftsabbruch, die vor allem zu Beginn des vorliegenden Untersuchungszeitraums geschrieben wurden, waren es nicht nur die betroffenen

54 In einer britischen Studie gingen beinahe die Hälfte aller untersuchten Beschwerden nicht vom Patienten, sondern von Angehörigen oder Dritten aus, vgl. Mulcahy: Disputing doctors, S. 85. Bei den vorliegend untersuchten Eingaben scheint der Anteil der Schreiben, die von Angehörigen oder Dritten verfasst wurden, geringer zu sein.

55 Vgl. Karin S. an ZK der SED, 31.5.1981, SAPMO-BArch, DY 30/vorl. SED 32013; Martin H. an SED-Politbüro, 21.11.1985, SAPMO-BArch, DY 30/vorl. SED 34850-2; Anna F. an ZK der SED, 7.7.1981, SAPMO-BArch, DY 30/vorl. SED 32013.

56 Eingabe vom 4.12.1984 (Eingang), SAPMO-BArch, DY 30/vorl. SED 33613/1.

57 Eingabe vom 8.2.1971, BArch, DQ 1/4930-2, Bl. 289.

Abb. 14: Neubau der Charité in Berlin im Jahr 1982: Blick auf die zentrale Speisenversorgung (links), den vierstöckigen funktionsdiagnostischen Trakt (rechts) und das Bettenhaus mit 15 Pflegegeschossen

Frauen selbst, sondern oft auch ihre männlichen Partner, die den Wunsch nach einer Abtreibung an höherer Stelle schriftlich vorbrachten.[58] Oft und eindringlich wandten sich Eltern behinderter Kinder an das MfG bzw. die zuständige Hauptabteilung IV (Soziale Betreuung). Auch hier betrafen die geschilderten Probleme meist die ganze Familie. Selbst in den späten 1980er Jahren herrschte in der DDR noch immer ein eklatanter Mangel an Betreuungseinrichtungen für schwer- und mehrfachbehinderte Kinder. Angesichts der verbreiteten Berufstätigkeit beider Elternteile oder auch alleinerziehender Mütter entstanden schnell familiäre und soziale Notlagen, die es im Sozialismus eigentlich nicht geben sollte.[59] Dass Ehe-

58 »Bitte, Herr Minister, helfen Sie uns, dass meiner Frau die gesetzmäßige Hilfe der Schwangerschaftsunterbrechung unter den geschilderten Umständen zuteil wird.« Armin J. an Mecklinger, 27.11.1971, BArch, DQ 1/23884. Meist zeichnete das Paar in solchen Fällen gemeinsam, nur selten unterschrieb der Ehemann bzw. Partner allein.

59 Genau dieser Widerspruch wurde denn auch häufig in den Eingaben thematisiert. Dass der Tonfall dabei recht harsch sein konnte, wurde auch in den Eingabenanalysen vermerkt. »Sehr

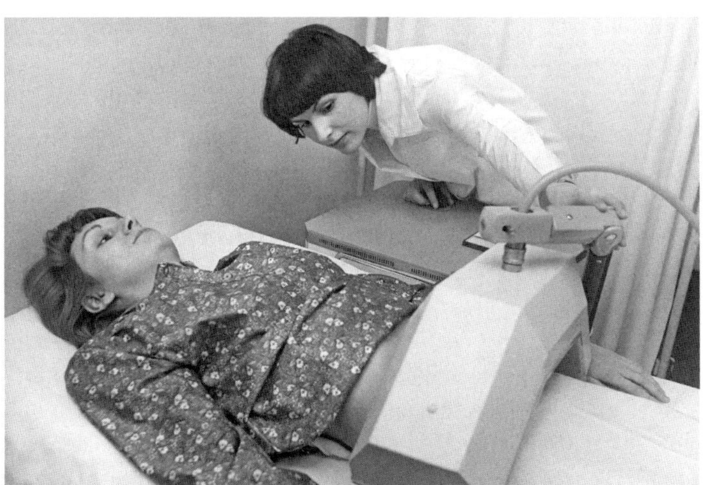

Abb. 15: Diathermie-Gerät in der Berliner Charité: »Die Dezimeterwellentherapie ist infolge ihrer hohen Tiefenwirkung ein wesentlicher Fortschritt bei der Behandlung akuter und chronischer Gelenkerkrankungen, entzündlicher Prozesse in der Gynäkologie und bei verschiedenen neurologischen Erkrankungen.«
(Auszug aus dem Originalbildtext der Nachrichtenagentur ADN)

partner, enge Bezugspersonen oder gar Dritte für die gesundheitlichen Belange der primär Betroffenen eintraten, war somit ein wichtiger Bestandteil der Eingabenkultur in der DDR. Vereinzelt sind auch Briefe überliefert, in denen staatliche Stellen gebeten werden, Maßnahmen gegen bestimmte Menschen zu ergreifen, die durch ihr Verhalten als störend oder als Gefahr für die eigene Gesundheit wahrgenommen werden. So wandte sich 1985 die Bewohnerin eines Pflegeheims an das Zentralkomitee der SED und machte auf das problematische Verhalten einer Mitbewohnerin aufmerksam:

> »Ich spreche im Namen der Heimbewohner der Station I des Pflegeheimes [...] in Wernigerode. Wir haben auf der Station eine Frau Müller, die nicht mehr weiß, was sie tut, aber die Heimbewohner belästigt wo sie kann. Sehr viel steht sie am Es-

kritische Äußerungen enthielten die Eingaben von Bürgern zur Aufnahme schwer- und mehrfachgeschädigter Kinder in Dauereinrichtungen, die auf Grund von noch nicht ausreichenden Heimkapazitäten nur nach langen Wartezeiten zu realisieren sind und dadurch das familiäre Leben mitunter bis an die Grenze des Möglichen belasten.« MfG, Hauptinspektion, Analyse der Arbeit mit den Eingaben der Bürger im Jahr 1985, 10.3.1986, BArch, DQ 1/12652.

senwagen im Flur und fasst die Brote mit bekoteten Händen an, sie rührt ebenfalls mittags im Essen herum. Wir müssen dann das essen was diese Frau beschmiert hat. Wir denken diese Frau ist nicht tragbar auf der Station. Eine Eingabe beim Kreisarzt blieb unbeantwortet. Bitte helfen Sie uns. Mit freundlichem Gruß i. A. L. Becker.«[60]

Das Eingabewesen der DDR brachte regelrechte Schreibexperten hervor, die mit großem Engagement und Wissen um aussichtsreiche Strategien für andere Eingaben verfassten. Hatten bestimmte Menschen mit ihren Eingaben nämlich nachhaltigen Erfolg, sprach sich dies herum, und es kam vor, dass sie dann von Familienangehörigen, Nachbarn oder Arbeitskollegen um Hilfestellung beim Aufsetzen und Formulieren eigener Anliegen gebeten wurden. Die Hilfe konnte auch darin bestehen, andere zu beraten, an wen sie sich am besten wenden und worauf sie sich berufen sollten.[61] Die Ähnlichkeit zur gängigen Praxis in der Frühen Neuzeit, kundige Schreiber mit der Abfassung einer Supplikation zu beauftragen, ist hierbei unverkennbar.

Fragt man nach der regionalen Herkunft bzw. Verteilung der Eingaben, so weisen seit den 1970er Jahren alle Statistiken die Bewohner Berlins als diejenigen aus, die mit Abstand am meisten Eingaben schrieben. 1980 stammten beispielsweise mehr als 16 Prozent aller im Ministerium für Gesundheitswesen bearbeiteten Eingaben aus Berlin, obwohl dort zu diesem Zeitpunkt weniger als 7 Prozent der Gesamtbevölkerung der DDR lebten.[62] Die überproportionale Eingabefreudigkeit der Berliner beschränkte sich nicht auf Themen der Gesundheitsversorgung, sondern war auch in anderen Bereichen festzustellen.[63] Dass die

60 Becker an ZK der SED (weitergeleitet an Abteilung Gesundheitspolitik), 16.9.1985, SAPMO-BArch, DY 30/vorl. SED 34850/1.

61 So berichtete etwa eine von Mühlberg interviewte Zeitzeugin, die regelmäßig Eingaben für ihre Mitbürger verfasste: »Zum Beispiel im Gesundheitswesen, da haben wir auch etliches erreicht. Angefangen mit Gips und Spritzen bis hin zu den Zuständen in Altersheimen, da haben wir auch manchen Stationsärzten oder mancher Schwester gesagt: ›Ihr müsst euch jetzt an den und den wenden‹, oder: ›Schreibt mal gleich an Mecklinger, der hat für solche Sachen ein Ohr. Schreibt nicht an das ZK, an die Abteilung Gesundheitspolitik im Zentralkomitee. Schreibt an den Minister persönlich und macht es auf dem und dem Wege …‹« Zitiert nach Mühlberg: Bürger, Bitten und Behörden, S. 250 f.

62 MfG, Leiter der Hauptinspektion, Information über die Arbeit mit den Eingaben der Bürger und ihre Auswertung im 2. Halbjahr 1980, 31.1.1981, BArch, DQ 1/12611. Der bevölkerungsreichste DDR-Bezirk war 1980 mit 1,9 Millionen Einwohnern der Bezirk Karl-Marx-Stadt, gefolgt vom Bezirk Halle mit 1,8 Millionen. Berlin lag mit 1,1 Millionen Einwohnern an siebenter Stelle. Die Bezirke Suhl und Schwerin waren mit 549 000 bzw. 590 000 die Bezirke mit der geringsten Einwohnerzahl, vgl. Gunnar Winkler (Hrsg.): Sozialreport '90. Daten und Fakten zur sozialen Lage in der DDR, Berlin 1990, S. 44.

63 Wie Mühlberg zeigen konnte, hatte der Hauptstadtbezirk seit 1964 generell die Spitzenposition im Eingabenschreiben inne, vgl. Mühlberg: Bürger, Bitten und Behörden, S. 182. Ähnlich auch

Berliner besonders fleißige Eingabenschreiber waren, verwundert insofern, als die Hauptstadt in puncto materieller und personeller Ausstattung stets besser dastand als alle anderen Bezirke.[64] Die Bevorzugung Berlins war auch im Gesundheitssektor nicht zu übersehen – und ihrerseits Thema vieler Eingaben. Als 1988 die Knappheit an medizinischen Verbrauchsmaterialien wie Mullbinden, Kanülen und Einmalhandschuhen landesweit bedrohliche Ausmaße angenommen hatte, hieß es auf höchster politischer Ebene, dass die Berliner Charité »vorrangig abgesichert« werden müsse.[65] Entsprechend richtete sich der neidvolle Blick vieler DDR-Bürger keineswegs nur auf die Bundesrepublik, sondern auch auf die eigene Hauptstadt. Die Frage, ob die Nicht-Berliner Menschen zweiter oder dritter Klasse seien, zog sich durch eine Vielzahl von Eingaben. So monierte im Sommer 1981 ein Nachtschichtarbeiter aus Potsdam, dass es die für ihn wichtigen Spezial-Augentropfen nur in Berlin gebe:

> »Mir ist es unverständlich, dass in unserem modernen Gesundheitssystem solche Schwierigkeiten bei der Verteilung von Arzneimitteln auftreten. Es könnte der Eindruck entstehen, dass Einwohner von Berlin wichtiger sind als Potsdamer oder andere Bürger unserer Republik.«[66]

Der Rentner Horst S. aus Dresden empörte sich über den Personalmangel in den dortigen Gesundheitseinrichtungen: »Man fragt sich: Wie ist das möglich? [...] Und immer noch wirft man Fachkräfte aus Dresden dem Hausschwein der DDR – Berlin – zum Fraße vor.«[67] S. war mit seiner Kritik nicht allein: Gewisse Empfindlichkeiten insbesondere zwischen sächsischen Bezirken und der Hauptstadt Berlin finden sich bei der Durchsicht von Eingaben verhältnismäßig oft. Der

der Befund bei Bouvier: Die DDR – ein Sozialstaat?, S. 319. Noch heute ist das Bundesland Berlin in Relation zu seiner Einwohnerzahl führend, was die Zahl der beim Bundestag eingereichten Petitionen angeht, vgl. Jahresbericht des Petitionsausschusses des Deutschen Bundestages, Ausgabe 2021, https://www.bundestag.de/resource/blob/881214/36327f758f2ad8eaa8583148b77937af/Ausgabe_2021-data.pdf [Zugriff: 2.8.2022]. Dass Ostdeutsche überproportional häufig Petitionen verfassen, hielt 1997 bereits Golz fest: Hans-Georg Golz: Eingabefreudige Ostdeutsche. Jahresbericht des Petitionsausschusses, in: Deutschland Archiv 30 (1997) 5, S. 700–701.

64 Die Privilegierung Ost-Berlins war, ähnlich wie jene West-Berlins, politisch motiviert. Seit 1976 erhielt der Hauptstadtbezirk stets die höchsten Finanzmittelzuweisungen aus dem Staatshaushalt der DDR, vgl. Hannsjörg F. Buck: Öffentliche Finanzwirtschaft im SED-Staat und ihre Transformationsprobleme, in: Deutscher Bundestag (Hrsg.): Materialien der Enquete-Kommission »Überwindung der Folgen der SED-Diktatur im Prozess der deutschen Einheit«, Bd. III/2, Baden-Baden 1999, S. 975–1267, hier S. 1007.

65 Herrn/Hottenrott: Die Charité zwischen Ost und West, S. 102.

66 Reinhard G. an ZK der SED, 18.8.1981, SAPMO-BArch, DY 30/vorl. SED 32012-2. Zu berücksichtigen ist dabei, dass der Weg von Potsdam nach Ost-Berlin seinerzeit sehr umständlich war, da alle Verkehrsverbindungen aufwendig um West-Berlin herumgeführt werden mussten.

67 Horst S. an ZK der SED, 20.10.1980, SAPMO-BArch, DY 30/vorl. SED 21918-2.

Bezirk Dresden lag stabil an zweiter Stelle der Eingabehäufigkeit pro Einwohner, während der dritte Platz über die Jahre wechselnd von den Bezirken Gera, Frankfurt (Oder) oder Karl-Marx-Stadt eingenommen wurde. Vergleichsweise wenig eingabefreudig waren über die Jahre die Bewohner der Bezirke Erfurt, Magdeburg, Neubrandenburg und Suhl. Diese Bezirke tauchten in keinem Jahr in der Spitzengruppe der Eingabenstatistik auf. In Berlin schrieben 1979 42 von 100 000 Einwohnern eine Eingabe an das MfG, im Bezirk Dresden waren es im selben Jahr 25 von 100 000, im Bezirk Magdeburg nur 12 von 100 000.[68] 1985 hatte das Eingabenaufkommen im Gesundheitswesen in der gesamten DDR zugenommen. Das MfG ermittelte für 1985 einen Durchschnittswert von 23 Eingaben pro 100 000 Einwohner. Aus Berlin kamen 64 Eingaben pro 100 000 Einwohner. Für den zweitplatzierten Bezirk Dresden verzeichnete das MfG 32/100 000 und für den letztplatzierten Bezirk Neubrandenburg 14/100 000.[69] Zwei Jahre später sahen die Relationen ähnlich aus: Berlin, Dresden und Frankfurt (Oder) lagen 1987 an der Spitze, Schwerin und Magdeburg am Ende der Aufkommensstatistik. Gegenüber 1980 hatte sich DDR-weit die Zahl der Eingaben pro 100 000 Einwohner von 18 auf 33 fast verdoppelt. Absolut wie prozentual wurden in allen Jahren nördlich von Berlin sehr viel weniger Eingaben verfasst als in den südlicheren Bezirken.[70] Tabelle 3 schlüsselt die Eingabenhäufigkeit nach Bezirken und pro 100 000 Einwohner auf. Dabei wurden nur jene Jahre berücksichtigt, die in den Quellen am besten dokumentiert sind.

Auch wenn die soziale Herkunft der Eingabenschreiber nicht systematisch dokumentiert wurde, registrierte das MfG aufmerksam, dass schriftliche Eingaben vergleichsweise selten von Arbeitern verfasst wurden, diese aber in den öffentlichen Sprechstunden des MfG in Berlin überproportional vertreten waren und ihre Angelegenheiten dort mündlich vorbrachten.[71]

68 Vgl. MfG, Leiter der Hauptinspektion, Analyse über die Auswertung der Eingaben der Bürger und Einschätzung der Arbeit mit den Eingaben im 2. Halbjahr 1979, 1.4.1980, BArch, DQ 1/12611.

69 Vgl. MfG, Hauptinspektion, Analyse der Arbeit mit den Eingaben der Bürger im Jahr 1985, 10.3.1986, BArch, DQ 1/12652.

70 Auch dieser Befund trifft jenseits der gesundheitsbezogenen Schreiben auf alle Eingaben zu, vgl. Mühlberg: Bürger, Bitten und Behörden, S. 182.

71 MfG, Leiter der Hauptinspektion, Information über die Arbeit mit den Eingaben der Bürger und ihre Auswertung im 2. Halbjahr 1980, 31.3.1981, BArch, DQ 1/12611.

Bezirk	1979	1980	1982	1985	1986	1987
Berlin	42	46	45	64	76	91
Cottbus	16	16	24	19	19	28
Dresden	25	23	29	31	36	45
Erfurt	14	15	15	17	22	23
Frankfurt (Oder)	22	20	15	28	27	40
Gera	23	20	20	21	27	29
Halle	16	16	20	19	23	30
Karl-Marx-Stadt	21	18	23	19	26	28
Leipzig	20	18	22	22	27	33
Magdeburg	12	11	15	16	20	22
Neubrandenburg	14	13	14	14	17	24
Potsdam	22	19	21	22	30	33
Rostock	16	16	18	18	23	25
Schwerin	16	14	16	16	20	21
Suhl	16	12	18	15	24	25
DDR durchschn.	20	18	21	23	28	33

Tabelle 3: Eingaben zu Gesundheitsangelegenheiten bezogen auf 100 000 Einwohner. Eigene Darstellung nach Eingabenanalysen aus BArch, DQ 1/12611, und BArch, DQ 1/12652

6. Die Adressaten

Die Menschen in der DDR schrieben Eingaben an eine kaum zu überschauende Vielzahl von Empfängern, darunter staatliche Stellen, Parteiorgane, Kombinate und Betriebe, das Fernsehen, Zeitungen oder Kultureinrichtungen.[72] Auch SED-Chef Honecker selbst sowie leitende Kader im ZK, Politbüro oder in den Ministerien erhielten zahllose Briefe aus der Bevölkerung. Zu Beginn der 1980er Jahre gingen allein im Büro Honecker jeden Monat 1000 Eingaben ein, 1987 waren es mit über 2400 bereits mehr als doppelt so viele.[73] Gemäß § 1 des Eingabengeset-

72 Vgl. Merkel, »Wir sind doch nicht die Meckerecke der Nation!«, die Eingaben an die Redaktion der Fernsehsendung Prisma zusammengestellt hat.

73 Im gesamten Jahr 1987 wurden im Büro des Staats- und Parteichefs knapp 25 000 Eingaben registriert. Die Mehrzahl wurde zur Beantwortung an die Fachabteilungen des ZK oder an die

zes konnten sich die Bürger mit ihren Anliegen an Volksvertretungen, staatliche Organe, volkseigene Betriebe, Kombinate und andere Adressaten wenden. »Praktisch«, so hielt es eine einschlägige Publikation zum Eingabewesen 1977 fest, »sind die Organe, Leiter und Mitarbeiter aller Bereiche des Staates und der Wirtschaft verpflichtet, Eingaben entgegenzunehmen. Dieser Pflicht darf sich keiner mit dem Argument entziehen, er sei für die Angelegenheit nicht zuständig.«[74]

Betrachtet man das Gesundheitswesen, so reichte hier die Bandbreite der Empfänger vom Staats- und Parteichef selbst über die ZK-Abteilung für Gesundheitspolitik und den Gesundheitsminister bis hin zu den Bezirks- und Kreisärzten und hinab zu den einzelnen Kliniken. Auch die 1963 gebildete Arbeiter-und-Bauern-Inspektion (ABI) zählte zu den Empfängern von Patienteneingaben. Die als Kontrollorgan konzipierte Institution war sowohl dem ZK als auch dem Ministerrat unterstellt. Sie sollte die Umsetzung von Partei- und Regierungsbeschlüssen überwachen und dabei auch gegen »Schlamperei«, »herzloses Verhalten« und »lokale Engstirnigkeit« vorgehen.[75] Dieser Aufgabenstellung gemäß wurde die ABI, die auch auf regionaler Ebene durch Bezirks- und Kreiskomitees vertreten war, zum vielgenutzten Ansprechpartner für unzufriedene Bürger, auch und gerade im Bereich des Gesundheitswesens. Ein weiteres, rein innerparteiliches Kontrollgremium war die Zentrale Parteikontrollkommission (ZPKK) der SED. Sie hatte unter anderem über Parteistrafen und den Ausschluss von Mitgliedern zu befinden. Die ZPKK widmete sich ebenfalls der Entgegennahme und Auswertung von Eingaben, darunter auch solchen zu Problemen der gesundheitlichen Versorgung.[76] Zu erwähnen ist außerdem die Volkskammer, die nicht nur einen Ausschuss für Gesundheitswesen besaß (bis 1958: Ausschuss für Arbeit und Gesundheitswesen), sondern daneben auch einen gesonderten Eingabenausschuss. Beiden gemein war ihre relativ geringe politische Bedeutung. Mit Eingaben zum Gesundheitswesen wurden diese Ausschüsse wenig beansprucht.[77] Wer nicht nur politisch, sondern auch auf wissenschaftlichem Gebiet

Ministerien weitergeleitet, vgl. Büro Honecker, Eingabenanalysen 1987, SAPMO-BArch, DY 30/2589 und 2590.

74 Klemm/Naumann: Zur Arbeit mit den Eingaben, S. 38.

75 Ausarbeitung zum System der Organe der ABI, 1970, BArch, DC 14/70, zitiert nach: »Komitee der Arbeiter- und Bauern-Inspektion«, BArch DC 14, 1963–1990, bearbeitet von Gisela Haker, Koblenz 2013, http://www.argus.bstu.bundesarchiv.de/DC-14-65807-p/index.htm [Zugriff: 2.8.2022].

76 Vgl. Lorenz K. an Zentrale Parteikontrollkommission, 24.8.1985, SAPMO-BArch, DY 30/vorl. SED 34850-1.

77 Seit den 1960er Jahren zog der Staatsrat den Großteil der Eingaben an sich, vgl. Peter Joachim Lapp: Die Volkskammer der DDR, Opladen 1975, S. 192. Vgl. auch Kleinert (Sekretariat des Ministerrates) an Mecklinger, 27.12.1988, BArch, DQ 1/12610.

an die Überlegenheit des »Großen Bruders« glaubte oder schlicht keine andere Alternative mehr sah, wandte sich unter Umständen auch an die sowjetische Botschaft, um zum Beispiel die Möglichkeit einer medizinischen Behandlung in der Sowjetunion auszuloten.[78]

Der mit Abstand wichtigste Adressat für Eingaben zu gesundheitlichen Belangen war das Ministerium für Gesundheitswesen. Bereits vor Gründung der DDR gingen in der Vorgängerorganisation des Ministeriums für Gesundheitswesen, der Deutschen Zentralverwaltung für Gesundheitswesen, Briefe aus der Bevölkerung ein. Da in den Wirren der ersten Nachkriegsjahre die genauen Verwaltungsstrukturen und Zuständigkeiten vielfach noch unbekannt waren, schrieben die Menschen häufig an Institutionen, die ihnen vertraut und naheliegend erschienen, so zum Beispiel an den Berliner Rundfunk. Dessen Funkhaus in der Masurenallee war vielen noch aus den 1930er Jahren ein Begriff. Von dort wurden die Schreiben dann an die zuständigen Behörden weitergeleitet.[79] Ähnlich verfuhren Zeitungen mit Zuschriften, die erkennbar nicht als Leserbriefe zur Veröffentlichung gedacht waren, sondern in Unkenntnis der zuständigen Ansprechpartner in dem erst im Aufbau befindlichen sozialistischen Staat an ein vertrautes Medium gesandt wurden.

Im Laufe der Jahre machten viele Bürger die Erfahrung, dass Eingaben auf lokaler Ebene leicht versanden konnten, entweder weil keine ausreichende Entscheidungsbefugnis vorlag oder weil die Empfänger gerade diejenigen waren, auf die sich die Kritik bezog.[80] Dies war und blieb über die Jahrzehnte hinweg eine grundlegende Schwachstelle des Eingabensystems, zumal in einem dezidiert zentralistischen Staat, in dem die SED-Führung bestrebt war, alle Entscheidungen und Kompetenzen an sich zu ziehen. Selbst die Eingabenschreiber ahnten, dass dies auf Dauer zu Ineffizienz und Überforderung der zentralen Stellen füh-

78 Bei schweren Erkrankungen bzw. fehlenden Therapieoptionen unterstützte das Gesundheitsministerium diese Anfragen, vgl. Eingabe vom 10.11.1987, BArch, DQ 1/12655.

79 Siehe etwa Frieda S. an Berliner Rundfunk, 6.8.1948 (Eingang), BArch, DQ 1/1618: »Lieber Rundfunk! Wegen tuberkulöser Augenerkrankung befinde ich mich seit 28. Nov. 1947 auf der Augenstation in Technitz bei Döbeln. Da dies leider der einzige Ort ist in der sowjetischen Zone, wo Heilverfahren derartiger Erkrankungen durchgeführt werden, ist es umso bedauerlicher, dass alles was die Augenstation angeht sehr primitiv ist. [...] Nur so ist es möglich, dass mein folgender Fall geschehen konnte.«

80 So rechtfertigte etwa eine Patientin ihre Eingabe an das ZK der SED folgendermaßen: »An eine Eingabe an den Bezirk oder Kreis habe ich auch gedacht. Diese Ärzte sind vielleicht untereinander gut bekannt und das Schreiben könnte unter den Tisch fallen. Nein, es soll endlich einmal richtig dieser Sache nachgegangen werden. Vielleicht finden dann mehr Leute den Mut, sich gegen derartige Behandlung eines Arztes zu wehren.« Almut C. an ZK der SED, 13.3.1985, SAPMO-BArch, DY 30/vorl. SED 34847.

ren musste. So war es nicht nur schmeichelnde Rhetorik, wenn es 1982 in einer Beschwerde über die fehlende Überdachung einer Rettungsstellenzufahrt im sächsischen Hohenstein-Ernstthal hieß:

> »Ist es nicht eine Schande, dass man mit so einer Lappalie einen Minister beschäftigen muss, der doch wahrlich andere Aufgaben hat? Sind denn unsere staatlichen Leiter auf Kreis- bzw. Bezirksebene nicht in der Lage, sich durchzusetzen? Entschuldigen Sie bitte, dass wir uns in dieser Angelegenheit nochmals an Sie wenden müssen.«[81]

Dass Eingaben auf der Kreis- und Bezirksebene häufig nicht oder nicht sachgemäß bearbeitet wurden, war an höchster Stelle durchaus bekannt. Gelöst wurde dieses Problem bis zum Ende der DDR nicht. Stattdessen beeinträchtigte der damit verbundene Schriftverkehr aus Weiterleitungen, Rückverweisungen, Wiedervorlagen und Nachfragen immer stärker die Arbeitsfähigkeit der Eingabenabteilungen zentraler Partei- und Staatsorgane. Zugleich gefielen sich die SED-Mächtigen darin, von den Bürgern stets aufs Neue bestätigt zu bekommen, dass allein der SED-Führung zugetraut wurde, die Probleme im Land zu lösen.[82]

Entsprechend ging auch bei Fragen und Beschwerden zum Gesundheitswesen der Trend dahin, die Kreis- und Bezirksebene von vornherein zu übergehen und sich auf direktem Weg an die SED-Zentrale oder das MfG zu wenden. Wanderte die Eingabe dann von dort innerhalb des Politapparates wieder nach unten, wurde dies von den Eingabenschreibern oft nicht akzeptiert, »weil sie bereits wissen, dass ihr jeweiliges Problem [...] territorial nicht geklärt werden kann, sondern einer zentralen Regelung bedarf«.[83] Der Bezirksarzt im thüringischen Suhl hielt 1982 leicht resigniert fest, dass »die Tendenz, Eingaben an zentrale Organe zu richten, aus der Erwartungshaltung resultiert, dass die Anliegen dann schneller und leichter erfüllt werden«.[84]

81 Eingabe vom 17.3.1982 an Mecklinger, BArch, DQ 1/15596.

82 So hieß es 1987 im Begleitkommentar zu den Honecker vorgelegten Eingabenanalysen geradezu huldigend: »Es ist typisch für die Mehrzahl der Briefe, dass sich ihre Verfasser voller Vertrauen an Dich als Generalsekretär unserer Partei wenden in der Hoffnung, dass mit Deiner Hilfe und persönlichen Einflußnahme sowohl persönliche Anliegen als auch gesellschaftliche Probleme schneller gelöst werden. Zahlreiche Bürger, Genossen, Parteilose, Mitglieder befreundeter Parteien und Arbeitskollektive greifen auch deshalb zur Feder, um Dir für Dein rastloses Wirken zu danken, dafür, dass ihre Familien in einem gefestigten Frieden und in sozialer Geborgenheit leben können.« Büro Honecker, Eingabenanalysen 1987, SAPMO-BArch, DY 30/2590, Bl. 87.

83 So der Cottbusser Bezirksarzt in einer Stellungnahme für das MfG, in: MfG, Hauptinspektion, Analyse der Arbeit mit den Eingaben der Bürger im Ministerium für Gesundheitswesen im Jahre 1981, 14.4.1982 (Bl. 13), BArch, DQ 1/12652.

84 Ebd.

Dass die Menschen vor allem in der SED-Zentrale die notwendige Entscheidungs- und Kontrollkompetenz vermuteten, war angesichts des zentralistischen Staatsaufbaus, der sich auch in der Organisation des Gesundheitswesens widerspiegelte, nur naheliegend. Diesem Staatsverständnis entsprechend brachte es das Gesundheitsministerium auch nur selten über sich, eine Eingabe, die offenkundig lokale Probleme berührte, kommentarlos in die geografische und politische Provinz weiterzureichen. In der Regel sicherte man den Einsendern parallel zur Weiterleitung ihres Anliegens an lokale Einrichtungen zu, dass man den Vorgang in Berlin bis zum Abschluss »unter Kontrolle behalten« werde. Mitunter wurde dieser Zwischenbescheid nicht nur dem Einsender, sondern nachrichtlich auch der untergeordneten Stelle übermittelt und damit den dortigen Genossen unmissverständlich signalisiert, dass man auf zentraler Ebene eine effektive Bearbeitung und Problemlösung erwartete.[85] Auf diese Weise durfte sich bestätigt fühlen, wer Eingaben primär unmittelbar an Minister, ZK-Mitglieder oder gar an Honecker selbst richtete: Nicht selten wurden erst dadurch vor Ort die Aktivitäten in Gang gesetzt, die sich der Verfasser der Eingabe erhoffte.

Die Menschen schrieben jedoch nicht nur deshalb nach Berlin, weil sie dort die nahezu vollständige politische Entscheidungsmacht vermuteten. Auch die gegenteilige Annahme, dass die SED-Führung nichtsahnend und fehlinformiert sei und über die tatsächliche Lage im Land aufgeklärt werden müsse, motivierte den einen oder anderen zum Schreiben. Zudem spielte gerade bei Eingaben an Honecker die Hoffnung oder Vorstellung eine Rolle, der Vorsitzende des Staatsrats und Generalsekretär der SED wäre einsichtsvoller und gnädiger als der hinter bzw. unter ihm stehende Politapparat. »Erich«, wie die Bevölkerung ihn nannte, stand damit ein Stück weit in der Tradition jener Führer und Staatsmänner, die vermeintlich alles zum Besten wenden würden, wenn sie nur um die wahren Nöte des Volkes und den Bürokratismus ihrer Untergebenen wüssten.[86] Ähnliche Erwartungen richteten sich auf den Gesundheitsminister der Ära Honecker,

85 Vgl. beispielhaft Schönfelder (stellvertretender Gesundheitsminister) an Winkler (Bezirksarzt Karl-Marx-Stadt), 7.7.1989, BArch, DQ 1/14224: Beiliegend übergebe ich Ihnen die Eingabe von [...] sowie eine Kopie meines Antwortschreibens mit der Bitte um Klärung der Angelegenheit und abschließenden Bescheid an die Bürgerin. Über die durchgeführten Maßnahmen erbitte ich eine kurze Information.«

86 Vgl. hierzu Niethammer: Ego-Histoire?, S. 18. Auf der anderen Seite zeigen zahlreiche an Honecker gerichtete Schmähbriefe, dass viele Bürger sehr wohl wussten, dass der Staats- und Parteichef genauso gut über die Lage in der DDR informiert war wie die übrige SED-Führung. Meist handelte es sich dabei um anonyme Briefe: »Wir schreiben heute diesen Brief an Sie, damit Sie wissen, wie Frauen der Jahrgänge 1919 – circa 1925 über Sie und den gesamten Staatsrat denken. Wir wissen, dass die Verantwortlichen dieser Regierung für die genannten Jahrgänge nichts übrig haben«. Anonymer, von der Staatssicherheit abgefangener Brief an Honecker, Mai

Ludwig Mecklinger. Er stand weiter unten in der politischen Hierarchie, erst 1986 wurde er Mitglied des ZK der SED, doch auch ihn umwehte die Fama, dass er schriftliche Bitten nicht nur persönlich, sondern auch generös beantwortete. Mecklinger tat dies in manchen Fällen tatsächlich, wobei er den Eindruck seiner Allzuständigkeit dadurch verstärkte, dass er neben administrativen gern auch medizinische Ratschläge übermittelte oder sich um die gezielte Belieferung bestimmter Patienten mit rationierten Nomenklatur-C-Arzneimitteln kümmerte.[87] Auf diese Weise konnte er sich der Bevölkerung nicht nur als Parteifunktionär und Minister, sondern auch als Arztpersönlichkeit präsentieren. Intensiv widmete sich Mecklinger der Beantwortung von Briefen prominenter oder ihm persönlich bekannter Genossen oder Ärzte, die ihm ihre gesundheitlichen oder familiären Anliegen übermittelten. Viele dieser Briefe begannen mit »Lieber Ludwig« und waren nicht an das Ministerium in der Berliner Rathausstraße, sondern an Mecklingers Privatadresse in Berlin-Niederschönhausen gerichtet.[88]

Schrieben Bürger ohne Parteibuch eher an staatliche und damit vermeintlich unpolitischere Stellen wie etwa das Ministerium für Gesundheitswesen, während SED-Mitglieder sich bevorzugt an die Genossen im ZK und in der Abteilung Gesundheitspolitik wandten? Die Quellen geben darüber keine zuverlässige Auskunft. Zu unsystematisch war die zeitgenössische Erfassung der Eingaben, und zu diskontinuierlich ist deren Überlieferung in den Archiven. Es finden sich einerseits genügend Eingaben, in denen sich SED-Parteigänger an das Ministerium wandten (das ja seit 1971 von einem SED-Genossen geführt wurde), wie es andererseits auch viele Briefe gibt, in denen sich parteilose Bürger an das ZK wandten und dabei selbst die Anrede »Genossen« nicht scheuten. Wie oben erwähnt, war den meisten Bürgern zwar bewusst, dass beispielsweise die Volkskammer trotz ihres Namens keine echte Volksvertretung war und wenig politische Macht besaß. Weniger bekannt hingegen war, dass es infolge des absoluten Führungsanspruchs der Partei noch nicht einmal das Gesundheitsministerium, sondern allein die relativ kleine ZK-Abteilung für Gesundheitspolitik war, die im Gesundheitswesen die großen politischen Linien festlegte. Minister Mecklinger war nicht nur Honecker und dem Politbüro unterstellt, sondern auch dem formal zuständigen ZK-Mitglied Kurt Hager sowie dem Leiter

1980, abgedruckt in Siegfried Suckut (Hrsg.): Volkes Stimmen. »Ehrlich, aber deutlich« – Privatbriefe an die DDR-Regierung, München 2016, S. 276 f.

87 »Ich bitte, die Patientin [...] über die Zentralapotheke Rostock-Reutershagen mit der für sie ärztlich indizierten Menge Pankreon-forte zu versorgen.« Hausmitteilung Mecklinger, 19.9.1983, BArch, DQ 1/15597.

88 Vgl. die Korrespondenzen in BArch, DQ 1/15597, 15598 und 10750.

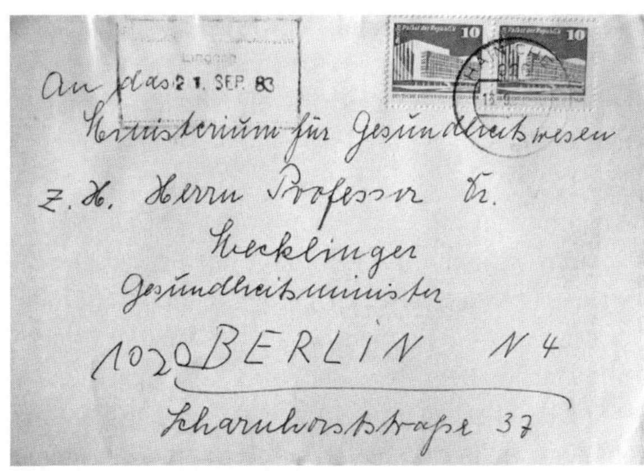

Abb. 16: Briefumschlag adressiert an Gesundheitsminister Mecklinger

der ZK-Abteilung für Gesundheitspolitik (bis 1981 der Jurist Werner Hering, danach der Psychiater und Neurologe Karl Seidel). Zwar bearbeitete die Abteilung für Gesundheitspolitik ebenfalls zahlreiche Eingaben, der seit 1971 amtierende Minister Mecklinger war jedoch in der nichtmedizinischen Öffentlichkeit viel präsenter als die Kader der ZK-Abteilung, sodass der größte Teil der Eingaben im MfG auflief. Zudem wurden alle Eingaben, deren Beantwortung ein tiefergehendes Fachwissen erforderte, dorthin weitergeleitet, da nur das Ministerium mit seinen verschiedenen Hauptabteilungen über die entsprechende Expertise verfügte.

7. Anonyme Schreiben

Das »Gesetz über die Bearbeitung der Eingaben der Bürger« von 1975 hielt bereits in seinem ersten Paragrafen fest, dass den Bürgern aus der Wahrnehmung des Eingaberechts kein Nachteil entstehen dürfe. Doch wie weit reichte diese pauschale Zusicherung in der Praxis? Wer dem eher vagen Passus im Eingabengesetz misstraute oder in seiner Kritik über das für den SED-Staat akzeptable Maß hinauszugehen beabsichtigte, etwa indem er das sozialistische System als solches angriff, verzichtete besser darauf, sein Schreiben mit Unterschrift und Absender zu versehen.

> »Gerne würde ich sagen, wer Ihnen diese Zeilen schreibt, aber den anderen Tag würde ich abgeholt auf Nimmerwiedersehen. Aber ich habe noch Familie und werde gebraucht. Trotzdem musste ich meinem Herzen einmal Luft machen, denn ich habe

> es satt, und noch einmal satt hier zu leben. Aber einmal wird es ja hoffentlich anders werden, ich glaube nicht, dass sich dieser Staat auf die Dauer halten kann, die Menschen sind zu erbost; kann man hingehen, wo man möchte, überall wird geschimpft, selbst die Genossen wettern und keifen.«[89]

Anonyme Briefe dieser Art zeigen recht eindrücklich, wo aus Sicht der Bevölkerung die Grenzen des Sagbaren verliefen. So verbreitet das Schreiben von Eingaben auch gewesen sein mochte, die Verfasser bewegten sich auf einem schmalen Grat. Niemand konnte exakt bestimmen, wo die Grenze der erlaubten Kritik erreicht war und mit welchen Begriffen oder Formulierungen man sie überschritt und ins Visier der Staatssicherheit geriet. Manche Eingabenschreiber thematisierten diese Unwägbarkeit, vielleicht auch in der Annahme, die Gefahr damit zu bannen. So leitete eine Patientin ihre nicht anonyme Beschwerde über das ungebührliche Betragen eines Arztes mit der Bemerkung ein, dass Mitpatienten ihr zu einer Eingabe geraten, eine Mitzeichnung aber abgelehnt hätten. »Niemand wagte es aber aus Furcht vor späteren Schwierigkeiten sich an diesem Bericht zu beteiligen.« Wie um sich selbst Mut zu machen, fügte die Patientin hinzu: »Ich habe keine Angst dass ich eins drauf bekomme, denn ich habe nichts verbrochen.«[90] Ging es nicht um Kritik, sondern um die Bewältigung einer krankheitsbedingten Notsituation, waren die Folgen eher kalkulierbar. Kranke Menschen oder ihre Angehörigen durften auf das Verständnis der jeweiligen Eingabenbearbeiter hoffen, von denen manche zudem beruflich einen medizinischen Hintergrund besaßen. Repressionen waren in solchen Fällen kaum zu befürchten. Im Gegenteil: Berichte über eine mangelhafte gesundheitliche Versorgung riefen in aller Regel den fürsorgenden Staat auf den Plan, der sich auf diesem Feld beweisen konnte und wollte. Überdies ließen sich hier Defizite schneller und leichter beheben als etwa im Wohnungs- oder Bauwesen. Gesundheitsthemen galten dem Regime generell als relativ unverdächtig, man vermutete auf diesem Feld nur selten grundsätzliche Kritik am Sozialismus. Entsprechend konnten Eingabenschreiber durchaus mit Empathie und Hilfsbereitschaft rechnen, wie auch der Tonfall zahlreicher Antwortbriefe beweist. Dennoch trug die Unsicherheit über die Folgen einer Eingabe ebenso zur Willkür des Eingabensystems bei wie die Abhängigkeit vom individuellen Wohlwollen der Empfänger oder das

89 Anonymer, von der Staatssicherheit abgefangener Brief aus Plauen an Honecker, 12.9.1977, abgedruckt in Suckut: Volkes Stimmen, S. 222–224, Zitat S. 224.
90 Almut C. an ZK der SED, 13.3.1985, SAPMO-BArch, DY 30/vorl. SED 34847.

Fehlen von Rechtsansprüchen. Wer Generalkritik üben oder seine Beschwerde mit Polemik unterlegen wollte, blieb sicherheitshalber in der Anonymität.

Tausende anonyme Beschwerdebriefe wurden jedes Jahr in der DDR verfasst und an diverse Adressaten verschickt. Die Bürger artikulierten darin ihre Unzufriedenheit und wachsende Wut über die sozialen und wirtschaftlichen Verhältnisse, die in ihren Augen nach 40 Jahren Sozialismus nicht besser, sondern immer schlechter wurden. Die Menschen schrieben an Funktionäre im eigenen Land und zum Teil auch an westdeutsche Medien oder Politiker. Eine Besonderheit stellte die 1949 gestartete Rundfunksendung »Briefe ohne Unterschrift« der Londoner BBC dar, in der jeweils freitagabends über 25 Jahre hinweg anonyme Zuschriften von DDR-Bürgern verlesen wurden – was viele Hörer in Ost und West vor die Radioapparate lockte.[91]

Die meisten Schreiben waren jedoch an die politisch Verantwortlichen in der DDR gerichtet. Aus Sicht der Genossen in den Zeitungsredaktionen und Poststellen staatlicher Einrichtungen war für solche Schreiben im Zweifel die Staatssicherheit zuständig. Deren Kontrolleure prüften täglich bis zu 100 000 Postsendungen, darunter alle, die an höhere Kader der Partei gerichtet waren. Anonyme Briefe »feindlich-negativen« Inhalts wurden der weiteren geheimpolizeilichen Bearbeitung zugeführt. Ziel war es, die Absender von »Hetzschriften« ausfindig zu machen, wobei technisch ausgeklügelte Methoden zur Anwendung kamen.[92] Auf diese Weise erreichte die Mehrzahl der anonym versandten Briefe nie den vorgesehenen Empfänger, sondern verschwand in den Ablagen der Staatssicherheit. Entsprechend selten tauchen Briefe ohne Absender in der Überlieferung von Ministerien oder Parteiorganen auf.

Als Eingaben im eigentlichen Sinne ließen sich anonyme Briefe schon deshalb nicht behandeln, weil keine Rücksprache mit dem Verfasser möglich war und die aufgeworfenen Fragen somit nicht beantwortet werden konnten. Um einen Brief als Eingabe zu klassifizieren, so hieß es in den offiziellen Richtlinien für deren Bearbeiter, »müssen aber mindestens der Inhalt des Problems, die Absicht

91 Vgl. Susanne Schädlich: Briefe ohne Unterschrift. Wie eine BBC-Sendung die DDR herausforderte, München 2017. In Dankesbriefen an den britischen Sender berichteten manche Menschen, dass ihnen das Hören des deutschsprachigen Dienstes der BBC bereits seit den Jahren des Nationalsozialismus zur Gewohnheit geworden sei: »Ich kann mir mein Leben ohne die Sendungen der BBC nicht vorstellen (seit 1938 Hörerin). Man kann Richtiges nicht oft genug hören.« Ebd., S. 207. Einige Monate nach der Aufnahme diplomatischer Beziehungen zwischen der DDR und Großbritannien wurde »Briefe ohne Unterschrift« im Juli 1974 ohne Angabe von Gründen aus dem Programm genommen.

92 Vgl. Suckut: Volkes Stimmen, S. 15–17.

des Bürgers bzw. Kollektivs sowie der Absender der Eingabe erkennbar sein«.[93] Die Aktenüberlieferung zeigt gleichwohl, dass auch in anonymen Hinweisen Probleme benannt wurden, deren Behebung objektiv möglich und nötig war, ganz unabhängig von einer Kontaktaufnahme mit dem Absender. Das Sekretariat des ZK der SED stellte 1985 ausdrücklich fest, dass es sich als richtig erwiesen habe, »anonyme Eingaben ernst zu nehmen und zu bearbeiten«. Häufig träfen die Hinweise zu, »auch wenn darin manchmal Zuspitzungen enthalten sind«.[94] Waren die Schreiben im Tonfall sachlich gehalten und frei von grundsätzlicher Systemkritik, kam es durchaus vor, dass sie die Postkontrolle der Staatssicherheit passieren und auf dem Schreibtisch der Adressaten landen konnten. So findet sich beispielsweise in den Archivalien der ZK-Abteilung für Gesundheitspolitik folgender Brief, den »Patienten der Sprechstunde« einer Poliklinik in Wriezen im Bezirk Frankfurt (Oder) verfasst hatten:

> »Wir bemühen uns höchste Leistungen zu erbringen. Das ist richtig so. Das aber ist in betrunkenem Zustand nicht möglich. Trifft das für die Poliklinik in [...] nicht zu? Am 29.12.1983 kam der Arzt Medizinalrat Dr. [...] verspätet und stark betrunken!! zur Sprechstunde der Chirurgischen Abteilung, die um 14 Uhr anfängt. Einige waren verärgert schon wieder gegangen. Ist so was nicht gefährlich und unmoralisch? Darüber wird bei uns jetzt noch diskutiert weil wir Sorge haben. Denn wer garantiert für eine eventuelle Operation bei einem Arzt, der betrunken ist?«[95]

Angesichts des geschilderten Sachverhalts hätten die Verfasser selbst wohl kaum mit Konsequenzen seitens der Partei rechnen müssen, umso mehr dagegen der erwähnte Arzt.[96] Dennoch gab es vermutlich aus Sicht der Patienten gute Gründe,

93 Klemm/Naumann: Zur Arbeit mit den Eingaben, S. 39.

94 Protokoll Nr. 47 der Sitzung des Sekretariats des ZK am 17.4.1985, hier zitiert nach Staadt: Eingaben, S. 32.

95 Anonymus an ZK der SED, Abt. Gesundheitspolitik, 20.1.1984, SAPMO-BArch, DY 30/vorl. SED 33613-1.

96 Die Abteilung Gesundheitspolitik leitete die anonyme Beschwerde an den Ersten Sekretär der zuständigen SED-Kreisleitung in Bad Freienwalde weiter. Der eher lapidare Begleitkommentar (»zu Deiner Kenntnisnahme und weiteren Verwendung«) lässt darauf schließen, dass man an allzu scharfen Maßnahmen gegen den Arzt nicht interessiert war, vgl. Münter an Buchholz, 2.2.1984, SAPMO-BArch, DY 30/vorl. SED 33613-1. Ob und in welcher Weise die Kreisleitung gegen den Mediziner vorging, ist in den Akten nicht überliefert. Dass Beschwerden über betrunkene Ärzte im ländlichen Bereich nicht selten waren, hat Steven Thompson an Beispielen aus Wales gezeigt: Steven Thompson: Paying the piper and calling the tune? Complaints against doctors in workers' medical schemes in the south Wales coalfield, in: Jonathan Reinarz/Rebecca Wynter (Hrsg.): Complaints, controversies and grievances in medicine. Historical and social science perspectives, London 2015, S. 93–108. Mitunter tauchten Ärzte dort sogar be-

im Rahmen ihrer Beschwerde nicht namentlich hervorzutreten. Wer in einer Kleinstadt den ortsansässigen Arzt der Trunkenheit am Arbeitsplatz bezichtigte, riskierte auch erhebliche soziale Folgen für sich selbst, zumal wenn er es an höchster Stelle, dem ZK der SED in Berlin, tat. Ärzte waren knapp in der Provinz; gut möglich, dass allein deshalb nicht alle Mitbürger ein disziplinarisches Verfahren gegen den Mediziner oder gar die Beendigung seiner Tätigkeit gutgeheißen hätten. Fraglich auch, ob die Beschwerdeführer in der Poliklinik weiterhin willkommen gewesen wären. Insofern hätten sie mit der Nennung ihrer Namen unter Umständen auch die eigene medizinische Versorgung gefährdet.

Der Fall macht zum einen deutlich, dass es im Bereich des Gesundheitswesens neben der Sorge vor geheimpolizeilichen Sanktionen noch weitere Gründe gab, bestimmte Anliegen nur aus dem Schutz der Anonymität heraus der Partei- und Staatsgewalt zu Gehör zu bringen. Zum anderen zeigt er, dass auch anonyme Briefe dem Regime brauchbare Informationen liefern konnten und keineswegs per se ignoriert wurden.[97] Bestenfalls konnten die Einsender sogar darauf hoffen, dass der von ihnen anonym angeprangerte Missstand behoben wurde. Voraussetzung war allerdings, dass der Brief zuvor nicht von der Staatssicherheit aus dem Bearbeitungsgang herausgefiltert wurde, zum Beispiel wegen grundsätzlicher Kritik am politischen System der DDR.

trunken bei Anhörungen auf, in denen sie sich gegen ebendiesen Vorwurf hätten verteidigen sollen. Thompson sieht eine der Ursachen in den Arbeitsbedingungen, die auch im ländlich strukturierten Bezirk Frankfurt (Oder) gewiss anzutreffen waren: viel Arbeit, schlechte Bezahlung und soziale Isolation in proletarisch geprägten Gemeinden, vgl. ebd., S. 99.

97 So schrieb etwa Gesundheitsminister Mecklinger als Reaktion auf eine anonyme Beschwerde über bauliche und personelle Probleme im Bezirkskrankenhaus Dresden-Friedrichstadt an den Dresdener Bezirksarzt: »Sehr geehrter Genosse Jänke! Ich mache Sie mit einem anonymen Brief bekannt, der die Lage in der Klinik für Herz-Kreislauferkrankungen des Bezirkskrankenhauses Dresden-Friedrichstadt zum Inhalt hat. Bei aller gebotenen kritischen Zurückhaltung gegenüber solchen Informationen scheint es mir aber doch angebracht zu sein, auf geeignete Weise den in diesem Brief dargelegten Sachverhalt aufzugreifen, um gegebenenfalls daraus doch bestimmte Erkenntnisse und Schlussfolgerungen in Übereinstimmung mit den zuständigen Organen abzuleiten. Lassen Sie mich gelegentlich wissen, wie aus Ihrer Sicht die tatsächliche Situation in dieser Klinik eingeschätzt werden muss.« Mecklinger an Jänke, 15.11.1985, BArch, DQ 1/11644. Indem Mecklinger um eine Einschätzung der »tatsächlichen« Situation bittet, macht er zwar einerseits deutlich, dass er den Inhalt des Beschwerdebriefs nicht ohne Weiteres gelten lassen will. Andererseits fordert er den zuständigen Bezirksarzt aber doch unmissverständlich zu einer Rückäußerung auf.

8. »Mit sozialistischem Gruß« – Zur formalen Gestaltung der Eingaben

»Der Brief, den ich schreibe, und absende, kommt statt meiner, er ist ein Stück von mir, er repräsentiert mich.«[98] Inwieweit der 1956 in Westdeutschland erschienene »Ratgeber für den Schriftverkehr mit Menschen, Firmen und Behörden«, aus dem dieser Satz stammt, Verbreitung in der DDR gefunden hatte, ist zwar ungewiss. Dennoch dürften viele DDR-Bürger die darin zum Ausdruck kommende Maxime auch ohne Kenntnis des Ratgebers beim Verfassen einer Eingabe beherzigt haben. In vordigitaler Zeit besaß die Kunst des Briefeschreibens generell einen höheren gesellschaftlichen Stellenwert als heute.[99] Dass Form und Inhalt eines Briefes gleichermaßen von Bedeutung sind, insbesondere wenn man mit ihm etwas Bestimmtes erreichen möchte, wird den meisten Eingabeschreibern durch entsprechende Übung in Schule, Alltag oder Beruf bewusst gewesen sein. Wie sah nun die formale und sprachliche Gestaltung der Eingaben aus?

Wer in der archivalischen Hinterlassenschaft des MfG und der ZK-Abteilung für Gesundheitspolitik recherchiert, stößt auf Eingaben, die ungeachtet der Diversität ihrer Absender ein relativ einheitliches, geradezu formvollendetes Erscheinungsbild aufweisen. Meist nutzten die Schreiber DIN-A4-Briefbögen aus hellem Papier von gewöhnlicher Qualität. Mit Namen und Adresse vorbedrucktes Briefpapier stellte eher die Ausnahme dar. Linierte Bögen wurden nur selten benutzt. In den untersuchten Akten fanden sich etwa zur Hälfte handschriftlich verfasste Eingaben, fast ausnahmslos in lateinischer Schreibschrift. Die Sütterlin-Schrift wurde selbst von älteren Menschen kaum noch angewandt. In der anderen Hälfte der Fälle wurde zum Abfassen der Eingaben eine Schreibmaschine benutzt. Ob es immer die eigene war, lässt sich nicht mehr ermitteln; denkbar erscheint, dass Schreibmaschinen von mehreren Personen bzw. Familien genutzt wurden, etwa von Bekannten oder Nachbarn. Die Länge der Briefe beschränkte sich meist auf maximal drei Seiten; häufig waren es weniger, nur selten mehr Seiten. Dabei setzten die Verfasser so gut wie immer auf eine optimale Nutzung des vorhandenen Platzes. Auf dem ersten Blatt fand sich links oben der Absen-

98 Curt Elwenspoek: Briefe schreiben? – Kinderleicht! Kleiner Ratgeber für den Schriftverkehr mit Menschen, Firmen und Behörden, Stuttgart 1956, S. 15. Siehe auch Fenske: Demokratie erschreiben, S. 71f.

99 Siehe klassisch den Duden-Band Briefe gut und richtig schreiben! Ratgeber für richtiges und modernes Schreiben, 2., überarbeitete und erweiterte Auflage, Mannheim 1997, in dem unterschiedlichste Arten von Briefen erwähnt werden, jedoch interessanterweise weder Eingaben noch Petitionen.

der, rechts das Datum, in der Regel ohne erneute Ortsangabe. Links oberhalb der Mitte folgte der Empfänger. Unterhalb des Empfängers begann der eigentliche Brieftext mit der Anrede. Nur selten wurde eine Betreffzeile eingeschoben.

Bei der Anrede überwog das in der DDR im Verkehr mit Behörden übliche und in der Schule gelehrte »Werte(r) ...!« Gängige Anreden waren zum Beispiel:

- Werte Genossen
- Werter Herr Minister
- Werter Herr Staatsratsvorsitzender
- Werter Genosse Honecker
- Sehr geehrter Genosse Erich Honecker
- Liebe Genossen
- Verehrter Herr Professor Mecklinger.

Aus der Anrede »Genosse(n)« lässt sich nicht ohne Weiteres schließen, dass auch der Absender ein Mitglied der SED war. Einzig der Gebrauch des »Du« ist dafür ein starker Hinweis, da dies unter Genossen üblich war. War der genaue Adressat unbekannt, griffen die Absender zu Formeln wie »Werter Bearbeiter dieser Sache!« und ähnlichen Umschreibungen.[100] Eine typische Anrede mit Hinführung zum Anliegen las sich so: »Sehr geehrter Minister! Der Grund meines Schreibens ist ein trauriger Anlass. Lassen Sie mich kurz berichten.« Nicht selten fehlte die Anrede auch ganz und der Brief begann recht unvermittelt mit der Bitte oder Problemschilderung: »Hiermit bitte ich, Anna F., um Untersuchung der nachfolgend geschilderten fahrlässigen Handlungsweisen der Ärzte des Kreiskrankenhauses [...], die zum Tode meines Mannes Gerhard F. (62 Jahre) am 03.07.1981 führten.«[101] Meist verrät der Tenor der Eingabe, ob dieser Bruch mit einer der wichtigsten Konventionen des Briefeschreibens Ausdruck von Unsicherheit über die korrekte Anrede war oder ob damit bewusst Respektlosigkeit demonstriert werden sollte.

Die Sprache der Eingabenschreiber ist meist klar, verständlich und zuweilen kräftig im Ausdruck. Sie hebt sich damit deutlich ab vom formalisierten und erstarrt wirkenden »Kaderwelsch«, das einem das Lesen der Akten von Staat und Partei so schwermacht – und das sich auch in manchen Repliken findet. Der Satzbau der Eingabenschreiber ist überwiegend einfach, die Rechtschreibung und Kommasetzung mitunter eigenwillig. Nur selten wird der umständliche Stil der

100 Eingabe vom 27.5.1989, BArch, DQ 1/12611.
101 Anna F. an ZK der SED, 7.7.1981, SAPMO-BArch, DY 30/vorl. SED 32013.

DDR-Behördensprache nachgeahmt. Dem Genre gemäß scheuen die Verfasser von Eingaben nicht vor pointierten Wertungen zurück:

> »Werte Genossen! Mit einem Problem wende ich mich an Sie, um Ihre Hilfe in Anspruch zu nehmen. Es handelt sich um eine der größten Schweinereien und Menschenunwürdigkeiten im Bereich Gesundheitswesen unseres sozialistischen Staates.«[102]

Nur wenigen Eingaben ist anzumerken, dass den Absendern das Schreiben schwerfiel. In welchem Ausmaß Menschen, denen das Verfassen von Briefen Schwierigkeiten bereitete, erst gar keine Eingaben schrieben oder andere Personen baten, für sie zu schreiben, lässt sich anhand des untersuchten Archivmaterials nicht näher bestimmen. Die Sekundärliteratur enthält zumindest vorsichtige Hinweise darauf, dass es vereinzelt »Schreibexperten« gab, die man um Hilfe bitten konnte, sofern sie im näheren Umfeld bekannt und verfügbar waren. Zudem wurde in den Eingabenanalysen immer wieder betont, wie wichtig es sei, im Rahmen von Bürgersprechstunden Eingaben auch mündlich entgegenzunehmen und zu bearbeiten.

Der Begriff »Eingabe« taucht als solcher in den Betreffzeilen der Briefe selten auf. Offenbar verstand es sich von selbst, dass ein mit Absender versehener Brief, in dem einem Parteiorgan oder einer staatlichen Behörde ein Anliegen vorgetragen wurde, vom Empfänger als Eingabe zu behandeln war. Entsprechend wurde auch nur in wenigen Fällen explizit um ein Antwortschreiben gebeten. Der Anspruch auf eine schriftliche Reaktion des Adressaten ergab sich nämlich automatisch, sobald ein Brief die Voraussetzungen einer Eingabe erfüllte. Sofern eine Bitte vorgetragen wurde, sprachen die meisten Schreiber schon vorsorglich ihren Dank aus. Denkbar wäre auch gewesen, den Dank erst nach Erfüllung der Bitte zu übermitteln; die wenigsten Bürger schrieben aber solche nachträglichen Dankesbriefe.[103] Die vor die Schlussformel platzierte Wendung »ich hoffe, keine Fehlbitte getan zu haben« nimmt den Adressaten moralisch in die Pflicht. Die mögliche

102 Maria G. an ZK der SED, 4.4.1986, SAPMO-BArch, DY 30/vorl. SED 36914-1.

103 Siehe aber Karla M. an ZK-Abteilung Gesundheitspolitik, 22.9.1981, SAPMO-BArch, DY 30/vorl. SED 32013: »Hocherfreut und zu tiefstem Dank verpflichtet, habe ich empfunden, dass uns die Partei der Arbeiterklasse nicht im Stich lässt. Ich kann Ihnen nicht mit Worten beschreiben was Sie uns mit dieser Hilfe bereiten und es wird mir und meinen Angehörigen immer die Zuversicht festigen, dass die Partei wenn sie gebraucht wird, auch für uns eintritt.« Ähnlich auch Bernd M. am 24.1.1985 an Münter, SAPMO-BArch, DY 30/vorl. SED 33613-1. Wie selten solche Briefe waren, zeigt die Eingabenstatistik des MfG für das Jahr 1987. Neben 5758 Eingaben wurden in jenem Jahr 41 Dankschreiben registriert, vgl. MfG, Hauptinspektion, Analyse der Arbeit mit den Eingaben der Bürger 1987, 15.3.1988, BArch, DQ 1/12611.

Enttäuschung wird darin rhetorisch vorweggenommen – und soll zugleich unwahrscheinlicher gemacht werden, indem man an das Gewissen des Adressaten appelliert.[104] Als Schlussformel wurde am häufigsten die Wendung »Mit sozialistischen Grüßen« benutzt, geläufig war auch das neutralere »Mit freundlichem Gruß« oder das förmliche »Hochachtungsvoll«. Fehlte eine abschließende Grußformel, was wie bei der Anrede durchaus vorkam, sollte dies meist die besondere Verärgerung des Absenders ausdrücken. Erbost und ohne Grußformel beendete eine vom Anti-D-Skandal der Jahre 1978/79 betroffene junge Mutter ihre Eingabe an den Gesundheitsminister mit drei unmissverständlichen Aufforderungen: »Ich möchte nun gern von Ihnen erfahren, wie es zu diesen Vergehen kommen konnte. Ich hoffe auch, dass diese Menschen zur Verantwortung gezogen werden! Damit möchte ich schließen und ich hoffe auf eine Antwort!«[105]

Obwohl weder im Gesetz noch an anderer Stelle gefordert, folgten die meisten der vorliegend untersuchten Eingaben in ihrem formalen Aufbau einem ähnlichen Muster. An eine kurze namentliche Vorstellung des Einsenders schloss sich die Formulierung des Anliegens an. Spätestens hier wurde deutlich, ob der Verfasser für sich selbst sprach oder die Sache einer anderen Person vertrat. Dass es sich bei dem jeweiligen Schreiben um eine Eingabe handelte, bedurfte in der Regel keiner gesonderten Erwähnung. Einleitende Sätze wie »Ich bitte Sie, dieses Schreiben im Sinne des Eingabengesetzes [...] zu werten« waren selten.[106] Damit der Empfänger das Schreiben als Eingabe identifizierte, genügte der halboffiziellen Konvention gemäß die Angabe eines Absenders und die Formulierung eines Anliegens. In der Komposition der Texte spiegelt sich, so der zusammenfassende Befund, die vormoderne, auf antike Vorbilder zurückgehende Rhetorik der klassischen Brieflehre wider. Auf die Begrüßung (salutatio) folgen die Wegbereitung des Anliegens (captatio benevolentiae), der Bericht des Problems (narratio), die eigentliche Bitte (petitio) sowie am Ende die Schlussformel (conclusio). Wie die Eingabenverfasser diese kompositorische Struktur inhaltlich ausfüllten, wird im Folgenden genauer untersucht.

104 Lorenz K. an ZK der SED, 1.8.1985, SAPMO-BArch, DY 30/vorl. SED 34850-1. Vgl. Fenske: Demokratie erschreiben, S. 96, wonach diese Floskel bereits im 18. Jahrhundert Verwendung fand.

105 Kerstin R. an Mecklinger, 12.2.1979, BArch, DQ 1/11706-3.

106 Eingabe vom 28.11.1989 an Minister für Gesundheitswesen, Klaus Thielmann, BArch, DQ 1/13273.

9. Argumentation und Stilmittel

Wer Eingaben verfasste, präsentierte in seinem Text nicht nur bloße Fakten, sondern bemühte sich in aller Regel, sein Anliegen möglichst überzeugend und nachvollziehbar darzustellen. Dazu gehörte auch, die eigene Person im besten Licht erscheinen zu lassen. Ein wichtiges und in fast jeder Eingabe vorzufindendes Element der Wegbereitung des eigentlichen Anliegens war daher die positive Selbstdarstellung des Eingabeautors. Hier ging es darum, den Adressaten zu motivieren, sich der vorgetragenen Sache anzunehmen und ihn zu überzeugen, dass der Antragsteller integer und in besonderer Weise anspruchsberechtigt sei. Sich selbst als Person mehr oder weniger ausführlich vorzustellen, hatte den Aufbau einer Beziehung zwischen Absender und Empfänger zum Ziel, die es Letzterem schwerer machen sollte, die Bitte des Ersteren abzuweisen. Ein Mittel, um eine solche Beziehung aufzubauen, war der Rekurs auf gemeinsam geteilte Normen und Werte. Die Eingabenschreiber erwähnten bewusst bestimmte Kollektivsymbole, also Zeichen und Begriffe, die Orientierungsfunktion besitzen und von Menschen des gleichen kulturellen Zusammenhangs verstanden und geteilt werden. Der Rückgriff auf solche kulturellen Codes ermöglichte es den Absendern, Unzufriedenheit zu artikulieren, ohne sich dem Verdacht der politischen Gegnerschaft auszusetzen und damit die Erfolgsaussichten der Eingabe zu gefährden.[107] Überdies vermied man es auf diese Weise, den Adressaten der Eingabe mit einer allzu expliziten Aufforderung derart unter Druck zu setzen, dass er durch die Erfüllung des Anliegens das Gefühl seiner Macht verloren hätte. Konkret bedeutete dies, dass der Verfasser der Eingabe sich selbst oder die von ihm vertretene Person als idealtypischen DDR-Bürger beschrieb, wie ihn die SED sich wünschte: vom Sozialismus überzeugt, staatstreu, arbeitsam und gesellschaftlich engagiert. Zum kulturellen Code gehörte außerdem, dass man sich nachsichtig mit den »noch« vorhandenen Unzulänglichkeiten des real existierenden Sozialismus zeigte und die Hoffnung auf eine helle kommunistische Zukunft (die ja offiziell als eine zwangsläufige historische Notwendigkeit galt) nicht preisgab.

Die Mehrzahl der Eingabenschreiber folgte dem Kalkül, wonach eine glaubhafte Selbstverortung in der sozialistischen Gesellschaft die Erfolgsaussichten

107 Zum Begriff des Kollektivsymbols siehe Jürgen Link: Diskursive Ereignisse, Diskurse, Interdiskurse: Sieben Thesen zur Operativität der Diskursanalyse, am Beispiel des Normalismus, in: Hannelore Bublitz/Andrea D. Bührmann/Christine Hanke/Andrea Seier (Hrsg.): Das Wuchern der Diskurse. Perspektiven der Diskursanalyse Foucaults, Frankfurt/New York 1999, S. 148–161, hier S. 154 f. Zum Begriff des kulturellen Codes siehe Shulamit Volkov: Antisemitismus als kultureller Code. Zehn Essays, 2. Auflage, München 2000.

des eigenen Anliegens steigern würde. Manche betrieben diese politische Selbstverortung durch das Aufzählen biografischer Aspekte oder Leistungen, die dem typischen sozialistischen Narrativ entsprachen. Indem sie sich als »kinderreiche Arbeiterfamilie« beschrieben, versuchten beispielsweise die Eltern eines herzkranken Kindes aus Greifswald, die lange Wartezeit auf eine Operation ihres Sohnes abzukürzen.[108] Die Eltern eines tuberkulosekranken NVA-Soldaten leiteten ihre Beschwerde über die mangelnde berufliche Wiedereingliederung ihres Sohnes mit einem kurzen Abriss ihrer eigenen Politbiografie ein:

> »Wir haben 3 Kinder groß und zu anständigen Mitgliedern unseres Staates erzogen. Wir sind seit 11 bzw. 23 Jahren Mitglieder der Arbeiterpartei, haben in Schichten gearbeitet und im Wohngebiet in der Nationalen Front bei Volks- und Kommunalwahlen immer im Wahlvorstand mitgearbeitet sowie als gewählte Mitglieder der Betriebsparteileitung und der Stadtbezirksleitung unsere Pflichten erfüllt.«[109]

Ein Rentner unterlegte seine Bitte um einen elektrischen Rollstuhl mit Hinweisen auf seinen politischen Veteranenstatus: »Seit 1945 bin ich Mitglied unserer stolzen Arbeiterpartei und war trotz meiner 80 % Beschädigung aktiv als Agitator und Gruppenorganisator tätig, als Verschiedene noch hinter der Gardine saßen«.[110] Einem Aktivisten der ersten Stunde, so das Kalkül, könne der sozialistische Staat im Alter nicht die notwendige Hilfe verweigern. Der angesichts seines hohen Alters hilfsbedürftige Theodor R. machte in seinem Schreiben an die SED-Zentrale die gleiche Rechnung auf:

> »Meine Ansicht ist: Man muss erst einmal den Menschen sehen, und was hat er zum Aufbau unseres Staates beigetragen. Man kann doch einen alten Genossen nicht nur als eine Nummer betrachten. Ich bin immer der Ansicht, für den Staat und die Partei ist keine Arbeit zu viel. Mir liegt es bestimmt nicht, mich wichtig zu tun, was ich alles gemacht habe. Aber für diesen meinen Fall habe ich eine Aufstellung geschrieben und beigelegt.«[111]

Als Stationen seiner sozialistischen Vita, die sein Anliegen befördern helfen sollte, führte R. nachfolgend unter anderem die »Teilnahme an der Novemberrevolution 1918 in Kiel auf einem Torpedoboot T 163«, seine Mitgliedschaft in

108 Eingabe des Ehepaars G. vom 27.1.1980, SAPMO-BArch, DY 30/vorl. SED 21918-1.
109 Eingabe des Ehepaars K. vom 26.10.1981, SAPMO-BArch, DY 30/vorl. SED 32013.
110 Lorenz K. an ZK der SED, 1.8.1985, SAPMO-BArch, DY 30/vorl. SED 34850-1.
111 Theodor R. an ZK der SED, 30.4.1985, SAPMO-BArch, DY 30/vorl. SED 34847.

der Metallergewerkschaft (»seit Mai 1919«) sowie seine seit 1946 währende SED-Mitgliedschaft an.[112]

Auch der 78-jährige Heinrich A., der in einer Eingabe darum bat, gemeinsam mit seiner Frau in einem Altenheim in der Nähe seiner Kinder untergebracht zu werden, verwies auf seine kommunistisch-antifaschistische Biografie, in die er auch seine Frau mit einbezog:

> »Mein Leben und auch das meiner Frau stand bisher ganz im Zeichen des Kampfes der Arbeiterklasse. Stets habe ich, und das bis ins hohe Alter, an den Errungenschaften unserer Partei teilgehabt und mitgeholfen, um das zu verwirklichen, von dem wir bereits in der Jugend geträumt haben. Seit 1925 bin ich Mitglied der Partei und wurde kürzlich für meine 60jährige Mitgliedschaft mit der Ehrenurkunde des ZK ausgezeichnet. Bereits vor und auch während des Krieges arbeitete ich in einer illegalen Parteigruppe […] und hatte insbesondere die Aufgabe, Flugblätter und Druckschriften unter die Bevölkerung zu bringen.«[113]

Die Menschen stellten nicht nur ihre früheren beruflichen oder politischen Verdienste heraus, um damit die Erfolgsaussichten einer Eingabe zu erhöhen. Viele bezogen auch ihre gegenwärtige Funktion innerhalb der sozialistischen Gesellschaft in die Argumentation mit ein. Dies geschah beispielsweise durch den Verweis auf einen verantwortungsvollen Beruf oder eine ehrenamtliche Aktivität im sozialen wie kulturellen Bereich. Wer der SED angehörte, konnte sich als Parteimitglied zu erkennen geben, um seine politische Loyalität und sein Engagement für den Sozialismus unter Beweis zu stellen. Der Verweis auf die Mitgliedschaft in der Staatspartei sollte die Integrität der eigenen Person verbürgen und beim Gegenüber den Reflex des Vertrauten (»einer von uns«) auslösen. Deutlich wird dies zum Beispiel an der folgenden Eingabe, in der ein Patient seine Parteimitgliedschaft als Garant für seine Glaubwürdigkeit benutzt:

> »Werter Genosse Honecker! Aus gegebenem Anlass wende ich mich an Dich mit der Bitte um Hilfe und Unterstützung in einer dringenden persönlichen Angelegenheit. Seit dem 1. Oktober 1984 leide ich ununterbrochen unter starkem Kopfschmerz. Eine fünfwöchige Untersuchung in der Bezirksnervenklinik Schwerin erbrachte keinen

112 Ebd. Ähnliche Lebensrückblicke älterer Menschen finden sich auch in Eingaben zu Rentenfragen, vgl. Streubel, Wir sind die geschädigte Generation. Siehe auch Hans-Joachim von Kondratowitz: Zumindest organisatorisch erfasst … Die Älteren in der DDR zwischen Veteranenpathos und Geborgenheitsbeschwörung, in: Gert-Joachim Glaeßner (Hrsg.): Die DDR in der Ära Honecker. Politik – Kultur – Gesellschaft, Opladen 1988, S. 514–528.

113 Heinrich und Alwine A. an ZK der SED, 29.7.1985, SAPMO-BArch, DY 30/vorl. SED 34847.

beweiskräftigen Befund für meine Kopfschmerzen. Seit der in der Klinik durchgeführten Luftpunktion leide ich zusätzlich fast ständig unter starkem Pfeifgeräusch in beiden Ohren. [...] Ganz offensichtlich werde ich als Simulant angesehen. [...] Ich bitte Dich, mich bei der unverzüglichen Einweisung in ein wissenschaftliches Zentrum zur Aufklärung und Behandlung meiner Krankheit zu unterstützen.

Mit sozialistischem Gruß

Joachim Z.
Mitgliedsbuch Nr. [...], Mitglied seit: August 1958.

PS: Die Dringlichkeit und Wahrhaftigkeit dieser Eingabe bestätigt meine Ehefrau Elisabeth Z., Mitgliedsbuch Nr. [...], Mitglied seit Juni 1958.«[114]

Eingabenschreiber stellten nicht nur ihre beruflichen oder politischen Verdienste heraus, um die Erfolgsaussichten ihrer Eingabe zu erhöhen. Vielfach wiesen sie auch darauf hin, dass sie eine bestimmte soziale Rollenerwartung besonders gut, d.h. im Sinne des sozialistischen Gesellschaftsbildes erfüllten. Die 1978/79 durch eine kontaminierte Anti-D-Prophylaxe mit Hepatitis infizierten jungen Mütter pochten darauf, dass sie Kinder geboren und eine Familie zu versorgen hätten; dass sie außerdem nebenher arbeiteten – und demzufolge zu einer Bevölkerungsgruppe gehörten, die der SED doch besonders wichtig sei. Schließlich stellten sie nicht nur ihre eigene Arbeitskraft zur Verfügung, sondern lieferten Staat und Wirtschaft auch noch den dringend benötigten Nachwuchs. Als umso verstörender empfänden sie es, so der Tenor Hunderter Eingaben betroffener Frauen, buchstäblich am eigenen Leib erleben zu müssen, dass der Staat ihnen gegenüber seiner Schutz- und Fürsorgepflicht nicht nachgekommen sei.[115] Letztlich ging es hierbei, wie in vielen anderen Eingaben auch, um das, was einem nach eigenem Empfinden als DDR-Bürger zustand, was sich legitimerweise einfordern ließ – umso mehr, wenn es, wie im vorliegenden Fall, um die Kompensation eines staatlicherseits verursachten Gesundheitsschadens ging. In Anlehnung an Baggini ließe sich hier von einer politisch induzierten Anspruchskultur (»entitlement culture«) sprechen.[116]

Auch Männer verwiesen im Zusammenhang mit dem Anti-D-Skandal in Eingaben auf ihre Funktion für Staat und Familie und machten zugleich deutlich, was sie *nicht* als ihre Aufgabe ansahen. Die Väter waren körperlich von den

114 Joachim Z. an Honecker, 5.4.1985, SAPMO-BArch, DY 30/34847.
115 So der Tenor in den zahlreichen Schreiben in BArch, DQ 1/11706.
116 Baggini: Complaint, S. 117.

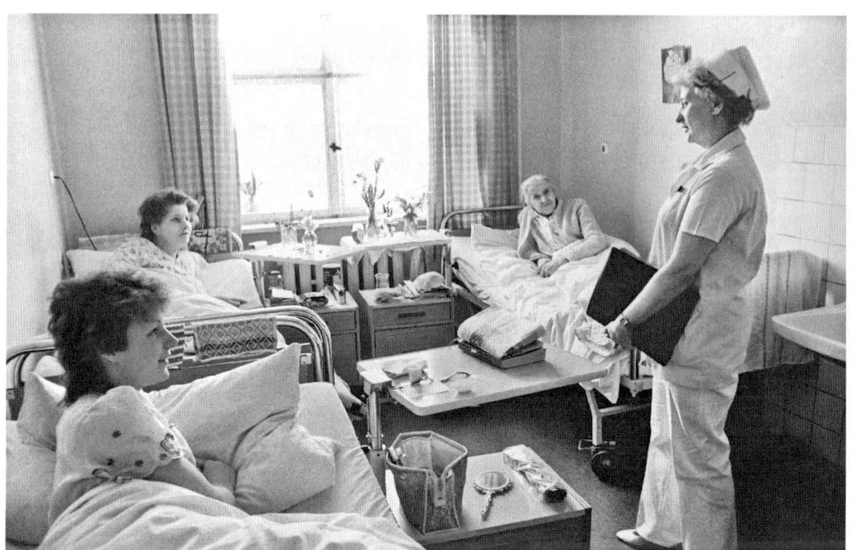

Abb. 17: Patientinnen und Oberschwester im Städtischen Krankenhaus Berlin-Prenzlauer Berg, 1984

kontaminierten Anti-D-Chargen nicht betroffen, hatten aber aufgrund der lang andauernden Krankenhausaufenthalte ihrer Ehefrauen oder Partnerinnen Urlaub nehmen und ihre Rolle in der Arbeitsgesellschaft verlassen müssen. Viele sorgten sich nicht allein um die Gesundheit ihrer Frauen, sondern klagten, dass sie nun einen Säugling, eventuell weitere Kinder und den Haushalt zu versorgen hatten, obwohl sie doch in ihrem Betrieb unabkömmlich seien. »Ich selbst leite ein 100 Pers. zählendes Kollektiv an und sie [die Angehörigen des Kollektivs, F.B.] mussten, da ich ja Vater, Waschfrau, Reinigungskraft, Koch, Baumaschinist u.v.a. mehr bin, auf einiges verzichten.«[117] Man beachte, dass aus Sicht des Vaters nicht primär seine Familie »auf einiges verzichten« musste, sondern seine Kollegen im Betrieb. Andere berichteten dem Gesundheitsminister erbost oder verzweifelt, manche fast vertraulich »von Mann zu Mann«, wie sie insbesondere die häusliche Kinderbetreuung überforderte:

> »Da ich mich nicht in der Lage fühle, zwei Kinder dieser Altersgruppe ganztägig und zusätzlich zum sonstigen Haushalt zu versorgen, war meine Bitte, die Bereitstellung

117 Klaus E. an Staatsrat, 17.11.1978, BArch, DQ 1/11706-2.

eines Krippenplatzes in einer Ausweichkrippe. Ich bitte Sie in unser aller Interesse um eine kurzfristige und erfolgreiche Klärung«.[118]

Ein weiteres Gestaltungsmittel, um die Erfolgsaussichten der Eingabe zu erhöhen, bestand darin, die sozial- und gesundheitspolitischen Ankündigungen der SED mit der Alltagsrealität zu vergleichen. Der Abgleich von propagandistischem Anspruch und gesellschaftlicher Wirklichkeit war ein probates Mittel, das eigene Anliegen als legitim – und nicht etwa als extraordinär – erscheinen zu lassen. An ein ausgewähltes Zitat aus der politischen Reklame ließen sich dann leicht rhetorische Fragen anknüpfen:

»Sollen die Beschlüsse des IX. und X. Parteitages, in deren Direktive Artikel IV es heißt: ›Ein besonderer Wesenszug der sozialistischen Gesellschaft ist die Sorge um die Gesundheit der Menschen und ihre soziale Geborgenheit‹, nur ein leeres Blatt Papier sein? Dieses können wir uns nicht vorstellen.«[119]

Auch hier wies die Petentin eher indirekt und diskret auf einen Missstand hin und macht es dem Adressaten dadurch einfacher, die Existenz des Problems ohne Gesichtsverlust zuzugeben. Die Diskrepanz zwischen politoffiziellen Verlautbarungen und der Wirklichkeit erlebte auch der durch seine Krankheit weitgehend immobile Rentner Lorenz K. Obwohl das *Neue Deutschland* als Sprachrohr der Partei täglich etwas anderes verhieß, vor allem auch Solidarität mit den Alten und Kranken, fühlte sich K. im Alter von seinem ehemaligen Betrieb bzw. seinen Arbeitskollegen alleingelassen:

»Werte Genossen! Heute komme ich mit einer Bitte zu Euch und hoffe sehr, dass Ihr mir behilflich sein könnt? Seit 1984 bin ich leider erkrankt und musste das Bett hüten. Nun hoffte ich, dass ich von meinem ehemaligen Betrieb VEB Maschinenfabrik u. Eisengießerei Dessau, in dem ich 25 Jahre tätig war, einen Besuch bekommen würde, aber leider warte ich noch heute vergeblich. Als 35-jähriger Leser des ND bin ich doch sehr enttäuscht, denn täglich lese ich von der guten Betreuung der Alten und Kranken.«[120]

Lorenz K. beschreibt hier einen für ihn schwer erträglichen Zustand, der im betreffenden Kontext nur als Aufforderung zu verstehen ist. Durch diesen indirek-

118 Johannes T. an Mecklinger, 10.2.1979, BArch, DQ 1/11706-3.

119 Karin S. an ZK der SED, 31.5.1981, SAPMO-BArch, DY 30/vorl. SED 32013, nachdem eine bei ihrem Ehemann geplante Operation wegen akuter Baufälligkeit des Krankenhauses kurzfristig abgesagt worden war.

120 Lorenz K. an ZK der SED, 1.8.1985, SAPMO-BArch, DY 30/vorl. SED 34850-1.

ten Sprechakt vermeidet er eine allzu deutliche Bitte und eröffnet dem Adressaten seines Schreibens überdies die Möglichkeit, ein gutes Werk zu tun.[121] Andere platzierten die in ihren Augen hohlen Phrasen der Partei einfach kommentarlos ans Ende ihrer Briefe – der Kontrast mit dem zuvor geschilderten Missstand offenbarte sich aus Sicht des Absenders in der Regel von selbst.

Nachdem sie bis dato niemanden von ihrem Verdacht, falsch behandelt worden zu sein, hatte überzeugen können, schrieb die rheumakranke Sybille B. aus Gotha schließlich an die Abteilung Gesundheitspolitik des ZK der SED: »Ich hoffe nicht, das auch sie sich des Problems nicht annehmen, woher soll man sein Vertrauen zur Partei nehmen, wenn man solche Erfahrungen macht. Der Mensch im Mittelpunkt der Gesellschaft – ein Satz den jedes Kind bereits in der Schule lernt. Hochachtungsvoll.«[122] Diese Passagen zeigen, wie die Patientin zwei zentrale und für den DDR-Sozialismus typische Maximen aufgreift und zur Beförderung des eigenen Anliegens einsetzt. Dass der Mensch im Mittelpunkt stünde, war tatsächlich ein Leitsatz (nicht nur) des DDR-Gesundheitswesens. Ihn brauchte die Patientin lediglich zu zitieren, um den gewünschten Effekt zu erreichen, nämlich die Legitimität ihres Anliegens zu verstärken. Mit dem Verweis auf die Schulkinder unterstrich sie zugleich die Verbreitung und Bedeutung dieser Losung. Die zweite Maxime – das »Vertrauen zur Partei« – stellte die Patientin hingegen, rhetorisch nicht weniger effektvoll, infrage. Hierauf musste der Adressat reagieren. Vertrauen war ein politischer Schlüsselbegriff im Staatssozialismus. Die von der SED-Führung kultivierte Rede vom Vertrauen war wichtig, um den Sozialismus menschlich erscheinen zu lassen, den Bürgern die vielbeschworene Geborgenheit zu vermitteln und die Distanz zwischen Herrschern und Beherrschten zu verringern. Sowohl Absender als auch Empfänger von Eingaben nutzten den Begriff häufig und gezielt, um ihre je eigene Botschaft zu übermitteln. Wer sich mit seinen Sorgen »vertrauensvoll« an die Partei wandte, akzeptierte deren führende und allzuständige Rolle im Staat.[123] Zugleich enthielt dieser Vertrauensvorschuss implizit die Aufforderung, dass man nicht enttäuscht werden möge. Wer in seiner

121 Vgl. zu dieser Strategie Robert Jütte: Sprachliches Handeln und kommunikative Situation. Diskurs zwischen Obrigkeit und Untertanen am Beginn der Neuzeit, in: Helmut Hundsbichler (Red.): Kommunikation und Alltag in Spätmittelalter und Früher Neuzeit, Wien 1992, S. 159–181, hier S. 179.

122 Sybille B. an ZK der SED, 8.10.1986, SAPMO-BArch, DY 30/vorl. SED 36914-2.

123 »Als parteiloser Bürger wende ich mich vertrauensvoll an das Zentralkomitee der SED, weil ich fest davon überzeugt bin, dass ich bei einem dringenden Problem schnelle Hilfe erhalte.« Klaus S. an Abteilung Gesundheitswesen des ZK der SED, 14.1.1982, SAPMO-BArch, DY 30/vorl. SED 32013. Ähnlich: »Nun zu dem Problem, welches mich bewog, mich vertrauensvoll an Sie, werter Genosse Honecker, zu wenden.« Erika L. an Honecker, 26.4.1986, SAPMO-BArch, DY 30/vorl. SED 36914-2.

Eingabe nicht selbst erwähnte, dass er »voller Vertrauen« zur Feder gegriffen habe, dem wurde dieses Vertrauen spätestens in der Antwort einfach unterstellt. Ein Standardsatz bei der Beantwortung von Eingaben dankte dem Eingabenverfasser dafür, dass er sich »vertrauensvoll« an die Partei gewandt habe – auch wenn dies vielleicht gar nicht dem Empfinden des Absenders entsprach.[124] Generell war es üblich, dass Vertreter von Staat und Partei selbst kritischste Eingaben primär als Vertrauensbeweis der Bürger deklarierten. Mitunter diente dies auch dazu, der darin vorgebrachten Kritik inhaltlich die Spitze zu nehmen. In Eingaben, so die offizielle Lesart, manifestiere sich zuallererst die Nähe zwischen sozialistischem Staat und seinem Bürger. Steigende Eingabenzahlen und Kritikbereitschaft wurden entsprechend dieser Logik als »Ausdruck des gestiegenen Vertrauens der Bürger in den sozialistischen Staat« umgedeutet.[125] So vertrat das MfG die Ansicht, die 1986 gegenüber dem Vorjahr um ein Fünftel gestiegene Zahl an Eingaben lasse darauf schließen, »dass die Bürger immer bewusster ihre demokratischen Rechte in Anspruch nehmen und sich vertrauensvoll an die staatlichen Organe wenden«. Festzuhalten sei jedoch auch: »Das Rechtsbewusstsein der Bürger ist gewachsen, und sie sind unduldsamer gegenüber tatsächlichen oder vermeintlichen Mängeln und Missständen in den Einrichtungen des Gesundheits- und Sozialwesens [geworden].«[126]

Insbesondere die ältere Patientengeneration bezog bei ihren Vergleichen zwischen marxistischer Theorie und realsozialistischer Praxis die ideologischen Wurzeln des DDR-Gesundheitswesens mit ein. Da die Klassiker Marx und Engels keine eigenständigen Abhandlungen zur Medizin oder zur Gesundheitsversorgung vorgelegt hatten, die man hätte zitieren können, blieben die historischen

124 Vgl. exemplarisch Münter (ZK-Abteilung Gesundheitspolitik) an Tobias D., 5.11.1986, SAPMO-BArch, DY 30/36914-2. Das Vertrauen in die Partei spielte als politische Kategorie bereits im frühen Sowjetsystem eine wichtige Rolle, und zwar als Teil der bolschewistischen Persönlichkeits-, Staats- und Gesellschaftsbildung, vgl. Tikhomirov: Das »Vertrauen der Partei«. Wie charakteristisch die Rede vom Vertrauen für staatssozialistische Diktaturen war, hat Behrends gezeigt: Jan C. Behrends: Soll und Haben. Freundschaftsdiskurs und Vertrauensressourcen in der staatssozialistischen Diktatur, in: Ute Frevert (Hrsg.): Vertrauen. Historische Annäherungen, Göttingen 2003, S. 336–364.

125 »Charakteristisch für die Mehrzahl der Einsendungen ist das Vertrauen zur Politik der Partei, das mehrfach in den Schreiben bzw. in darauffolgenden Gesprächen direkt zum Ausdruck gebracht wurde. Auch kritische Hinweise und Anfragen lassen häufig die Absicht des Einsenders erkennen, unsere sozialistische Staatsordnung festigen zu helfen und zur Verwirklichung der Parteibeschlüsse beizutragen.« Abt. Parteiorgane des ZK, Information über die Eingaben der Bevölkerung an die Abteilungen des Zentralkomitees der SED im 1. Halbjahr 1987, 20.7.1987, SAPMO-BArch, DY 30/2590, Bl. 78.

126 MfG, Hauptinspektion, Analyse der Arbeit mit den Eingaben der Bürger im Jahre 1986, 27.2.1987, BArch, DQ 1/12652.

Bezugnahmen notgedrungen eher allgemein. So gehörte etwa die pauschale Klage, dass sich die Väter des Marxismus-Leninismus die Gesundheitsversorgung der Werktätigen *so* sicher nicht vorgestellt hätten, zu den gängigen Formulierungen vieler Eingabenverfasser. Manche Patienten versuchten sich als späte Interpreten von Marx, Engels und Lenin. »Bei einer marx.-len. Weltanschauung hätte es m. E. nie psychiatrische Kliniken geben dürfen, weil sie mit einer sozialistischen Gesellschaftsordnung nicht vereinbar sind«, so Marianne G. aus Berlin in einer Eingabe an die gesundheitspolitische Abteilung des ZK der SED.[127] Sie sei gegen ihren Willen in das psychiatrische Krankenhaus Herzberge eingewiesen worden und dort »einer speziellen Luftbehandlung« unterzogen worden, was zum Verlust ihrer Arbeitsfähigkeit geführt habe. Bei Beachtung der marxistisch-leninistischen Lehre, so gab sich die Patientin überzeugt, hätte man sicher »keine Mittel und Methoden angewandt, die dazu führen, dass Menschen arbeits- bzw. lebensunfähig werden«.[128] Der Marxismus-Leninismus sollte hier offensichtlich als Instanz und moralischer Bezugspunkt dienen, von dem aus die Patientin versuchte, nicht nur die traumatische Erfahrung einer psychiatrischen (Zwangs-) Behandlung zu verarbeiten, sondern diese Behandlungsform darüber hinaus als sozialismusfremd zu charakterisieren und damit zu verurteilen. Der bereits erwähnte Parteiveteran Lorenz K. führte gar Ernst Thälmann als Gewährsmann ins Feld, den 1944 von den Nationalsozialisten ermordeten KPD-Vorsitzenden, um die Genossen im ZK zur stärkeren Berücksichtigung der individuellen Nöte von Kranken und Hilfsbedürftigen anzuhalten: »Oh wie hätte da wohl unser alter, leider viel zu früh verstorbener Ernst *Thälmann* entschieden? Der hätte bestimmt gesagt: Runter vom Schreibtisch und ran an die Basis.«[129]

Wer in seiner Argumentation klassische Autoren oder gängige Parolen der Partei zitierte, suggerierte nicht nur eine prinzipielle politische Übereinstimmung mit dem Regime, sondern zählte darauf, dass sich die Genossen in der SED-Zentrale solchen Argumenten schlecht verschließen konnten, wollten sie nicht jede Glaubwürdigkeit verlieren. Manche Eingabenschreiber legten ihren Briefen zusätzlich noch Zeitungsausschnitte bei, sodass sie sich im Text auf das dort offiziell Mitgeteilte berufen konnten, etwa um einen Anspruch durchzusetzen oder

127 Marianne G. an Abt. Eingaben/Abt. Gesundheitspolitik, 14.3.1983, SAPMO-BArch, DY 30/vorl. SED 32015-1.

128 Ebd. Der Korrespondenz zwischen ZK-Abteilung und dem zuständigen Stadtbezirksarzt zufolge habe die Patientin an einer wahnhaften Erkrankung gelitten und sei deshalb invalidisiert worden. Eine Zwangseinweisung oder -behandlung habe jedoch nicht stattgefunden, so versicherte der Stadtbezirksarzt, vgl. Dusold an Münter, 3.5.1983, ebd.

129 Lorenz K. an Zentrale Parteikontrollkommission, 24.8.1985, SAPMO-BArch, DY 30/vorl. SED 34850-1. Hervorhebung im Original.

um die Diskrepanz zwischen offizieller Berichterstattung und der Wirklichkeit aufzuzeigen. Zwar übten sie so Kritik an den herrschenden Zuständen, letztlich reproduzierten sie damit aber die Ideologie der SED – und stabilisierten das Regime eher, als dass sie es infrage stellten.

Benutzten die einen *politische* Gewährsleute, um ihre Argumentation zu stärken, so zogen andere *medizinische* Autoritäten der Vergangenheit heran, um ihre Kritik zu pointieren. So beschwerte sich 1986 eine Mutter über die angeblich mangelnde Expertise der Augenklinik der Berliner Charité, wo man ihrer kurzsichtigen Tochter keine adäquate Behandlung angeboten und hinsichtlich der therapeutischen Methoden einen sehr konservativen Standpunkt vertreten habe. Dies stünde in starkem Gegensatz zur Moskauer Augenklinik, wo man doch bereits mikrochirurgisch arbeite. »Offensichtlich ist für eine wichtige medizinische Forschungsstätte in unserem Lande das Erreichte auch das Erreichbare. Wo bleiben die Traditionen eines Koch und Helmholtz?«, versuchte Birgit R. die Mediziner der Charité bei ihrer Ehre zu packen,[130] wohl wissend, dass solche Heroengestalten von der Politik gern als traditionsbildend für Medizin und Gesundheitswesen in der DDR angesehen wurden.

Eine beliebte Stilfigur war es ferner, seine grundsätzliche Einsicht in bestimmte Probleme zu betonen, den eigenen, besonders krassen Fall von dieser Nachsicht aber auszunehmen. Man habe ja durchaus Verständnis für die bekannten Lieferschwierigkeiten im Bereich von Importarzneimitteln; dass nun aber wiederholt selbst essenzielle Schmerzmittel wie Indometacin in der Apotheke nicht zu bekommen seien, könne man nicht mehr verstehen, so eine häufig gebrauchte Formel. Ähnlich dialektisch gingen jene vor, die in ihren Briefen das Gesundheitswesen an seinen eigenen Ansprüchen und seiner hohen politischen Bedeutung maßen. Traten Defizite auf, so ließ sich argumentieren, dass diese nun aber schnell behoben werden müssten, um dem ideologischen Anspruch weiterhin gerecht zu werden. Zugleich wurde ein gemeinsamer Stolz auf die Errungenschaften des Sozialismus postuliert, um vor diesem Hintergrund die selbst erlebten Unzulänglichkeiten umso schärfer kontrastieren zu können:

> »Werte Genossen, wir Älteren haben unter großen Opfern diesen, unseren Arbeiter- und Bauernstaat mühevoll mit aufgebaut und sind stolz auf das Erreichte auch im sozialen Bereich. Das hat uns hohe Wertschätzung im In- und Ausland eingebracht,

130 Birgit R. an Honecker, 15.5.1986, SAPMO-BArch, DY 30/vorl. SED 36914-1.

sodass das o. a. Problem überhaupt nicht dem humanitären Anliegen unseres Arbeiter- und Bauernstaates entspricht.«[131]

Der Ehemann einer vom Anti-D-Skandal betroffenen Wöchnerin verwies in einer Mischung aus Anbiederung und Beschwörung auf die angeblich gerade bei Schadensereignissen zur Geltung kommenden Vorzüge des sozialistischen Gesellschaftsmodells. Im Modus des Indikativs schrieb er an Gesundheitsminister Mecklinger:

> »Ein entscheidender Vorteil unseres Gesellschaftssystems ist es jedoch, dass die entsprechenden sozialpolitischen Maßnahmen unbürokratisch und kurzfristig mit allem menschlichen Einfühlungsvermögen eingeleitet werden. Umso mehr befremdet es mich, dass derzeitig noch keinerlei konkrete Festlegungen zur Unterstützung und Hilfe der Betroffenen bekannt sind.«[132]

Ein häufig gewählter Kunstgriff war es, von sich selbst das Bild des grundsätzlich loyalen, angesichts des erlebten Problems aber enttäuschten Bürgers zu zeichnen. Gern wurde dann betont, dass man bestimmte Missstände einfach »nicht glauben« könne, da sie dem Selbstbild der DDR doch so gar nicht ähnlich sähen:

> »Ich kann aber nicht glauben, dass es im Sinne unseres Staates ist, der so viel für seine Bürger tut, dass mir als krankem Menschen nicht auch einmal geholfen werden kann, oder bleibt für mich nicht einmal mehr das Recht auf ein ebenso würdiges Leben, wie es ja unserer Jugend auch sehr großzügig gewährt wird?«[133]

Vielfach war das ungläubige Staunen angesichts der erlebten Missstände aber auch kein Stilmittel, sondern echte Enttäuschung. Man habe sich das Leben und die gesundheitliche Versorgung im Sozialismus anders ausgemalt – das war oft genug keine Rhetorik, sondern die Desillusionierung staatstreuer Sozialisten, die das Gefühl hatten, ihre gesellschaftlichen Verpflichtungen eigentlich mehr als erfüllt zu haben. Insbesondere ältere Patienten, die für sich in Anspruch nahmen,

131 Klaus H. an ZK der SED, 1.10.1986, SAPMO-BArch, DY 30/vorl. SED 36914-2. Ob der Stolz an dieser Stelle echt oder eher rhetorischer Art war, lässt sich schwer ermessen.

132 Johannes T. an Mecklinger, 10.2.1979, BArch, DQ 1/11706-3.

133 Erika L. an Honecker, 26.4.1986, bearbeitet durch ZK-Abteilung für Gesundheitspolitik, SAPMO-BArch, DY 36914-2. Hintergrund war L.s (letztlich trotz dieser Eingabe vergebliches) Bemühen um eine Invalidenrente wegen »schweren Herzschadens«. Bemerkenswert der bissige Vergleich der eigenen Lage mit der Situation der in L.'s Augen bessergestellten Jugend. Tatsächlich waren kritische Kommentare der älteren Generation an der »Muttipolitik«, d. h. der sozialpolitischen Privilegierung junger Frauen mit Kindern, keine Seltenheit, vgl. Streubel: Wir sind die geschädigte Generation, S. 257.

den ersten sozialistischen Staat auf deutschem Boden mit aufgebaut zu haben, zeigten sich verbittert. »Leider muss ich feststellen, dass ich mir das Altwerden anders vorgestellt habe«, schrieb Peter W. aus Freiberg 1982 an die Abteilung Gesundheitspolitik beim ZK der SED. Er habe einen »fast nutzlosen Zahnersatz« erhalten und kritisierte die aus seiner Sicht unzureichende zahnmedizinische Betreuung insbesondere der älteren Bevölkerung. »Ich bin seit 1945 Genosse und muss sagen, dass ich mich für derartige Zustände, wie sie hier herrschen, nicht eingesetzt habe und mich distanziere.«[134] Fast verzweifelt bemühten sich manche Patienten, trotz solcher bitterer Erfahrungen weiterhin die zu KPD-Zeiten eingeübte Vertrautheit zu ihrer Partei aufrechtzuerhalten: »Indem ich hoffe, bald von Euch eine angenehmere Nachricht zu erhalten, verbleibe ich Euer Parteiveterian [sic]«.[135]

Neben der Erinnerung an die sozialistischen Verheißungen gehörte auch die wohldosierte Drohung zu den Stilmitteln der Eingabenverfasser. Beliebt war der rhetorische Verweis auf das (eventuelle) Urteil des westlichen Klassenfeinds, etwa wenn es darum ging, auf die Personalknappheit eines Landambulatoriums hinzuweisen: »Welches Bild werden sich von diesem Geschehen wohl Besucher aus der BRD und Westberlin machen?«[136] Ein anderer Patient, der aufgrund von Lieferengpässen ein bestimmtes Arzneimittel nicht mehr in seiner Apotheke erhielt, drohte, er werde sich mit der Bitte um Hilfe »an eine Gesundheitsorganisation in der BRD oder an das Schweizer Internationale Rote Kreuz wenden« – womit er an dieser Stelle dem DDR-Gesundheitswesen zweifellos einen Reputationsverlust zugefügt hätte.[137] Auch die Drohung, nicht arbeiten zu können, sollte das geschilderte Problem nicht behoben werden, war verbreitet. Jedermann wusste um die zu Beginn der 1980er Jahre forcierten Bemühungen der Regierung, den Krankenstand in der DDR zu senken. Nicht selten war ein Bezug zur Arbeitsfähigkeit aber auch objektiv gegeben, etwa wenn ein »Dauernachtschichtarbeiter« die mangelnde Verfügbarkeit spezieller Augentropfen beklagte, die für seine Gesundheit wichtig seien.[138] Eine weitere Möglichkeit, dem eigenen Anliegen Nachdruck zu verleihen, bestand darin, seine Wahlteilnahme an den Erfolg der Eingabe zu knüpfen. »Anlässlich der bevorstehenden Wahlen, möchte

134 Peter W. aus Freiberg an ZK der SED, 11.10.1982, die unzureichende zahnmedizinische Betreuung und den »fast nutzlosen Zahnersatz« beklagend, SAPMO-BArch, DY 30/vorl. SED 32017.

135 Lorenz K. an Zentrale Parteikontrollkommission, 24.8.1985, SAPMO-BArch, DY 30/vorl. SED 34850-1.

136 Eingabe vom 26.1.1981 an Honecker, weitergeleitet an ZK der SED, SAPMO-BArch, DY 30/vorl. SED 32013.

137 Heinrich W. an Büro Honecker, 1.2.1980, SAPMO-BArch, DY 30/vorl. SED 21917-2.

138 Reinhard G. an ZK der SED, 18.8.1981, SAPMO-BArch, DY 30/vorl. SED 32012-2.

ich Sie höflichst ersuchen einiges zu klären, was man mir vom Gesundheitswesen der Stadt Magdeburg an Ungerechtigkeit angetan hat; es ist mir schweres Leid angetan worden.«[139] Dieses Vorgehen beruhte auf dem Wissen, dass es der SED darauf ankam, die Einheit von Herrschern und Beherrschten immer wieder unter Beweis zu stellen. Insofern galt eine hohe Wahlbeteiligung als Zustimmungsbeweis, der sich für agitatorische Zwecke einsetzen ließ. Wahlenthaltung wurde hingegen als Zeichen von Unzufriedenheit gewertet. Schon eine vergleichsweise kleine Gruppe von Nichtwählern konnte somit den lokal zuständigen SED-Sekretär in erhebliche Schwierigkeiten bringen. Wohl auch deshalb gerieten Eingabenschreiber, die ihre »Wahlverweigerung« nicht nur ankündigten, sondern auch umsetzten, schnell ins Visier der Behörden.[140] Die ultimative Drohung war schließlich die Ankündigung, bei Nichterfüllung des vorgebrachten Anliegens einen Ausreiseantrag zu stellen. Da solche Schreiben im Regelfall an die Staatssicherheit weitergereicht wurden, finden sie sich nicht in den hier untersuchten Akten des MfG oder der ZK-Abteilung.

10. Beantworten und Auswerten: Der Weg der Briefe durchs System

Das Ministerium für Gesundheitswesen in der Berliner Rathausstraße war in den 1970er und 1980er Jahren der wichtigste Adressat für Eingaben, die sich auf Aspekte der gesundheitlichen Versorgung bezogen. Jährlich trafen hier zwischen 3000 und 4000 Briefe von Patienten oder Angehörigen ein, 1987 waren es mehr als 5000 und ein Jahr später über 6000. Hinzu kamen pro Jahr einige hundert weitergeleitete Schreiben, die ursprünglich an den Staatsrat, das Büro Honecker, an die ZK-Abteilung für Gesundheitspolitik oder andere Institutionen gerichtet waren und dort aus den verschiedensten Gründen nicht adäquat bearbeitet werden konnten.[141] Einzig die ZK-Abteilung für Gesundheitspolitik und die Zentralstelle für Ärztliches Begutachtungswesen beantworteten die an sie gerichteten Eingaben in nennenswertem Umfang selbst. Das seit 1971 von dem Mediziner

139 Eingabe vom 14.5.1986 an ZK der SED, SAPMO-BArch, DY 30/vorl. SED 36914-1.

140 Vgl. exemplarisch Kreisarzt Königs Wusterhausen an Münter (ZK), 3.7.1984, SAPMO-BArch, DY 30/vorl. SED 33613-1 (der Kreisarzt weist darauf hin, dass eine Eingabenverfasserin »bis 17.30 Uhr nicht zur Kommunalwahl am 6.5.84 erschienen war, obwohl sich das gesamte Kollektiv der Krippe Zeesen verpflichtet hatte, bis um 10.00 Uhr zu wählen«).

141 Vgl. exemplarisch: MfG, Hauptinspektion, Analyse der Arbeit mit den Eingaben der Bürger im Ministerium für Gesundheitswesen im Jahre 1981, 14.4.1982, BArch, DQ 1/12652.

Ludwig Mecklinger geführte Ministerium für Gesundheitswesen war auch deshalb Endziel der meisten Eingaben, da es mit seinen 360 Mitarbeitern und sieben Hauptabteilungen über die größte fachliche Expertise verfügte, um soziale oder medizinische Fragen zu beantworten.[142] Wie ging das Ministerium mit den Briefen aus der Bevölkerung um? Anders als Ministerien der Bundesrepublik, in deren administrativen Abläufe sich Bürgerbriefe nur schwer integrieren ließen, waren die Mitarbeiter des MfG auf die Behandlung solcher privater Zuschriften zumindest im Grundsatz vorbereitet. Bereits die Deutsche Zentralverwaltung für das Gesundheitswesen in der Sowjetischen Besatzungszone, die Vorläufereinrichtung des späteren Gesundheitsministeriums, hatte in ihrer Geschäftsordnung genaue Anweisungen zur Behandlung der Eingänge festgelegt. Dazu gehörte zunächst der Hinweis an die Mitarbeiter, den Posteingang möglichst rasch zu bearbeiten und Zwischenbescheide zu erteilen. Die Absender sollten wissen, dass ihre Eingaben zugegangen waren und bearbeitet wurden.[143] Auch in sprachlicher Hinsicht wurden Vorgaben gemacht. Sie zielten in erster Linie auf höfliche Umgangsformen im Schriftverkehr ab: »Eine Behörde wird sich nichts vergeben, wenn sie auch da bittet, wo sie ersuchen oder anordnen könnte.« Bei abschlägigen Bescheiden »wird in der Regel das Wort ›leider‹ einzufügen sein«. Daneben wurde eine klare Ausdrucksweise als wichtig erachtet: »Der sprachliche Ausdruck muss klar und erschöpfend, darf aber nicht weitschweifig sein. [...] Jede andere Auslegung als die gewünschte muss dabei mit Sicherheit ausgeschlossen sein.«[144] Noch Jahrzehnte später schienen diese Anweisungen für die Bearbeitung von Eingaben im Grundsatz Gültigkeit zu besitzen. Die überlieferten Antwortschreiben der 1970er und 1980er Jahre entsprechen in vielen Punkten den in der Geschäftsordnung der späten 1940er Jahre aufgestellten Regeln. Die ab 1961 gültige Arbeitsordnung der Eingabenabteilung des Ministerrats gibt Einblicke in den Umgang mit Beschwerdebriefen, wie er auch im Gesundheitsministerium

142 Der Stellenplan des Ministeriums wurde zwischen 1975 und 1988 von 300 auf 360 Stellen aufgestockt, vgl. Horst Spaar: Die leitenden staatlichen Organe des Gesundheitswesens und die gesundheitspolitische Verantwortung im ZK der SED, in: ders. (Hrsg.): Dokumentation zur Geschichte des Gesundheitswesens der DDR. Teil VI, A, Das Gesundheitswesen in der Periode wachsender äußerer und innerer Widersprüche, zunehmender Stagnation und Systemkrise bis zur Auflösung der bestehenden sozialistischen Ordnung in der DDR (1981–1989), Berlin 2003, S. 65–71. Die politisch mächtigere ZK-Abteilung für Gesundheitspolitik verfügte zu Beginn der 1970er Jahre lediglich über 18 Stellen, von denen vier für Ärzte vorgesehen waren. Eine Sachbearbeiterin war (unter anderem) für Eingaben zuständig, vgl. Struktur- und Stellenplan der Abteilung Gesundheitspolitik, 27.12.1965, SAPMO-BArch, DY 30/96699.

143 Vgl. Geschäftsordnung für die Deutsche Zentralverwaltung für das Gesundheitswesen in der sowjetischen Besatzungszone, undatiert, BArch, DQ 1/542a, Bl. 173.

144 Ebd., Bl. 174.

üblich war.[145] Grundsätzlich wurden Eingaben schriftlich bearbeitet. In manchen Fällen, gerade wenn die Kritik bzw. der Ton der Eingabe ungewöhnlich scharf ausfiel oder der Missstand besonders eklatant war, wurde der Einsender sogar persönlich aufgesucht. Gelegentlich übernahmen dies Mitarbeiter des Ministeriums, häufiger jedoch die Funktionäre des staatlichen Gesundheitswesen vor Ort, also die Kreis- oder Bezirksärzte.[146] Bei einem erheblichen Teil der Eingaben, die 1979 im Rahmen des Anti-D-Skandals das Ministerium erreichten und denen die Bestürzung und Wut der mit Hepatitis infizierten Wöchnerinnen und ihrer Familien anzumerken war, besuchten Mitarbeiter des MfG die Betroffenen.[147] Nicht immer stand jedoch in solchen persönlichen Gesprächen die Problemlösung im Vordergrund. Oft ging es auch um die sozialistische Erziehung und Bewusstseinsbildung, sprich darum, »den politischen Inhalt der Eingabe und den Kern des Anliegens des Bürgers exakt zu erfassen«. Nur dann sei es möglich, »ihm von seinen konkreten Fragen her die Erkenntnis von der Übereinstimmung der persönlichen mit den gesellschaftlichen Interessen zu vermitteln und ihn zum aktiven Mitwirken am Aufbau des Sozialismus zu erziehen«.[148]

Eine weitere Möglichkeit, Eingaben im direkten Austausch zu beantworten, boten die öffentlichen Sprechstunden, die wöchentlich zu festgesetzten Zeiten im Ministerium stattfanden und rege genutzt wurden. Hierbei waren die Bewohner Berlins aufgrund der kurzen Anreise naturgemäß im Vorteil, was zum Teil erklären könnte, weshalb aus Berlin stets überproportional viele Eingaben stammten (siehe Kapitel III.5). Doch nahmen tatsächlich auch viele Menschen aus anderen Bezirken die Reise in die Hauptstadt auf sich, um die Sprechstunde des MfG besuchen zu können. Der Minister selbst war auf diesem Wege in der Regel nicht zu sprechen, auch wenn viele Menschen eine Unterredung mit Meck-

145 Arbeitsordnung und Berichte über Organisation und Arbeitsweise der Abteilung Eingaben 1961–1966, BArch, DC 20/19315.

146 Vgl. exemplarisch Wolff (Hauptinspektion MfG) an Möbus (Eingabenabteilung des Staatsrats), 25.8.1988: »Der Bezirksarzt von Karl-Marx-Stadt wird jetzt einen Hausbesuch veranlassen.« BArch, DQ 1/12610.

147 »Am 19.1.1979 wurde unsere einzige Tochter [...] wegen Hepatitis in obiges Krankenhaus [St. Georg, Leipzig] eingeliefert, wo sie sich bis zum heutigen Tag ohne wesentliche Besserung befindet. Diese Krankheit wurde ihr am 2.12.1978 bei einer Rh-Immunprophylaxe eingespritzt. Ich will nicht darüber rechten, ob es unqualifizierte Arbeitsweise oder Unsauberkeit war, jedoch hat es bisher kein prominenter Vertreter Ihres Ministeriums für nötig gehalten, sich für diese Schlamperei bei den vielen bedauernswerten Frauen zu entschuldigen. Soll diese Angelegenheit etwa totgeschwiegen werden?« Hans K. an Mecklinger, 8.5.1979, SAPMO-BArch, DY 30/vorl. SED 21918-1. Auf dem Schreiben findet sich handschriftlich der Hinweis: »Mit K. wurde noch vor der Wahl gesprochen. Mit Tochter auch.«

148 Thesen zur Weiterentwicklung der Arbeit der Zentralen Beschwerdeabteilung (undatierter Entwurf), BArch, DC 20/19315, S. 29.

linger wünschten und schriftlich einzufordern versuchten. In Einzelfällen überliefert sind dagegen persönliche Aussprachen von Patienten bzw. Angehörigen mit einem der Stellvertreter des Ministers.[149] Anliegen oder Beschwerden im mündlichen Gespräch zu klären, galt im Ministerium als die Methode der Wahl. Mitarbeiter, welche die unmittelbare Konfrontation mit Kranken oder Mitbetroffenen nicht scheuten, wurden in internen Berichten besonders hervorgehoben. In gewissem Widerspruch dazu steht die Tatsache, dass das Ministerium für diese Begegnungen offensichtlich keine gesonderten Räume zur Verfügung stellte und diese sensiblen Gespräche in der Eingangshalle des Gebäudes stattfanden.[150] Immerhin existierten Vordrucke, auf denen die Mitarbeiter des MfG die wesentlichen Daten und Inhalte der mündlichen Eingaben festhalten und so für den weiteren Geschäftsgang aufbereiten konnten.

Die an jedem Werktag in der Poststelle des MfG eingehenden Zuschriften mussten dort zunächst als Eingaben identifiziert und von sonstiger Eingangspost separiert werden, bevor sie über die Eingabenstelle der sogenannten Hauptinspektion des Ministeriums zugeleitet werden konnten. Damit waren die Briefe in den Geschäftsgang eingeschleust und von der Institution gleichsam inkorporiert worden. Als zentrale Struktureinheit im nun folgenden Bearbeitungsprozess entschied die Hauptinspektion des MfG, ob sich das Schreiben kurzerhand direkt beantworten ließ oder seine Weiterleitung an eine der Fachabteilungen des Ministeriums notwendig war. Nach außen wurden in der Regel nur Eingaben weitergeleitet, in denen der Verdacht einer Sorgfaltspflichtverletzung, Fehlbehandlung oder ein Rentenbegehren geäußert wurden. Die in solchen Fällen erforderliche Begutachtung der Patienten und ihrer Krankenakten übernahm die in Berlin-Lichtenberg angesiedelte Zentralstelle für Ärztliches Begutachtungswesen.[151] Allgemein gehaltene Anfragen, die wenig Recherchen oder Fachwissen erforder-

149 Vgl. Seidel an Rätz, 10.2.1987, SAPMO-BArch, DY 30/vorl. SED 36925.

150 »Besonders anzuerkennen ist auch die Tätigkeit einer Reihe von Mitarbeitern des MfGe, die sich wöchentlich den mündlichen Eingaben der Bürger im Gespräch innerhalb des Ministeriums stellen. Hierbei muss die Hauptabteilung II [Medizinische Betreuung, F. B.] besonders hervorgehoben werden, zumal diese Gespräche unter mangelhaften Bedingungen in der Eingangshalle des MfGe abgewickelt werden müssen.« MfG, Referat Eingaben, Analyse der Eingaben des 2. Halbjahres 1980, S. 20, BArch, DQ 1/12611.

151 Der dortige Begutachtungsprozess verlief meist sehr langsam, was zu einer Kaskade von Rückfragen innerhalb des Staatsapparats führen konnte. So beschwerte sich etwa die Eingabenabteilung des Staatsrats über die ausbleibende Antwort auf eine Eingabe, die man zur Bearbeitung an das MfG weitergeleitet hatte, die von dort jedoch an die Zentralstelle abgegeben worden war. Die Antwort des MfG zeigt, wie umständlich und aufwendig der ganze Prozess sein konnte: »Die Eingabe [...] wurde über die Zentralstelle für Ärztliches Begutachtungswesen am 25.9.1986 an die Bezirksstelle Potsdam zur Einleitung eines Verfahrens wegen angenommener ärztlicher Sorgfaltspflichtverletzung weitergereicht. Die Bearbeitung

ten, beantwortete die Hauptinspektion unmittelbar, während komplexere Sachverhalte an die fachlich am ehesten zuständige Abteilung übergeben wurden. Eine dieser sieben Hauptabteilungen des Ministeriums war dann für die weitere Bearbeitung und den möglichst raschen Abschluss des Vorgangs verantwortlich. Konnten die Unterlagen schließlich zu den Akten genommen werden, führte man sie ablagetechnisch wieder zusammen: In ihrer heutigen archivalischen Überlieferung sind die Eingaben und die jeweils damit verbundene Korrespondenz nach Jahreszahlen und Nachnamen der Eingabenverfasser geordnet. Eine Sortierung nach den Fachabteilungen des Ministeriums ist nicht mehr erkennbar.

Die meisten Eingaben erhielt zwischen 1971 und 1989 stets die Hauptabteilung II Medizinische Betreuung zugewiesen. Auf sie entfielen jedes Jahr zwischen 35 und 45 Prozent des gesamten Eingabeaufkommens.[152] Lässt man die von Angehörigen der Gesundheitsberufe an das MfG gerichteten Eingaben außer Acht (größtenteils Personal- und Entlohnungsfragen), so folgten an zweiter Stelle Eingaben, die der Hauptabteilung »Soziale Betreuung« zugerechnet wurden. Die von den SED-Funktionärinnen Käthe Kern (bis 1981) und dann von Elli Felz geführte Abteilung bearbeitete zumeist Briefe, in denen das Fehlen einer ausreichenden Zahl an Krippenplätzen für Kleinkinder oder der eklatante Mangel an Pflegeheimplätzen für ältere Menschen thematisiert wurden.[153] Die dritte Struktureinheit des MfG, die sich intensiv der Eingabenarbeit widmete, war die bis 1982 von Ulrich Schneidewind und danach von Hans Probst geleitete Hauptabteilung VI »Pharmazie und Medizintechnik«, die Jahr für Jahr zwischen 10 und 15 Prozent der im Ministerium eingehenden Eingaben zur Bearbeitung erhielt.[154] Die Zahl der Eingaben, die in den Zuständigkeitsbereich der Hauptabteilung III

wird mehrere Monate in Anspruch nehmen.« Bachmann (Leiter MfG-Hauptinspektion) an Eggert (Leiter Eingabenabteilung Staatsrat), 22.12.1986, BArch, DQ 1/12610.

152 Vgl. hier und zum Folgenden die Statistiken in BArch, DQ 1/12611. Die HA Medizinische Betreuung wurde stets ärztlich geleitet: 1968–1975 von Gerhard Lübs, 1974–1981 von Christian Münter, 1981–1986 von Peter Heinze und ab 1986 von Kurt Strähnz.

153 1981 summierten sich die offenen Anträge auf einen Platz in einem Pflegeheim nach Berechnungen des MfG auf 129 000, wobei im Bezirk Dresden der Notstand besonders drängend war, vgl. MfG, Hauptinspektion, Analyse der Arbeit mit den Eingaben der Bürger im Ministerium für Gesundheitswesen im Jahre 1981, 14.4.1982, BArch, DQ 1/12652. 1986 hatte sich wenig an diesem Zustand geändert. Immer häufiger wurden pflegebedürftige Menschen nun ersatzweise in Krankenhäuser aufgenommen. Trotzdem kam es vor, »dass alleinstehende ältere Bürger unter unwürdigen Bedingungen verstorben sind, da die zeitweilige Aufnahme in ein Krankenhaus nicht realisiert werden konnte«. MfG, Hauptinspektion, Analyse der Arbeit mit den Eingaben der Bürger im Jahre 1986, 27.2.1987, BArch, DQ 1/12652.

154 Allerdings befanden sich auch unter diesen Eingaben viele Zuschriften von Ärzten, Apothekern und anderen Mitarbeitern des Gesundheitswesens. Sie alle mussten im Rahmen ihres Berufs tagtäglich mit den Versorgungsdefiziten im Arzneimittel- und Medizintechnikbereich umgehen. Entsprechend häufig monierten sie dieses Dauerproblem.

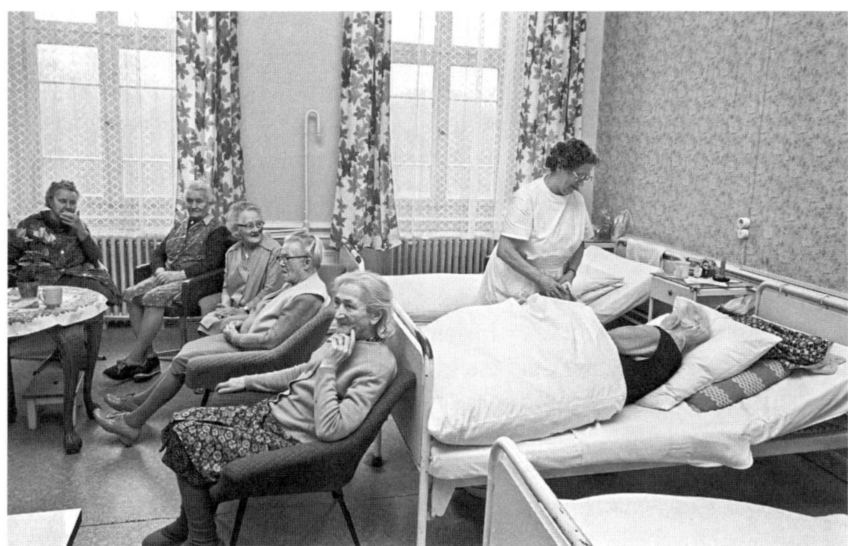

Abb. 18: Zimmer im Pflegeheim Schloss Püchau (Bezirk Leipzig), 1975

»Hygiene und staatliche Hygieneinspektion« fielen, schwankte stark. Kam es etwa zu lokalen Endemien von Infektionskrankheiten oder zu systematischen Verunreinigungen im Krankenhaus- oder Lebensmittelbereich, stiegen die Eingabenzahlen zeitweilig sprunghaft an. Die zwischen 1977 und 1988 von Helmut Theodor geleitete Abteilung war beispielsweise stark in die Eingabenbearbeitung im Rahmen des Anti-D-Skandals eingebunden, als binnen weniger Wochen Tausende erboste Zuschriften im MfG eintrafen.[155] Die Gesamtzahl der im MfG registrierten Eingaben variierte von Jahr zu Jahr erheblich (vgl. Kapitel III.4, Diagramm 1), das proportionale Verhältnis der Themenbereiche zueinander blieb demgegenüber in etwa konstant.

Die Registrierung der schriftlichen Eingaben im Ministerium erfolgte nach keinem einheitlichen Verfahren. Der überwiegende Teil der hier untersuchten Zuschriften wurde in Posteingangsbüchern erfasst, in die Eingangsdatum, Name

155 Obwohl so gut wie alle Eingaben der betroffenen Frauen an den in der Öffentlichkeit bekannten Minister Mecklinger gerichtet waren, wies dieser seinen für Hygienefragen zuständigen Abteilungsleiter an, die Eingaben zu beantworten – vermutlich auch, um Abstand zwischen sich und den Skandal zu bringen. Siehe dazu die (undatierten) Entwürfe für ein standardisiertes Antwort- und Entschuldigungsschreiben des MfG in BArch, DQ 1/11706-3, in denen die Person des Ministers von Version zu Version weniger Erwähnung findet.

und Anschrift des Absenders, das stichwortartig zusammengefasste Anliegen sowie Angaben zur Weiterleitung bzw. zum Procedere eingetragen wurden. Statt in einem Buch wurden diese Daten mitunter auch in losen, großformatigen Tabellen festgehalten.[156] Mitunter wurden dazu vorgedruckte Tabellenblätter aus anderen Bereichen der Verwaltung, etwa der Buchführung, übernommen. 1987 verließen die Mitarbeiter des MfG dieses Aufschreibesystem und begann stattdessen, für jeden Eingabenverfasser eine Karteikarte anzulegen. Darauf wurden nicht nur die oben erwähnten Angaben notiert, sondern auch eventuelle weitere Eingaben desselben Absenders, sodass sich nachverfolgen ließ, wer mehrfach bzw. sehr oft Eingaben schrieb.[157] In den Wirren der »Wendezeit« 1989/90 kehrte man wieder zur Benutzung von Posteingangsbüchern zurück, die ebenfalls nicht für den Zweck der Eingabenerfassung gedacht waren, sich dafür aber, leicht modifiziert, nutzen ließen.[158] Daneben waren im MfG seit den frühen 1980er Jahren auch noch andere Methoden zur Erfassung von Eingaben in Gebrauch. So trägt etwa jede zehnte der archivalisch überlieferten Eingaben einen roten Eingangsstempel der Eingabenabteilung des MfG, der es den Erstbearbeitern erlaubte, das Schreiben zu nummerieren, das Eingangsdatum festzuhalten, Ziel und Zeitpunkt der Weiterleitung sowie den spätesten Bearbeitungstermin einzutragen. Weshalb dieser Stempel nur unregelmäßig und insgesamt selten – neun von zehn der überlieferten Eingaben tragen ihn nicht – zum Einsatz kam, ließ sich bislang nicht rekonstruieren. Selbst der ansonsten in der deutschen Verwaltungspraxis weit verbreitete Eingangsstempel findet sich nur auf jenen Eingaben, die vom Verfasser nicht datiert worden waren.

Das Eingangsdatum zu dokumentieren war insofern bedeutsam, als es galt, die gesetzliche Beantwortungsfrist von vier Wochen möglichst einzuhalten, die 1975 gesetzlich verankert worden war und – nicht nur im MfG – ernst genommen wurde. Überschreitungen der Erledigungsfrist mussten intern plausibel begründet werden und erforderten darüber hinaus einen Zwischenbescheid an den Absender. Die Quote der Fristüberschreitungen wurde jährlich in den Eingabenanalysen des MfG ausgewiesen. Sie bewegte sich meist im einstelligen Prozentbereich, und ihre Höhe war jedes Jahr aufs Neue begründungspflichtig.[159] Hieran

156 Vgl. BArch, DQ 1/12655.

157 Vgl. die Registratur des Jahres 1987 der Hauptabteilung II des MfG, BArch, DQ 1/12655.

158 Vgl. das »Posteingangsbuch« in BArch, DQ 1/24124.

159 1980 bearbeitete das MfG 97 Prozent der Eingaben fristgemäß, vgl. MfG, Leiter der Hauptinspektion, Information über die Arbeit mit den Eingaben der Bürger und ihre Auswertung im 2. Halbjahr 1980, 31.3.1981, BArch, DQ 1/12611. Drei Jahre später wurden weiterhin nur 2,4 Prozent der im Ministerium registrierten Eingaben nicht innerhalb der Vierwochenfrist beantwortet. Überwiegend lag dies an notwendigen ärztlichen Begutachtungsverfahren, die

wird deutlich, dass sich die Eingabenanalysen, für deren Erstellung die MfG-Hauptinspektion verantwortlich zeichnete, keineswegs nur auf Zahl und Inhalte der Eingaben selbst bezogen. Vielmehr waren sie – wie bereits ihr sperriger Titel aussagt – immer auch Analysen *der Arbeit mit den Eingaben* im Ministerium. Die Hauptinspektion des MfG besaß im Prozess der Eingabenbearbeitung durch die Hauptabteilungen nicht nur eine koordinierende, sondern auch eine kontrollierende Funktion. So kritisierte die Hauptinspektion beispielsweise, dass die nicht innerhalb der Erledigungsfrist abgeschlossenen Eingaben häufig nicht zur Wiedervorlage kämen, sondern gleichsam »untergingen« und dann Nachfragen oder neue Eingaben der Beschwerdeführer auslösten. Solche als unnötig und arbeitsintensiv eingestuften »Bezugsschreiben«, in denen sich die Beschwerdeführer nach dem Stand der Dinge erkundigten oder aber ihren Unmut über die vom MfG erhaltene Antwort ausdrückten, wurden ebenfalls statistisch erfasst. Die Zahl der Bezugsschreiben sollte aus Effizienzgründen möglichst niedrig liegen. Ein weiterer Punkt, den die Hauptinspektion wiederholt kritisierte, war das Hin- und Herschieben von Eingaben zwischen den Instanzen des Gesundheitswesens, in erster Linie zwischen den ministerialen Fachabteilungen und den Bezirks- und Kreisärzten. Zudem würden Eingaben, die einer Bearbeitung durch den Rat eines Bezirkes oder Kreises bedürften, mitunter zu spät an diese abgegeben, »was diese Organe in eine ungünstige Lage bringt«.[160] Angetrieben wurde die pünktliche wie korrekte Erledigung von Eingaben auch durch Institutionen, die entsprechende Briefe an das MfG weitergeleitet hatten und sich nach dem Stand der Dinge erkundigten. Zu diesem Zweck hatte beispielsweise der Staatsrat ein eigenes Formular entwickelt, mit dem sich das Schicksal weitergeleiteter Eingaben nachverfolgen ließ:

> »Die obengenannten Eingaben wurden Ihnen von uns mit der Bitte um Bearbeitung übersandt. Da uns zur Zeit noch keine Mitteilung über das Ergebnis Ihrer Bemühungen vorliegt, bitten wir Sie, uns bis zum ... zu informieren.«[161]

sich in dieser Zeit nicht realisieren ließen, vgl. MfG, Hauptinspektion, Analyse über die Arbeit mit den Eingaben der Bürger im Ministerium für Gesundheitswesen im Jahre 1983, März 1984, BArch, DQ 1/12652.

160 MfG, Hauptinspektion, Analyse der Arbeit mit den Eingaben der Bürger im Jahr 1985, 10.3.1986, BArch, DQ 1/12652.

161 Lehmann (Leiter Eingabenabteilung Staatsrat) an MfG-Hauptinspektion, 12.5.1988, BArch, DQ 1/12610. Vgl. als Reaktion Wolff (Leiter MfG-Hauptinspektion) an Lehmann, 20.5.1988: »Bezirksapothekeninspektion Dresden wurde gemahnt, einen Abschlussbescheid zu übermitteln«; »Wurde dem Ministerium für Hoch- und Fachschulwesen übergeben, Rückantwort liegt nicht vor.« Ebd.

Wenn dieses Sammelformular im MfG einging, löste es Betriebsamkeit aus, und die Hauptinspektion sah sich genötigt, zu jeder der angemahnten Eingaben Stellung zu nehmen. Auch der Rechtsanwalt Friedrich Karl Kaul war eine Instanz, die es vermochte, auf die pünktliche und bürgernahe Bearbeitung von Eingaben einzuwirken. Erreichten ihn Patientenbriefe, die er als drängend einstufte, etwa bei Abtreibungsfragen oder im Zuge infizierter Impfseren, leitete er diese meist nicht ohne ein »motivierendes« Begleitschreiben an das MfG weiter und brachte so den Verwaltungsapparat zum Arbeiten.[162]

Bei der jährlich vorzunehmenden Analyse der Eingaben war die Hauptinspektion des MfG auf die Zuarbeit der Hauptabteilungen angewiesen. Dazu hatten diese ihrerseits regelmäßig zu Jahresbeginn über ihre Arbeit mit den Eingaben an die Hauptinspektion zu berichten. Darauf basierend konnte dort jeweils im März oder April ein Lagebild des Vorjahres entstehen, das sich aus allen Hauptabteilungen zusammensetzte und damit so gut wie alle Bereiche des Gesundheitswesens abbildete.[163] Parallel bemühte sich das MfG seit den 1970er Jahren (und ähnlich auch die ZK-Abteilung Gesundheitspolitik), die in großer Zahl eingehenden Briefe aus der Bevölkerung zwecks effizienterer Bearbeitung und Auswertung bestimmten Themenbereichen zuzuordnen. Die thematische Kategorisierung orientierte sich dabei vor allem an der Abteilungsstruktur des MfG.[164] Die Kategorien wurden somit nicht am Eingabenmaterial entwickelt, sondern die Klassifizierung orientierte sich an den bestehenden Hauptabteilungen des Ministeriums. Da sich beispielsweise ein Großteil der eingehenden Zuschriften inhaltlich der Hauptabteilung II (Medizinische Betreuung) zuordnen ließ, wurde eine gleichnamige Eingabenkategorie geschaffen. Dabei nahm man in Kauf, dass

162 »Ich halte diese Angelegenheit für so wichtig, dass ich Sie bitte, den Patientinnen [...] auf ihre Fragen Antwort zu geben, damit diese Bürgerinnen merken, dass ihnen auch von höchster Stelle Unterstützung gegeben wird. Ich habe den Bürgerinnen Zwischenbescheid gegeben und erwarte Ihre Nachricht mit bestem Dank.« Kaul an MfG, 5.3.1979, BArch, DQ 1/11706-3. Hintergrund war in diesem Fall die mit Hepatitisviren kontaminierte Anti-D-Prophylaxe für Wöchnerinnen, von denen sich einige an Kaul gewandt hatten. Als direkte Reaktion siehe Theodor (MfG, Leiter Hauptabteilung III) an Kaul, 27.3.1979: »Neben einer unmittelbar veranlassten Aussprache mit leitenden Mitarbeitern erhielten alle Bürgerinnen eine schriftliche Antwort (siehe Anlage). Ich möchte Sie weiterhin informieren, dass alle Maßnahmen zur gesundheitlichen und finanziellen Rehabilitation dieses Personenkreises mit großem Verantwortungsbewusstsein eingeleitet worden sind.« Ebd.

163 Vgl. exemplarisch MfG, HA Medizinische Betreuung, Eingabenanalyse 1983, 16.2.1984, BArch, DQ 1/12652.

164 Vgl. die Vermerke und Organisationsanweisungen zur Eingabenbearbeitung in BArch, DQ 1/4393. Siehe auch Bettin: Zwischen Verdüsterung und Verklärung, S. 340.

diese Rubrik definitorisch weit gefasst und deshalb wenig aussagekräftig war.[165] Im Laufe der Jahre wurden daher Unterkategorien geschaffen, die eine bessere Differenzierung ermöglichten.[166] Nach diversen Umgruppierungen hatte sich Mitte der 1980er Jahre ein übergeordnetes Kategorienschema herausgebildet, das sich nach wie vor eng an die Hauptabteilungen des Ministeriums anlehnte. Tabelle 4 zeigt dieses Schema mitsamt dem jeweiligen Anteil an der Gesamtzahl (n = 4786) der Eingaben am Beispiel des Jahres 1986.

Thematische Kategorie	Hauptabteilung des MfG	Anteil in Prozent
Forschung	I Wissenschaft	0,2
Medizinische Betreuung	II Medizinische Betreuung	45,7
Hygiene	III Hygiene	4,7
Soziale Betreuung	IV Sozialwesen	13,2
Aus- und Weiterbildung	V Aus- und Weiterbildung	6,2
Pharmazie und Medizintechnik	VI Pharmazie und Medizintechnik	11,0
Leitungs-, Recht-, Kader- und Tariffragen	Keine Entsprechung	19,0

Tabelle 4: Thematische Kategorien der Eingabenanalyse, angelehnt an die Hauptabteilungen des MfG. Eigene Darstellung nach: MfG, Hauptinspektion, Analyse der Arbeit mit den Eingaben der Bürger im Jahre 1986, 27.2.1987, BArch, DQ 1/12652, ergänzt durch Angaben aus BArch, DQ 1/12611

Die Eingabenanalysen wurden außer im MfG auch der ZK-Abteilung für Gesundheitspolitik bekannt gemacht. Darüber hinaus wurden sie den Bezirksärz-

165 Medizinische Betreuung umfasste begrifflich den Kernbereich der ambulanten oder stationären Patientenversorgung: Behandlung in einer Klinik, Poliklinik, Praxis oder in häuslicher Umgebung, durch Ärzte oder Pflegende, mithilfe technischer Apparate oder durch die sogenannte sprechende Medizin. Medizinische Betreuung konnte in Form hausärztlicher, spezialärztlicher oder rehabilitativer Tätigkeit geleistet werden, sie konnte überdies die verschiedenen Fachgebiete der Medizin wie Chirurgie, Innere Medizin, Gynäkologie usw. oder auch eine interdisziplinäre Behandlung umfassen. Der Terminus Medizinische Betreuung war nicht zuletzt dazu gedacht, die als bürgerlich und individualistisch empfundene Rede von der Arzt-Patient-Beziehung abzulösen.

166 Die wichtigste Unterkategorie der Medizinischen Betreuung bildete das Ärztliche Begutachtungswesen – eine Unterteilung, die aus heutiger Sicht nicht ganz schlüssig erscheint, da Behandlung und Begutachtung doch zwei sehr verschiedene Bereiche der Medizin sind. In die Rubrik Begutachtungswesen fielen im Jahr 1987 knapp 22 Prozent (443 von 2040) der in der Hauptabteilung II registrierten Eingaben, vgl. MfG, HA Medizinische Betreuung, Analyse der Eingaben 1987, 29.1.1988, BArch, DQ 1 12652.

ten zur vertraulichen Kenntnisnahme übersandt. Trotz ihrer formelhaften und teilweise schönfärberischen Begleitkommentare bildeten die Eingabenanalysen generell eine wichtige Informationsquelle für höhere Funktionäre. Mancher von ihnen, darunter auch Parteichef Honecker, verzichtete explizit auf die Lektüre der Lageberichte der Staatssicherheit, las dafür jedoch mit Interesse die regelmäßigen Auswertungen der Eingaben. Noch wichtiger waren die Eingabenanalysen für jene Funktionäre, die von den Berichten der Staatssicherheit, die nur einem engen Kreis zugänglich gemacht wurden, von vornherein ausgeschlossen blieben.

Ende der 1980er Jahre mehrte sich die Kritik an der Methodik und Aussagekraft der Eingabenauswertungen im MfG. Die Kategorisierung bilde nicht die Komplexität vieler Eingaben ab, so das Urteil des Instituts für Sozialhygiene und Organisation des Gesundheitswesens »Maxim Zetkin« (ISOG), das 1988 die Qualität der Eingabenanalysen untersuchte. Patientenbeschwerden lägen häufig mehr als nur eine Ursache zugrunde; die in den Eingaben formulierten Anliegen ließen sich nur selten auf einen »Deskriptor« reduzieren. Das MfG müsse stärker berücksichtigen, dass manche Probleme, wie etwa das der langen Wartezeiten in Polikliniken, »erst durch die Unfreundlichkeit des betreffenden Arztes oder der Schwester zu einer Eingabe geführt haben«. Das Institut empfahl zudem, generell stärker die Möglichkeiten der elektronischen Datenverarbeitung zu nutzen.[167] Bis zum Ende der DDR behielt jedoch die Erfassung und Auswertung der Eingaben in Mecklingers Ministerium ihren analogen und zuweilen improvisatorisch anmutenden Charakter.

Fast alle der in den Akten des MfG auffindbaren Eingaben tragen mehr oder weniger ausgeprägte Bearbeitungsspuren. Zentrale Aspekte sind durch Unterstreichungen oder Randbemerkungen der Bearbeiter hervorgehoben worden. Sie lenken auch heute noch die Aufmerksamkeit des Lesers auf relevante Passagen, was quellenkritisch zu bedenken ist. Dazu kommen Randbemerkungen, Frage- oder Ausrufezeichen oder kurze Anweisungen (»HA III umgehend antworten!«) an nachfolgende Bearbeiter.[168] Zusammen mit den teilweise ebenfalls überlieferten Arbeitsnotizen lassen diese Bearbeitungsspuren erkennen, dass sich die Mitarbeiter des Ministeriums durchaus intensiv mit den Bitten und Anliegen der Bürger auseinandersetzten. Die von offizieller Seite gern propagierte

167 Vermerk Peter Apelt, ISOG, Abteilung Leitung und Recht, 2.9.1988, BArch, DQ 1/12610. Tatsächlich wurden die im MfG für die Eingabenerfassung genutzten Listen, Karteikarten und Posteingangsbücher überwiegend noch handschriftlich geführt.

168 Hier, stellvertretend für viele: Handschriftliche Anweisung auf Sammeleingabe vom 11.2.1979, BArch, DQ 1/11706-3.

»Sorge um den Menschen« wurde hier tatsächlich ernst genommen und in die Tat umgesetzt. Zugleich wird deutlich, dass die Bearbeiter erhebliche Ermessensspielräume bei der Bewilligung oder Ablehnung der jeweiligen Anliegen hatten. Abhängig von der Intensität der Fallschilderung oder auch der Rhetorik der Eingabenverfasser konnten die Mitarbeiter des Ministeriums mehr oder weniger Hebel in Bewegung setzen, um den vorgebrachten Problemen abzuhelfen. Sie verfügten über die Macht, Ressourcen zu verteilen, etwa indem sie Patienten ein knappes Medikament verschafften, einen gewünschten Termin bei einem Spezialisten ermöglichten oder die Wartezeit auf eine Operation verkürzten. Dies wurde in aller Regel in Worten kommuniziert, die der oft schwierigen bis schicksalsbeladenen Situation der Anfragenden gerecht zu werden versuchten. Nur in wenigen Fällen schimmert in den Antwortbriefen die Sprache der Politbürokratie hindurch. Interne Vermerke konnten auch einmal ironisch oder respektlos ausfallen, insbesondere wenn es sich um wiederkehrende Eingaben aus vergleichsweise nichtigem Anlass handelte.[169] Die Antworten auf die Eingaben wurden von den Bearbeitern als handschriftlicher Entwurf vorformuliert und dann von Sekretärinnen per Schreibmaschine endgültig zu Papier gebracht. Ein Durchschlag des Antwortschreibens verblieb üblicherweise im Ministerium. Trotz aller Routine ließ sich der Text der Repliken kaum standardisieren, zu unterschiedlich waren die geschilderten Fälle und Anfragen. Alles in allem erscheint die Bearbeitung der Patienten- und Angehörigeneingaben als ein äußerst arbeitsintensiver Prozess, der neben den Antwortschreiben auch eine erhebliche Menge an internen Absprachen, Korrespondenzen und Vermerken hervorbrachte. Letztlich ließ sich damit jedoch immer nur einer Person, bestenfalls einer Familie helfen. Solange die zugrunde liegenden Strukturprobleme des Gesundheitswesens nicht gelöst wurden, konnte es passieren, dass eine Woche später der gleiche Apparat für ein ganz ähnliches Anliegen einer anderen Person erneut in Gang gesetzt werden musste. Diese Ineffizienz war der Preis für die politisch gewollte Vereinzelung der Bürgerbeschwerden durch das Eingabesystem.

169 Häufiger als im MfG findet sich ein solcher Umgangston in den Notizen der personell überschaubaren (und untereinander deshalb vielleicht vertrauter agierenden) ZK-Abteilung für Gesundheitspolitik. Vgl. den internen Vermerk durch »Christa« vom 14.4.1986: »Frau Henschel, Feierabend- und Pflegeheim Judith Auer, hat sich wieder einmal gemeldet. Sie bittet Dich, lieber Ingo, dass Du sie wieder einmal anhörst. Sie möchte Dir mitteilen, dass die Pflegeschwester Rita F., die Genossin ist, ohne ärztliche Verordnung Salbe aufs Bein getan hat, und die ganze Geschichte ist 100%ig schlimmer geworden. Sie bittet um Deinen Rückruf. Du mögest das Heim anrufen und dann sie verlangen. Sie weiß, dass Du ihre Eingabe bearbeitest. Ingo, spiele doch wieder einmal tröstende Pflegeamme.« SAPMO-BArch, DY 30/vorl. SED 36914-1.

IV. Eingaben zu spezifischen Bereichen der Gesundheitsversorgung

In den vorangegangenen Kapiteln wurden Eingaben von Patienten und Angehörigen als Quelle der Medizin- und Patientengeschichte vorgestellt sowie der historische Rahmen vermessen, in dem sie entstanden. Daran anschließend wurde die Eingabenkultur im Gesundheitswesen als solche untersucht: Wer schrieb, wie wurde geschrieben, und wie lauteten die Antworten? Das folgende vierte Kapitel widmet sich den Anliegen der Verfasser. Was bewog die Menschen in den 1970er und 1980er Jahren, Eingaben zu schreiben? Mit welchen Fragen, Beschwerden oder Anregungen zur gesundheitlichen Versorgung wandten sie sich an die politische Führung und speziell an das Gesundheitsministerium? Welches Spektrum an Themen sprachen die Menschen in den Briefen an, und welche Erwartungen richteten sie an Ärzte, Pflegende und politisch Verantwortliche? Die Eingaben sollen gleichsam als Sonde dienen, um Einblicke in verschiedene Bereiche des DDR-Gesundheitswesens während der Honecker-Jahre zu gewinnen. Zugleich wird erkennbar, wie die angeschriebenen Instanzen in ihren Antworten nicht nur versuchten, individuelle Lösungen bereitzustellen, sondern auch die Gelegenheit nutzten, für die gesundheitspolitischen Grundlinien der SED zu werben und die Menschen politisch zu erziehen. Somit erhellen die Briefe am Beispiel der Gesundheitsversorgung ein Stück weit die kommunikative Praxis zwischen Beherrschten und Herrschern im real existierenden Sozialismus.

Die Darstellung stützt sich vorwiegend auf Eingaben, in denen es um die unmittelbare *medizinische Betreuung* sowie um die *Versorgung mit Arzneimitteln* geht. Diese beiden Themenfelder, auf die – folgt man der Klassifizierung des MfG – zusammen stets etwa die Hälfte der Eingaben im Gesundheitswesen entfiel, sind am besten geeignet, um die Patientenperspektive auf das Gesundheitswesen zu rekonstruieren und die Wahrnehmung bestimmter Probleme zu verdeutlichen.

1. Medizinische Betreuung

Konflikte in der Arzt-Patient-Beziehung

In jedem Gesundheitssystem hängen sowohl die Qualität der medizinischen Betreuung als auch die Patientenzufriedenheit entscheidend vom Wissen, Können und Auftreten des ärztlichen und nichtärztlichen Personals ab. Im Gesundheitswesen der DDR galt diese zeitlose Erkenntnis noch um einiges mehr als anderswo, da es meist der menschliche Faktor war, der die materiellen Defizite ausgleichen musste. In der Literatur zum DDR-Gesundheitswesen wird vielfach hervorgehoben, dass es in der Tat dessen Mitarbeiter waren (mehr als drei Viertel von ihnen Frauen), die das System trotz chronischer Personalnot am Laufen hielten und viele strukturelle Probleme durch Improvisation und persönlichen Einsatz kompensierten. Nicht umsonst besaßen Krankenschwestern und Ärzte in der DDR ein überdurchschnittliches Sozialprestige, was sich allerdings nicht in ihrer Entlohnung widerspiegelte.[1] Dennoch gab es, wie in jedem Gesundheitssystem, gute Gründe für Patienten, sich jenseits von materiellen Defiziten über individuelles Verhalten von Ärzten und Pflegenden in den Polikliniken und Krankenhäusern zu beschweren. »Das Wort Feierabend hat meine Frau in ihrer Dialysezeit sehr oft hören müssen«, schrieb etwa Albrecht T. im Juni 1986 in einer ausführlichen Eingabe, in der er sich über die schlechte Behandlung seiner inzwischen verstorbenen Frau im Krankenhaus Neuruppin beklagte.[2] Dass medizinisches Personal mitunter nur stellvertretend zur Zielscheibe von Kritik wurde, wenn Patienten ihre krankheitsbedingte Angst, Wut und Enttäuschung auf die Helfenden projizierten, ist dabei stets mit zu bedenken.

Abgesehen von mündlichen, an Ort und Stelle vorgebrachten Beschwerden, die höchstens durch indirekte Erwähnung in der archivalischen Überlieferung auftauchen, bildeten Eingaben ein wichtiges Medium für Patienten, ärztliches oder pflegerisches Verhalten zu kritisieren. Als Adressaten kamen neben den jeweiligen Gesundheitseinrichtungen zunächst die zuständigen Stellen auf Kreis- und Bezirksebene infrage. Im Folgenden werden nur Eingaben untersucht, die an das MfG sowie an führende Funktionäre und Gremien der SED gerichtet wurden. An diese Instanzen wandten sich Menschen, die wussten, wo in einem streng zentralistisch aufgebauten Staat die eigentliche Entscheidungsgewalt lag, oder

1 Diese war jenseits von Kader- und Leitungspositionen eher unterdurchschnittlich, vgl. Ruban: Gesundheitswesen in der DDR, S. 64 f.

2 Albrecht T. an MfG (Kopie an Abteilung Gesundheitspolitik der SED), 12.6.1986, SAPMO-BArch, DY 30/vorl. SED 36914-1.

die vermuteten, dass ihre Kritik am Widerstand und Zusammenhalt der lokalen Ärzte und Funktionäre abprallen könnte. Da die meisten Vorfälle unterhalb der Deliktschwelle blieben, wurden Strafverfolgungsbehörden nur selten eingeschaltet. Doch auch dies konnte vorkommen, wie ein Fall aus dem Jahr 1986 zeigt, in dem der hinterbliebene Sohn eines im Universitätsklinikum Halle verstorbenen Patienten parallel zu seiner Eingabe an die SED die örtliche Staatsanwaltschaft informierte, weil er eine Verletzung der ärztlichen Sorgfaltspflicht bei der Behandlung seines Vaters vermutete. An den Leiter der ZK-Abteilung für Gesundheitspolitik schrieb Arthur E.:

> »Was mich besonders erschütterte war der arrogante Hinweis der behandelnden Ärzte, dass die Operation selbst erfolgreich verlaufen sei. Hat man in dieser Klinik vergessen, dass sich um ein Karzinom herum noch ein Mensch befindet? Ich hoffe, dass diese Operation nicht Eingang in die Statistik erfolgreich durchgeführter Krebsoperationen findet. Die geschilderten Umstände [...] stehen nach meinem Empfinden in eklatantem Widerspruch zur sozialistischen Moral und Ethik.«[3]

Wie den Quellen zu entnehmen ist, wurde nach genauer Begutachtung des Vorgangs auf die Eröffnung eines Ermittlungsverfahrens verzichtet, obwohl der Sohn weiter auf juristische Aufklärung drängte.[4] Die heutzutage von Beschwerdeführern oft als Ansprechpartner genutzten Selbstverwaltungsorgane der Ärzteschaft schieden seinerzeit als Adressat aus, da es sie in der DDR nicht gab.

Eingaben können das Urteil der Bürger über die Qualität der medizinischen Versorgung und der Arzt-Patient-Beziehung nur teilweise abbilden. Dennoch ist ihre Aussagekraft nicht zu unterschätzen. Die Forschung sieht in schriftlich geäußerten Beschwerden die »Spitze des Eisbergs« an Unzufriedenheit, unter der sich stets ein weitaus größeres, nicht artikuliertes Ausmaß an Missfallen und Spannungen verbirgt.[5] Insofern vermögen Beschwerden durchaus valide Hinweise auf Problemschwerpunkte zu geben. Für eine historische Betrachtung sind die Eingabentexte überdies auch deshalb wertvoll, weil sie in *qualitativer* Hinsicht interessante Aufschlüsse darüber geben, wie sich die Menschen ein ideales Verhältnis zu Ärzten und Pflegenden vorstellten, was sie sich davon erhofften und was davon im sozialistischen Gesundheitswesen gut oder weniger gut realisierbar war.

3 Arthur E. an Seidel, 6.3.1986, SAPMO-BArch, DY 30/vorl. SED 36914-1.

4 Vgl. SED-Bezirksleitung Halle an Münter, 29.9.1986, ebd.

5 Klein: Complaints against doctors, S. 105 f. (»Complaints are therefore only the visible tip of the iceberg of discontent.«). Siehe auch Bernd Stauss/Wolfgang Seidel: Beschwerdemanagement. Unzufriedene Kunden als profitable Zielgruppe, 4., vollständig überarbeitete Auflage, München 2007, S. 310.

Den Analysen des MfG lässt sich entnehmen, dass Eingaben, die ein gestörtes Arzt-Patient-Verhältnis zum Gegenstand hatten, regelmäßig etwa die Hälfte aller unter der Rubrik Medizinische Betreuung registrierten Eingaben ausmachten. »In noch zu vielen Fällen«, so hieß es 1979 mit Blick auf die Eingaben des Vorjahres, »beschränkt sich das Arzt-Patient-Verhältnis auf die Ausstellung eines Rezeptes, einer AU-Schreibung bzw. die Ausstellung einer oder mehrerer Überweisungen zu anderen Fachärzten.« Gleichzeitig gebe es viele »Kritiken an der Verhaltensweise des medizinischen Personals, an der Art und Weise der Behandlung durch die Ärzte«.[6] Als das MfG diese Einschätzung verfasste, hatten zahllose Familien in der DDR das Vertrauen in die Ärzteschaft und das Gesundheitswesen unter dramatischen Umständen nachhaltig verloren. Anfang 1979 realisierten nämlich Tausende Wöchnerinnen, dass ihnen im Rahmen der sogenannten Anti-D-Prophylaxe ein Serum injiziert worden war, das mit Hepatitisviren kontaminiert war. Über das MfG brach in der Folge eine Flut von Eingaben herein, in denen in scharfen Worten gefragt wurde, wie man denn angesichts solcher Vorkommnisse künftig noch Vertrauen in die Ärzte setzen könne. So schrieb eine Mutter, die aufgrund ihrer Infektion wochenlang von ihrem neugeborenen Kind getrennt wurde:

> »Ich weiß nicht, ob Sie wissen, wie es sich anhört, wenn ein Kind weint. Aber es ist noch schmerzlicher, wenn man weiß, dass es bei besserer Kontrolle nicht hätte geschehen können! Oder sind Sie da anderer Meinung? Wie glauben Sie, soll jetzt das weitere Arzt-Patient-Verhältnis aussehen? Jeder Mensch geht doch ins Krankenhaus mit dem Vorsatz, gesund wieder herauszukommen! Bei uns wurde hier aber der Grundstein für eine weitere Erkrankung gelegt. Wie jeder Mensch weiß, kann man von einer Hepatitis einen Schaden für das ganze Leben zurückbehalten. Wer fühlt sich dafür verantwortlich?«[7]

Nachdem im Jahr 1981 mit knapp 1400 Eingaben allein zur medizinischen Betreuung ein neuer Höchststand erreicht war, hieß es in der Analyse, die Beschwerdeursachen ließen sich »immer wieder auf bekannte Probleme zurückführen, wie

- zu lange Bestell- und Wartezeiten in ambulanten und stationären Einrichtungen [...]
- gestörtes Arzt/Patientenverhältnis, in der Mehrzahl der Fälle als Resultat nicht ausreichender oder widersprüchlich mit den Patienten geführter Gespräche

6 MfG, Leiter der Hauptinspektion, Analyse über die Auswertung der Eingaben der Bürger und Einschätzung der Arbeit mit den Eingaben im 2. Halbjahr 1978, 13.3.1979, BArch, DQ 1/12652.

7 Kerstin R. an Mecklinger, 12.2.1979, BArch, DQ 1/11706-3.

- die Art und Weise des Umgangs mit den Patienten, der Umgangston und der Mangel an individueller Hinwendung
- hier und da auch noch Abweisungen mit der Begründung der Überlastung oder Nichtzuständigkeit«.[8]

Der Rat des Bezirks Cottbus meldete 1984 nach Berlin, dass von den 50 Eingaben, die im Vorjahr allein im Bezirkskrankenhaus Cottbus registriert worden seien, 25 das »Verhältnis Arzt-Schwester-Patient« zum Inhalt gehabt hätten.[9] Auch in der Fachliteratur wurden die vorhandenen Spannungen zwischen Ärzten und Patienten aufmerksam registriert, zumal sie nicht in das gern propagierte idealtypische Bild des sozialistischen Gesundheitswesens passten.[10]

Wie entscheidend das Verhalten der Mitarbeiter für eine gute medizinische Versorgung und das Wohlbefinden der Kranken war, hatten Wissenschaftler zu Beginn der 1980er Jahre durch Befragung von über 1600 Patienten im Klinikum Berlin-Buch zeigen können. Der Analyse zufolge maßen die Patienten der adäquat vermittelten ärztlichen Information sowie den Umgangsformen und dem Umgangston des Personals die größte Bedeutung bei, während die ebenfalls befragten Ärzte und Pflegenden die Relevanz dieser Aspekte tendenziell eher unterschätzten.[11] Bereits 1975 hatte Gesundheitsminister Mecklinger deutlich gemacht, worauf es seiner Ansicht nach bei der gesundheitlichen Versorgung der Bevölkerung in erster Linie ankäme:

> »Der Bürger beurteilt das sozialistische Gesundheitswesen weitgehend danach, wie man ihm in den Gesundheitseinrichtungen begegnet, ihm Verständnis entgegenbringt für seine Probleme, ihn betreut, versorgt, ihm Auskunft gibt auf die ihn aus Sorge um seine Gesundheit bewegenden Fragen.«[12]

8 MfG, Hauptinspektion, Analyse der Arbeit mit den Eingaben der Bürger im Ministerium für Gesundheitswesen im Jahre 1981, 14.4.1982, BArch, DQ 1/12652.

9 MfG, Hauptinspektion, Analyse über die Arbeit mit den Eingaben der Bürger im Ministerium für Gesundheitswesen im Jahre 1983, März 1984, BArch, DQ 1/12652.

10 »Sowohl die soziologischen Untersuchungen als auch Eingaben-Analysen und ärztliche Gutachten weisen darauf hin, dass trotz der im Vergleich zu kapitalistischen Ländern günstigen ökonomischen, moralischen und rechtlichen Ausgangssituationen die Konfliktrate im Arzt-Patient-Verhältnis noch recht hoch ist.« Ernst Luther: Ethik in der Medizin – Standpunkte und Aufgaben, in: humanitas 23 (1983) 21, S. 9.

11 Vgl. Glomb/Glomb/Rößler: Gestaltung des Betreuungsmilieus.

12 Ludwig Mecklinger: Zu den Aufgaben der Leiter der Einrichtungen im Gesundheitswesen, in: Alfred Keck (Red.): Leitung und Organisation im Gesundheitswesen. Ausgewählte Beiträge, Berlin 1975, S. 11–13, hier S. 11.

Kurz zuvor hatte eine nichtrepräsentative Erhebung der populärmedizinischen Zeitschrift *Deine Gesundheit* die Sensibilität der Patienten gegenüber nicht angemessenem ärztlichen Verhalten herausgestellt (vgl. Kapitel II.2). Am häufigsten hatten sich die befragten Leser der Zeitschrift an Überheblichkeit und taktlosen Bemerkungen seitens der Ärzte gestört. Aspekte wie fehlende Erläuterungen zur Krankheit oder mangelndes Zuhören rangierten in dieser Befragung weiter hinten auf der Beschwerdeskala.[13] Aus Anlass des VIII. SED-Parteitags im Juni 1971 hatte die Zeitschrift zudem zahlreiche namentlich gekennzeichnete Leserkommentare abgedruckt, die dieses Meinungsbild in wesentlichen Punkten vorwegnahmen und ergänzten. Eine Frau aus dem sächsischen Böhlitz schrieb:

> »Es ist mir unverständlich bei der guten Führung unserer Partei, dass sich unter den Ärzten so viel Überheblichkeit entwickelt, oder auch Oberflächlichkeit. Arzt sein hat doch nicht nur den Titel und ein besonders gutes Leben zum Ziel. Unter Arzt verstehe ich einen Humanisten. Das wird doch bestimmt auf unseren Hochschulen gründlich gelehrt. Aber in der Praxis sieht das leider anders aus. Deshalb begrüße ich es, dass endlich einmal diese Angelegenheit zur Diskussion steht.«[14]

Eine andere Leserin äußerte:

> »Vor allem sollte ein Humanmediziner stets freundlich sein, einfach in seiner Art, aufrichtig. Letzten Endes erwarte ich von ihm, dass er fachlich gut ist und Selbstbewusstsein besitzt. Eine gewisse Distanz kann gewahrt werden, dagegen hätte ich nichts. Arroganz lehne ich ab.«[15]

Ein Leser aus Karl-Marx-Stadt war ein gewisses Maß an Unhöflichkeit offenbar aus anderen Bereichen gewohnt:

> »Wenn man von einem Arzt unhöflich, grob oder gar demütigend behandelt wird, so hat das ernstere Folgen als die Unhöflichkeit einer Verkäuferin. Man kann regelrecht arztscheu werden und in durchaus schlimme Situationen geraten.«[16]

Nicht immer waren es die ärztlichen Umgangsformen, an denen sich die Patientenkritik entzündete, sondern auch die schwierigen Rahmenbedingungen, unter denen die Begegnung zwischen Arzt und Patient stattfand:

13 Vgl. Misgeld: Die Leser hatten das Wort.

14 Martha Kunze (Böhlitz), in: Deine Gesundheit (1971) 7, S. 218. Auf eine Pseudonymisierung wurde an dieser Stelle verzichtet, da die Zuschriften bereits damals unter Nennung der Absendernamen abgedruckt wurden.

15 Ilse Otto (Rostock), in: ebd.

16 Friedel Badstüber (Karl-Marx-Stadt), in: ebd., S. 219.

> »So wie ich mir das Arzt-Patient-Verhältnis vorstelle, ist es leider nicht. Ursache dafür ist wohl das überfüllte Wartezimmer, denn wenn ein Arzt in zwei Stunden Sprechzeit bis zu 40 Patienten behandeln soll, kann er sich nicht mit jedem einzelnen individuell befassen. Ich hätte gern gewusst, ob es tatsächlich solche Arztpraxen gibt, wie sie beispielsweise in der Sendung des DFF ›Der Nächste bitte!‹ gezeigt werden.«[17]

Auch wenn nichts über die Intention und die Kriterien bekannt ist, nach denen diese und andere Zuschriften für den Abdruck ausgewählt wurden, so gibt es wenig Gründe, an der Authentizität der namentlich gekennzeichneten Briefe zu zweifeln. Sie entsprachen nicht nur dem Tenor, der sich auch in vielen Eingaben wiederfinden lässt,[18] sondern fügten sich ein in eine Diskussion über die Ausgestaltung der Arzt-Patient-Beziehung im Sozialismus, die seit den 1960er Jahren unter politischen Funktionären, Wissenschaftlern und Ärzten geführt wurde.[19] 1968 war erstmals das Recht der Bürger auf unentgeltlichen Gesundheitsschutz in die zweite, nunmehr dezidiert sozialistische Verfassung der DDR aufgenommen worden. Diese verfassungsrechtliche Aufwertung führte bei den Patienten zu einem Bewusstseinswandel und zu einer wachsenden Kritikbereitschaft, die für die 1970er und 1980er Jahre prägend werden sollte.[20] In der konsumorientierten Ära Honecker begriffen sich Patienten immer häufiger als informierte und kritikberechtigte Mitentscheider in Gesundheitsfragen. Ein vergleichbarer Trend war auf internationaler Ebene zu beobachten, so etwa in Großbritannien, dessen staatliches Gesundheitssystem strukturell am ehesten jenem der DDR ähnelte. Der britische National Health Service (NHS) verzeichnete seit 1967 einen Anstieg der Patientenbeschwerden, der sich ein Jahrzehnt später noch einmal verstärkte. Auch dort entzündete sich die Kritik zum großen Teil an den Umgangsformen der Ärzte.[21] In der DDR führte diese Entwicklung zu einem neuen Orientierungs-

17 Anneliese Budszus (Oschatz), in: ebd. »Der nächste, bitte!« war eine Gesundheitsratgebersendung des Deutschen Fernsehfunks (DFF), der staatlichen Fernsehsendeanstalt der DDR.

18 Vgl. exemplarisch Brigitte G., die sich am 30.10.1984 an das ZK der SED mit der Bitte wandte, »die Methoden des Dr. [...] im Umgang mit seinen Patienten prüfen zu lassen, weil sie der Forderung des X. Parteitages zur Vertiefung der vertrauensvollen Beziehungen zwischen Gesundheitswesen und den Bürgern widersprechen«. SAPMO-BArch, DY 30/vorl. SED 33613/1.

19 Im Detail nachgezeichnet bei Hörnlein: Zum Ringen um ein sozialistisches Arzt-Patient-Verhältnis.

20 Vgl. Mück: Die rechtliche Entwicklung des Arzt-Patient-Verhältnisses, S. 14 f.

21 Vgl. Klein: Complaints against doctors, S. 111 f. (»manners and remarks of practitioners«) sowie Alex Mold: Complaining in the age of consumption. Patients, consumers or citizens?, in: Jonathan Reinarz/Rebecca Wynter (Hrsg.): Complaints, controversies and grievances in medicine. Historical and social science perspectives, London 2015, S. 167–183, hier S. 170. Die Forschung interpretiert die wachsende Beschwerdebereitschaft als Teil einer sich wandelnden Selbst- und Fremdwahrnehmung der Patienten, die sich passend zum Zeitgeist jener Jahre zunehmend als

bedarf auf ärztlicher Seite. Zahlreiche Autoren widmeten sich in der Folge der Rolle des Arztes im Sozialismus und dessen Verpflichtungen gegenüber den Patienten. Das korrekte ärztliche Auftreten gegenüber dem Kranken stand dabei im Zentrum der Diskussion. So erinnerte der Direktor der Berliner Universitäts-Frauenklinik und Nationalpreisträger Helmut Kraatz seine Kollegen daran, dass Bescheidenheit, Freundlichkeit und Empathie unabdingbare Voraussetzungen einer jeden Arzt-Patient-Beziehung seien. Über die »moralischen Imperative des Arztes« schrieb Kraatz:

> »Der Bürger unseres Landes verlangt, nicht nur dem Wort nach, sondern in der Tat, in jeder Geste des Arztes oder seiner Mitarbeiter und in den Bedingungen, unter denen er sich einer Untersuchung oder Befragung stellt, als gesellschaftlich tätiger Mensch geachtet und gewürdigt zu werden. Das erfordert viel Takt und Einfühlungsvermögen, die längst nicht bei allen Ärzten gleichermaßen ausgebildet sind. Oft beobachtet man gerade bei jungen Ärzten einen völlig unangebrachten Berufsdünkel – doppelt unangebracht, weil der ihm gegenüberstehende Patient vielleicht an Lebenserfahrung viel reifer ist als er.«[22]

Die aus einfachen Verhältnissen stammende Ärztin und Gesundheitspolitikerin Elfriede Paul zeigte sich rückblickend ebenfalls unzufrieden mit dem Auftreten mancher Nachwuchsmediziner:

> »Als einen persönlichen Misserfolg betrachte ich noch heute die Tatsache, dass einige unserer Arbeiter- und Bauernkinder anfingen, sich nicht mehr einfach und natürlich zu verhalten. Sie waren überheblich zu den Angestellten in der Küche, zu Schwestern und Pflegern. Im Verkehr mit den Patienten gewöhnten sie sich eine herablassende Art an. [...] Es war nicht immer einfach, sich mit solchen arrogant gewordenen Studenten auseinanderzusetzen, auch nicht immer erfolgreich.«[23]

Konsumenten begriffen hätten: »The ability to complain was a crucial issue both in the construction of the patient as a consumer and in the development of patient-consumer activism.« Ebd., S. 167. Siehe auch Anonymus: Patients as Consumers: Wants and Needs, in: The Lancet 277 (1961), S. 927–928; Leo G. Reeder: The Patient-Client as a Consumer: Some Observations on the Changing Professional-Client Relationship, in: Journal of Health and Social Behavior 13 (1972) 4, S. 406–412.

22 Helmut Kraatz: Über die moralischen Imperative des Arztes, in: Alfred Keck (Red.): Leitung und Organisation im Gesundheitswesen. Ausgewählte Beiträge, Berlin 1975, S. 15–24, hier S. 24. Siehe auch Becker: Arzt und Patient; Achim Thom/Klaus Weise: Medizin und Weltanschauung, Jena 1973 sowie Winter: Zum System-Aspekt. Stärker als bei Kraatz wird in diesen letztgenannten Schriften deutlich, dass es bei der Diskussion um korrektes ärztliches Verhalten im Hintergrund immer auch um die »richtige« ideologische Ausrichtung der als politikfern und sozialismuskritisch geltenden Ärzteschaft ging.

23 Elfriede Paul: Ein Sprechzimmer der Roten Kapelle, Berlin 1981, S. 251 f.

Raum für öffentliche Kritik an bestimmten ärztlichen Verhaltensweisen (wie auch an Defiziten des Gesundheitswesens allgemein) bot sich in der Amtszeit Honeckers jedoch nicht. Die Leserbriefspalten der Zeitungen brachten zunehmend nur noch gefilterte oder geschönte Zuschriften. Organisationen oder Gruppierungen, die Patienteninteressen gebündelt hätten vertreten können, wurden nicht geduldet. Selbst der Chefredakteur der Zeitschrift *Deine Gesundheit*, Gerhard Misgeld, konnte seine optimistische Ankündigung von 1971, das Blatt auch weiterhin als Forum für Patientenkritik zur Verfügung zu stellen, nicht in die Tat umsetzen. Menschen, die sich kritisch zu Wort melden wollten, waren auf das Schreiben von Eingaben und damit auf den nichtöffentlichen Raum angewiesen, der keine direkte Breitenwirkung versprach. Dies hinderte sie nicht, sich selbstbewusst und zuweilen pointiert zu äußern. Insbesondere Menschen, die sich oder ihre Angehörigen ungerecht behandelt sahen oder ärztlichen Standesdünkel witterten, hielten mit ihrer Kritik nicht hinter dem Berg.

Im März 1985 erhielt die Abteilung Gesundheitspolitik beim ZK der SED die Eingabe einer Frau aus dem Kreis Sangerhausen, in der Aspekte angesprochen wurden, die seinerzeit auch andere Patienten zum Schreiben motivierten. In dem zwei Seiten umfassenden Brief beschwert sich die Verfasserin über den Arzt des örtlichen Ambulatoriums. Dieser habe sie mit ihren aktuellen gesundheitlichen Problemen nicht ernst genommen und stattdessen vermutet, sie wolle sich lediglich von der Arbeit befreien lassen. Der Arzt habe ihr vorgehalten, dass sie bereits während einer früheren Krankschreibung nebenher gearbeitet habe und er annehmen müsse, sie sei auch schon damals nicht krank gewesen.

> »Was ist das für ein Arzt welcher mir unterstellt, dass ich nur auf den Krankenschein scharf bin? […] Jedenfalls fauchte er mächtig herum und auch ich kam auf die Palme. Er sagte, dass er wegen der Verletzung der Krankenpflicht einen Eintrag mache.«[24]

Der Arzt habe sie sogar angeschrien, so die Patientin, er sei darüber hinaus im Ort bekannt für sein grobes Verhalten, niemand habe Vertrauen zu ihm.

> »Worüber Sie in meiner Beschwerde lesen werden, ist nicht nur mir widerfahren, sondern vielen Personen auch. Niemand wagte es aber aus Furcht vor späteren Schwierigkeiten, sich an diesem Bericht zu beteiligen, sodass ich nur von meiner Angelegenheit schreiben kann. […] Sind wir kleinen Arbeiter drittklassige Menschen, dass wir so behandelt werden von einem Arzt, der auf Kosten der Arbeitenden studiert hat, und die Leute auch braucht für seine Ansprüche. Habe ich nicht das Recht mich

24 Almut C. an ZK der SED, 13.3.1985, SAPMO-BArch, DY 30/vorl. SED 34847.

> ordentlich behandeln zu lassen, wenn ich vor Schmerzen nachts Wandertag habe? Man riet mir zu der Eingabe, aber lehnte eine Teilnahme aus Furcht ab. Ich habe keine Angst dass ich eins drauf bekomme, denn ich habe nichts verbrochen. Wenn Dr. [...] aus Überlastung oder privaten Dingen überfordert ist, so kann er das nicht an den Menschen, die Hilfe brauchen, auslassen. Dann ist er eben zu solch einer humanen und verantwortungsvollen Tätigkeit nicht fähig. Schade nur dass ich die Einzige bin welche sich solcher unwürdigen Behandlung erwehrt. An eine Eingabe an den Bezirk oder Kreis habe ich auch gedacht. Diese Ärzte sind vielleicht untereinander gut bekannt und das Schreiben könnte unter den Tisch fallen. Nein, es soll endlich einmal richtig dieser Sache nachgegangen werden. Vielleicht finden dann mehr Leute den Mut, sich gegen derartige Behandlung eines Arztes zu wehren.«[25]

Obwohl sich der eigentliche Sachverhalt naturgemäß einer nachträglichen Beurteilung entzieht, so gewährt der von der Verfasserin als »Beschwerde-Eingabe« bezeichnete Brief doch Einblicke in typische Probleme einer Arzt-Patient-Beziehung. Im Zentrum stehen der ärztliche Umgangston mit Patienten, das empathische Eingehen auf ihre Symptome sowie die Frage der Krankschreibung. Akzentuiert werden die Probleme hier noch durch den ländlich-kleinstädtischen Raum, in dem ein Arztwechsel kaum möglich war und wo sich überdies Ärzte und Patienten auch im Alltag, außerhalb des Ambulatoriums, begegneten.

Ob während der Konsultation eine medizinische Behandlung im eigentlichen Sinne stattgefunden hat, ist der Eingabe nicht zu entnehmen. Offensichtlich ging es der Patientin vorrangig darum, das als unangemessen empfundene Gesprächsverhalten des Arztes zu kritisieren, in der Hoffnung, dass dies von höherer Stelle überprüft und korrigiert werde. Sie berichtet weiterhin von der Angst anderer Patienten, denen Ähnliches widerfahren sei, dass die Mitwirkung an einer Eingabe zu Schwierigkeiten führen könnte.

In ihrem Schreiben nimmt Almut C. subtil Bezug auf die üblichen parteiamtlichen Verlautbarungen zum Arzt-Patienten-Verhältnis im Sozialismus. Der Wirkung ihrer Beschwerde war dies sicher nicht abträglich. Sie fordert genau das ein, was die SED von Beginn an zum Kern ihrer Gesundheitspolitik erklärt hatte: eine Arzt-Patient-Beziehung auf Augenhöhe und als Voraussetzung dafür eine klassenbewusste, den Interessen der Arbeiterschaft verpflichtete, vom Standesdünkel befreite Ärzteschaft. Auch auf das sozialistische Versprechen einer egalitären Gesundheitsversorgung, bei der es »drittklassige« Patienten natürlich nicht geben durfte, spielt sie an. Zuletzt erklärt sie mit bemerkenswerter Offenheit, dass

25 Ebd.

sie den lokalen Instanzen eine Lösung ihres Problems nicht zutraue, ja dass sie dort sogar einen schädlichen Korpsgeist vermute.

Mit ihrer Eingabe berührte Almut C. außerdem einen zentralen Rollenkonflikt, in den Ärzte im sozialistischen Gesundheitssystem häufig gerieten. Wem sollte ihre Loyalität gelten, wenn sie über die fragliche Arbeitsfähigkeit eines Patienten zu entscheiden hatten, dem nach Entlastung rufenden Kranken oder dem sozialistischen Staat, für den die Arbeit doch zentrales Gut und höchster Wert zugleich war?[26] Die Frage, ob Ärzte in solchen Fällen als Anwälte ihrer Patienten oder als Wahrer staatlicher Interessen auftreten sollten, war zu der Zeit, als Almut C. ihre Eingabe schrieb, aktueller denn je.[27] Nachdem die SED jahrelang den von ihr als zu hoch empfundenen Krankenstand in den Betrieben der DDR kritisiert hatte, ergriff die Staatspartei Anfang der 1980er Jahre Maßnahmen, um die Zahl der Krankmeldungen zu senken. So wurden in den Betriebspolikliniken zusätzlich zu den bereits bestehenden Gremien »Sonderärzteberatungskommissionen« gebildet, die wöchentlich mit den Betriebsleitern den Krankenstand auswerteten und Patienten in Augenschein nahmen, die überdurchschnittlich häufig krank waren. Als Folge dieser und anderer Kontrollmaßnahmen sanken die Krankmeldungen in der DDR im Jahr 1983 erstmals deutlich.[28] Das Misstrauen und autoritäre Gebaren, das Almut C. zwei Jahre darauf an »ihrem« Arzt kritisierte, war also im Prinzip vom Staat durchaus gewollt. Umso interessanter ist daher, wie die ZK-Abteilung auf die vorliegende Beschwerde reagierte.

Der Arzt und stellvertretende Leiter der ZK-Abteilung für Gesundheitspolitik, Christian Münter, übermittelte die Eingabe nur wenige Tage nach ihrem Eingang an die SED-Bezirksleitung in Halle mit der Bitte,

26 Offen angesprochen wird dieses Dilemma, das die im Sozialismus gern propagierte »natürliche« Interessenkongruenz zwischen Arzt und Patient arg strapazierte, u. a. bei Dietrich Tutzke: Die »Krankschreibung« aus medizinischer, ethischer und ökonomischer Sicht, in: Hans Steußloff (Hrsg.): Sozialismus und ärztliche Pflichten, Leipzig 1964, S. 47–52. Dabei verhehlte der Sozialhygieniker und Medizinhistoriker Tutzke nicht seine Bereitschaft, die staatlichen Interessen im Zweifel höher zu gewichten als die des einzelnen Patienten.

27 Diese Frage spielte auch bei Anträgen auf Invalidisierung wegen Erwerbsunfähigkeit eine wichtige Rolle. Abgelehnte Wünsche nach Invalidenrente führten in großer Zahl zu Eingaben, die auch an das MfG und die ZK-Abteilung Gesundheitspolitik gerichtet wurden, vgl. diverse Schreiben u. a. in SAPMO-BArch, DY 30/vorl. SED 36914-2.

28 Vgl. Krankenstand in der DDR wird streng kontrolliert, Frankfurter Allgemeine Zeitung, 25.11.1983, S. 10. Regelmäßig ließ sich das zuständige Politbüromitglied Kurt Hager von der Abteilung Gesundheitspolitik des ZK über die Entwicklung des Krankenstands unterrichten, vgl. u. a. Seidel an Hager, 2.7.1982, SAPMO-BArch, DY 30/vorl. SED 32025. Als weiteres Beispiel für eine Eingabe, in der die restriktive Krankschreibung kritisiert wird, siehe Beate K. an Eingabenausschuss der Volkskammer, 30.10.1987, BArch, DQ 1/12610 (»Ist man nur krank, wenn man Lungenentzündung hat?«). Generell zum Thema siehe Werner Schmincke (Hrsg.): Ärztliche Arbeitsbefreiung und Krankenstand, Berlin 1979.

»sie gemeinsam mit den Genossen der Kreisleitung der SED Sangerhausen zu prüfen und ein persönliches Gespräch mit der Bürgerin zu führen. Gleichzeitig sollte der Kreisarzt beauftragt werden, die Eingabe mit den Leitern der Einrichtung auszuwerten, um in Zukunft ähnlich herzloses und bürokratisches Verhalten auszuschließen. Über den Abschluss der Bearbeitung der Eingabe erbitten wir bis zum 26. April 1985 eine kurze Information.«[29]

Schon diese Instruktion macht deutlich, dass man im Zentralkomitee wenig Zweifel an der von Almut C. gegebenen Darstellung hegte und das Problem tatsächlich auf Seiten des Arztes vermutete. Im April 1985 erhielt Münter aus Halle die Mitteilung, dass mit dem Ärztekollektiv des Ambulatoriums eine Aussprache durchgeführt worden sei.

»Es stellte sich heraus, dass Frau [C.] mit ihrer Eingabe – wenngleich einige Aussagen subjektiv etwas überhöht waren – zwei Kernfragen berührte, die mit Dr. [...] besprochen werden mussten: 1. das Arzt-Patient-Verhältnis, 2. die sichere Handhabung der rechtlichen Bedingungen bei Krank- bzw. Gesundschreibungen.«[30]

Der von Almut C. kritisierte Arzt, so die Hallenser Parteileitung,

»fühlte sich anfänglich vollständig mit seiner Handlungsweise im Recht und beteuerte immer wieder, dass er von sich aus großen Wert auf eine gute Atmosphäre im Ambulatorium und auf das Verhältnis zwischen Arzt und Patient legt. Er schätzte jedoch auch selbstkritisch ein, dass er in angespannten Situationen [...] zu impulsiven Reaktionen neigt. Der Gesprächsverlauf zeigte, dass Dr. [...] erst durch die Zurückführung der Tatsachen auf ihren substantiellen und politischen Kern zu Einsichten kam, die er in seiner künftigen Arbeit berücksichtigen will. Er akzeptierte schließlich auch die vom stellvertretenden Kreisarzt ausgesprochene Kritik an seiner Handlungsweise.«[31]

Zusätzlich konnten die Bezirksfunktionäre vermelden, dass die lokale SED-Kreisleitung zusammen mit dem stellvertretenden Kreisarzt ein Gespräch mit Frau C. geführt hätte, in dem versucht worden sei, das Vertrauen der Bürgerin in die örtlichen Organe des Gesundheitswesens und der Partei zu stärken.[32] Anders

29 Münter an Bernhardt (Sekretär der Bezirksleitung der SED Halle), 19.3.1985, SAPMO-BArch, DY 30/vorl. SED 34847.
30 Bernhardt an Münter, 22.4.1985, ebd.
31 Ebd.
32 »An das Zentralkomitee hätte sie sich deswegen gewendet, weil Kollegen und Bekannte ihr geraten hätten, nicht erst ›zum Kreis‹ zu gehen. Sie selbst hegt kein Misstrauen gegen die Or-

als die offizielle Haltung der SED zum Thema Krankenstand hätte vermuten lassen, löste die Eingabe von Almut C. bei den Funktionären in Berlin offenkundig eher eine Solidarisierung mit deren Verfasserin aus, während die theoretisch ebenso denkbare Rückendeckung für den Arzt bemerkenswert gering ausfiel. Dieser musste sich stattdessen dem parteitypischen Ritus von Kritik und Selbstkritik stellen. Wie fragil das Vertrauen in die Ärzte vor Ort war und wie konsequent ihnen gegenüber das Primat der Partei durchgesetzt wurde, zeigt auch die abschließende Ankündigung der Hallenser Bezirksleitung:

> »Mit den Sangerhäuser Genossen wurde abgesprochen, dass die Entwicklung des Klimas im Ambulatorium [...] insgesamt und speziell das weitere Auftreten von Dr. [...] unter Kontrolle behalten wird. Der Kreisarzt wird bei erneuten, begründeten Beschwerden gegen Dr. [...] disziplinarisch vorgehen.«[33]

Der Fall Almut C. zeigt, dass Eingaben im Gesundheitswesen sehr wirkungsvoll sein konnten, wenn sie sich auf politische Zusagen bezogen, an deren Einhaltung der SED gelegen sein musste. Dazu gehörten nicht nur ein gleichberechtigtes, partnerschaftliches Verhältnis zwischen Ärzten und Patienten, sondern auch die generelle Zusicherung, dass lokale Parteiinstanzen stets für die Probleme der Bürger da seien. Als Almut C. zumindest rhetorisch zu erkennen gab, dass sie Zweifel an der Gültigkeit dieser Zusagen hegte, bemühte sich die Staatspartei zuvorderst um vertrauensbildende Maßnahmen. Diese bestanden nicht nur in der Maßregelung des Arztes, sondern auch darin, dass sie durch genau jene lokalen Instanzen (SED-Kreisleitung, Kreisarzt) erfolgte, deren Kompetenz und Klärungswillen die Patientin in der Eingabe angezweifelt hatte. Der eigentliche Sachverhalt, die fragliche Arbeitsunfähigkeit der Patientin, war unterdessen in den Hintergrund gerückt. Dass der Almut C. behandelnde Arzt durchaus im Sinne der Parteivorgabe gehandelt haben könnte, unnötige Krankschreibungen unter allen Umständen zu vermeiden und entsprechende Begehren kritisch zu prüfen, spielte keine Rolle mehr. Wichtiger war aus Sicht der SED, »kleinen Leuten« wie Almut C. das Gefühl zu vermitteln, sie seien unter der fürsorglichen Hand der Partei jederzeit gut aufgehoben.

Auch die folgende Eingabe ist ein Beispiel für die dichte Beschreibung einer gestörten Arzt-Patient-Beziehung, die von der betroffenen Patientin als traumatisierend erlebt wurde. Es handelt sich um die Schilderung einer Fehlgeburt, die

gane in der Kreisstadt, habe aber mit örtlichen Vertretern der Staatsmacht sehr differenzierte Erfahrungen gesammelt. Sie hat sich für das persönliche Gespräch bedankt und bekräftigt, dass damit die Angelegenheit für sie zufriedenstellend abgeschlossen ist.« Ebd.

33 Ebd.

unter entwürdigenden Umständen in einem Berliner Krankenhaus stattfand und von der Mutter der Patientin, einer SED-Genossin, dem Büro des Politbüromitglieds Kurt Hager übermittelt wurde.

> »Liebe Genossen, hiermit möchte ich Euch auf folgende Probleme aufmerksam machen. Meine Tochter L. B. wurde am 11. September als sie 4½ Monate schwanger war, [...] in der Schwangerenberatung untersucht. Sie sagte mir, dass die Untersuchung sehr grob und schmerzhaft verlief. Unmittelbar danach setzten Blutungen ein. Am darauffolgenden Montag meldete sie sich wieder bei der Beratungsstelle, weil das Bluten nicht aufhörte.«[34]

Nach einer erneuten Untersuchung, so die Mutter, habe man ihre Tochter schließlich ins Krankenhaus eingewiesen. Dort sei als Ursache der Blutungen eine vorgelagerte Plazenta vermutet worden. Schließlich sei es zu einer Fehlgeburt gekommen, wobei die Tochter das Kind nachts in einem Mehrbettzimmer ohne jegliche Hilfe allein auf die Welt habe bringen müssen. Die Nachtschwester habe lediglich eine Bettpfanne zur Verfügung gestellt. Ihre Tochter habe ihr berichtet,

> »dass sie die ganze Nacht ohne ärztlichen Beistand in einem Zimmer mit zwei anderen Patienten sich selbst überlassen war, dass dann am frühen Morgen als die Wehen jede Minute auftraten auf ihr Klingeln eine Nachtschwester erschien, die feststellte dass die Gebärmutter sich öffnete, sie auf einen Schieber setzte, wo nach anderthalb Stunden, die Geburt des 5½ Monate alten Kindes stattfand. Auf ihr Klingeln erschien dann die Schwester, die offensichtlich der Lage nicht gewachsen war, und die sich mit der Mitteilung, dass sie noch eine Patientin waschen müsse, davon machte. So saß meine Tochter über eine halbe Stunde auf dem Schieber in dem das Kind lag, in steigender Angst, dass das Kind laut schreien würde, eine Möglichkeit die ihr vorher angekündigt worden war. Erst als die Tagesschwester zum Dienst kam, wurde ihr Hilfe bei der Nachgeburt verliehen.«

Der Versuch, den Chefarzt auf die mangelhafte Betreuung anzusprechen, sei gescheitert:

> »Als sie den Chefarzt am 7. Oktober, als er im Zimmer erschien, fragte, warum man ihr keinen ärztlichen Beistand gegeben hatte, brüllte er sie an: ›Das macht alles die Natur, wenn die Behandlung Ihnen nicht passt, können Sie Ihre Sachen packen und zur Charité gehen.‹«

34 Greta A. an ZK der SED, 19.10.1981, SAPMO-BArch, DY 30/27680, Bl. 104–111. Die folgenden Zitate nach ebd.

Dies, so die Mutter der Betroffenen, scheine ihr »eine ernstliche Verletzung der ärztlichen Ethik und Fürsorge zu sein.«[35] Wie die folgende Korrespondenz zwischen Hager und Mecklinger zeigt, wurde diese Eingabe auf höchster Ebene verhandelt – was sicher auch damit zusammenhing, dass die Eingabenverfasserin Hager und seine Zuständigkeit für das Gesundheitswesen kannte. So schrieb Hager an Mecklinger:

> »Lieber Genosse Mecklinger! Ich übermittle Dir eine Eingabe der Genossin B., die ich gut kenne. Ihre Angaben sind sicherlich nicht übertrieben. Der Vorfall, über den sie Beschwerde führt, ist so skandalös, dass ich es für erforderlich halte, eine Untersuchung zu veranlassen und entsprechende Maßnahmen zu ergreifen, damit der Umgang mit den Patienten in diesem Krankenhaus sich ändert. Ich bitte mich über die Feststellungen zu verständigen. Mit sozialistischem Gruß KH.«[36]

Mecklinger kam dieser Aufforderung nach und erstattete wenige Wochen später Bericht an Hager. Die Überprüfung der Eingabe habe der zuständige Stadtrat für das Gesundheits- und Sozialwesen »in ständiger Konsultation« mit ihm als Minister vorgenommen. »Im Ergebnis eines Disziplinarverfahrens wurde Chefarzt Dr. [...], der Mitglied unserer Partei und SU-Absolvent ist, ein strenger Verweis ausgesprochen. Das Vorkommnis wurde im Kollektiv der Mitarbeiter dieses Fachbereiches des Krankenhauses ausgewertet.« Mecklinger versicherte Hager abschließend, »dass gerade Eingaben von Bürgern, die das Fehlverhalten von Ärzten und anderen Mitarbeitern in ihrem Verhältnis und ihrem Kontakt zu Patienten zum Inhalt haben, regelmäßig mit den Bezirksärzten von mir ausgewertet werden«.[37]

Mecklinger selbst erhielt als zuständiger Minister ebenfalls zahlreiche Eingaben, in denen ärztliches Handeln hinterfragt wurde. Walter H. aus Berlin, dessen Ehefrau kurz zuvor an Krebs gestorben war, beklagte im Februar 1984 ein gängiges Problem moderner Gesundheitssysteme und insbesondere großer Kliniken: die fehlende Ganzheitlichkeit der Behandlung. Seine Frau sei in diversen Fachabteilungen behandelt worden, so H., doch nach seinem Gefühl immer nur »partiell«. Er komme nicht »über das beklemmende Gefühl hinweg, dass offenbar zahlreiche Körperteil-Spezialisten, also Fachärzte, die über ein großes Wissen in Teilbereichen der Medizin verfügen mögen, kaum imstande sind, den Menschen noch als ein Ganzes zu erfassen«.[38]

35 Ebd.
36 Hager an Mecklinger, 21.10.1981, SAPMO-BArch, DY 30/27680, Bl. 108.
37 Mecklinger an Hager, 11.12.1981, SAPMO-BArch, DY 30/27680, Bl. 110.
38 Walter H. an Mecklinger, 2.2.1984, BArch, DQ 1/15598. Die Antwort Mecklingers ist nicht überliefert.

Ein mindestens unsensibles ärztliches Verhalten gegenüber Patienten und Angehörigen steht auch im Mittelpunkt der folgenden Eingabe. 1981 wandte sich die in einem sächsischen Dorf wohnende Anna F. gemeinsam mit ihrer Tochter schriftlich an das ZK der SED in Berlin, um die Todesumstände ihres mit 62 Jahren an einem Herzinfarkt verstorbenen Ehemannes untersuchen zu lassen. Anlass hierfür war das Verhalten der für die örtliche Notfallbetreuung zuständigen Ärzte. Nachdem bei ihrem Mann erstmalig und akut starke Rückenschmerzen aufgetreten seien, hätten die Ärzte der Schnellen Medizinischen Hilfe (SMH) die Beschwerden ihres Mannes bagatellisiert und ihm lediglich Schmerzmittel verordnet. Auch die gewünschte Krankenhauseinweisung sei nicht veranlasst worden.[39] Wenige Tage später seien erneut Schmerzen aufgetreten, dieses Mal im Brustbereich:

> »Am Abend des Donnerstag, dem 2. Juli 1981 um 21.30 Uhr verspürte er wiederum heftige, unerträgliche Schmerzen mit dem Gefühl, dass es ihm den Brustkorb zusammendrückt. Im Nu war er vollkommen aschgrau im Gesicht und durchnässt.«

Nach dieser eindringlichen, beinahe lehrbuchmäßigen Symptombeschreibung schildert Anna F., wie sie daraufhin vom Nachbarhaus, das über einen Telefonanschluss verfügte, die Schnelle Medizinische Hilfe angerufen habe:

> »Ich teilte der den Anruf entgegennehmenden Telefonistin mit, dass mein Mann furchtbare Schmerzen in der Brustgegend hat und er dringender ärztlicher Hilfe bedarf. In patziger Art und Weise antwortet sie mir: ›[F.], da waren wir doch schon mal, da ist doch nichts gewesen!‹ […] Ich beteuerte der Telefonistin nochmals die Dringlichkeit des Arztbesuches, woraufhin sie die Anschrift aufschrieb und mitteilte, dass die Ärztin vor einer halben Stunde nicht käme. Diese halbe Stunde verging und es kam immer noch kein Arzt. Die Schmerzen meines Mannes wurden immer schlimmer, es war eine Qual zusehen zu müssen und nicht helfen zu können. Jede Minute fragte er, wann der Arzt endlich komme. In meiner Verzweiflung rief ich nochmals an und beteuerte wiederholt die Dringlichkeit des Arztbesuches. Darauf bekam ich die Antwort, dass es noch eine halbe Stunde dauere. Diese halbe Stunde war für meinen Mann eine Zeit der höchsten Qual.«

Sehr plastisch beschreibt Anna F. in ihrer Eingabe die Dramatik der Situation und die Reaktion der nach über einer Stunde eintreffenden Notfallärztin:

39 Anna F. an ZK der SED, 7.7.1981, SAPMO-BArch, DY 30/vorl. SED 32013. Die folgenden Zitate nach ebd.

»Um die Ärztin sofort einweisen zu können, wartete meine Tochter [...] am Toreingang auf ihre Ankunft. Diese kam erst nach 22.30 Uhr und stieg wutentbrannt aus dem Krankenauto aus. Ihre ersten Worte in barschem Ton waren: ›Ist das hier bei [F.]? Was hat denn der?‹ Daraufhin antwortete meine Tochter, dass es am besten sei, wenn die Ärztin nach oben gehen und sich selbst ein Bild von der Krankheit machen würde, sie sei keine Ärztin. Als die Ärztin meinen Mann sah, wies ihr Gesicht deutlich ein Erschrecken auf, sie war sehr aufgeregt und augenblicklich wie umgewandelt. Sofort wies sie meinen Mann an, sich ganz ruhig zu verhalten, maß den Blutdruck, gab ihm eine Spritze und sagte, er müsse sofort ins Krankenhaus. [...] Sie hatte nur einen Krankenfahrer bei sich. So musste mein Mann zum Krankenwagen laufen. Im Krankenwagen gab sie meinem Mann irgendetwas in den Mund und sagte: ›Wenn es jetzt im Kopf dumpf wird, ist das ganz normal.‹ Dann fuhr das Krankenauto ab. [...] Als wir ihm am nächsten Morgen die notwendigsten Sachen ins Krankenhaus bringen wollten, war er bereits nicht mehr am Leben. Eine Ärztin teilte uns mit, dass durch das EKG festgestellt worden war, dass mein Mann einen akuten Herzinfarkt hatte, der mit einem Herzschlag endete und zum Tod meines Mannes um 5.05 Uhr am Freitag, dem 03.07.1981, führte.«

Abgesehen vom Verhalten des SMH-Personals werteten die Hinterbliebenen die Ereignisse auch als Verstoß gegen grundlegende politische und moralische Werte, wie am Schluss ihrer Eingabe deutlich wird:

»Kann man in unserem Staat, in dem alles für das Wohl des Menschen getan wird, eine solche Handlungsweise dulden? Jeder Mensch, auch mein Mann, der ein Leben lang gearbeitet hat, nie krank war und sich stets für unseren Staat eingesetzt hat, hat das Recht, menschenwürdig behandelt zu werden. Er hat einen solchen Tod nicht verdient.«

Die forensischen Aspekte dieses Falles – lange Hilfsfristen bei Notfällen auf dem Land, Fehleinschätzungen durch medizinisches Personal bei Infarktsymptomatik – sollen an dieser Stelle nicht vertieft werden, zumal sie nicht unbedingt DDR-spezifisch sind.[40] Ob das Verhalten der SMH-Ärzte gegenüber schwerkranken Patienten und besorgten Angehörigen typisch war, lässt sich anhand der Quellen nicht pauschal entscheiden. Tatsächlich ist jedoch in den Eingabenanalysen des MfG in den frühen 1980er Jahren mehrfach von Beschwerden über das SMH-

40 So waren die aus heutiger Sicht unzumutbar langen Hilfsfristen, die Besetzung von Krankentransportwagen mit nur einem Fahrer und kaum geschultes Leitstellenpersonal auch in der Bundesrepublik Anfang der 1980er Jahre keine Seltenheit.

Personal die Rede, auch aus dem Bezirk Leipzig, aus dem die Eingabe von Anna F. stammt. Die Leitung der SMH, so hieß es 1981 im Ministerium, müsse »weiterhin intensive Erziehungsarbeit zur Herausbildung höflicher Umgangsformen der Krankentransporteure, Ärzte und Mitarbeiter der Leitstelle im Kontakt mit den Bürgern leisten«.[41] Das Problem blieb in den Folgejahren bestehen. Noch 1985 kam das Ministerium zu der Feststellung:

> »In der Hauptstadt und in den Bezirken Leipzig und Magdeburg kam es gehäuft zu kritischen Eingaben über die Arbeit des Krankentransports und der SMH. Oft äußerten Bürger ihren Unmut über lange Wartezeiten (in Berlin bis zu 2 Stunden) und über den Umgangston sowie die ihrer Meinung nach oberflächliche Arbeit der SMH-Ärzte.«[42]

Ein weiteres Jahr später hatte sich an der Situation zumindest in Berlin immer noch nichts geändert:

> »Trotz mehrfacher kritischer Aussprachen in der Leitung der Schnellen Medizinischen Hilfe in Berlin ist keine wesentliche Veränderung eingetreten. Immer wieder kommt es zu langen Wartezeiten beim Krankentransport, werden die Einsatzsteuerung und Einsatzzeit der SMH sowie das unhöfliche Verhalten und der barsche Umgangston der Mitarbeiter kritisiert.«[43]

Größere Anstrengungen seien erforderlich, so die inzwischen etwas hilflos klingende Einschätzung des MfG, um Auswahl und Befähigung der SMH-Ärzte und -Fahrer zu verbessern.[44]

Eine genauere Interpretation verdient schließlich noch der teils als rhetorische Frage formulierte Vorwurf, mit dem Anna F. ihre Eingabe beendete. Die Hervorhebung, dass ihr verstorbener Mann, der sich für den sozialistischen Staat eingesetzt habe und nie krank gewesen sei, es nicht »verdient« habe, so »menschenunwürdig« behandelt zu werden, verweist auf das besondere Verhältnis, in dem Staat und Bürger sich sahen. So wurde Anfang der 1980er Jahre neben sozialer Sicherheit auch die Vermittlung von »Geborgenheit« offiziell zu einem politisch-gesellschaftlichen Ziel erklärt.[45] Folgerichtig setzte Anna F. das Handeln der medizinischen Helfer mit dem umfassenden sozialistischen Fürsorgeanspruch

41 MfG, Leiter der Hauptinspektion, Information über die Arbeit mit den Eingaben der Bürger und ihre Auswertung im 2. Halbjahr 1980, 31.3.1981, BArch, DQ 1/12611.

42 MfG, Leiter der Hauptinspektion, Analyse der Arbeit mit den Eingaben der Bürger im Ministerium für Gesundheitswesen im Jahre 1984, 8.3.1985, BArch, DQ 1/12652.

43 MfG, Hauptinspektion, Analyse der Arbeit mit den Eingaben der Bürger im Jahr 1985, 10.3.1986, BArch, DQ 1/12652.

44 Ebd.

45 Vgl. Hermann Weber: Die DDR 1945–1990, 5., aktualisierte Auflage, München 2012, S. 99.

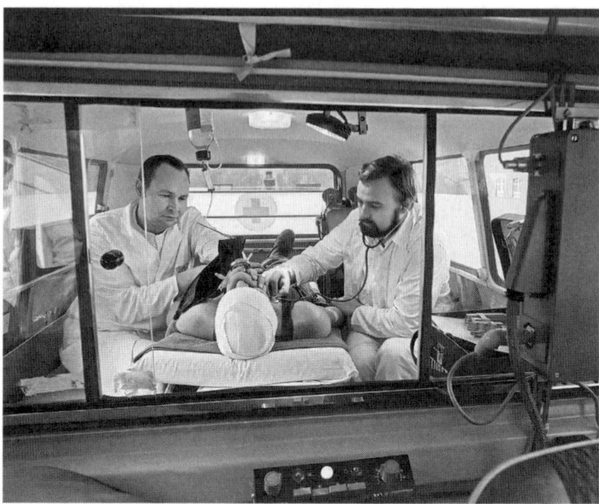

Abb. 19: Patient, Arzt und medizinisch-technischer Assistent im Krankenwagen, Karl-Marx-Stadt, 1976

in Beziehung und maß die Realität ärztlicher Versorgung an den propagierten Vorgaben und Zielen. Eine wichtige Rolle spielte dabei im konkreten Fall, dass sich der Hilfsbedürftige (und nun Verstorbene) der Beschreibung seiner Witwe zufolge stets für »unseren« Staat eingesetzt und ihm durch lebenslange Arbeit gedient hatte. Anna F. bediente sich damit in ihrer Eingabe zweier klassischer Begründungsstrategien, die bereits in den Supplikationen der Frühen Neuzeit Verwendung fanden: Arbeitsfleiß und Staatstreue.[46] Die mit dem unerwarteten Tod eines Angehörigen verbundenen Gefühle von Trauer, Wut und Hilflosigkeit verbanden sich vor dem Hintergrund der oben geschilderten Vorfälle mit der Enttäuschung über das nicht eingehaltene Fürsorgeversprechen des Staates, das gemeinhin als Gegenleistung für das Erfüllen zentraler sozialistischer Werte wie Arbeitsbereitschaft, Zuverlässigkeit (»nie krank gewesen«) und Loyalität zum Staat galt. Möglicherweise war das Gefühl von Ohnmacht und Ausgeliefertsein angesichts der Konfrontation mit Krankheit und Tod in einem auf engmaschige Fürsorge und Aufsicht bedachten Staat sogar besonders schwer zu akzeptieren.

Umfang und Detailtreue des Briefes zeigen darüber hinaus, dass Eingaben auch benutzt werden konnten, um sich traumatische Erlebnisse von der Seele zu schreiben und so einer Verarbeitung der gemachten Erfahrungen näher zu kommen. Dazu gehört auch der Versuch, Erklärungen zu finden für ein fatales

46 Vgl. Alexandra-Kathrin Stanislaw-Kemenah: Spitäler in Dresden. Vom Wandel einer Institution (13. bis 16. Jahrhundert), Leipzig 2008, S. 391–394; Vanja: Supplikationen als Quelle der Patientengeschichte.

Geschehen wie einen Herzinfarkt.[47] Die weitere Bearbeitung der Eingabe überließ die ZK-Abteilung dem Ministerium für Gesundheitswesen. Dort wurde das Verhalten der Notfallärztin und der SMH-Disponentin zusammen mit den lokal zuständigen Instanzen »ausgewertet«.[48]

> »Es wurde nochmals eindeutig darauf hingewiesen, dass das sozialistische Gesundheitswesen von den Bürgern auch daran gemessen wird, wie sich die einzelnen Mitarbeiter des Gesundheits- und Sozialwesens gegenüber Patienten und deren Angehörigen verhalten. In einem ausführlichen Gespräch des stellvertretenden Kreisarztes mit der Bürgerin [F.] am 11.9.81 wurden alle Probleme angesprochen und aus dem Weg geräumt. MR Dr. [...] hat sich abschließend für das Fehlverhalten der Mitarbeiterin entschuldigt. Frau F. dankte für die ausführliche Darlegung der Umstände, die zum Tod ihres Mannes führten und versicherte, dass sie ihre Eingabe damit als erledigt betrachtet.«[49]

Ob die Hinterbliebenen tatsächlich der Meinung waren, dass nun »alle Probleme [...] aus dem Weg geräumt« waren, und die Angelegenheit »damit als erledigt« betrachteten? Angesichts der Todesumstände des Ehemannes und Vaters wirken die apodiktischen Schlussformeln dieses Berichts eher deplatziert. Und dennoch: Die hier dargestellten Eingabevorgänge zeigen, dass sowohl das MfG als auch die ZK-Abteilung für Gesundheitspolitik begründeten Patientenbeschwerden durchaus nachgingen und sich um Klärung und Beantwortung bemühten. Die Bezirksebene hatte dazu über die durchgeführten Maßnahmen nach Berlin zu berichten.[50] Zwar mussten Ärzte nur selten mit disziplinarischen Maßnahmen rechnen, was angesichts der meist komplexen Sachverhalte, die in Eingaben naturgemäß nur aus einer Perspektive geschildert wurden, aber kaum verwunderlich ist.

47 Diese Diagnose wurde durch die Sektion des Verstorbenen gesichert, vgl. Stellvertretender Bezirksarzt beim Rat des Bezirkes Leipzig an MfG, 17.9.1981, SAPMO-BArch, DY 30/vorl. SED 32013.

48 Ebd. Die formelhafte Phrase, dass eine Beschwerde »ausgewertet« würde (meist mit dem Zusatz »im Kollektiv«), wurde von der Politbürokratie gern benutzt, wenn ein objektiv nicht zu leugnendes Problem oder Fehlverhalten vorlag und dem Bürger signalisiert werden sollte, dass nun intern an dessen Aufarbeitung bzw. Lösung gearbeitet werde. Über Ablauf und Ergebnis einer solchen »Auswertung« drang in der Regel nichts nach außen.

49 Stellvertretender Bezirksarzt beim Rat des Bezirkes Leipzig an MfG, 17.9.1981, SAPMO-BArch, DY 30/vorl. SED 32013.

50 Exemplarisch für diese Berichtspflicht: Rat des Bezirkes Potsdam an Münter (ZK-Abteilung Gesundheitspolitik), 16.8.1985: »Der nicht einem sozialistischen Arzt-Patienten-Verhältnis entsprechende Umgang mit den Patienten durch den Arzt Dr. [...] ist im Kollektiv [...] ausgewertet worden. Von einer disziplinarischen Maßnahme wurde Abstand genommen. In einem persönlichen Gespräch beim Kreisarzt hat sich Dr. [...] für sein Verhalten entschuldigt.« SAPMO-BArch, DY 30/vorl. SED 33613-2.

Bemerkenswert ist dagegen, in welchem Ausmaß es infolge von Patientenbeschwerden überhaupt zu Nachforschungen, Anhörungen und Ermahnungen kam und welche Ressourcen hierfür eingesetzt wurden. Die SED beobachtete die politisch als unzuverlässig eingeschätzte Ärzteschaft mit Argusaugen und reagierte ausgesprochen sensibel, wenn sich Patienten über autoritäre oder schlicht unhöfliche Mediziner beschwerten. Ein solches Verhalten widersprach dem sozialistischen Ideal einer gleichberechtigten Arzt-Patient-Begegnung, in der beide Seiten auf Augenhöhe agieren und die Mediziner klassenbewusst an der Seite der Arbeiter stehen sollten.[51] Bei plausibel erscheinenden Patientenbeschwerden zögerten Partei und Ministerium in der Regel nicht, die Mediziner durch die zuständigen Kreis- oder Bezirksärzte maßregeln zu lassen und sie zu Selbstkritik und Entschuldigungen zu zwingen.

Patienten wiederum boten Eingaben die Gelegenheit, aus der passiven Krankenrolle herauszutreten und Konflikte innerhalb der nach wie vor von Asymmetrien geprägten Arzt-Patient-Beziehung an zentraler Stelle des Politapparates vorzubringen. Die Menschen machten damit von einer Möglichkeit Gebrauch, die ihnen der Sozialismus in begrenztem Maße durchaus einräumte: sich weniger als bloße Empfänger medizinischer Betreuung zu begreifen, sondern als Beteiligte und aktiv Mitwirkende.

Ärztemangel, Wartezeiten und bauliche Probleme

Neben Briefen, in denen Ärzte für ihr Verhalten gegenüber Patienten oder Angehörigen kritisiert wurden, finden sich in den Eingabeakten auch zahlreiche Zeugnisse dafür, wie sehr insbesondere Menschen in ländlichen Regionen und Kleinstädten »ihre« Ärzte zu schätzen wussten und sich für sie einsetzten, wenn schlechte Arbeitsbedingungen oder politische Restriktionen die Tätigkeit der Mediziner erschwerten. Im Sommer 1985 wandte sich das langjährige SED-Mitglied Willy M. an das ZK der SED, weil er um die ärztliche Versorgung in seinem mecklenburgischen Wohnort Güstrow fürchtete:

> »Wenn man krank wird, so darf man im überbesetzten Wartesaal so ca. 3 Stunden warten, bis man zum Arzt kommt. Gute Ärzte wandern ab, weil unser Krankenhaus einfach zu klein ist und danach die Arbeitsbedingungen sind, Wohnungspolitik u. Kaderfragen bilden weiterhin die Fehlerquellen. Z. Zt. wandert unser Arzt Dr. […]

51 »Dem Arzt treten zunehmend gefestigte und gebildete sozialistische Persönlichkeiten gegenüber. […] Damit gründet sich das Verhältnis des Arztes zu seinen Patienten weder auf Macht, noch auf Standesbewusstsein oder materielle Interessen.« Becker: Arzt und Patient, S. 19.

Abb. 20: Wartezimmer des Landambulatoriums Jördenstorf, Bezirk Neubrandenburg, 1978

ab, weil er in den Arbeitsräumen seines Vaters (ehemaliger Kinderarzt in Güstrow) arbeiten möchte.«[52]

Dies, so der Verfasser der Eingabe, werde dem Arzt jedoch verwehrt, obwohl er sich gar nicht privat niederlassen, sondern als Poliklinikarzt in den Praxisräumen arbeiten wolle. Doch selbst das sei offenbar politisch nicht gewollt. Dabei sei den Menschen vor Ort sehr daran gelegen, dass der Arzt der Stadt erhalten bleibe. »Ich bin nicht davon überzeugt«, so M., »dass der Kreisarzt, der Rat des Kreises u. die Kreisleitung es richtig im Sinne der Bevölkerung sehen.«[53] Eine allgemein gehaltene und das konkrete Problem nicht berührende Antwort der ZK-Abteilung für Gesundheitspolitik, in der vage »ein spürbarer Aufschwung in der ambulanten Betreuung« für 1986 versprochen wird,[54] animierte den Genossen zu einem weiteren, schärfer gefassten Brief. »Ich glaube, dass meine Zeilen falsch

52 Willy M. an [Günter] Böhme (Abteilung Staats- u. Rechtsfragen beim ZK der SED), 20.8.1985, SAPMO-BArch, DY 30/vorl. SED 34850-1. Zur Beantwortung wurde das Schreiben an die Abteilung Gesundheitspolitik weitergeleitet. Seine lange SED-Mitgliedschaft hebt M. in seinem Schreiben gleich zu Beginn hervor.

53 Ebd.

54 Münter an Willy M., 18.9.1985, ebd.

ausgelegt wurden«, so M. »Die Patienten von Dr. [...] erwarten, dass er in Güstrow als unser Arzt des Vertrauens bleibt. Wer dreht an dieser Schraube und ekelt unsere guten Ärzte aus Güstrow?«[55] Willy M.s Hoffnung, dass er auf seine Fragen »eine konkrete Antwort bekomme«, erfüllte sich trotz seiner Hartnäckigkeit auch dieses Mal nicht. Die gesundheitspolitischen Funktionäre der SED waren nicht willens oder nicht in der Lage, ihm Gründe für die Schwierigkeiten vor Ort zu benennen oder Abhilfe in Aussicht zu stellen.[56]

Die Befürchtung mancher Landbewohner, dass die ohnehin knappen Ärzte in die größeren Städte abwandern könnten, war nicht unbegründet. Trotz staatlicher Absolventenlenkung gelang es dem MfG bis 1989 nicht, die erheblichen regionalen Unterschiede in der ärztlichen Versorgungsdichte auszugleichen. So waren und blieben beispielsweise die Bezirke Neubrandenburg und Karl-Marx-Stadt bis zum Ende der DDR chronisch unterversorgt, während die Arztdichte in Ost-Berlin sehr hoch war und sich die Absolventen nur mit erheblichem Rigorismus aus der Hauptstadt wegdirigieren ließen.[57] Dass Großstädte auf Ärzte anziehender wirkten als peripher gelegene ländliche Räume, war nicht nur in der sozialistischen DDR zu beobachten. Willy M.s Eingabe lässt allerdings erahnen, dass *eine* der Ursachen für die ungleiche Ärzteverteilung im Land auch ideologischer Dogmatismus war. Da die SED hinter jeder Praxistür eines freiberuflichen Mediziners die kapitalistische Gefahr wähnte, wurde die Möglichkeit, sich als Arzt privat niederzulassen oder eine Praxis in der Familie weiterzuführen, massiv eingeschränkt. Entsprechend existierten Ende der 1980er Jahre so gut wie keine privaten Arztpraxen mehr: 1989 war weniger als ein Prozent der über 40 000 berufstätigen Ärzte in der DDR in eigener Praxis tätig.[58] Die Zurückdrängung familiärer Praxis-»Dynastien« war der Partei offenkundig so wichtig, dass sie sogar eine lokale Unterversorgung in Kauf zu nehmen bereit war, selbst wenn

55 Willy M. an Münter, 31.10.1985, ebd.

56 Vgl. Münter an Willy M., 13.11.1985, ebd.

57 Nach einer Berechnung der Staatssicherheit musste 1974 im Bezirk Karl-Marx-Stadt ein Arzt 800 Einwohner versorgen, während in Ost-Berlin ein Arzt auf 250 Einwohner kam, vgl. Wahl: »Warum habt ihr solche Angst, dass wir nicht wiederkommen?«, S. 61. In der Endphase der DDR verstärkten sich die regionalen Unterschiede in der Arztdichte noch, vgl. Winkler: Sozialreport '90, S. 202 f. Die Absolventenlenkung war ihrerseits ein häufiger Anlass für Eingaben junger Ärzte, Studenten und deren Eltern an das MfG.

58 Vgl. Ernst: »Die beste Prophylaxe ist der Sozialismus«, S. 34. Für 1989 wird die Zahl der privat niedergelassenen Ärzte mit 341, die der Zahnärzte mit 447 angegeben. Abgesehen von den Polikliniken und Ambulatorien gab es daneben etwa 1600 staatliche Arzt- und gut 900 staatliche Zahnarztpraxen, vgl. Frerich/Frey: Handbuch der Geschichte der Sozialpolitik, S. 211. In den 1950er Jahren war Ärzten die Übernahme von Vorgängerpraxen innerhalb der Familie zeitweise wieder gestattet worden.

es sich, wie in der Eingabe angedeutet, um einen bereits angesiedelten und beliebten Mediziner handelte, der private Praxisräume poliklinisch nutzen wollte. Dass Ärzte angesichts solcher Erschwernisse aus ihren Heimatorten abwanderten, wie es Willy M. befürchtete, oder sogar das Land verließen, wie es Mediziner überproportional häufig taten, verwundert wenig.

Die im Vergleich zu anderen Bezirken gute ärztliche Versorgung Ost-Berlins war für Nichtberliner ein ständiges Ärgernis, zumal die Hauptstadt auch auf anderen Feldern von Staat und Partei bevorzugt wurde. Menschen, die vom Sozialismus möglichst gleichwertige Lebensverhältnisse innerhalb der DDR erwarteten, wurden enttäuscht.

> »Als ich noch im Bezirk Potsdam wohnte und in Berlin arbeitete, hatte ich eine einigermaßen zufriedenstellende medizinische Betreuung gehabt. Leider ist das mit dem Bezirk Suhl keinesfalls zu vergleichen, denn es ist zum Beispiel so, dass wir im Kreis Ilmenau nur einen einzigen Orthopäden haben. [...] Meinen Arzt in Gehren hatte ich eine ganze Zeit, bis dass er im vorigen Jahr so sehr überlastet war, dass mir von ihm selbst empfohlen wurde, dass ich woandershin gehen solle. Dies tat ich auch aus dem Grund, da ich bereits 4 Stunden gewartet hatte. [...] Warum ist denn die Arztbetreuung in Berlin und Randbezirken besser als hier? Sind diese Menschen im Bezirk Suhl bzw. in ganz Thüringen geringwertiger als dort?«[59]

Welcher Widerstand sich formieren konnte, wenn eine Gemeinde einen beliebten Arzt zu verlieren drohte, lässt sich am Beispiel eines Ambulatoriums im Kreis Königs Wusterhausen studieren. Anfang 1981 stand der ärztliche Leiter des Landambulatoriums in Halbe wegen Differenzen innerhalb des »Kollektivs« vor der Entlassung. Hintergrund war offenbar das Bemühen des ärztlichen Leiters, in der Einrichtung einen neuen, effizienteren Arbeitsstil einzuführen. Dies schloss u. a. die volle Ausnutzung der Arbeitszeit und den Verzicht auf Alkoholkonsum während der Arbeit ein.[60] Den Mitarbeitern des Ambulatoriums war es offensichtlich gelungen, Gründe für die Entfernung des Arztes zu konstruieren, um

59 Bettina E. an Zentrale Parteikontrollkommission Berlin, 5.3.1984, SAPMO-BArch, DY 30/vorl. SED 33613-2.

60 So zumindest die nachträgliche Einschätzung der örtlichen SED-Parteileitung: »In Übereinstimmung mit der Parteileitung des Gemeindeverbandes war Dr. [...] als Leiter des Ambulatoriums in den letzten beiden Jahren bemüht, eine straffere Ordnung und Disziplin durchzusetzen, damit langeingefahrene Gewohnheiten, wie nicht volle Ausnutzung der Arbeitszeit, korrekte An- und Abmeldung, kein Alkoholkonsum während der Arbeitszeit (Zahntechniker) im Interesse einer höheren Leistung für die Bevölkerung überwunden werden.« Vermerk über eine Aussprache zwischen stellvertretendem Bürgermeister und Parteisekretär vom 12.3.1981, SAPMO-BArch, DY 30/vorl. SED 32013.

diese als unbequem empfundenen Maßnahmen zu verhindern. Dieses Vorhaben rief indes die Ortsbewohner auf den Plan, die sich mit Eingaben an die örtliche Parteileitung sowie an Erich Honecker wandten, um die Absetzung des beliebten Arztes zu verhindern. Als im Zuge der Konflikte vermehrt Sprechstunden im Ambulatorium ausfielen und klar wurde, dass mit einem ärztlichen Nachfolger vorerst nicht zu rechnen sein würde, überschritt der Protest die Grenzen des im SED-Staat Vorgesehenen und Erlaubten. So gelang es lokalen Parteifunktionären nur mit Mühe, eine vom örtlichen Bäckermeister initiierte Unterschriftensammlung zu unterbinden, in der die Wiedereinsetzung des Ambulatoriumsarztes gefordert wurde. Eine Brigadeleiterin erhob gar die kühne Forderung, »dass die Bürger zu entscheiden hätten, ob Herr […] im Landambulatorium verbleibt oder nicht. Dem konnte von Seiten der Genossen […], die gemeinsam mit dem Ortsparteisekretär die Aussprache führten, nicht zugestimmt werden.«[61] Zuvor hatte die besagte Brigadeleiterin sich in einer Eingabe an Erich Honecker beklagt, dass die Parteisekretäre die Entlassung des Arztes nicht verhindert hätten, »denn hier setzt man sich offensichtlich über die Meinung der Einwohner hinweg«.[62] Zudem ergänzte sie ihre Eingabe um eine rhetorische Frage, die gern gewählt wurde, um dem eigenen Anliegen eine stärkere Wirkung zu verleihen: »Welches Bild werden sich von diesem Geschehen wohl Besucher aus der BRD und Westberlin machen?«[63] Damit hatte die Kontroverse endgültig den lokalen Kommunikationsraum verlassen. Auch die SED-Genossen in Halbe richteten nun Eingaben an zentrale Stellen in Berlin und umgingen damit die üblichen Parteiinstanzen auf Kreis- und Bezirksebene. Leider ist den überlieferten Vermerken, Ausspracheprotokollen und Eingaben nicht zu entnehmen, wie es mit dem Landambulatorium weiterging. Allemal zeigt der Fall jedoch, wie Eingaben an zentrale Stellen genutzt wurden, um gleichsam »über Bande« zu spielen bzw. zu schreiben, Allianzen zu bilden und nachgeordnete Instanzen unter Druck zu setzen, die Dinge im Sinne der Betroffenen vor Ort zu entscheiden. Bemerkenswert ist überdies der seitens der Brigadeleiterin formulierte (und von den Parteifunktionären prompt zurückgewiesene) Anspruch, dass über den Einsatz der staatlich bezahlten Ärzte die Bürger zu entscheiden hätten. Steven Thompson hat ein ähnlich selbstbewusstes Auftreten von Arbeitern gegenüber Ärzten in Großbritannien beschrieben. Wenig ehrerbietig gegenüber der ärztlichen Profession und sehr auf ihre eigene Würde bedacht, so Thompson, hätten Arbeiter

61 Der Vorsitzende des Rates des Kreises Königs Wusterhausen an Staatsrat der DDR, Abteilung Eingaben, Sektor II, Berlin, 2.3.1981, SAPMO-BArch, DY 30/vorl. SED 32013.
62 Eingabe vom 26.1.1981 an Honecker, ebd.
63 Ebd.

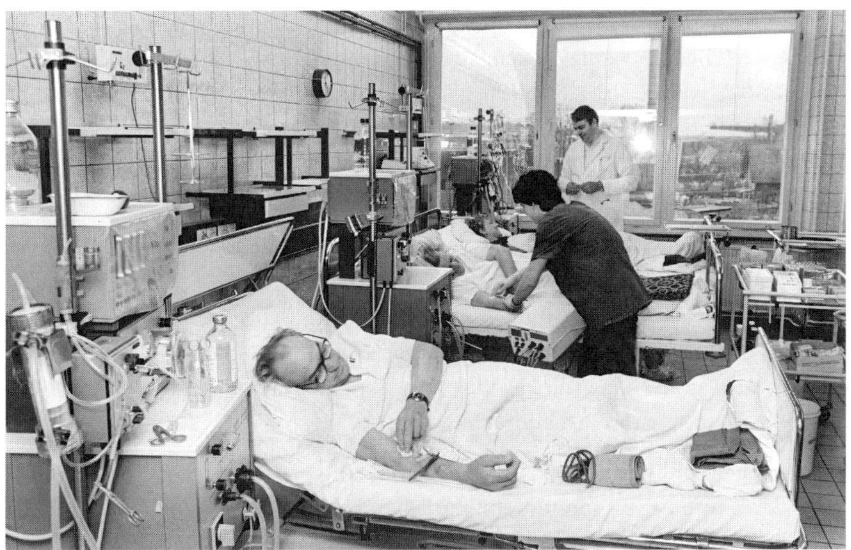

Abb. 21: Patient im Dialysezentrum des Bezirkskrankenhauses Schwerin. Das Zentrum besaß 22 Dialyseplätze und war damit das größte in der DDR, 1985.

im walisischen Kohlerevier ihr Mitspracherecht über die Tätigkeit und Vergütung der Knappschaftsärzte angemeldet.[64]

Trotz aller Bemühungen, mit den medizintechnischen Entwicklungen in aller Welt Schritt zu halten, konnte das Gesundheitswesen der DDR seit Ende der 1970er Jahre den Bürgern auf vielen Feldern nicht den Behandlungsstandard bieten, den diese erwarteten. Die punktuelle Übernahme oder Nachentwicklung neuer therapeutischer oder diagnostischer Verfahren weckte sogleich Bedürfnisse, die sich in der Folgezeit mit den vorhandenen Ressourcen nur für einen kleinen Patientenkreis zeitnah befriedigen ließen. Damit war neuer Unmut vorprogrammiert. Bereiche, in denen hochtechnisierte Gerätschaften nicht ausreichend zur Verfügung standen, waren etwa die Computertomografie oder die Dialysebehandlung. Hier kam es schnell zu Verteilungskonflikten, die auch ethische Relevanz besaßen.[65] Nicht anders sah es in der Endoprothetik oder in

64 Vgl. Thompson: Paying the piper.

65 Geisler zufolge stand 1989 für 600 000 Einwohner ein Computertomograf zur Verfügung (Durchschnitt in der damaligen Europäischen Gemeinschaft: 1:100 000). Im Bereich der Nierenersatztherapie konnten 40 Prozent der behandlungsbedürftigen Patienten nicht versorgt werden, vgl. Hans Geisler: Gesundheitswesen, in: Rainer Eppelmann/Horst Möller/Günter

der Kinderherzchirurgie aus, wo die vorhandenen Operationskapazitäten den wachsenden Bedarf ebenfalls nicht decken konnten. Unvermeidliche Folge waren Wartezeiten, wie sie DDR-Bürgern aus anderen Lebensbereichen längst vertraut waren. Das Ehepaar G. aus Greifswald, dessen siebenjähriger Sohn eine Herzoperation benötigte, fürchtete angesichts dieser Verhältnisse um die Gesundheit seines Kindes und kritisierte in einer Eingabe die lange Wartezeit:

> »Wir sind selbst mehrmals in der Charité vorstellig geworden, um eine Beschleunigung der Behandlung zu erreichen. Uns wurde bei einem der letzten Besuche mitgeteilt, dass Herzoperationen nach Dringlichkeit entsprechend einer ›Warteliste‹ eingeordnet werden. Das sei etwa mit einer Anmeldung für einen ›Trabant‹ vergleichbar. Wir halten diese Verfahrensweise als kinderreiche Arbeiterfamilie aus Sorge um unseren Sohn für unverantwortlich«.[66]

Der Vergleich mit der Wartezeit auf ein Auto trug vermutlich nicht zur Beruhigung der Eltern bei. In ihrem Bemühen, die Dinge zu beschleunigen, verwiesen sie auf den Kinderreichtum und den Arbeiterstatus der Familie. Damit ordneten sie sich einer gesellschaftlichen Gruppe zu, die im Arbeiter-und-Bauern-Staat DDR, der dringend auf Arbeitskräfte und damit auf eine ausreichend hohe Geburtenzahl angewiesen war, als besonders förderungswürdig galt.

Gezielte Verweise auf die »richtige« Biografie gehörten in vielen Eingaben zu den wiederkehrenden Stilmitteln, die dem vorgebrachten Anliegen zum Erfolg verhelfen sollten. Dies wird auch im nächsten Fall deutlich, in dem erneut die Wartezeit für Operationen den Anlass für das Schreiben bietet.[67] Obwohl der Verfasser die Bevorzugung von Patienten »mit Beziehungen« nachfolgend kritisiert, stellt er sich in seinem Brief an Erich Honecker gleich im ersten Satz als Offizier und SED-Mitglied vor: »Ich bin Offizier der Nationalen Volksarmee und seit drei Jahren Genosse.« Nicht um ihn selbst gehe es, sondern um die Verkürzung der Wartezeit für eine notwendige Hüftoperation bei seiner Großmutter, die wiederum »von Anfang an« in einer landwirtschaftlichen Produktionsgenossenschaft gearbeitet habe:

> »Das sind nun 40 Jahre, denn selbst nach dem Erreichen des Rentenalters kam sie von ihrer Arbeit im Stall nicht los. […] Nach fünf Jahren stellten die Ärzte nun fest,

Nooke/Dorothee Wilms (Hrsg.): Lexikon des DDR-Sozialismus. Das Staats- und Gesellschaftssystem der Deutschen Demokratischen Republik. Band 1: A–M, 2., aktualisierte und erweiterte Auflage, Paderborn 1997, S. 341–352, hier S. 344 f.

66 Eingabe des Ehepaars G. vom 27.1.1980, SAPMO-BArch, DY 30/vorl. SED 21918-1.

67 Tobias D. an Honecker, 13.10.1986, SAPMO-BArch, DY 30/vorl. SED 36914-2. Die folgenden Zitate nach ebd.

dass sie operiert werden muss. Man sagte ihr, dass sie in zwei Jahren ungefähr dran ist. Ich kann mir nicht vorstellen, dass man hätte nicht voraussehen können, dass sich eine Operation notwendig macht. [sic] Musste man es wirklich erst dazu kommen lassen, dass sich meine Oma kaum noch bewegen kann. Genauso schlimm wirkt auf mich, dass man meiner Oma gesagt hat, wenn sie Beziehungen hat, würde sie schneller operiert werden. Diese Worte von ihrem behandelnden Arzt [...] haben mich ziemlich schockiert. Ich habe nicht den Einblick in unser Gesundheitswesen, aber so etwas kann es doch nicht geben.«

Neben der als rhetorische Frage formulierten Kritik kommt auch die Unsicherheit über den einzuschlagenden Weg bei einem Arztwechsel zum Ausdruck, verbunden mit der – wiederum rhetorisch geäußerten – Ansicht, dass es bei der Auswahl der Patienten für die Operation im Allgemeinen doch wohl gerecht zugehe.

»Ich weiß, dass meiner Oma nach unserer Verfassung die freie Wahl des Arztes zusteht, aber ich weiß nicht welchen Weg sie dabei gehen muss. Ich glaube aber nicht, dass die Ärzte im Recht sind und so mit einem Menschen umgehen können. [...] Als Genosse frage ich mich welche Beziehungen man als Mensch in unserem sozialistischen Staat haben muss, dass man früher oder später operiert wird. Ich glaube aber nicht, dass das ein Allgemeinfall ist und frage mich, wie diese Ärzte praktizieren können.«

Abgesehen davon, dass der Verfasser die eben noch prinzipiell kritisierte Privilegierung nun für seine Großmutter einfordert, wird deutlich, wie schwierig es sein konnte, als Patient bzw. Angehöriger von vorgegebenen Behandlungspfaden abzuweichen und im Einzelfall einen Arztwechsel zu vollziehen. Der Abteilung Gesundheitspolitik, an die das Schreiben zur Bearbeitung weitergeleitet worden war,[68] bot sich hier wie in vielen anderen Fällen die Möglichkeit, bei einem jungen Genossen (und auch dessen Großmutter) das Vertrauen in die Partei zu festigen, indem man sich um die Erfüllung seines Anliegens kümmerte. Entsprechend schalteten die Abteilungsmitarbeiter im ZK diverse Instanzen ein, um einen früheren Operationstermin zu erreichen, was schließlich auch gelang.

»Werter Genosse D.! Dein Schreiben vom 13.10.1986, mit dem Du Dich vertrauensvoll an den Generalsekretär des Zentralkomitees der SED, Genossen Erich Honecker,

68 Vgl. SED-Hausmitteilung vom 22.10.1986, Ruhmke (Büro Honecker) an Abteilung Gesundheitspolitik: »Werter Genosse Seidel! Im Auftrage des Generalsekretärs des ZK, Genossen Honecker, übersenden wir Dir beiliegende Eingabe mit der Bitte um Überprüfung und abschließende Information. Wir haben einen Zwischenbescheid gegeben.« Ebd.

gewandt hast, wurde unserer Abteilung zur weiteren Veranlassung übergeben. Wir haben Deinen Brief zum Anlass genommen, uns sofort mit dem Ärztlichen Direktor des Bezirkskrankenhauses Schwedt, Genossen Dr. K., in Verbindung zu setzen. Mit ihm haben wir abgestimmt, dass Deine Oma kurzfristig nochmals zu einer Konsultation bestellt und – bei entsprechender medizinischer Notwendigkeit – ein baldmöglicher Operationstermin vereinbart wird. Wir haben außerdem die Genossen des Ministeriums für Gesundheitswesen mit der weiteren Auswertung Deines Briefes beauftragt.«[69]

Wie so oft ersparte man sich mit der Herbeiführung einer improvisierten individuellen Lösung, genauer auf die tieferen Ursachen der langen Wartezeiten eingehen zu müssen. Ebenso wenig kommentierte die ZK-Abteilung den kritischen Hinweis des Eingabenschreibers, dass Patienten mit Beziehungen auf den Wartelisten offenbar bevorzugt würden. Dem stellvertretenden Abteilungsleiter Münter genügte der übliche pauschale Verweis auf die »weitere Auswertung« der Eingabe, die hier durch das MfG erfolgen sollte und von deren Ergebnis kein Bürger etwas erfuhr.

Nach der Intervention der ZK-Abteilung fand die Operation innerhalb von zwei Monaten statt und verlief erfolgreich, was für die betroffene Patientin zweifellos eine große Erleichterung bedeutete. Dass das Vergabesystem durch solche Interventionen noch ungerechter und für Patienten und deren Angehörige noch undurchschaubarer wurde, nahm die ZK-Abteilung in Kauf. Den jungen SED-Genossen und NVA-Offizier zufriedenzustellen und ihn zugleich in das fragwürdige »System« einzubinden, schien wichtiger. Der Aufwand, der bei der Bearbeitung dieser Eingabe betrieben wurde, lässt sich daran ermessen, dass neben dem Büro Honecker als dem ursprünglichen Adressaten der stellvertretende Leiter der Abteilung Gesundheitspolitik, der stellvertretende Minister für Gesundheitswesen, der Bezirksarzt von Frankfurt (Oder), der ärztliche Direktor des Bezirkskrankenhauses Schwedt (Oder) sowie der Leiter der dortigen orthopädischen Abteilung involviert waren.[70]

Ein Problemfeld, das in Eingaben immer wieder zur Sprache kam, war die Baufälligkeit mancher Gesundheitseinrichtungen, insbesondere solcher, die in Altbauten untergebracht waren, für deren Sanierung kein Geld zur Verfügung stand. Typisch und am folgenden Fall gut ablesbar ist dabei der Umstand, dass in der Regel nicht der bauliche Zustand allein eine Eingabe auslöste, sondern noch

69 Münter an Tobias D., 5.11.1986, ebd.
70 Siehe die umfangreiche Korrespondenz in SAPMO-BArch, DY 30/vorl. SED 36914-2.

ein weiteres negatives Erlebnis hinzukommen musste, etwa das unangemessene Verhalten des Personals. Im folgenden Fall ist es die Ehefrau eines Patienten, die ein Schreiben aufsetzt und sich über die Erfahrungen ihres Mannes beschwert, dessen Operation kurzfristig abgesagt wurde:

> »Am 14.4.81 ging mein Mann früh rechtzeitig in das Krankenhaus Rosslau in der Hoffnung, dass ihm nun endlich geholfen wird [...]. Er hatte schon seine Sachen ausgepackt und lag im Bett, da kam gegen Mittag eine Schwester und sagte ihm, dass aus der Operation nichts wird, da das Krankenhaus umgebaut wird und es werde voraussichtlich bis Weihnachten dauern. Er könne sich bei Gelegenheit mal wieder melden und einen neuen Termin holen. Ein Arzt hat mit meinem Mann nicht gesprochen, angeblich war keiner da.«[71]

Besonderen Unmut rief bei der Ehefrau nicht nur die durch Bauarbeiten bedingte achtmonatige Verschiebung der Operation hervor. Mindestens ebenso irritierte sie, dass gleichzeitig auch die Krankschreibung ihres Mann nicht verlängert wurde: »Ein kranker Patient ist doch nicht einen Tag vor der Operation gesund nur weil das Krankenhaus umgebaut wird.« Die sich daran anschließende Kritik ist grundsätzlicher Natur und enthält als Stilmittel wiederum eine rhetorische Frage:

> »Sollen die Beschlüsse des IX. und X. Parteitages in deren Direktive Artikel IV es heißt: ›Ein besonderer Wesenszug der sozialistischen Gesellschaft ist die Sorge um die Gesundheit der Menschen und ihre soziale Geborgenheit‹ nur ein leeres Blatt Papier sein? Dieses können wir uns nicht vorstellen. Ein Arzt hat schließlich auf unsere Kosten studiert, und da erwarten wir von ihm eine hohe Verantwortung, und wer diese nicht hat, ist wohl fehl am Platz und hätte einen anderen Beruf wählen müssen.«

Bemerkenswert ist sowohl die Offenheit, mit der auf die Diskrepanz zwischen den wohlklingenden Formeln der SED-Pateitage und der Alltagsrealität hingewiesen wird, als auch das latente Ressentiment, das in der Kritik an den nicht in Erscheinung getretenen Ärzten enthalten ist. Die Realität im Gesundheitswesen und anderen Bereichen mit den wohlklingenden Formeln der Parteitagsbeschlüsse der SED zu vergleichen, war eine in Eingaben häufig gewählte Strategie.[72] Wer in einer Eingabe die Parolen der Partei zitierte, rechnete damit, dass sich der Ad-

71 Karin S. an ZK der SED, 31.5.1981, SAPMO-BArch, DY 30/vorl. SED 32013. Die folgenden Zitate nach ebd.

72 Vgl. Mühlberg: Bürger, Bitten und Behörden, S. 227–231.

ressat einer solchen Argumentation schlecht verweigern konnte, umso weniger, wenn der Adressat die Partei selbst war. Zur Gegenstrategie der SED gehörte es in solchen Fällen, auf den noch nicht vollendeten Aufbau des Sozialismus und damit auf eine bessere Zukunft zu verweisen oder auf den Vergleich überhaupt nicht einzugehen und vordergründige Sachzwänge als Rechtfertigung anzuführen. So wies auch der Hallenser Bezirksarzt, der die Eingabe von Karin S. bearbeitete, in seinem Abschlussbericht an die ZK-Abteilung für Gesundheitspolitik lediglich auf die Überforderung des Krankenhauspersonals hin:

> »Wie es zu dem Verhalten von Ärzten und Schwestern am 14.4.1981 bzw. auch noch an den Tagen danach kam, können weder der Ärztliche Direktor noch die anderen Beteiligten stichhaltig erklären. Offensichtlich waren diese auf Grund der plötzlich und nicht ganz planmäßig einsetzenden Bauarbeiten [der] auf sie einstürmenden Situation nicht gewachsen. Nur dadurch kann es zu den in der Eingabe geschilderten Fehlhandlungen gekommen sein.«[73]

Weder die in der Eingabe angeführten Parteitagsbeschlüsse noch der pointierte Vorwurf an die auf Kosten der Werktätigen studierenden Ärzte werden hier aufgegriffen. In jedem Fall lassen die im April »plötzlich und nicht ganz planmäßig einsetzenden« Bauarbeiten, die offenbar »bis Weihnachten« terminiert waren, den baulichen Zustand des Krankenhauses und die damit verbundenen Belastungen von Personal und Patienten erahnen.[74] Besonders schwer zu ertragen waren heruntergekommene Räumlichkeiten auch dann, wenn Patienten den Verdacht hegten, das Gesundheitswesen trage eine Mitschuld an ihrem Krankenhausaufenthalt. Dies traf auf jene Frauen zu, die 1978/79 im Rahmen einer Schwangerschaft hepatitisinfiziertes Anti-D-Immunglobulin erhalten hatten und nun viele Wochen mit den Symptomen einer Leberentzündung in Kliniken verbringen mussten. Einige der im Kreiskrankenhaus Bautzen untergebrachten Mütter kritisierten in einer Eingabe an den Gesundheitsminister die Situation auf der dortigen Isolierstation:

> »Wir Patientinnen unseres Zimmers gehören zu den Frauen, die rh-negativ sind und nach der Entbindung die entsprechende bzw. nicht entsprechende Spritze erhielten. Mit diesem Fakt müssen wir uns versuchen abzufinden und auch mit der Tatsache, dass unser Aufenthalt hier von längerer Dauer sein wird. Nicht einverstanden sind

73 Heuschkel an Seidel, 15.10.1981, SAPMO-BArch, DY 30/vorl. SED 32013.

74 Beispiele für den desolaten Bauzustand mancher Krankenhäuser liefern Rainer Erices/Antje Gumz: Das DDR-Gesundheitswesen in den 1980er Jahren. Ein Zustandsbild anhand von Akten der Staatssicherheit, in: Das Gesundheitswesen 76 (2014), S. 73–78.

wir aus diesem Grunde mit unserer Unterbringung und Verpflegung im Kreiskrankenhaus. Wir liegen in einem 6-Bett-Zimmer, Wände unansehnlich und schmutzig, wobei es in einer Ecke des Zimmers durchregnet. Vom Stationspfleger wurde uns gesagt, dass wir noch eins der besten Zimmer bekommen haben.«[75]

Als Hohn mussten es die erkrankten Frauen empfinden, dass ihnen gleich zu Beginn ihres Aufenthalts bedeutet wurde, im Sinne einer baldigen Genesung viel Obst zu essen, obwohl dies im Speiseplan des Krankenhauses gar nicht enthalten war. Stattdessen waren sie auf sporadisch von Besuchern mitgebrachtes Obst angewiesen.[76] Wie stark sich der bauliche Zustand von Gesundheitseinrichtungen auf das seelische Befinden von Patienten auswirken konnte und wie wichtig gerade in solchen Fällen die Empathie von Ärzten und Pflegepersonal war, illustriert die Eingabe einer jungen krebskranken Frau aus Berlin an das Politbüromitglied Kurt Hager:

»Sehr geehrter Genosse Kurt Hager!
Ich wende mich in einer Angelegenheit an Sie, die uneingeschränkte Direktheit fordert. Ich bin 42 Jahre alt, verheiratet, habe einen 14jährigen Sohn und war bis zu meiner Krebserkrankung vor einigen Monaten voll berufstätig. Wie alle Menschen, die unter dieser Krankheit leiden, habe ich den Wunsch, die Hoffnung auf Gesundheit. [...] Jeder an Krebs erkrankte Patient wird in eine Nachsorgebehandlung integriert; für den Stadtbezirk Mitte ist dies die Stadtbezirksstelle für Onkologie, 1054 Berlin, Rosenthaler Str. 61. Das nachfolgend geschilderte Problem ist weniger ein medizinisches, sondern ein soziales. Beim erstmaligen Betreten dieses Hauses setzt sich bei einem krebskranken Menschen das Wort ›Endstation‹ fest. Das Entree könnte aus einem Gruselfilm stammen, die Wände strotzen vor Schmutz, Ruß und Farbresten; eine halsbrecherische Treppe (für körperbehinderte ein uneinnehmbares Hindernis) führt zu den Behandlungsräumen, die in einer ehemaligen Wohnung seit Jahren untergebracht sind; das Mobiliar reicht von der Jahrhundertwende bis zur Gegenwart. Hier arbeitet Frau Dr. [...] und ihr kleines Kollektiv, wie mir scheint unter schweren Bedingungen; doch gerade diesen Menschen ist es zu verdanken, durch ihre medizinisch gewissenhafte Behandlung und ihre liebenswerte, menschliche Art, dass man als Patient sich nicht aufgibt. Doch wie schwer muss es für die Ärztin und

75 Marlies G. an Mecklinger, 14.3.1979, BArch, DQ 1/11706-3.
76 Dem MfG blieb in seiner Antwort vom 12.4.1979 nichts anderes übrig, als die beschriebenen Zustände zu bestätigen. Das Krankenhaus werde zwar »rekonstruiert«, die Infektionsabteilung aber tatsächlich als letzter Bereich, vgl. Theodor (MfG) an Marlies G., 12.4.1979, ebd. Auf das fehlende Obst geht der Brief nicht ein.

die Schwester sein, in dieser Umgebung Einfluss auf die Psyche der erkrankten Menschen zu nehmen und all die Arbeitserschwernisse zu verkraften; wissen sie doch genau, dass sie es auch durch unermüdliches Putzen und durch das Aufstellen von Blumentöpfen nicht schaffen werden, auf das Ganze Einfluss zu nehmen.«[77]

»Es wurde nur der Standpunkt der Medizin betrachtet« – Verhütung und Schwangerschaftsabbruch

Zu den beherrschenden Themen im Gesundheitswesen und nicht weniger in der Gesellschaft gehörten in den frühen 1970er Jahren die allmähliche Verbreitung der Verhütungspille Ovosiston sowie das im Dezember 1971 vom Politbüro beschlossene neue Abtreibungsrecht. Wünsche nach Abtreibung und Fragen zur Empfängnisverhütung hatten wesentlich zum Eingabegeschehen der 1960er Jahre beigetragen. Die Briefe aus dieser Zeit geben eindringlich die prekäre Situation vieler berufstätiger Frauen wieder, die angesichts ihrer Einbindung in den Arbeitsprozess und der Abschaffung des herkömmlich männlichen Ernährermodells im Falle einer ungewollten Schwangerschaft um die Existenz ihrer Familie fürchteten. Besonders bitter empfanden es viele, dass der Staat einerseits die Einbeziehung der Frauen in die Produktion forcierte, ihnen andererseits aber jeden Schwangerschaftsabbruch verbot, der nicht durch eng gefasste medizinische oder eugenische Gründe legitimiert war.[78] In manchen Eingaben wurde die Diskrepanz zwischen moderner Medizin, einem veränderten Rollenbild der Frau und dem antiquiert wirkenden Abtreibungsverbot prägnant herausgestellt:

77 Claudia B. an Hager, 15.8.1989 (Eingang), SAPMO-BArch DY 30/27680, Bl. 48 f. Das Büro Hager antwortete eine Woche später mit einem geschäftsmäßig klingenden Zwischenbescheid: »Werte Frau B.! Hiermit bestätigen wir den Eingang Ihres Schreibens an Professor Hager, das uns am 15.8. erreichte. Wir verstehen sehr wohl die von Ihnen geschilderten Probleme, wissen andererseits um die Kompliziertheit schneller Lösungen. Unsererseits wurde die Abteilung Gesundheitspolitik beauftragt, dem dargestellten Anliegen nachzugehen und Sie vom Ergebnis in Kenntnis zu setzen. Betrachten Sie dieses Schreiben bitte als einen Zwischenbescheid, bis Ihnen eine endgültige Antwort vorliegt. Wir werden den Vorgang unter Kontrolle halten. Ihnen alles Gute wünschend verbleiben wir mit sozialistischem Gruß«. Schmidt an Claudia B., 21.8.1989, ebd.

78 Vgl. Leo/König: Die »Wunschkindpille«, S. 50 f. Siehe auch Grossmann, »Sich auf ihr Kindchen freuen.«; Harsch: Society, the State and Abortion. Instruktiv zum Thema Abtreibung in der DDR ferner die Dokumentation von Kirsten Thietz (Hrsg.): Ende der Selbstverständlichkeit? Die Abschaffung des § 218 in der DDR, Berlin 1992, sowie die Erfahrungsberichte in Gabriele M. Grafenhorst: Abtreibung. Erfahrungsberichte zu einem Tabu, München 1992.

> »Wir als Frauen haben in unserer Republik schon viel, sehr viel geleistet und erreicht. Wir entscheiden auf allen Gebieten mit, nur darüber, ob wir ein Kind haben wollen oder nicht, können wir nicht entscheiden. Es gibt große Fortschritte in der Medizin, aber wenn man einen Arzt diesbezüglich um Hilfe bittet, ist die Antwort ein mitleidiges Lächeln über das Missgeschick oder tröstende Worte. Beide sind keinen Pfifferling wert. [...] Gehört die ständige Angst vor einer erneuten Schwangerschaft wirklich noch zum Leben einer Frau unserer Tage?«[79]

Die seit 1950 geltende restriktive Regelung zum Schwangerschaftsabbruch, die lediglich eine eng gefasste medizinische sowie eine eugenische Indikation vorsah, war 1965 nicht zuletzt aufgrund der vielen Eingaben, durch eine verwaltungsinterne Rundverfügung des MfG etwas gelockert worden.[80] Seitdem konnten Schwangere unter 16 oder über 40 Jahren ihr jugendliches oder fortgeschrittenes Alter als rechtfertigenden Grund für einen Abbruch vorbringen. War die Schwangere bereits Mutter von mehr als fünf Kindern oder war seit der letzten Schwangerschaft nur wenig Zeit vergangen, wurde dies ebenfalls als Indikation angesehen. Über die Anträge der Schwangeren entschieden die auf Ebene der Kreise gebildeten sogenannten Interruptio-Kommissionen. Als letzte Einspruchsinstanz dienten entsprechende Bezirkskommissionen. Auf ablehnende Entscheidungen der Kommissionen reagierten zahlreiche Frauen, Männer oder Paare gemeinsam mit Eingaben an zentrale Stellen, in denen sie um Ausnahmen nachsuchten. Überwiegend machten die Betroffenen eine soziale Notlage für den Wunsch nach Schwangerschaftsabbruch geltend. Die bei der Deutschen Reichsbahn angestellte Sigrid W. schrieb im Sommer 1971 an die SED-Zeitung *Neues Deutschland:*

> »Mein Anliegen wurde abgelehnt, weil ich in den letzten Jahren kein Kind gebar und weil der Staat mir jede Unterstützung gewährt. Aber doch habe ich Angst vor der Zukunft. Meine vier Kinder 14, 13, 11 und 8 Jahre alt sind fleißige Schüler, aber nicht ohne meine Hilfe. Bei einem 5. Kind müsste ich aufhören zu arbeiten oder das Kind in eine Wochenkrippe geben. Das tut mir aber sehr weh, der kleine Mensch sieht die Mutti dann nur einmal in der Woche. Mit dem Gehalt meines Mannes können aber 7 Personen nicht gut leben. Eine Ärztin bot mir an das Kind adoptieren zu lassen. Was ist das für eine Mutter für ein Angebot? Wir sind doch keine Maschinen. Ich war

79 Eingabe an das MfG vom 13.7.1968, BArch, DQ 1/6324.
80 Vgl. Kapitel II.2 »Frauen, hört die Signale«.

fassungslos! Was soll nur werden. Ich weiß es wirklich nicht. Ohne meinen Verdienst geht es nicht in unserer Familie.«[81]

Die Eingabe fiel in eine Zeit, in der in puncto Abtreibung sowohl in der DDR als auch in der Bundesrepublik vieles in Bewegung geriet. Eine Woche bevor Sigrid W. ihren Brief an das *Neue Deutschland* richtete, war das Hamburger Wochenmagazin *Stern* mit dem epochemachenden Titelbild »Wir haben abgetrieben« hervorgetreten, auf dem sich prominente und weniger prominente Frauen aus Westdeutschland öffentlich zum Schwangerschaftsabbruch bekannten.[82] Ob Sigrid W. davon erfahren hatte, zum Beispiel über das Westfernsehen, ist ungewiss, dass sie aber ihren Brief an die wichtigste Tageszeitung der DDR richtete, um *ihren* Beitrag zur Diskussion zu leisten, ist immerhin auffällig.

»Bitte glauben Sie mir, ich verspreche mir von diesem Brief an Sie nicht etwa Hilfe, ich möchte auch nicht, dass diese Zeilen veröffentlicht werden – ich möchte nur wissen, dass Sie auch die Meinung von mir zu dieser Diskussion erfahren.«[83]

Vermutlich überschätzte W. die Bereitschaft des SED-Zentralorgans, Briefe dieser Art abzudrucken. Doch abgesehen davon, welche Diskussion sprach sie hier an? Anhaltspunkte dafür, dass zu dieser Zeit öffentlich über die Freigabe der Abtreibung in der DDR diskutiert worden wäre, hat die Forschung nicht gefunden.[84] Vielleicht ging Sigrid W. von einer solchen Diskussion auf dem VIII. SED-Parteitag aus, da sie ihren Brief genau einen Tag vor dessen Beginn an das *Neue Deutschland* richtete? Oder bezog sie sich doch auf den westdeutschen *Stern* und unterstellte eine ähnliche Diskussion im eigenen Land bzw. in den Gremien der SED? Gut möglich, dass es unterhalb der Ebene staatlicher Medien doch Diskussionen, etwa in Betrieben oder in FDGB-Gruppierungen, über das Thema gege-

81 Sigrid W. an Redaktion Neues Deutschland, 14.6.1971, BArch, DQ 1/23884.

82 Stern 24/1971 (6.6.1971), Titelblatt abrufbar unter https://www.hdg.de/lemo/bestand/objekt/druckgut-stern-wir-haben-abgetrieben.html [Zugriff: 2.8.2022]. Vorangegangen war eine ähnliche Aktion in der französischen Zeitschrift Le Nouvel Observateur im April 1971.

83 Sigrid W. an Redaktion Neues Deutschland, 14.6.1971, BArch, DQ 1/23884.

84 Vielmehr ist dezidiert von einem Fehlen jeglicher Diskussion im Vorfeld des Beschlusses zur Freigabe der Abtreibung die Rede, vgl. Harsch: Society, the State and Abortion. »Das kam ganz über Nacht«, erinnerte sich die Ärztin Lykke Aresin (1921–2011), eine Pionierin der Sexualaufklärung in der DDR, in einem Interview (Leo/König: Die »Wunschkindpille«, S. 183). Siehe auch Michael Schwartz: Emanzipation zur sozialen Nützlichkeit. Bedingungen und Grenzen von Frauenpolitik in der DDR, in: Dierk Hoffmann/Michael Schwartz (Hrsg.): Sozialstaatlichkeit in der DDR. Sozialpolitische Entwicklungen im Spannungsfeld von Diktatur und Gesellschaft 1945/49–1989, München 2005, S. 47–87, hier S. 69. Überraschen kann dies nicht, schloss doch schon die Verfasstheit des SED-Staates eine öffentliche Diskussion über politische Themen dieser Tragweite weitgehend aus.

ben hat. Bemerkenswert ist jedenfalls, dass sich das *Neue Deutschland* durchaus der Sache annahm und das Schreiben unverzüglich per Boten in das Ministerium für Gesundheitswesen weiterleitete. Im Begleitschreiben bezog die stellvertretende Leiterin der Abteilung Leserbriefe recht klar die Position der Leserin und bat, sich mit deren Anliegen erneut zu befassen: »Unserer Meinung nach verlangt das von ihr dargelegte Problem nochmals eine Prüfung. [...] Wir bitten Sie, uns über das Ergebnis kurz zu informieren.«[85]

Obwohl damit in diesem Fall die Unterstützung durch ein Organ der SED vorlag und auch die örtliche FDGB-Betriebsgewerkschaftsleitung zugunsten von Sigrid W. interveniert hatte, blieb der Leiter der zuständigen MfG-Hauptabteilung Medizinische Betreuung, Gerhard Lübs (1920 – ?), unbeeindruckt. Wie in fast allen anderen derartigen Fällen auch beschied er die Anfrage negativ:

> »So sehr wir Ihre gegenwärtige Situation verstehen, so müssen wir Ihnen jedoch sagen, dass die soziale Problematik allein nicht ausschlaggebend sein kann, einen Antrag auf Schwangerschaftsunterbrechung positiv zu entscheiden. [...] Wir empfehlen Ihnen, von Ihrem Einspruchsrecht Gebrauch zu machen und Sie können versichert sein, dass die Mitarbeiter dieser Bezirkskommission Ihren Antrag nochmals einer sorgfältigen Überprüfung unterziehen.«[86]

Deutlich wird an diesem Fall, dass die Frauen nicht nur Eingaben schrieben, sondern dass es ihnen zunehmend gelang, Unterstützung in ihrem beruflichen Umfeld und sogar in einem parteigelenkten Presseorgan zu mobilisieren. Selbst im Staatlichen Rundfunkkomitee, dem Weisungsorgan für den Rundfunk in der DDR, stießen die Briefe ungewollt schwangerer Hörerinnen mitunter auf Verständnis. So leitete Karl-Heinz Gerstner, Radiojournalist und populärer Adressat von Hörerpost, das Schreiben einer Frau mit folgendem Bemerken an den seinerzeit noch Stellvertretenden Minister für Gesundheitswesen weiter:

> »Sehr geehrter Genosse Professor Mecklinger! Ich erlaube mir, Ihnen das Schreiben unserer Hörerin [Name und Adresse] zu übersenden, da ich nicht in der Lage bin, dieser offensichtlich in großer seelischer Not befindlichen Frau raten oder helfen zu können. Dabei will ich nicht verhehlen, dass ich etwas bestürzt bin, dass Ärzte auch unter so gravierenden Umständen, die sich aus der Krankheit und den menschlichen Beziehungen und der Umwelt der Schwangeren ergeben, eine Schwangerschafts-

85 Kohler an Lübs, 17.6.1971, BArch, DQ 1/23884.
86 Lübs an Sigrid W., nachrichtlich an Neues Deutschland, 2.7.1971, BArch, DQ 1/23884.

unterbrechung verweigern. Für eine kurze Stellungnahme und Rückgabe des Hörerbriefes wäre ich dankbar.«[87]

Besonders verbitterte es manche Menschen, dass von staatlicher Seite so gut wie ausnahmslos die Austragung ungewollter Schwangerschaften gefordert wurde, zugleich aber die kontinuierliche Versorgung mit zeitgemäßen Verhütungsmitteln nicht gewährleistet war. So gingen im MfG in der ersten Jahreshälfte 1971 zahlreiche Beschwerden über Lieferengpässe bei den aus der Tschechoslowakei importierten Intrauterinspiralen vom Typ »Dana« ein. Teilweise hatten die Betroffenen zunächst an die Redaktion der Fernsehsendung Prisma geschrieben, eine populäre Adresse für Eingaben aller Art. Das MfG konnte die Probleme im Grunde nur der Sache nach bestätigen und wenigstens versuchen, die Vermutung zu zerstreuen, die in der DDR fehlenden Produkte würden stattdessen auf dem lukrativeren westlichen Markt angeboten.

> »Die Redaktion Prisma des Deutschen Fernsehfunks übergab uns Ihr Schreiben vom 23.3.71 zur weiteren Erledigung. [...] Es ist uns bekannt, dass es bei der Bereitstellung von Dana Super Schwierigkeiten gab, die in kürzester Zeit behoben sein werden, so dass Dana Super den gynäkologischen Einrichtungen im gleichen Umfang wieder zur Verfügung stehen wird. Ihre Vermutung, dass die CSSR die Intrauterin-Pessare nur noch ins westliche Ausland liefert, trifft nicht zu. Die mit der CSSR abgeschlossenen Verträge bestehen weiter und werden realisiert.«[88]

Auch auf übergeordneter Ebene fand das Thema Schwangerschaftsabbruch zunehmend Gehör. Nachdem Erich Honecker im Mai 1971 die Führung der SED übernommen hatte, war ihm an sozialpolitischer Profilierung gelegen. Offenbar sah er die Chance, angesichts der laufenden westdeutschen Diskussion über den § 218 die Bundesrepublik auf dem Feld des Abtreibungsrechts mit einer liberalen Regelung zu überholen und damit die Modernität der DDR unter Beweis zu stellen.[89] Auch von der verbreiteten Unzufriedenheit mit dem bestehenden Gesetz, die bis in die Funktionärsebene von Staat und Partei hineinreichte, wird der neue SED-Chef gewusst haben.[90] Nach wie vor gingen im MfG Eingaben verzweifelter

87 Gerstner an Mecklinger, 25.1.1971, BArch, DQ 1/23884.
88 Lübs an Silke T., 13.5.1971, BArch, DQ 1/4930-2, Bl. 276.
89 Schwartz spricht von einem »Wettlauf um Progressivität« zwischen Ost-Berlin und Bonn, vgl. Schwartz: Emanzipation zur sozialen Nützlichkeit, S. 76. Im Vergleich zu ihren sozialistischen »Bruderländern« hinkte die DDR ohnehin hinterher. Diese hatten überwiegend bereits in den 1950er Jahren die soziale Indikation als Abtreibungsgrund etabliert.
90 Ein Beispiel hierfür ist die Ärztin und Sektorleiterin im MfG Helga Rayner, vgl. Leo/König: Die »Wunschkindpille«, S. 115 f. Rayner war direkt mit der Beantwortung von Eingaben befasst und

Mütter ein, die sich besonders als Alleinerziehende mitunter vor Extremsituationen gestellt sahen.

> »Ich bin seit 2 ¾ Jahr geschieden und lebe mit 4 Kindern [...] nur vom Unterhalt meines gesch. Mannes und von Kindergeld. Ilona ist als Zwilling mit Querschnittlähmung und mit einem offenen Rücken geboren. [...] Jetzt am 19. Juli wurde sie in Magdeburg an den Beinen operiert und liegt im Gips mit gespreizten Beinen, ich habe sie bei mir in Pflege und muss alle paar Wochen mit ihr nach Magdeburg. Wer kümmert sich um Ilona wenn ich nachher nicht mehr kann. Ich habe gehofft wenn Ilona einmal Laufen lernt, eine Arbeit aufzunehmen und meine Kinder [sic] endlich etwas vom Leben bieten zu können, nun habe ich einen Fehler begangen, den ich mir nicht verzeihen kann und meine Kinder müssen es büßen. Daher meine Verzweiflung, ich weiß mir keinen anderen Rat mehr, ich hoffe doch, dass Sie mir helfen werden.«[91]

Selbst angesichts solcher Schilderungen blieb der zuständigen Sektorleiterin im MfG nur, in ihrem Antwortschreiben auf die zuständigen Kommissionen auf Kreis- und Bezirksebene zu verweisen, nur dort könne der Antrag auf Abbruch der Schwangerschaft gestellt werden.[92] Zwar reagierte die Eingabenabteilung des MfG auf Briefe dieser Art meist ausgesprochen schnell, doch am Ergebnis änderte dies nichts. Die von den Verfasserinnen gehegte Hoffnung auf Ausnahmeregelungen konnte so gut wie nie erfüllt werden. Die Ablehnungen endeten stattdessen mit der stereotypen Wendung, man hoffe, »dass es Ihnen trotz aller Sorgen doch noch gelingen möge, sich auf ein weiteres Kind zu freuen«.[93] Die Fälle Sigrid W. und Britta E. sowie viele weitere, ähnlich gelagerte zeigen, dass der Handlungsspielraum des MfG in Sachen Abtreibung begrenzt war. Verfügten die jeweiligen Bearbeiter von Eingaben ansonsten über die Möglichkeit, die vorgebrachten Probleme mithilfe individueller Lösungen anzugehen (etwa ein Medikament der Nomenklatur C zu beschaffen), so konnten sie als Vertreter des

kannte die Nöte der schreibenden Frauen aus erster Hand, vgl. exemplarisch Rayner an E., 16.11.1971, BArch, DQ 1/23884. Nach 1972 verteidigte sie in Interviews mit westlichen Medien sehr klar die Einführung der Fristenregelung und beeinflusste damit auch die bundesdeutsche Debatte, vgl. Michael Schwartz: »Liberaler als bei uns«? Zwei Fristenregelungen und die Folgen. Reformen des Abtreibungsstrafrechts in Deutschland, in: Udo Wengst/Hermann Wentker (Hrsg.): Das doppelte Deutschland. 40 Jahre Systemkonkurrenz, Berlin 2008, S. 183–212, hier S. 205–207.

91 Britta E. an MfG, 8.11.1971, BArch, DQ 1/23884 (Vorname des Kindes ebenfalls geändert).

92 Rayner an Britta E., 16.11.1971, BArch, DQ 1/23884. Allerdings wurde die Kommission vor Ort in diesem Fall auch vom MfG direkt unterrichtet, vgl. ebd.

93 Exemplarisch: Lübs an Armin J., 13.12.1971, BArch, DQ 1/23884. In diesem Fall hatte ein Ehepaar gemeinsam die Eingabe mit der Bitte um die Ermöglichung eines Schwangerschaftsabbruchs verfasst.

Staates schlecht dessen Gesetze umgehen, zumal in schriftlicher Form. Dass der rigide Umgang mit dringenden Abtreibungswünschen desaströse Folgen haben konnte, war dem MfG bewusst, schon allein deshalb, weil es auch davon über Zuschriften aus der Bevölkerung erfuhr. So schlug ein Bewohner Berlins angesichts der häufigen Funde toter Neugeborener, »wie jetzt wieder in der Kolonie Bielefeldt (Friedrichsfelde)«, im Sommer 1971 vor, »Großkinderheime zu schaffen, wo alle ungewollten Kinder abgenommen und erzogen werden«.[94]

Unterdessen hatte der im Mai 1971 vollzogene Wechsel an der Spitze der SED Bewegung in die Familien- und Frauenpolitik gebracht. Der VIII. Parteitag im Juni 1971 – der erste, auf dem Honecker als Erster Sekretär der SED auftrat – kann rückblickend als Ausgangspunkt der 1972 verwirklichten Reform des Abtreibungsrechts in der DDR angesehen werden. In Honeckers Ankündigung, hinsichtlich der Gleichberechtigung der Frau »schrittweise« jene Probleme lösen zu wollen, »von denen es abhängt, ob eine Frau von ihren gleichen Rechten auch in vollem Umfange Gebrauch machen kann«, deutete sich die Bereitschaft an, Frauen zu mehr Selbstbestimmung bei der Familienplanung zu verhelfen.[95] Insbesondere die Leiterin der Abteilung Frauen beim ZK, Inge Lange (1927–2013), der dieses Thema seit Anfang der 1960er Jahre am Herzen lag, erkannte die neuen Spielräume, die sich mit dem Machtwechsel an der Parteispitze auftaten. In den folgenden Monaten sorgte sie dafür, dass die Vereinbarkeit von Familie und Beruf im ZK-Sekretariat auf der Tagesordnung blieb. Im Oktober 1971 setzte das *Neue Deutschland* Honeckers Parteitagsäußerung erstmals in direkten Bezug zur Abtreibungsfrage. Anlass war die 40-jährige Wiederkehr eines Antrags zur vollständigen Gleichberechtigung der Frau, den die KPD unter Federführung der Frauenrechtlerin Clara Zetkin 1931 in den Reichstag eingebracht hatte und der auch das Recht auf Abtreibung enthielt.[96] Der mit dem normativ formulierten Titel »Unüberhörbare Forderungen« überschriebene Jubiläumsartikel ließ sich unschwer auch auf die Gegenwart beziehen. Offensichtlich sollte die Parteibasis publizistisch auf bevorstehende Änderungen im Abtreibungsrecht eingestimmt werden. Auch die Ablösung des bisherigen CDU-Gesundheitsministers Max Sefrin durch seinen Stellvertreter Ludwig Mecklinger (SED) im November

94 Ernst H. an Vorsitzenden des Staatsrats (weitergeleitet an MfG), 19.7.1971, BArch, DQ 1/4930-2, Bl. 265. Unter Verweis auf »die umfassende Unterstützung, die der sozialistische Staat Müttern und Kindern angedeihen lässt und die völlige rechtliche Gleichstellung der unverheirateten Mutter und deren gesellschaftliche Achtung« wurde die Anregung im Antwortschreiben freundlich, aber bestimmt verworfen, Lübs an Ernst H., 6.10.1971, ebd. Bl. 259 f.

95 Protokoll der Verhandlungen des VIII. Parteitages der Sozialistischen Einheitspartei Deutschlands, Band 1, Berlin 1971, S. 83.

96 Vgl. Unüberhörbare Forderungen, Neues Deutschland, 16.10.1971, S. 15.

1971 dürfte die vorgesehene Lockerung des Abtreibungsverbots erleichtert haben. Schließlich wurde auf der Sitzung des Politbüros am 14. Dezember 1971 eine zuvor mit Honecker abgestimmte Beschlussvorlage Inge Langes umgesetzt, Frauen den Abbruch einer Schwangerschaft innerhalb der ersten zwölf Wochen generell zu gestatten. Am 22. Dezember berichtete das DDR-Fernsehen über die beabsichtigte Neuregelung, tags darauf das *Neue Deutschland*.[97] Der Entschluss der Parteiführung kam sowohl für die Bevölkerung als auch für nahe Beobachter überraschend. In den folgenden Wochen, während der eiligen Ausarbeitung des Gesetzes, erhielt das MfG diverse Eingaben mit Vorschlägen zu seiner Ausgestaltung. Ein Kritikpunkt betraf die Verwendung des Begriffs »Unterbrechung« der Schwangerschaft. Ein prominenter Arzt und Sexualforscher merkte dazu an:

> »Betreffs der in Aussicht genommenen neuen Regelung möchte ich dafür plädieren, nicht den Ausdruck Schwangerschaftsunterbrechung, sondern den Ausdruck Schwangerschaftsabbruch zu gebrauchen, denn die Schwangerschaft wird nicht unterbrochen, um dann nach Belieben fortgesetzt zu werden, sondern sie wird ein für alle Mal abgebrochen. Sprachlich sollten wir korrekt sein.«[98]

Noch ein weiterer Aspekt war dem Wissenschaftler wichtig:

> »Als Sexuologe darf ich zur Regelung selbst gewisse Bedenken anmelden. Die neue Regelung wird unsere Bevölkerung wieder weiter von der weitaus segensreicheren Empfängnisverhütung entfernen. Gerade in unserer Zeit, in der endlich ein absolut sicheres Empfängnisverhütungsmittel gefunden worden ist, welches dazu noch billig und einfach in der Anwendung ist, erscheint es nicht unbedingt notwendig, die Abruptio generell freizugeben. Empfängnisverhütung ist weitaus ökonomischer als die mit größeren Kosten und einem gewissen Risiko belastete Abruptio.«[99]

Die Abstimmung der Volkskammer über das neue »Gesetz über die Unterbrechung der Schwangerschaft« am 9. März 1972 bedeutete wie üblich nur den formalen Nachvollzug einer im Politbüro getroffenen Entscheidung. Auch die 14 Gegenstimmen aus der CDU-Blockpartei, ein einmaliges Ereignis in der Geschichte der Volkskammer, waren einkalkuliert und mit Rücksicht auf kirchliche

97 Vgl. Thietz: Ende der Selbstverständlichkeit?, S. 135–155 sowie die eher unscheinbare Kurzmeldung Gemeinsamer Beschluss des Politbüros des ZK der SED und des Ministerrats der DDR, Neues Deutschland, 23.12.1971, S. 2.

98 Hartwig P. an Mecklinger, 30.12.1971, BArch, DQ 1/23884.

99 Ebd. Eine Antwort seitens des MfG ist in den Akten nicht überliefert. Der eigenartige Begriff der »Schwangerschaftsunterbrechung« wurde auch weiterhin benutzt, nicht zuletzt sogar im Gesetzestext. Weitere Zuschriften zum neuen Gesetz finden sich in BArch, DQ 1/4930-2.

Kreise toleriert worden. Vorangegangen war der Abstimmung eine Rede des erst seit einigen Monaten im Amt befindlichen Gesundheitsministers Ludwig Mecklinger. Darin begründete Mecklinger den Gesetzentwurf vor allem mit der im Sozialismus anzustrebenden Gleichberechtigung der Frau. Diese solle die Möglichkeit erhalten, »über die Empfängnisverhütung hinaus dem biologischen Zufall einer Schwangerschaft entgegenzuwirken und in freier Entscheidung die Mutterschaft anzustreben«. Zugleich wies er die offenbar von manchen geäußerte Befürchtung zurück, das neue Recht auf Abtreibung könne »Erscheinungen der Unmoral unter der Jugend« begünstigen.[100]

Mit der Annahme des Gesetzes hatte die DDR die Bundesrepublik bei der Schaffung legaler Möglichkeiten des Schwangerschaftsabbruchs tatsächlich überholt. Dort scheiterte eine vergleichbare, von der sozialliberalen Koalition unter Kanzler Willy Brandt initiierte Gesetzesnovelle 1975 an einer erfolgreichen Verfassungsklage der Oppositionsparteien CDU und CSU.[101] Der Ost-Berliner SED-Führung war es gelungen, einen zentralen Widerspruch ihrer Arbeits- und Sozialpolitik aufzulösen, indem sie den arbeitsrechtlich emanzipierten Frauen mit einiger Verspätung nun auch den selbstbestimmten Umgang mit ihrem Körper zugestand. Die Einführung der Fristenlösung lässt sich auch als Sieg der wenigen Frauen in der SED-Führung über die vielen Männer an der Parteispitze lesen. Sie war auch ein später Sieg über eine allmählich abtretende, männlich dominierte Ärztegeneration, die dem Schwangerschaftsabbruch mehrheitlich ablehnend gegenübergestanden hatte. Durch die Reform wurde die Abtreibungsfrage zugleich ein Stück weit entmedikalisiert. Den Frauen die Entscheidung über die Austragung der Schwangerschaft zu übertragen führte dazu, dass nun soziale Erwägungen und Fragen der weiblichen Selbstbestimmung stärker im Vordergrund standen. Wie sehr die Frage des Schwangerschaftsabbruchs zuvor als rein medizinisch determiniert empfunden worden war, lässt die Aussage der ungewollt schwangeren Reichsbahnerin und mehrfachen Mutter erahnen (siehe

100 Rede Mecklingers vor der Volkskammer, 9.3.1972, abgedruckt bei Thietz: Ende der Selbstverständlichkeit?, S. 165–173, hier S. 166. Auszugsweise auch in: Recht und Würde der Frau vollauf garantiert, Neues Deutschland, 10.3.1972, S. 1. Die gesamte Volkskammersitzung ist als Audiodatei nachzuhören unter https://www.mdr.de/damals/archiv/schwangerschaftsabbruch106.html [Zugriff: 2.8.2022].

101 Vor dem Schritt, Bundesbürgerinnen die Abtreibung in der DDR zu ermöglichen, schreckte Ost-Berlin jedoch zurück. Die Möglichkeit, eine Schwangerschaft innerhalb der ersten drei Monate abzubrechen, wurde per Durchführungsverordnung an den Besitz der DDR-Staatsbürgerschaft geknüpft, vgl. DDR verbietet Abtreibung an Ausländerinnen. Auch Westdeutsche von der Verordnung betroffen, Frankfurter Allgemeine Zeitung, 29.3.1972, S. 7. Siehe auch Schwartz: »Liberaler als bei uns«?, S. 205f.

Abb. 22: Gesundheitsminister Mecklinger am 9. März 1972 in der Volkskammer. Auf der Tagesordnung steht das »Gesetz über die Unterbrechung der Schwangerschaft«.

oben), die sich sinngemäß in vielen Eingaben wiederfand: »Ich hatte nicht das Gefühl, dass mir ein Mensch wirklich helfen wollte. Es wurde nur der Standpunkt der Medizin betrachtet.«[102]

Das »Gesetz über die Unterbrechung der Schwangerschaft« brachte eine weitere Neuerung mit sich, nämlich die kostenfreie Abgabe ärztlich verordneter Mittel zur Empfängnisverhütung. Dies war aus Sicht der SED schon deshalb eine notwendige Ergänzung, um die paradoxe Konstellation von kostenfreier Abtreibung auf der einen und kostenpflichtigen Verhütungsmitteln auf der anderen Seite zu vermeiden. Erst ihre Unentgeltlichkeit verhalf der Pille in der DDR vollends zum Durchbruch. Bis dahin hatte sie die Hoffnungen von Gesundheitspolitikern und Herstellern enttäuscht. Die Durchsicht der Eingabenkonvolute zu Schwangerschaftsfragen lässt erkennen, dass die bereits 1965 in der DDR zugelassene Verhütungspille Ovosiston auch sechs Jahre nach ihrer Einführung noch längst nicht die Verbreitung gefunden hatte, von der man anfangs ausgegangen

102 So Sigrid W. mit Blick auf die Interruptio-Kommission, die den von ihr gewünschten Schwangerschaftsabbruch abgelehnt hatte, an Redaktion Neues Deutschland, 14.6.1971, BArch, DQ 1/23884.

war.[103] Erfahrungswerte hinsichtlich ihrer Akzeptanz in anderen sozialistischen Ländern gab es nicht, da die DDR das erste Land des sogenannten »Ostblocks« war, das die Pille eingeführt hatte, nur fünf Jahre nach ihrer Weltpremiere 1960 in den USA. Seit 1968 durfte Ovosiston von allen Frauenärzten verschrieben werden, die Nachfrage blieb jedoch gering. Junge Frauen scheuten die notwendige ärztliche Konsultation oder wollten die Kosten von 3,50 M pro Zykluspackung vermeiden. Andere scheiterten am festen Einnahmerhythmus oder vertrugen das Hormonpräparat schlicht nicht. Nicht wenige hielten den Ovulationshemmer für gesundheitsschädlicher als einen Schwangerschaftsabbruch – und fühlten sich bestätigt, als 1970 kurzzeitig der Verdacht aufkam, der in Ovosiston enthaltene Wirkstoff Chlormadinonacetat könne krebserregend sein.[104] Immer wieder musste das MfG Eingaben beantworten, die Vorbehalte gegenüber dem Präparat erkennen ließen.

> »Zu Ihrer Äußerung, dass die Antibabypille Ovosiston organische Störungen hervorruft, ist folgendes zu sagen. Es gibt kaum ein Medikament auf der Welt, das einer so gründlichen wissenschaftlichen Studie unterzogen wurde. In über 100.000 Arbeiten wird über 14-jährige Erfahrungen bei 20 Millionen Frauen berichtet. Diese Arbeiten sagen übereinstimmend, dass die Effektivität unter der Voraussetzung, dass das Präparat unter Beachtung aller ärztlichen Anweisungen eingenommen wird, 100%ig ist. Desgleichen ist es – unter Beachtung der Gegenindikationen – unschädlich. Die in der DDR gelaufenen und noch laufenden wissenschaftlichen Studien über Ovosiston stimmen mit denen der Weltliteratur überein. Sie können versichert sein, dass die Antibabypille, wenn sie organische Schäden hervorrufen würde, nicht als wirksames Antikonzeptions- und Therapiemittel deklariert werden würde.«[105]

Groß war bei manchen auch die Sorge, das Kontrazeptivum könne nicht nur negative Auswirkungen auf den Körper der Frau, sondern auch auf Kinder haben, die im Falle des Versagens der Pille gezeugt und geboren würden. Die Skepsis hing auch mit dem Contergan-Skandal der frühen 1960er Jahre zusammen, der im Hinblick auf medikamentös induzierte Fehlbildungen bei Embryonen international zu großer Verunsicherung geführt hatte. Noch zehn Jahre später wurde in Einga-

103 Jüngste Forschungen bestätigen den anfangs schleppenden Absatz des Präparats, vgl. Leo/König: Die »Wunschkindpille«, S. 90 f. Eine Trendwende deutete sich 1970 an, als erstmals 5 Millionen Packungen verkauft werden konnten, vgl. ebd., S. 146. Nach wie vor wiesen die Absatzzahlen jedoch ein starkes Stadt-Land-Gefälle auf. Ich danke Christian König für ausführliche Informationen zu diesen Aspekten.

104 Vgl. Leo/König: Die »Wunschkindpille«, S. 170–174.

105 Lübs an Edeltraud M., 13.5.1971, BArch, DQ 1/4930-2, Bl. 276.

ben zu Ovosiston auf Contergan Bezug genommen, wohl auch deshalb, weil im Dezember 1970 der Prozess gegen die Contergan-Herstellerfirma Grünenthal medienwirksam zu Ende gegangen war.[106] Armin J., Ehemann einer trotz Ovosiston-Einnahme schwanger gewordenen Frau, wandte sich Ende 1971 deshalb sowohl an den kurz zuvor ins Amt gekommenen Gesundheitsminister Mecklinger als auch an den »Staranwalt« der DDR, Friedrich Karl Kaul (1906–1981).[107] Den Ehemann trieb nicht nur die Sorge vor der Überforderung der bereits fünfköpfigen Familie durch ein weiteres Kind um, sondern auch die Angst, dieses könnte infolge der Ovosiston-Einnahme behindert sein. Der behandelnde Frauenarzt, so J. in seiner Eingabe, habe von drei weiteren ihm bekannten Schwangerschaften trotz Pille berichtet, sei aber dennoch nicht zu einem Schwangerschaftsabbruch bereit.

> »Unter den geschilderten [familiären] Umständen werden Sie erkennen, dass ich als Mann besonders darauf achtete, dass die Dosierung seitens meiner Frau eingehalten wurde. Nach Ablauf der 21 Tage blieb nun die Blutung bei meiner Frau aus. Wir wandten uns sofort an den Frauenarzt unserer zuständigen Poliklinik [...]. Eine Schwangerschaft konnte nicht festgestellt werden und auf Anraten des Arztes hat meine Frau das Präparat weiterhin eingenommen. Die nächsten Untersuchungen brachten auch kein anderes Ergebnis. Jetzt, nach 3 ½ Monaten stellt man fest, dass meine Frau bereits so weit ist und eine Schwangerschaftsunterbrechung wird abgelehnt. [...] Die größte seelische Belastung für meine Frau ist zur Zeit, dass niemand beweisen kann, dass dieses Präparat, bei einer Schwangerschaft eingenommen, nicht schadhaft [sic] für das Kind ist. Diese Sorge übersteht meine Frau nicht schadlos. [...] Ist der Herstellerbetrieb von Ovosiston, VEB Jenapharm, regresspflichtig zu machen? Gerade der furchtbare Prozess der armen Conterganopfer gab uns die doppelte Zuversicht, dass zweifelhafte Medikamente, hinsichtlich der Garantie und evtl. Folgeerscheinungen, bei uns nicht im Handel sind.«[108]

Armin J. misstraute nicht nur der Herstellerfirma und der Arzneimittelsicherheit in der DDR, auch den Versicherungen der Ärzte stand er skeptisch gegenüber:

106 Über die »Missgeburten durch Westmedikamente« (Berliner Zeitung, 27.11.1961, S. 2) hatte die DDR-Presse stets in großer Ausführlichkeit berichtet, ebenso über die mit einer Geldzahlung des Unternehmens in Höhe von 110 Millionen DM verbundene Einstellung des Prozesses, vgl. Gericht verhöhnt Contergan-Opfer, Neues Deutschland, 19.12.1970, S. 7.

107 Kaul, der auch in der Bundesrepublik als Strafverteidiger zugelassen war, wirkte nicht nur als Nebenkläger bei Prozessen gegen NS-Verbrecher mit. DDR-Bürger kannten ihn vor allem durch seine populäre Fernsehsendung »Fragen Sie Professor Kaul«, in der er Rechtsfragen aus dem Alltag erörterte.

108 Armin J. an Kaul, 17.11.1972, BArch, DQ 1/23884.

> »Die Herren Ärzte vertreten den Standpunkt, dass die Weitereinnahme des Präparates keinen Schaden dem Kind zufügen könnte. Wäre eine Abnormalität vorhanden, dann würden andere Erbfaktoren mitspielen. Darauf weiter einzugehen, ist wohl zwecklos. Ein Arzt wird nie einer Krebskranken sagen, wie es wirklich um sie steht.«[109]

Empört zeigte sich J., dass die zuständige Interruptio-Kommission ihm und seiner Frau die gewünschte Abtreibung unter Verweis auf einen möglichen Einnahmefehler verwehrt habe. An Minister Mecklinger schrieb er:

> »Doch meine Frau und ich, wir wissen, dass die Dosierung bei uns 100%ig erfolgte. Und nun behaupten wir, welcher Arzt kann beweisen, dass bei uns die Lücke eingetreten ist, kein Arzt. Nur im gegenseitigen Vertrauen können entsprechende Schlussfolgerungen gezogen werden. Nicht immer ist der Patient dran schuld!«[110]

Mit Blick auf die Familienplanung hatten J. und seine Ehefrau den medizinischen Plan- und Machbarkeitsvisionen ihrer Zeit vertraut, die nicht nur in der sozialistischen DDR verkündet worden waren. Umso mehr fühlten sie sich nun betrogen und allein gelassen. Nie sei »bei den ganzen Belehrungen, Vorträgen etc. über Familienplanung mittels Pille« erwähnt worden,

> »dass hier ein kleiner Unsicherheitsfaktor enthalten ist, und wir haben leider all diesen blindlinks [sic] geglaubt und vertraut. Wenn es nun heißt, wir haben eben ›Pech‹ gehabt, erklären wir uns nicht einverstanden. Früher hätte man gesagt ›Von-Gott-gewollt‹, die nächsten schoben es der ›Vorsehung‹ zu. Da soll man doch in unserer Zeit nicht kommen und sagen ›Pech-gehabt‹, sondern klar erkennen, in dem Präparat ist eben eine Unzulänglichkeit vorhanden und das muss nun wieder in Ordnung gebracht werden. Hier muss die bei einer Familienplanung gesetzlich garantierte Hilfe des Arztes eintreten, in Form einer Schwangerschaftsunterbrechung. […] Bitte, Herr Minister, helfen Sie uns, dass meiner Frau die gesetzmäßige Hilfe der Schwangerschaftsunterbrechung unter den geschilderten Umständen, stattgegeben wird.«[111]

Den mit der Beantwortung der Eingabe betrauten Abteilungsleiter Gerhard Lübs beeindruckte diese Argumentation nicht. Nur einen Tag vor dem Politbürobeschluss zur Freigabe der Abtreibung antwortete er in Vertretung des Ministers

109 Armin J. an Mecklinger, 27.11.1971, BArch, DQ 1/23884.
110 Ebd.
111 Ebd.

in gewohnter Weise ablehnend. Das Ministerium könne keine Genehmigung zum Abbruch der Schwangerschaft erteilen, dies bleibe den »dafür berufenen Kommissionen bei den Räten der Kreise und beim Rat des Bezirkes als Einspruchskommission« vorbehalten. Die Entscheidung der Letzteren sei endgültig. Im Übrigen sei Ovosiston sehr zuverlässig. Zwar reagiere jedes »biokybernetische Regelsystem [...] unterschiedlich auf die Zufuhr von Medikamenten«. Die »minimale Versagerquote« ändere jedoch nichts an der Berechtigung, »die Wirksamkeit des Ovosistons als komplett zu bezeichnen«. Außerdem, so Lübs, seien »Missbildungen des zu erwartenden Kindes bei Einnahme von Ovulationshemmern in den ersten Monaten der Schwangerschaft [...] nicht bekannt«.[112]

In der Tat lagen weder damals noch in späteren Jahren Hinweise für eine erhöhte Missbildungsrate durch hormonale Kontrazeptiva vor.[113] Doch hinsichtlich der sozialen bzw. familiären Implikationen, die in der Eingabe deutlich benannt wurden, handelte Lübs den Festlegungen des eigenen Hauses zuwider. Angesichts vergleichbarer Einzelfälle hatte die im MfG angesiedelte Zentrale Kommission für Familienplanung bereits 1968 ausdrücklich gerügt, dass trotz Ovosiston schwanger gewordenen Frauen ein Abbruch verweigert worden sei. In solchen Fällen Ablehnungen auszusprechen stelle ein »unverantwortliches Verhalten« dar und sei mit Blick auf die möglichen Folgen »vollkommen falsch«.[114]

Auch nach der Legalisierung des Schwangerschaftsabbruchs im März 1972 gingen weiterhin Eingaben zu diesem Thema im MfG ein. Nicht nur die praktische Umsetzung der neuen Bestimmungen führte zu vielen Nachfragen. Auch das Verhalten, das manche Ärzte und Schwestern abtreibungswilligen Schwangeren gegenüber an den Tag legten, gab häufig Anlass zu Beschwerden. Die Frauen spürten und beklagten, dass längst nicht alle Frauenärzte das neue Recht, überraschend und ohne gesellschaftliche oder fachinterne Debatte von oben verordnet, innerlich guthießen. Beinahe über Nacht sollte das Personal der Frauenkliniken nun routinemäßig das tun, was ihm seit Gründung der DDR bei Strafe verboten war. Im Jahr 1962 waren deutlich weniger als 1000 Schwangerschaftsabbrüche offiziell genehmigt worden, zehn Jahre später lag die Zahl der legalen Abbrüche bei 119 000. Berücksichtigt man jedoch die in den 1960er Jahren auf

112 Lübs an Armin J., 13.12.1971, nachrichtlich an Büro des Ministers Nr. 1931, BArch, DQ 1/23884. Der weitere Fortgang der Angelegenheit ist in den Akten nicht überliefert, ebenso wenig die Reaktion Friedrich Karl Kauls.

113 Vgl. für Ovosiston und ein Nachfolgepräparat die Studie von Bodo Sarembe: Missbildungsrisiko unter hormonalen Kontrazeptiva, in: medicamentum 29 (1988), S. 4–6.

114 Auswertung der Beratung der Zentralen Kommission für Familienplanung am 17. April 1968, SAPMO-BArch, DFD-Archiv, hier zitiert nach Thietz: Ende der Selbstverständlichkeit?, S. 113.

jährlich bis zu 100 000 geschätzten illegalen Aborte, so legt dies eher die Sichtweise nahe, dass 1972 legalisiert wurde, was zuvor schon im Verborgenen praktiziert worden war.[115]

Wünsche nach medizinischer Behandlung im Ausland

Bereits Ende des 19. Jahrhunderts überschritten Kranke, sofern sie ausreichend mobil und solvent waren, Ländergrenzen und nahmen weite Reisen in Kauf, um sich gezielt in die Obhut renommierter ausländischer Ärzte, Kliniken oder Sanatorien zu begeben. Der Zuspruch, den alpine Tuberkuloseheilstätten insbesondere vor dem Ersten Weltkrieg erfuhren, sowie die stete Anziehungskraft berühmter medizinischer Zentren oder ärztlicher Koryphäen in Europa auf ein internationales Publikum sind klassische Beispiele für die grenzüberschreitende Mobilität einer kleinen, zahlungskräftigen Patientenklientel.[116] Heute sind medizinisch motivierte Reisen in andere Länder immer weniger ein Privileg der gut betuchten Oberschicht. Der sogenannte Medizintourismus findet in westlichen Gesellschaften in weiten Kreisen großen Zuspruch, zumal er nicht mehr zwangsläufig mit Luxus assoziiert ist, sondern unter Umständen sogar die Aussicht auf Kostenersparnis bieten kann. Noch populärer sind Auslandsbehandlungen geworden, seitdem die Krankenkassen in Deutschland ihren Versicherten dafür unter bestimmten Voraussetzungen die Kosten erstatten.[117]

Eine derartige Mobilität von Patienten, die uns zu Beginn des 21. Jahrhunderts beinahe als selbstverständlich erscheint, war vor Jahrzehnten noch außergewöhnlich – und in einem abgeschotteten Staat wie der DDR, der seinen Bürgern so gut wie keine Reisefreiheit gewährte, nahezu undenkbar. Und doch lässt sich das Phänomen der reisenden Patienten auch in der DDR nachweisen. Auch dort gab es Kranke, die gezielt ausländische Kliniken aufsuchen wollten und daran bestimmte therapeutische Hoffnungen knüpften. Wie häufig sie dies im direkten Arzt-Patient-Kontakt taten, ist naturgemäß schwer zu ermitteln;

115 Seit Mitte der 1970er Jahre lag die jährliche Zahl an Abtreibungen in der DDR stets deutlich unter 100 000, vgl. Schwartz: »Liberaler als bei uns«?.

116 Siehe, mit weiterer Literatur, Christina Vanja: Zur Kur in die Alpenregion. Heilanstalten in der Belle Epoche, in: Historia Hospitalium 30 (2016/17), S. 353–365.

117 Aus der breiten Literatur zum Medizintourismus siehe nur: David Botterill/Guido Pennings/Tomas Mainil (Hrsg.): Medical Tourism and Transnational Healthcare, Houndmills 2013. Für in Deutschland Versicherte werden seit 2004 gemäß §13 Abs. 4 und 5 SGB V (Fünftes Buch Sozialgesetzbuch) die Kosten für Behandlungen in Ländern der Europäischen Union sowohl von privaten als auch gesetzlichen Krankenkassen bis zu der Höhe übernommen, die bei einer entsprechenden Behandlung im Inland angefallen wäre.

dass sie es regelmäßig über Eingaben versuchten, offenbart ein Blick in die Archive. Etwa zehn Prozent der jährlich an das MfG gerichteten Eingaben hatten Behandlungswünsche im Ausland zum Gegenstand.[118] Die Anfragen verursachten einen überdurchschnittlich hohen Bearbeitungsaufwand, wie das MfG in einer Analyse festhielt, da die Bürger in derartigen Fällen »stark motiviert« seien und »hartnäckig auf der Einleitung der gewünschten Behandlungen« bestünden.[119] Insbesondere bei schweren Erkrankungen und nach erfolglosen Therapieversuchen baten die Betroffenen oder ihre Angehörigen um die Möglichkeit, neuartige oder hochspezialisierte Behandlungsverfahren, die es in der DDR (noch) nicht gab, jenseits der Grenzen auszuprobieren. Damals wie heute lagen dabei illusionäre Vorstellungen und realistische Therapieoptionen mitunter dicht beieinander.[120] Objektiv waren einzelne technologieintensive Therapieverfahren in der DDR tatsächlich nicht oder erst Jahre später als im westlichen Ausland etabliert. Subjektiv wiederum trauten manche dem sozialistischen Gesundheitswesen nicht einmal Standardoperationen zu. Dies traf auch auf seinen höchsten politischen Funktionär zu. So ließ sich der Leiter der Abteilung Gesundheitspolitik beim ZK der SED, Karl Seidel, noch 1989 seine Nierensteine nicht im Berliner Regierungskrankenhaus, sondern bei einem Spezialisten in Wien entfernen. Eine medizinische Notwendigkeit für die Reise nach Österreich bestand nicht, wie die Staatsicherheit bitter vermerkte.[121] Normale, also nicht von der Politbürokratie privilegierte Patienten verfügten über solche Wahl- bzw. Reisemöglichkeiten nicht. Ihnen stand nicht einmal das überdurchschnittlich gut ausgestattete Regierungskrankenhaus in Berlin-Buch zur Verfügung.

Von den medizinischen Möglichkeiten her besehen befand sich die stationäre Versorgung in der DDR im weltweiten Maßstab auf einem hohen Niveau. De facto gab es Ende der 1980er Jahre nur wenige spezielle Behandlungsverfahren, die in den Kliniken zwischen Rostock und Jena nicht in irgendeiner Weise hätten durchgeführt werden können. Nachdem seit 1985 im Chirurgischen Zentrum der Zentralklinik Bad Berka auch Kleinkinder am offenen Herzen operiert werden konnten, waren selbst auf dem Gebiet der Kinderherzchirurgie, zumindest aus Sicht der Führungskader des Gesundheitswesens, die bis dato üblichen Überweisungen in das »kapitalistische Ausland« (in diesem Fall meist die Schweiz)

118 Analyse der Arbeit mit den Eingaben der Bürger im Jahre 1986, MfG, HA Medizinische Betreuung, 26.1.1987, BArch, DQ 1/12652.

119 Ebd.

120 Vgl. die in diesem Punkt nachvollziehbare Einschätzung der Hauptinspektion des MfG im Rahmen der Eingabenanalyse, 27.2.1987, BArch, DQ 1/12652.

121 Vgl. Bergien: Im »Generalstab der Partei«, S. 449.

überflüssig geworden.[122] Dennoch stellte man im MfG fest, »dass die Zahl der Bürger, die sich mit der Bitte um eine Auslandsbehandlung an das Ministerium wenden, nicht geringer wird. Es handelt sich dabei um Länder wie die BRD und die UdSSR.«[123] Den internen Einschätzungen zufolge hatten die Zuschriften »ihre Ursache meist in Publikationen der Presse, im Funk und im Fernsehen«, wie es 1984 in einer Analyse der Eingaben hieß. »In den meisten Fällen könnten diese Behandlungswünsche auch in der DDR erfüllt werden, wenn es der behandelnde Arzt besser verstehen würde, seinem Patienten die entsprechenden Möglichkeiten in der DDR zu erläutern.«[124] Eine besondere Variante grenzüberschreitender Mobilität war Anfang der 1970er Jahre zwischen der DDR und Polen zu beobachten. Bevor die Reform des Abtreibungsrechts in der DDR 1972 wirksam wurde, reisten viele ostdeutsche Frauen in das Nachbarland, um dort Schwangerschaftsabbrüche vornehmen zu lassen.[125]

Dass insbesondere der Wunsch nach Behandlung in westlichen Ländern angesichts des Eisernen Vorhangs für den Normalbürger grundsätzlich nur schwer zu verwirklichen war, liegt auf der Hand. Tatsächlich verhinderte das SED-Regime medizinisch notwendige Reisen ins westliche Ausland nicht pauschal, sondern knüpfte die Genehmigung an eine medizinische Indikation sowie an den Vorbehalt, dass die infrage kommende Therapie in den Kliniken der DDR nicht verfügbar war.[126] Diese Bedingungen fanden sich auch im 1976 in Kraft getretenen Gesundheitsabkommen zwischen der DDR und der Bundesrepublik wieder, einem Folgeabkommen des Grundlagenvertrags von 1973.[127] Das Übereinkommen sah für Bürger der DDR und der BRD beim Aufenthalt im jeweils anderen Staat unabhängig von der Aufenthaltsdauer einen Rechtsanspruch auf kostenlose ambulante und stationäre medizinische Hilfe vor. Dies bezog sich auf akute oder sich akut verschlimmernde chronische Erkrankungen. Daneben schuf das Abkommen aber auch die Grundlage für die wechselseitige Durchführung spezieller Behandlungen oder Kuren, die dem Patienten in seinem Herkunftsstaat nicht zur Verfügung standen. Diese Option entsprach recht genau jenen Wün-

122 Vgl. Mecklinger an Stoph, 31.12.1986, BArch, DQ 1/11644.
123 MfG, Leiter der Hauptinspektion, Analyse der Arbeit mit den Eingaben der Bürger im Ministerium für Gesundheitswesen im Jahre 1984, 8.3.1985, BArch, DQ 1/12652.
124 Ebd.
125 Vgl. Grossmann: »Sich auf ihr Kindchen freuen«, S. 257. In Polen galt seit 1956 ein liberales Abtreibungsrecht auf Basis der sozialen Indikation. Eine gewisse Hürde stellte allerdings das bis 1972 nötige Visum für die Reise nach Polen dar.
126 Vgl. BArch, DQ 1/4930-2, Bl. 218.
127 Vgl. hier und zum Folgenden Peter Mandt: Das Gesundheitsabkommen mit der DDR, in: Deutsches Ärzteblatt 71 (1974) 21, S. 1568–1570 sowie Wolfgang Assmann/Johannes Posth: Das Gesundheitsabkommen mit der DDR, in: Deutschland Archiv 9 (1976) 3, S. 277–282.

schen, die viele DDR-Bürger in ihren Eingaben vorbrachten. Allerdings – und diese Erfahrung machten die Menschen recht schnell – lag die Deutungshoheit über das, was in der DDR medizinisch möglich war, generell im Ministerium für Gesundheitswesen.

Die Ost-Berliner Regierung konnte das Gesundheitsabkommen zwar einerseits als Erfolg verbuchen, da es die staatliche Souveränität der DDR unterstrich.[128] Andererseits hatte sich die SED-Führung damit Probleme eingehandelt, da nun offiziell bekannt war, dass die Möglichkeit einer Behandlung in der Bundesrepublik prinzipiell bestand und die Modalitäten sogar in einer zwischenstaatlichen Vereinbarung festgelegt waren. Dies erhöhte nicht nur die Zahl entsprechender Behandlungswünsche, sondern machte es auch schwerer, gegen diese Wünsche zu argumentieren.

Ähnliche Bedingungen – nämlich das Vorliegen einer medizinischen Indikation bei gleichzeitiger Nichtverfügbarkeit der Therapie in der DDR – galten für Behandlungswünsche, die sich auf das sozialistische Ausland bezogen. Patienten, die den medizinischen Fortschritt eher in der sozialistischen Hemisphäre vermuteten, hatten aber ebenfalls erhebliche Hürden bei der Verwirklichung ihrer Wünsche zu überwinden.

Zu Beginn der 1970er Jahre war es häufig die damals noch junge und von den Medien nicht selten heroisierte Transplantationsmedizin, die auch im östlichen Teil Deutschlands Heilungserwartungen bei Patienten und ihren Angehörigen weckte. Zugleich hatte die Tatsache, dass das Weltereignis der ersten erfolgreichen Herztransplantation 1967 im südafrikanischen Kapstadt stattfand, den Menschen vor Augen geführt, wie global die Medizin in der zweiten Hälfte des 20. Jahrhunderts geworden war. Eine 1971 noch an den wenig später abgelösten Gesundheitsminister Max Sefrin gerichtete Eingabe eines Vaters, der seinen schwerkranken Sohn in München oder in Mailand operieren lassen wollte (der Vater bezog sich hierbei auf Erfolgsmeldungen in Zeitungen), löste im MfG ein intensives Begutachtungsverfahren aus. Das MfG teilte dem Vater mit, dass zunächst die Frage zu klären sei, ob die von ihm erhoffte Organtransplantation,

128 Die stellvertretende Gesundheitsministerin der DDR, Anneliese Toedtmann, hatte in einer Erklärung anlässlich der Unterzeichnung des Abkommens im April 1974 in Ost-Berlin ostentativ hervorgehoben, dass die geplante Zusammenarbeit »entsprechend der international üblichen Praxis« ablaufen werde und das Abkommen Kontakte im Bereich des Gesundheitswesens herstelle, »wie sie zwischen voneinander unabhängigen souveränen Staaten üblich sind«, Neues Deutschland, 26.4.1974, S. 1–2 (Abkommen DDR-BRD auf dem Gebiet des Gesundheitswesens). Die Bundesrepublik wiederum zeigte sich zufrieden, dass das Abkommen West-Berlin mit einbezog und damit wiederum dessen Status anerkannt wurde, vgl. Gesundheitsabkommen mit der DDR ratifiziert, Deutsches Ärzteblatt 72 (1975) 45, S. 3087.

»die zur Zeit in unserer Republik nicht erfolgen kann«, medizinisch notwendig sei. Immerhin zeigte man sich bemüht, »im Interesse Ihres Kindes [...] baldmöglichst eine Klärung herbeizuführen«.[129] Ein ähnliches Prozedere galt für medizinisch motivierte Reisewünsche in die Sowjetunion. So beschied das MfG eine anfragende SED-Genossin, dass deren parkinsonkranke Schwiegermutter erst dann im Institut für experimentelle Medizin der Akademie der medizinischen Wissenschaften in Leningrad behandelt werden könne, wenn ein »fachärztliches Gutachten« der behandelnden Ärzte der neurologischen Klinik in Bernburg diese Notwendigkeit bestätige.[130] Als dieses zwei Monate später eintraf, erhielt die Eingabenverfasserin die Mitteilung,

> »dass eine medizinische Indikation [für die Behandlung in Leningrad] nicht besteht, da es sich gezeigt hat, dass die intensiven therapeutischen Maßnahmen auf der Spezialabteilung [...] eine Besserung der Symptomatik gebracht haben, soweit das bei der Art der Erkrankung überhaupt möglich ist«.

Aus diesem Grund könne man der Bitte um eine Konsultation in der UdSSR nicht nachkommen, »da alle notwendigen Behandlungsmaßnahmen, die für dieses Leiden noch angezeigt sind, auch in der DDR durchgeführt werden können«. Die betroffene Patientin könne versichert sein,

> »dass gerade in dieser Spezialabteilung alle Maßnahmen dem neuesten Erkenntnisstand der medizinischen Wissenschaft entsprechen und diese Klinik auch außerhalb unserer Republik hohes Ansehen genießt. Demzufolge werden dort auch ausländische Patienten mit dem gleichen Leiden zur Behandlung aufgenommen.«[131]

In dieser Antwort deutet sich ein Aspekt an, der aus Sicht des MfG bei der Entscheidung über Behandlungen im Ausland stets mit zu berücksichtigen war: Eine allzu liberale Gewährung solcher Wünsche hätte sich unter Umständen negativ auf das professionelle Selbstwertgefühl der gut ausgebildeten Ärzte im eigenen Land auswirken können. Implizierte eine großzügig gehandhabte Reiseregelung für Patienten nicht unweigerlich ein Misstrauen in das Können der Mediziner im eigenen Land? Die behandelnden Ärzte vor Ort mussten durch die Begutachtung

129 Lübs an Müller, 9.11.1971, BArch, DQ 1/4930-1, Bl. 26.

130 Lübs an Kramer, 5.3.1971, BArch, DQ 1/ 4930-1, Bl. 11. Im Bernburger Bezirkskrankenhaus für Psychiatrie und Neurologie befand sich die seinerzeit einzige Spezialabteilung für die Behandlung des Morbus Parkinson in der DDR. Aus der Eingabe geht hervor, dass sich die medikamentöse Therapie der betreffenden Patientin im Wesentlichen auf das (heute bei dieser Indikation kaum noch eingesetzte) Anticholinergikum Trihexyphenidyl (Parkopan®) stützte.

131 Lübs an Kramer, 4.5.1971, BArch, DQ 1/4930-1, Bl. 5.

in den Entscheidungsprozess einbezogen werden, wollte man ihre Moral nicht untergraben.[132] Dabei vermischte sich diese im Ministerium eher selten anzutreffende Rücksichtnahme auf das ärztliche Standesbewusstsein mit dem ehrlichen Bemühen, Patienten vor fragwürdigen Therapieangeboten zu bewahren. So hieß es in der Antwort auf die Eingabe einer an Multipler Sklerose erkrankten Patientin, die um einen Therapieversuch im Ausland nachsuchte:

> »Die jeweils neuesten Erkenntnisse werden – wenn sie wissenschaftlich ausreichend abgesichert sind und ihre Unschädlichkeit erwiesen ist – auch in den Zentren der hochspezialisierten medizinischen Betreuung der DDR angewandt. Zu diesen Zentren gehört auch die Universitäts-Klinik in Halle. Sie dürfen also gewiss sein, dort nach dem gegenwärtigen internationalen Erkenntnisstand behandelt zu werden. Bitte, haben Sie Vertrauen zu den dortigen Ärzten und besprechen Sie mit ihnen auch die Frage des Medikamentes, besonders da Sie den Eindruck haben, es schlecht zu vertragen. Mit den besten Wünschen für eine Linderung Ihres Leidens – und die Hoffnung dürfen Sie haben, da es durchaus spontane Besserungen und Stillstände gibt – verbleiben wir mit bestem Gruß«[133]

Einem Vater, der die spastische Parese seiner Tochter mithilfe einer »Drüsenbehandlung« bessern wollte, die ihm Bekannte aus Westdeutschland empfohlen hatten, antwortete das MfG:

> »Eine Drüsenbehandlung ist [...] keine geeignete Behandlungsmethode der spastischen Parese. Das geht übereinstimmend aus der medizinischen Fachliteratur hervor, einschließlich aus den Berichten, die in der BRD veröffentlicht wurden. Diese Tatsache wurde jedoch von gewissen Presseerzeugnissen in Westdeutschland nicht zur Kenntnis genommen. Sie setzen die Propagierung dieser Therapieform fort und weckten damit in unverantwortlicher Weise weiter Hoffnungen auf Besserung und Heilung bei vielen Kranken. Wir möchten annehmen, dass Ihre Bekannten in der BRD ebenfalls einen solchen Artikel gelesen haben und im guten Glauben, behilflich sein zu wollen, Ihnen darüber berichteten. Wir müssen es daher wiederholen, dass

132 Für den regelhaften Verweis auf den lokalen medizinischen »Dienstweg« siehe die Antwort des MfG an ein Ehepaar aus Sachsen, das sich wegen des Vorliegens einer Multiplen Sklerose (Ehemann) und einer Osteomyelitis (Ehefrau) eine »Auslandskur« in der UdSSR wünschte. Die medizinische Indikation dafür könne, so das Ministerium, nur durch die Ärzte vor Ort und mit Unterstützung des Bezirksarztes von Karl-Marx-Stadt gestellt werden. Erst auf dieser Grundlage könne im MfG über das Anliegen entschieden werden. Lübs an Gustav H., 28.4.1971, BArch, DQ 1/4930-2, Bl. 268.

133 Lübs an Barbara E., 3.5.1971, BArch, DQ 1/4930-1, Bl. 38.

> die behaupteten Erfolge und die Wirksamkeit der Drüsenbehandlung bei der spastischen Lähmung […] sich nicht bestätigt haben.«[134]

Diese wohlwollende Art der Bevormundung, die sich aus ideologischen Motiven (Unterbindung von Westreisen) und rationalen Argumenten (Beschränkung auf wissenschaftlich gesicherte Therapien) zusammensetzte, war typisch für den Umgang offizieller Stellen mit Patienten und lässt sich auch im folgenden Fall erkennen. Ende 1986 wandte sich der Vater eines leukämiekranken Kindes an das für Gesundheitspolitik zuständige Politbüromitglied Kurt Hager. Seiner Tochter, so die Hoffnung des Vaters, könne im Ausland mit einer Knochenmarktransplantation geholfen werden, weshalb er um die Genehmigung einer solchen Behandlung im Ausland bitte. Die vom Büro Hager auf dem üblichen, durch nichts zu erschütternden Instanzenweg mit der Bearbeitung beauftragte ZK-Abteilung Gesundheitspolitik veranlasste daraufhin, wohl aufgrund der lebensgefährlichen Erkrankung und der zeitlichen Dringlichkeit, eine persönliche Aussprache mit dem Vater. Diese wiederum wurde vom stellvertretenden Gesundheitsminister Harig geführt, der den Vater an die Leipziger Universitätsklinik vermittelte, die einzige Einrichtung in der DDR, die zu dieser Zeit über Erfahrungen mit Knochenmarktransplantationen verfügte.[135] Der weitere Verlauf lässt sich einer Mitteilung der ZK-Abteilung an das Büro Hager entnehmen. Vom Leiter der Leipziger Abteilung für Hämatologie und Onkologie

> »wurde Herr T. mit den weiteren Behandlungsmöglichkeiten für seine Tochter vertraut gemacht. Auch wurde ihm erläutert, dass für eine Behandlung außerhalb der DDR keine wissenschaftliche Basis vorliegt. Ihm wurde geraten, seine Tochter in die Entscheidungsfindung über die weitere Therapie mit einzubeziehen. Damit ist der Vorgang als abgeschlossen zu betrachten.«[136]

Unabhängig von der »wissenschaftlichen Basis«, deren retrospektive Bewertung ohnehin nicht angeraten scheint, ist doch zu ahnen, dass es dem engagierten Vater vermutlich nicht eben leichtfiel, diesen apodiktischen Beschluss und die

134 Lübs an Franz M., 9.12.1971, BArch, DQ 1/4930-2, Bl. 227.

135 Im März 1980 fand an der Medizinischen Klinik der Universität Leipzig die erste allogene Knochenmarktransplantation in der DDR statt, vgl. humanitas 23 (1983) 13, S. 12.

136 Seidel an Rätz, 10.2.1987, SAPMO-BArch, DY 30/vorl. SED 36925. Vgl. auch Aktennotiz Prof. Helbig, Leiter der Abteilung Hämatologie/Onkologie des Bereiches Medizin der Karl-Marx-Universität Leipzig, vom 6.12.1986, ebd. Werner Helbig (1932–2020) war Nestor der Knochenmarktransplantation in Leipzig und anerkannter Experte auf diesem Gebiet, vgl. https://www.dgho.de/d-g-h-o/mitglieder/persoenliches/nachruf_werner_helbig.pdf [Zugriff: 2.8.2022]. Spätestens heute weiß man, dass Seidel Wasser predigte und Wein trank.

darin verkündete Alternativlosigkeit angesichts der existenziellen Notlage seines Kindes zu akzeptieren. Doch außer der Option, weitere Eingaben an zentrale Organe von Staat und Partei zu richten, gab es in vergleichbaren Situationen keine Möglichkeit, die Kombination aus ärztlicher Expertise und politischer Restriktion infrage zu stellen. Umso wichtiger dürfte im vorliegenden Fall eine vertrauensvolle Beziehung und sensible Aufklärung durch die involvierten Ärzte gewesen sein. Die grundsätzliche Problematik hatte wenige Jahre zuvor der Hallenser Medizinethiker Ernst Luther in der Medizinerzeitschrift *humanitas* angesprochen:

> »Eine ärztliche Denkweise, die allein darauf gerichtet ist, dem Patienten zu sagen, was richtig und was falsch ist vom Standpunkt einer wissenschaftlichen Medizin und die nicht auf die Wertvorstellungen des Patienten zu Gesundheit und Krankheit, Lebenssinn u. a. zielt, kann ihn nicht befähigen, persönliche Verantwortung für die eigene Gesundheit selbst wahrzunehmen.«[137]

Mithin war die Diskussion über den adäquaten Umgang mit den individuellen Präferenzen von Patienten oder Angehörigen in den 1980er Jahren längst im Gange, auch wenn der politische Paternalismus des SED-Regimes, der ja in den hier vorgestellten Fallgeschichten mindestens ebenso stark zum Vorschein kommt wie der ärztliche, dabei stets ausgespart blieb.[138] Angesichts von Luthers Ausführungen stellt sich die Frage, wie weit die von ihm geforderte Eigenverantwortung des Patienten in der sozialistischen Gesellschaftsordnung überhaupt reichen durfte. Welches Maß an Engagement für die eigene Gesundheit oder die der Angehörigen wollte man den Menschen zugestehen? Und was geschah, wenn dieser Einsatz in Gestalt eines Wunsches nach Auslandsbehandlung daherkam und zwei politische Eckpfeiler der DDR zu unterminieren drohte, nämlich die Kompetenz des sozialistischen Gesundheitswesens und die Abschottung von der Bundesrepublik? War die Grenze des gewünschten Engagements nicht spätestens an der Staatsgrenze erreicht?

Bei der Sichtung der überlieferten Eingaben zeigt sich, dass den Bürgern die Konsultation ausländischer Ärzte umso weniger verwehrt werden konnte, je besser sie sich vorher über die Therapieoptionen informiert hatten und je nachdrücklicher sie ihr Anliegen verfolgten, sprich, je häufiger sie schrieben und damit Arbeit verursachten. Insbesondere gegen die gewünschte Inanspruchnahme

137 Luther: Ethik in der Medizin – Standpunkte und Aufgaben, S. 9.

138 Auch der ideologisch streng linientreue Luther hinterfragte zwar ansatzweise den ärztlichen Paternalismus, blendete die staatlich-politische Bevormundung von Patienten jedoch völlig aus bzw. erkannte in ihr kein Problem.

sowjetischer Mediziner ließen sich staatlicherseits kaum gute Argumente vorbringen, da deren Expertise in aller Regel ideologisch gesetzt, häufig aber auch objektiv erkennbar war. So kämpfte 1986 die Mutter einer stark kurzsichtigen Tochter gegen den hinhaltenden Widerstand der therapeutisch eher konservativ eingestellten Augenärzte der Berliner Charité um einen Konsultationstermin am Institut für Mikrochirurgie des Auges in Moskau.

> »Werter Genosse Honecker! Als langjähriges Parteimitglied wende ich mich mit einer Eingabe und gleichzeitig mit der Bitte um Unterstützung an Dich. Meine Tochter [...] ist 17 Jahre und leidet an Kurzsichtigkeit. Die Werte haben sich in den letzten Jahren ständig verschlechtert. Sie leidet sehr unter diesem körperlichen Fehler, zumal sie dadurch auch nicht den von ihr gewünschten Beruf ergreifen kann. Mittels einer Operation wäre die volle Herstellung der Sehkraft gegeben. Diese Operationen werden allerdings nur in Moskau am Institut für Mikrochirurgie des Auges durchgeführt. Mehrfach habe ich versucht, über medizinische Einrichtungen in unserem Land dieses Problem zu klären. [Dazu] wandte ich mich vor einiger Zeit an den stellvertretenden Direktor der Augenklinik der Charité, um eine Befürwortung zu diesem Eingriff zu erhalten. Die Antwortet lautete: ›Wir haben eine sehr konservative Haltung zu modernen Methoden der Behandlung von Kurzsichtigkeit, außerdem ist die Entwicklung der Mikrochirurgie bei uns noch im Anfangsstadium.‹ Offensichtlich ist für eine wichtige medizinische Forschungsstätte in unserem Lande das Erreichte auch das Erreichbare. Wo bleiben die Traditionen eines Koch und Helmholtz?«[139]

Die pointierte Argumentation der SED-Genossin spiegelt allgemein das Empfinden vieler Menschen in den späten 1980er Jahren wider: Stillstand in der von greisen Bürokraten beherrschten DDR – Aufbruch in der seit 1985 vom Reformator Gorbatschow gelenkten Sowjetunion. Tatsächlich zog sich die Angelegenheit in die Länge; erst mehr als ein Jahr später waren Mutter und Tochter am Ziel. Im November 1987 konnte sich die junge Patientin den Moskauer Spezialisten

139 Birgit R. am 15.5.1986 an Honecker, SAPMO-BArch DY 30/vorl. SED 36914-1. Seit den 1970er Jahren wurden in Moskau unter der Ägide Swjatoslaw Fjodorows (1927–2000) Hornhautoperationen zur Behebung der Kurzsichtigkeit durchgeführt. DDR-Bürger erfuhren über Berichte des sowjetischen Magazins »Sputnik« davon, vgl. Bettin: Zwischen Verdüsterung und Verklärung, S. 353. Auch brillenmüde Patienten aus dem Westen buchten über die Agentur »Intourist« Operationsreisen nach Moskau, vgl. »Getrübte Freude«, in: Der Spiegel 10/1987 (1.3.1987), S. 243–247. Sowohl in der DDR als auch in der Bundesrepublik herrschte gegenüber Fjodorows Methode der radiären Keratotomie lange Zeit Skepsis. So vermuteten westdeutsche Augenärzte, die Operation sei nur deshalb so populär, weil es in den Ostblockstaaten an Brillen und Kontaktlinsen mangele, vgl. ebd.

Abb. 23: Graal-Müritz 1978: »Beim Strandspaziergang füttern Patienten des Klinik-Sanatoriums Graal-Müritz (Bezirk Rostock) Möwen. Die jährlichen etwa 5000 Kurgäste des Seeheilbades, die von der Sozialversicherung eine kostenfreie Heil- oder vorbeugende Kur erhalten, kommen aus den verschiedensten Berufen. So sind sie (von rechts nach links) Sparkassenangestellte, Lehrerin, Produktionsleiter, Gewerkschaftsfunktionär und Werkzeugmacher. Allein 1977 wurden von der gewerkschaftlich geleiteten Sozialversicherung etwa 220 Millionen Mark für Kuren ausgegeben.« (Auszug aus dem Originalbildtext der Nachrichtenagentur ADN)

vorstellen.[140] Ob es dort in der Folge zu einer Operation kam, ist in den Akten nicht überliefert. Der Vorgang zeigt jedoch, dass durchaus nicht alle Patienten und Angehörigen in der passiven Rolle verblieben, die ihnen die Gesundheitsfunktionäre zuwiesen. Dessen ungeachtet blieb das Einholen einer ärztlichen Zweitmeinung durch Patienten oder Angehörige nach wie vor ein ungewöhnlicher Vorgang, der schnell als Misstrauensbeweis gewertet wurde.[141]

140 Vgl. die entsprechende Randbemerkung eines Bearbeiters auf der Eingabe von Birgit R., SAPMO-BArch, DY 30/vorl. SED 36914-1.

141 Mehr Verständnis für solche Wünsche durften dagegen prominente Kader oder deren Angehörige erwarten. Wollten sie (zusätzlich) sowjetische Spezialisten konsultieren, war dies binnen kurzer Frist möglich. Siehe als eines von vielen Beispielen Gliem (Augenklinik Charité)

Kur- und Bäderwesen

Ein wichtiges und sehr grundsätzliches Anliegen sozialistischer Gesundheitspolitik bestand darin, das »Kurenprivileg der Bourgeoisie« zu beseitigen und das Kur- und Bäderwesen allen Kreisen der Bevölkerung zugänglich zu machen.[142] Tatsächlich kam es seit den 1950er Jahren in diesem Bereich des Gesundheitswesens zu einer Egalisierung. Eine wachsende Zahl an finanziell minderbemittelten Menschen erhielt die Möglichkeit, eine bezahlte Kur in Anspruch zu nehmen. Bei der Distribution dieser Leistung traten jedoch immer wieder Unstimmigkeiten und Konflikte auf. Viele Menschen sahen ihr Gerechtigkeitsempfinden verletzt, entwickelten Neidgefühle und schrieben Eingaben, wenn aus ihrer Sicht weniger Anspruchsberechtigte einen der raren Kurplätze erhielten und sie selbst nicht. Wer einen Ausreiseantrag gestellt habe oder Alkoholiker sei, solle keine Kur bekommen, wünschte sich ein SED-Mitglied in einem Schreiben an die gesundheitspolitische Abteilung seiner Partei. Zugleich regte der Verfasser die Bildung von »Parteigruppen« während der Kur an, damit Gleichgesinnte unter sich sein könnten.[143]

Obwohl es auf dem Gebiet der SBZ und späteren DDR eine ganze Reihe von Kurorten gab, gelang es weder, die entstehende Nachfrage insgesamt adäquat zu befriedigen, noch sie auf das Territorium der DDR einzugrenzen. Insbesondere die geografisch nahen und traditionsreichen böhmischen Bäder, aber auch die sehr viel weiter entfernte Schwarzmeerküste waren Sehnsuchtsorte der ostdeutschen Bevölkerung. Als Reaktion darauf schloss man für bestimmte Indikationen Kurverträge mit der Sowjetunion und anderen sozialistischen Staaten ab. Diese beruhten auf Gegenseitigkeit, sodass auch Patienten von dort in der DDR behandelt werden konnten. Mit Abstand die meisten Auslandskuren für DDR-Bürger bot die Tschechoslowakei an. 1971 wurden dort 3748 Kuren durchgeführt, zehn Jahre später 9910.[144]

an Mecklinger, 4.2.1985, BArch, DQ 1/11644 sowie die zugehörige Korrespondenz. Wie bei der Anfrage von Birgit R. ging es auch hier um die Konsultation eines Moskauer Augenarztes.

142 Karl Seidel/Lothar Büttner/Christa Köhler (Hrsg.): Im Dienst am Menschen. Erinnerungen an den Aufbau des neuen Gesundheitswesens 1945–1949, Berlin 1985, S. 29.

143 Eingabe vom 11.11.1985 an Abteilung Gesundheitspolitik der SED, SAPMO-BArch, DY 30/vorl. SED 34847.

144 Vgl. Aktennotiz des MfG, 5.10.1971, BArch, DQ 1/4930-2, Bl. 266 sowie Konstantin Rimkeit/Fredo Wegmarshaus: Internationale Beziehungen des Gesundheitswesens, in: Horst Spaar (Hrsg.): Dokumentation zur Geschichte des Gesundheitswesens der DDR. Teil V, B, Das Gesundheitswesen der DDR in der Periode der weiteren Gestaltung der entwickelten sozialistischen Gesellschaft und unter dem Kurs der Einheit von Wirtschafts- und Sozialpolitik (1971–1981), Berlin 2002, S. 24–35, hier S. 30.

Die Vergabe von Auslandskuren, über die der jeweilige Bezirksvorstand der Sozialversicherung des FDGB entschied, führte schon allein wegen der geringen Anzahl an verfügbaren Plätzen zu etlichen Anfragen und Beschwerden, die vielfach an zentrale Stellen und somit auch an das nicht primär zuständige MfG gerichtet wurden. Dass man sich die Kur aus verschiedensten Gründen – meist ein langes Arbeits- und/oder Parteileben – verdient habe, war auch auf diesem Feld die am häufigsten in den Eingaben vorgebrachte Begründungsstrategie, um die Rationierung zu umgehen. So hieß es 1980 in einem Brief an Honecker:

> »Wir sind größtenteils Frauen, die in den schweren Nachkriegsjahren alle Lasten allein tragen mussten. Wir haben unsere Kinder unter den größten Entbehrungen mit 40 Mark Halbwaisenrente großgezogen. Sind voll arbeiten gegangen, weil wir wussten, dass wir gebraucht werden. [...] Wie sieht es nun jetzt 1980 mit der sozialen und ärztlichen Betreuung für diese Jahrgänge aus. Viele Frauen haben offene und kaputte Beine, starke Abnutzungserscheinungen am Knochenbau, der [sic] sehr schmerzhaft ist. Rheuma usw. – Einen Kurplatz hat man für unsere Jahrgänge nicht. Da die Ärzte auf dem Standpunkt stehen, dass dies Abnutzungserscheinungen sind, die ja sowieso nicht zu beheben sind. In dieser Richtung muss ja für unsere lieben Ärzte in den Polikliniken eine Anweisung von höherer Stelle vorliegen, dass sie sich diese Unmenschlichkeiten uns älteren Frauen gegenüber erlauben. Mir persönlich wurde gesagt: wie alt sind Sie, tut mir leid, einen Kurplatz können Sie nicht bekommen, den brauchen wir für die jüngeren Jahrgänge.«[145]

In der Regel erwies es sich als hilfreich, wenn der jeweils zuständige Kreisarzt die Notwendigkeit des Kuraufenthalts befürwortete. Sehr oft bemühten sich Eltern, Auslandskuren für ihre kranken Kinder zu erhalten, wobei sich das Spektrum der Erkrankungen vom Asthma bronchiale über orthopädische bis hin zu neurologischen Krankheiten erstreckte.[146] Wie in anderen Bereichen auch wurde bei der Vergabe von Kuren die Politprominenz bevorzugt, die vormalige Klassenprivilegierung also durch politische Verteilungsmodi ersetzt. Kurwünsche verdienter Funktionäre, die den Gesundheitsminister brieflich erreichten und in denen mitunter nur stichwortartig die gewünschten Kurorte, Termine sowie die Namen mitreisender Familienangehöriger übermittelt wurden, erfüllte Mecklinger über

145 Anonymer, von der Staatssicherheit abgefangener Brief an Honecker, Mai 1980, abgedruckt bei Suckut: Volkes Stimmen, S. 276 f.

146 Siehe stellvertretend für viele die Korrespondenzen zu einem gewünschten Aufenthalt im tschechischen Kindersanatorium Luže Košumberk, BArch, DQ 1/4930-1, Bl. 27, oder wegen einer gewünschten Reise nach Jugoslawien zu einer dort neu entdeckten Mineralquelle, BArch, DQ 1/4930-1, Bl. 39.

Abb. 24: »UdSSR: Ein schön gelegenes Sanatorium befindet sich nahe dem Zentrum von Groß-Sotschi am Hang. Für jüngere und noch rüstige Kurpatienten gibt es eine breite Treppe, während die älteren Patienten mehr die Zahnradbahn bevorzugen, um auf die Anhöhe zu gelangen. Aufnahme 1975« (Auszug aus dem Originalbildtext der Nachrichtenagentur ADN)

eigene ministerielle Kanäle. Wie die Rundumversorgung eines Politveteranen aussehen konnte, zeigt ein Brief Mecklingers aus dem Jahr 1974:

> »Lieber Genosse E.! Du wirst sicherlich erfahren haben, dass ich mich in der letzten Zeit darum bemüht habe, Dir kurzfristig einen Kurplatz in einem Bad der CSSR zu vermitteln. Inzwischen liegen die erforderlichen Unterlagen bei mir vor, und ich kann Dir mitteilen, dass diese Kur für Dich vom 8. November – 6. Dezember 1974 in Marianske Lazne vorgesehen ist. Ich werde veranlassen, dass Du am 8.11.1974 gegen 9.00 Uhr in Deinem Heimatort [...] von einem Mitarbeiter der Fachabteilung Gesundheits- und Sozialwesen des Rates des Bezirkes per Auto abgeholt wirst. Dieser Mitarbeiter wird Dich dann zum Kurort begleiten und die erste Begegnung mit den behandelnden Ärzten vorbereiten. Du wirst auch am 6.12. vom Kurort wieder abgeholt werden. Ich wünsche Dir eine erholsame und Deinem Gesundheitszustand dienliche Kur in der befreundeten CSSR und verbleibe mit sozialistischem Gruß, L. Mecklinger.«[147]

147 Mecklinger an Siegfried E., 28.10.1974, BArch, DQ 1/10750. Ähnlich auch die Hausmitteilung (mit zugehöriger Korrespondenz) vom 13.6.1973 (Benz an Mecklinger): »Für Frau [...] wurde ein Kurscheck v. 30.8.–25.9.73, Karlovy Vary, Sanatorium ›Akropolis‹, zur Verfügung gestellt und dem Regierungskrankenhaus übersandt.« Ebd. Allgemein zu den Mechanismen der Zu-

Es ist bemerkenswert, wie eklatant sich hier ein Minister über das Gleichheitsideal der sozialistischen Gesellschaft hinwegsetzte. Seine Vorteilsgewährung gegenüber engen Parteifreunden bestätigte, was viele Patienten ahnten und manche auch offen kritisierten: Das Vergabesystem im Kur- und Bäderwesen war undurchsichtig, und die Entscheider waren korrumpierbar. Wer entsprechende Beziehungen besaß, konnte diesen Umstand nutzen und auf seinen Vorteil hoffen. Wer solche Verbindungen nicht hatte, bemühte sich vom System der Willkür zu profitieren, indem er energisch formulierte und argumentativ überzeugende Eingaben schrieb. Wer nicht schreiben konnte oder wollte, war klar benachteiligt. Transparenz und Verteilungsgerechtigkeit blieben auch an dieser Stelle des DDR-Gesundheitswesens Fremdworte; das »Kurenprivileg der Bourgeoisie« war durch ein Kurenprivileg der Partei ersetzt worden.

Internationalität versus Abschottung

Obwohl das SED-Regime zeit seines Bestehens die Reisefreiheit seiner Bürger massiv einschränkte und auch das Gesundheitswesen in seiner Struktur stark territorial gebunden war, wiesen Medizin und Gesundheitspolitik in der DDR immer auch transnationale Bezüge auf. An erster Stelle ist hier das Engagement in der Weltgesundheitsorganisation WHO zu nennen, der die DDR seit 1973 angehörte. Mit zahlreichen Ländern in Ost und West bestanden Gesundheitsabkommen und Kontakte auf ministerialer Ebene. Hinzu kam die Ausbildung von Medizinstudenten aus afrikanischen Ländern oder die Behandlung Tausender ausländischer »Befreiungskämpfer« in ostdeutschen Kliniken. All dies wurde medial ausführlich in Szene gesetzt.[148] Im Rahmen der unermüdlich beschworenen (sozialistischen) internationalen Solidarität sandte der Staat regelmäßig medizinische Hilfslieferungen nach Afrika, Asien und Lateinamerika. In Äthiopien, Nicaragua und Vietnam baute und unterstützte die DDR Hospitäler.[149] Die gern demonstrierte Internationalität der DDR auch und gerade im Bereich des Gesundheitswesens wurde von den DDR-Bürgern zwiespältig aufgenommen, weil

teilung knapper Güter und Dienstleistungen im Staatssozialismus siehe Gieseke: Soziale Ungleichheit.

148 Siehe u. a. Für Angolas Freiheit das Leben eingesetzt. Bei verwundeten MPLA-Kämpfern im Rostocker Krankenhaus, Neues Deutschland, 27.3.1976, S. 11; Verwundete Freiheitskämpfer sind in Berlin eingetroffen. Patrioten aus Nikaragua zur medizinischen Behandlung in der DDR, Neues Deutschland, 2.8.1979, S. 1. Nach Rimkeit/Wegmarshaus: Internationale Beziehungen, wurden zwischen 1972 und 1979 2202 Patienten aus Ländern wie Angola, Nicaragua und Vietnam in Krankenhäusern der DDR behandelt, vgl. ebd., S. 32.

149 Siehe Iris Borowy: Medical Aid, Repression, and International Relations: The East German Hospital at Metema, in: Journal of the History of Medicine and Allied Sciences 71 (2015) 1, S. 64–92.

Abb. 25: »Am 16.12.76 traf in Beirut eine Interflugmaschine mit einer Solidaritätssendung für die Palästinensische Befreiungsorganisation (PLO) ein. Die DDR entsandte in ihrer Hilfssendung Medikamente und Decken.« (Auszug aus dem Originalbildtext der Nachrichtenagentur ADN)

sie die gesellschaftliche Wirklichkeit in ihrem Land überhaupt nicht widerspiegelte. Während die SED-Führung der Bevölkerung den Eindruck eines grenzenlosen, gar Kontinente überschreitenden gesundheitspolitischen Engagements des Landes vermittelte, erlebten die Menschen, dass sie dabei bestenfalls Zuschauer waren und im Alltag als Patienten wenig profitierten. So hieß es 1972 in einem anonymen, von der Staatssicherheit abgefangenen Brief an den damaligen Ministerpräsidenten Willi Stoph:

»Bei uns sind die Wartezimmer in den Polikliniken voll, die Ärzte kommen nicht nach. Medikamente und sonstige Hilfsmittel sind aufs höchste beschränkt, und Sie verschenken wieder ein Zentrum für ambulante medizinische Behandlung an den Libanon. Wir wollen helfen, aber es muss Grenzen haben.«[150]

Besonders stark empfanden die Bürger den Widerspruch zwischen dem Internationalismus in den Zeitungsschlagzeilen und der abgeschotteten DDR-Realität, wenn sie selbst eine medizinische Behandlung im Ausland wünschten. In

150 Abgedruckt in Suckut: Volkes Stimmen, S. 171–175, Zitat S. 171. Siehe auch die Beschwerde von Gabriele S. aus dem Jahr 1986: »In wie viele Länder schicken wir Medikamente, doch im eigenen Land wird einem nicht geholfen«. SAPMO-BArch DY 30/vorl. SED 36914-2.

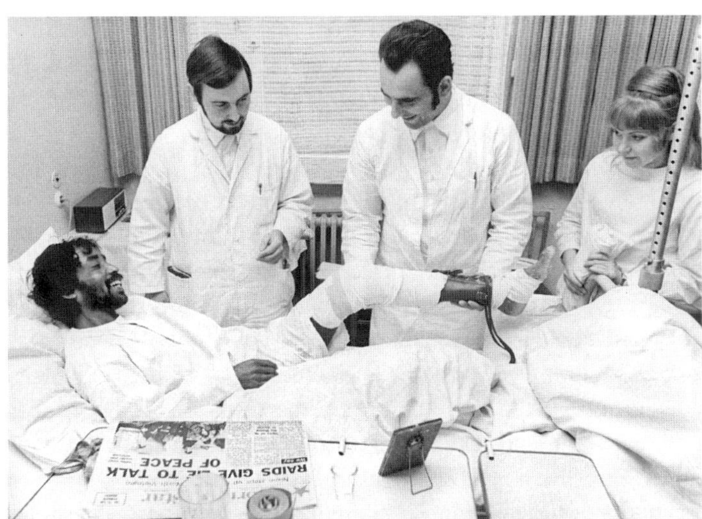

Abb. 26: »Freiheitskämpfer aus der VR Bangladesh erhalten medizinische Betreuung in der DDR. Ausdruck der sich fortsetzenden Solidarität der DDR mit der VR Bangladesh war die Aufnahme von 26 Patienten aus der befreundeten Volksrepublik, von denen bereits 21 wieder geheilt in ihre Heimat reisen konnten. Weitere 9 Verwundete erhalten zur Zeit im Waldkrankenhaus Bad Düben eine medizinische Betreuung.« (Auszug aus dem Originalbildtext der Nachrichtenagentur ADN)

solchen Fällen – einige davon wurden oben geschildert – erlebten sie die Grenzen ihres Staates so wie immer: nach Osten schwer, nach Westen so gut wie gar nicht überwindbar. Das bereits erwähnte deutsch-deutsche Gesundheitsabkommen, das 1976 in Kraft trat, sah unter anderem die unentgeltliche Behandlung der Bürger im jeweils anderen deutschen Staat vor und sprach ausdrücklich auch von der wechselseitigen Möglichkeit, Spezialbehandlungen oder -kuren durchführen zu lassen. Die Reisebeschränkungen, die das SED-Regime seinen Bürgern auferlegte, konterkarierten diese Möglichkeit jedoch in den allermeisten Fällen. In den ersten fünf Jahren seines Bestehens waren im Rahmen des Gesundheitsabkommens gerade einmal 153 ostdeutsche Patienten in der Bundesrepublik bzw. in West-Berlin behandelt worden. Ganze 32 westdeutsche Patienten hatten sich in der DDR behandeln lassen.[151] In den 1980er Jahren erhöhten einige Kliniken in der Bundesrepublik und West-Berlin den Anreiz einer Behandlung im Westen

151 Vgl. Deutsches Ärzteblatt 76 (1979) 16, S. 1059.

noch zusätzlich, indem sie ostdeutschen Patienten auch bei Spezialbehandlungen Kostenfreiheit zusicherten.[152] Dies war im Gesundheitsabkommen so nicht vorgesehen und zeigt, dass die Frage der innerdeutschen Patientenmobilität mehr und mehr zum Politikum wurde.[153]

Für besondere Brisanz sorgten die Berichte westdeutscher Medien über den Fall des Hallenser Professors für Augenheilkunde Karl-Ernst Krüger (1918–1976).[154] »Keine Ausreise zur Herzoperation. DDR ließ berühmten Professor sterben« titelte die *Bild*-Zeitung am 17. Juli 1976. *Die Welt* sekundierte am selben Tag mit »Das Ende eines schwerkranken Gelehrten im geteilten Deutschland«. Was war geschehen? Der an einer Herzerkrankung leidende Lehrstuhlinhaber für Augenheilkunde erhielt im Juni 1976 von seinen behandelnden Ärzten die Empfehlung, sich einem chirurgischen Eingriff zu unterziehen. Krüger, der Reisekader war, hatte bereits zuvor anlässlich einer Kongressreise die Möglichkeit sondiert, sich von Herzchirurgen in Düsseldorf operieren zu lassen. Laut dem späteren Bericht der Staatssicherheit wurde ihm die Erlaubnis dazu auch in Aussicht gestellt. »Da sich Prof. Dr. Krüger jedoch am 3. Juli 1976 eine schwere Erkältung zuzog, die ihn zur Bettlägerigkeit zwang, konnte er vorgenanntes Angebot nicht mehr in Anspruch nehmen.«[155] Zwei Wochen danach war Krüger tot – und das MfG, an das er seinen Reiseantrag hätte richten sollen, medial in der Defensive. Die *Bild*-Zeitung berichtete, Krüger sei die Ausreise verweigert worden, da die notwendige Operation auch in der DDR hätte durchgeführt werden können. Dies klang insofern plausibel, als die meisten Anfragen von DDR-Patienten auf Auslandsbehandlung mit ebendieser Begründung abgelehnt zu werden pflegten. Gegenüber der nachfragenden Stasi beeilte sich das MfG zwar zu betonen, dass Krüger »als ständiger Reisekader für nichtsozialistische Staaten bestätigt« war und es keine Gründe

152 »Eine Reihe von Bürgern nimmt brieflichen Kontakt zu Einrichtungen in der BRD auf und fordert dann eine Auslandsbehandlung. Bei Besuchsreisen in die BRD und nach Westberlin wurden mitunter von den dortigen medizinischen Einrichtungen den DDR-Bürgern Zusagen zur kostenlosen Behandlung gegeben.« MfG, Hauptinspektion, Analyse der Arbeit mit den Eingaben der Bürger im Jahre 1986, 27.2.1987, BArch, DQ 1/12652.

153 Dem Abkommen zufolge sollten staatlicherseits nur notwendige Akutbehandlungen übernommen werden. In der Bundesrepublik erstattete der Bund den Ärzten und Kliniken die für die Behandlung von DDR-Patienten angefallenen Kosten auf AOK-Niveau. Die darüber hinausgehenden Zusagen seitens der Kliniken wurden 1989/90 schlagartig zum Problem, da zu dieser Zeit viele Ostdeutsche in die West-Berliner Krankenhäuser strömten und sich auf diese Zusagen beriefen. Anstelle der damit finanziell überforderten Kliniken übernahm dann der Bund die Behandlungskosten, vgl. »Da brennt die Sicherung durch«, Der Spiegel 4/1990 (21.1.1990), S. 28–53.

154 Vgl. zum Folgenden: Information Nr. 526/76 (23.7.1976), BStU, MfS, ZAIG, Nr. 2532, Bl. 1–3, in: Suckut: Die DDR im Blick der Stasi 1976, Dokument auf CD-ROM.

155 Ebd.

gegeben hätte, seinen Antrag abzulehnen.[156] Doch den Verstorbenen in einer Art Gegendarstellung nun öffentlich als privilegierten, über den Bestimmungen stehenden Reisekader zu präsentieren, hätte aus Sicht der SED nur noch mehr Staub aufgewirbelt. Daher blieb der Hintergrundbericht der Stasi geheim, zumal auch nicht auszuschließen war, dass bürokratisch bedingter Zeitverzug nicht doch eine Rolle beim Tod des 58-Jährigen gespielt haben könnte. Entsprechend unterblieb auch in der ostdeutschen Presse, wie so oft, jede auch nur andeutende Berichterstattung über den Fall. Die in Halle erscheinende *Freiheit* druckte lediglich Todesanzeigen von Familie und Fakultät ab. In die so entstehende Deutungslücke stießen einige bundesdeutsche Medien nur zu gern.

2. Arzneimittelversorgung

Gesundheitspolitik wurde (und wird bis heute) gemeinhin als komplexe Materie wahrgenommen. Sie zu erklären und öffentlich zu vertreten, empfinden viele Verantwortliche bis heute als undankbare Aufgabe. Die DDR stand in dieser Hinsicht vor einer ähnlichen Herausforderung, weil auch hier die Hintergründe mancher gesetzlicher Vorgaben für Patienten oft nicht unmittelbar ersichtlich waren. Dies galt etwa für den Bereich der Arzneimittelregulierung, die ein zentrales Element sozialistischer Gesundheitspolitik darstellte. Im Mittelpunkt stand dabei zum einen der Versuch der staatlichen Lenkung und Kontrolle des Verschreibungsverhaltens, zum anderen die kritische Nutzenbewertung aller pharmazeutischen Novitäten. Zuständig für die Bewertung und Zulassung von Arzneimitteln sowie für die Auswahl von Importpräparaten war der beim Ministerium für Gesundheitswesen angesiedelte Zentrale Gutachterausschuss für Arzneimittelverkehr (ZGA). Als Beratungsgremium des Ministeriums arbeitete der ZGA darauf hin, möglichst nur solche Medikamente in Umlauf gelangen zu lassen, die einen tatsächlichen Zusatznutzen gegenüber bereits vorhandenen Präparaten versprachen. Gleichartige Präparate, die sich in ihrer therapeutischen Wirkung nicht oder nur marginal unterschieden, sollten aus der pharmazeutischen Produktpalette möglichst ausgesondert werden.[157] Dies schien nicht nur medizinisch sinnvoll, sondern auch volkswirtschaftlich. Die Konzentration auf ein Präparat

156 Ebd.

157 Das SED-Parteiorgan *Neues Deutschland* brachte diesen Grundsatz 1959 unter der Überschrift »Arzneimittel sind keine Ware« auf den Punkt: »Neue Präparate werden in unser Arzneimittelsortiment nur aufgenommen, wenn sie eine Bereicherung für Diagnostik, Therapie und Prophylaxe darstellen.« Neues Deutschland, 1.8.1959 (Beilage), S. 11.

pro Wirkstoff führte zu einer rationelleren und überschaubaren Gestaltung des Arzneimittelangebots.[158] Allerdings brachte diese medizinisch-pharmazeutisch sinnvolle Beschränkung auch Nachteile mit sich. Traten nämlich Probleme in der Produktion auf, so stand in der Regel kein Austauschpräparat zur Verfügung, sodass schnell eine Mangelsituation entstand.[159] Die wiederkehrenden Defizite in der Medikamentenversorgung weckten weithin Zweifel an der Effizienz der zentralen Steuerung des Arzneimittelsektors. Unter diesen Umständen war der Bevölkerung der Grundgedanke der Arzneimittelregulierung nur schwer zu vermitteln. Bereits 1959 hieß es, der ZGA müsse »in stärkerem Maße an die Öffentlichkeit treten und einen wissenschaftlichen Meinungsstreit entfachen«, damit seine Tätigkeit mehr Anerkennung finde.[160] Die Beantwortung von Eingaben bot hier eine Möglichkeit, den Bürgern die Politik der staatlichen Arzneimittelregulierung und deren Hintergründe zu erklären.

»Neue« Medikamente als politische Herausforderung

Besondere Schwierigkeiten traten jedoch auf, wenn in der DDR Meldungen über neu entwickelte Medikamente aus dem Ausland publik wurden. Der Hoffnung auf Teilhabe am internationalen medizinisch-pharmazeutischen Fortschritt konnten sich in solchen Fällen auch die Staats- und Parteiorgane nicht entziehen. Dies galt umso mehr, wenn die Neuentwicklung aus der Sowjetunion stammte, mit der man laut Verfassung befreundet war und von der man auch auf wissenschaftlichem Gebiet das Siegen lernen wollte. So berichtete die Parteizeitung *Neues Deutschland* mehrfach über die Fortschritte der pharmazeutischen Forschung in der UdSSR, wobei häufig einfach Meldungen der russischen Nachrichtenagentur Nowosti übernommen wurden.[161] Das SED-Blatt konnte mit solchen Nachrichten einerseits seine propagandistische Aufgabe erfüllen und das Forschungs- und Innovationspotenzial sozialistischer Länder medial hervorheben. Andererseits weckte die Zeitung damit in der Bevölkerung Erwartungen, die die vermeintlich neuen Heilmittel bei genauerem Hinsehen häufig nicht erfüllen konnten, ins-

158 Zu Hintergründen siehe Ulrike Klöppel: 1954 – Brigade Propaphenin arbeitet an der Ablösung des Megaphen. Der prekäre Beginn der Psychopharmakaproduktion in der DDR, in: Nicholas Eschenbruch/Viola Balz/Ulrike Klöppel/Marion Hulverscheidt (Hrsg.): Arzneimittel des 20. Jahrhunderts. Historische Skizzen von Lebertran bis Contergan, Bielefeld 2009, S. 199–227, hier S. 203–205.

159 Vgl. Geisler: Gesundheitswesen, S. 346.

160 So eine Entschließung des Deutschen Apothekertages 1959 in Erfurt, Neues Deutschland, 1.8.1959 (Beilage), S. 11.

161 Vgl. Neues Präparat gegen Epilepsie, Neues Deutschland, 10.8.1963 (Beilage), S. 5.

besondere wenn man die strengen Maßstäbe des ZGA anlegte. Der Grundsatz, neue Arzneimittel vor ihrer Zulassung einer strengen Bedarfsprüfung zu unterziehen, wurde dadurch konterkariert. Anders als man angesichts der zentralistischen Lenkung des Landes vielleicht vermuten würde, zogen die Institutionen des SED-Staates also durchaus nicht immer an einem Strang, wenn es um die Vermittlung der sozialistischen Gesundheitspolitik ging. Entsprechend häufig waren Nachfragen von Patienten oder Angehörigen, die auf neue Mittel gegen Krankheiten hofften. Ein am 10. August 1963 in der Zeitung *Neues Deutschland* erschienener Artikel über ein angeblich neues sowjetisches Präparat zur Behandlung der Epilepsie etwa rief noch mehrere Jahre später Reaktionen aus der Bevölkerung hervor. So ging im März 1970 in der Abteilung für Gesundheitspolitik des ZK ein Schreiben aus dem sächsischen Hohenstein-Ernstthal ein, in dem der Erste Sekretär der dortigen SED-Kreisleitung über einen Genossen berichtete, der sich »vertrauensvoll« an ihn gewandt habe, um für seinen an »Fallsucht« leidenden Sohn endlich ein effektives Antiepileptikum zu bekommen. »Genosse Helmut M. übergab mir gleichzeitig einen Zeitungsausschnitt aus der ND-Beilage Nr. 32 (Jahrgang ist nicht feststellbar), den ich als Anlage beifüge. Daraus geht hervor, dass die Sowjetunion auf diesem Gebiet beste Ergebnisse erreicht hat.«[162] Seine Mittlerfunktion nutzend wies der Kreissekretär zusätzlich auf den Veteranenstatus der Eltern des Betroffenen hin. Beide seien »seit 1945 bzw. 1947 Mitglied unserer Partei und beruflich im Konsumverband [...] sehr aktiv tätig«. Vor diesem Hintergrund möge die Abteilung Gesundheitspolitik doch prüfen, ob dem Sohn nicht das neue sowjetische Medikament zur Verfügung gestellt werden könne.[163]

Tatsächlich las sich der Zeitungsartikel vielversprechend. Unter der Überschrift »Neues Präparat gegen Epilepsie« hieß es:

> »Die Arzneifabrik Anshero-Sudshenski hat auf Empfehlung des Ministeriums für Gesundheitswesen der UdSSR die Produktion von Benzonal, eines Arzneipräparates gegen die Fallsucht, aufgenommen. Professor Leonid Kulew von der Polytechnischen Hochschule Tomsk war es als erstem gelungen, einige Dutzend Gramm Benzonal zu erhalten. Das neue Heilpräparat wurde von mehreren Forschungsanstalten und Kliniken allseitig erprobt. Die Praxis zeigte, dass man für die vollständige Behandlung eines fallsüchtigen Kindes 100 Gramm und eines Erwachsenen 300 Gramm des neuen Heilmittels braucht.[164]

162 Erster Sekretär der SED-Kreisleitung Hohenstein-Ernstthal an Rudolf Weber, Abteilung Gesundheitspolitik des ZK, 4.3.1970, BArch, DQ 1/4930-1, Bl. 16.

163 Ebd.

164 Neues Deutschland, 10.8.1963 (Beilage 32), S. 5.

Die Bitte des SED-Kreissekretärs, dem Genossen vor Ort bzw. dessen Sohn das neue Medikament zur Verfügung zu stellen, leitete die ZK-Abteilung an das Ministerium für Gesundheitswesen weiter.[165] Die dortigen Experten der Hauptabteilung Pharmazie und Medizintechnik stellten schnell fest: Der neue Wirkstoff war eines von vielen Derivaten der Barbitursäure und eng verwandt mit dem Phenobarbital, das in Deutschland bereits seit 1912 unter dem Handelsnamen Luminal® als Antiepileptikum und Schlafmittel eingesetzt wurde.[166] Den Mitarbeitern des Ministeriums fiel nun die Aufgabe zu, den Genossen im ZK, in der sächsischen Kreisleitung und damit indirekt auch dem Vater des jungen Epileptikers zu vermitteln, dass die Erfolgsmeldung aus dem Mutterland des sozialistischen Fortschritts keine war:

> »Sehr geehrte Genossen! […] Jedes Land sucht Medikamente, die nicht nur selten benötigt werden, in der eigenen Produktion herzustellen. Das gilt auch für das Präparat Benzonal. Wenn ein neu entwickeltes Präparat in der Versuchsreihe gute Resultate, vor allem bessere als früher entwickelte Medikamente erbringt, ist für dieses Land eine Aufgabe erfüllt worden und die Fachpresse wird darüber berichten. Solche Mitteilungen in andere Publikationsorgane, wie Zeitungen und allgemeine Zeitschriften aufzunehmen, vor allem in solchen Publikationen anderer Länder, ist deshalb unzweckmäßig, weil für den Leser der Eindruck entstehen muss, diese Veröffentlichung sei deshalb erfolgt, weil im eigenen Land die Medikamente weniger wirksam sind. In unserem Lande gibt es Medikamente, die chemisch mit dem Benzonal fast identisch sind – das Phenobarbital und Methylphenobarbital – die von unseren Fachärzten sehr gut beurteilt werden, weil sie andere Präparate, die nicht so gut waren, vor allem unerwünschte Nebenwirkungen hatten, ablösen konnten. Darüber ist in unseren Fachzeitschriften […] ausführlich berichtet worden. Solche Mitteilungen in den Tageszeitungen führen zu Missdeutungen und Verwirrung. Leider ist dies aber nicht nur in unserem Lande üblich, sondern auch in anderen sozialistischen Ländern.«[167]

165 »Werte Genossin Krüger! Über die Kreisleitung Hohenstein-Ernstthal erhielten wir das beiliegende Schreiben mit der Bitte um Prüfung, inwieweit die Behandlung eines Fallsüchtigen mit dem sowjetischen Präparat Benzonal […] möglich ist. Wir haben an Dich die Bitte, die Beantwortung der Anfrage an die Kreisleitung zu übernehmen und uns durchschriftlich von Deinem Antwortschreiben zu informieren. Mit sozialistischem Gruss, Dr. Weber.« Weber an Krüger, 22.4.1970, BArch, DQ 1/4930-1, Bl. 15. Rudolf Weber war stellvertretender Leiter der Abteilung Gesundheitspolitik beim ZK. Die Weiterleitung war ein etabliertes Verfahren und erfolgte per Bote von Haus zu Haus.

166 Zu den Bearbeitungsspuren, die Mitarbeiter des Ministeriums auf der Eingabe und dem Begleitschreiben hinterlassen haben, gehören sowohl die chemische Summen- als auch die Valenzstrichformel des Benzonals, die mit Bleistift auf der Rückseite notiert wurden, vgl. ebd., Bl. 15 f.

167 Krüger (MfG) an Kreisleitung Hohenstein-Ernstthal, 29.4.1970, Bl. 14.

Nach dieser Lehrstunde und der bemerkenswert deutlichen Rüge der Berichterstattung des *Neuen Deutschlands* wandte sich das Ministerium im zweiten Teil seiner Antwort dem individuellen Fall zu. Wenn die Erkrankung des jungen Patienten bisher schlecht auf Antiepileptika angesprochen habe, sei kaum zu erwarten, »dass gerade Benzonal – Benzoylphenyläthylbarbitursäure – einen Erfolg verspricht.« Und weiter:

> »Erforderlich erscheint daher ein Import dieses Medikamentes nicht, aber es ist prinzipiell möglich! Man muss bei der Art dieser Erkrankungen den möglichen psychologischen Effekt eines neuen, vor allem aus dem Ausland importierten Medikamentes berücksichtigen. Wenn daher der behandelnde Facharzt für Psychiatrie die Behandlung mit Benzonal für wünschenswert hält, so bitten wir, uns dies unter ausführlicher medizinischer Begründung mitzuteilen.«[168]

Der erzieherische Duktus, der in Äußerungen von DDR-Behörden häufig aufscheint, kommt in dieser innerparteilichen Korrespondenz deutlich zum Ausdruck. In welcher Weise die Kreisleitung vor Ort diese Informationen an den ursprünglich anfragenden Genossen »durchgestellt« hat, ist nicht überliefert; zu vermuten ist ein mündliches Gespräch. Ein nicht unwichtiges Element der Antwort ist der Verweis auf die behandelnden Ärzte. Nur so ließ es sich vermeiden, deren Kompetenz infrage zu stellen und die laufende Behandlung mitsamt der Arzt-Patient-Beziehung durch ministerielle Einmischung zu unterminieren. Oft war dies eine Gratwanderung, da es ja durchaus zum Selbstverständnis staatlicher wie auch parteiamtlicher Stellen gehörte, dem Eingabenverfasser eine höhere Einsicht zu vermitteln und ihm Lösungen »von oben« anzubieten. Gleichzeitig galt es jedoch, die Interessen der involvierten Ärzte zu wahren und ihnen in therapeutischen Fragen nicht in unkollegialer Weise in den Rücken zu fallen.

Frische Zellen in Ost und West

Früher wie heute richten Patienten ihre Heilungserwartungen nicht nur auf neue Medikamente aus in- oder ausländischer Produktion, sondern häufig auch auf Therapien, die nicht der etablierten »Schulmedizin« zuzurechnen sind. In Deutschland gehörte (und gehört) hierzu unter anderem die sogenannte Frischzellentherapie des Schweizer Arztes Paul Niehans (1882–1971), die in den 1950er Jahren in der Bundesrepublik große Popularität erlangte. Die von Niehans propagierte Injektion aufbereiteter tierischer Zellen versprach insbesondere älteren,

168 Ebd.

beruflich überarbeiteten Männern neue Lebensenergie, wenn nicht sogar Verjüngung. Konzept und Wirkungsweise der Frischzellenbehandlung korrespondierten vortrefflich mit den Bedürfnissen der westdeutschen Aufbaugesellschaft, die gerade ihr Wirtschaftswunder erlebte und damit auch Zustände körperlicher und mentaler Überlastung kennenlernte und diskutierte.[169] Wenig erstaunlich, dass die von Niehans und seinen Nachahmern versprochene Abhilfe gegen Alter und Ermüdung auch in der Arbeitsgesellschaft der DDR auf Interesse stieß. Revitalisierung war auch im Osten ein Schlagwort, das verfing. Hier waren es, jenseits der ursprünglich männlichen Zielgruppe, zusätzlich auch die Frauen, die sich von den Zellinjektionen neue Kräfte für die doppelte Herausforderung durch Beruf und Familie erhofften. Der Ruf der »Wunderzellen« überwand problemlos die innerdeutsche Grenze, obwohl diese 1961 mit dem Bau der Berliner Mauer ihr letztes größeres Schlupfloch verloren hatte. Viele Menschen, die mittels Eingabe nach der Möglichkeit einer solchen Therapie fragten, bezogen sich auf Berichte aus Westdeutschland.[170] Anfang der 1970er Jahre bewegte die Frischzellentherapie die Menschen im Osten intensiv, was auch daran lag, dass sie durch den Tod ihres Erfinders Paul Niehans im Jahr 1971 erneut Aufmerksamkeit in den Medien erlangte. Klinische Nachprüfverfahren hatten zwar bereits Ende der 1950er Jahre starke Zweifel an der Wirksamkeit und Verträglichkeit der Zellen geweckt.[171] Dies verhinderte jedoch nicht, dass sich die Anwendungsgebiete, auf denen die umstrittene Therapieform Erfolge bringen sollte, sogar noch erweiterten. Längst ging es nicht mehr nur um eine allgemeine Revitalisierung. Manche Ärzte wandten die Frischzell-Injektionen nun auch bei spezifischen Krankheiten an, meist bei solchen, gegen die es keine kausalen Therapien gab, so etwa bei der Multiplen Sklerose. Entsprechend setzten schwer kranke Patienten auf der Suche nach alternativen Heilungsmöglichkeiten mitunter ihre letzte Hoffnung auf die Methode:

> »Seit 10 Jahren bin ich an multipler Sklerose erkrankt und alle bisherigen Behandlungen blieben völlig erfolglos. Über den weiteren Verlauf meiner Krankheit bin ich mir im Klaren und soweit ich es beurteilen kann, stehen mir die schlimmsten Auswirkungen dieser Krankheit schon für die nächsten Jahre bevor. Niemand der bisher von mir konsultierten vielen Ärzte konnte mir einen Hoffnungsschimmer geben und

169 Vgl. Hans-Georg Hofer: 1957 – Frischzellen-Fama. Paul Niehans und die westdeutsche Aufbaugesellschaft der 1950er Jahre, in: Nicholas Eschenbruch/Viola Balz/Ulrike Klöppel/Marion Hulverscheidt (Hrsg.): Arzneimittel des 20. Jahrhunderts, S. 229–253. Dazu fügten sich Berichte, wonach sich auch Bundeskanzler Konrad Adenauer und Papst Pius XII. einer Frischzellenkur unterzogen hätten, vgl. ebd.

170 Beispiele finden sich in BArch, DQ 1/4930-2.

171 Vgl. Hofer: 1957 – Frischzellen-Fama, S. 242–244.

da ich andererseits 35jährig, verheiratet und Mutter zweier Kinder noch Pflichten zu erfüllen habe, möchte ich nichts unversucht lassen, das mir drohende Schicksal hinauszuschieben – wenn nicht gar zu verhindern. Ich habe absolut sichere und zuverlässige Informationen darüber, dass ein Dr. Phillip Janson in Waldfischbach-Burgalben/Pfalz BRD eine völlig neue Methode der Behandlung der MS praktiziert und bisher sehr gute Heilerfolge erzielt hat. Es handelt sich bei der Behandlung um eine Frischzellentherapie in Form von Injektionen tierischer Frischzellen.«[172]

Bei der Beantwortung solcher und anderer, ähnlich eindringlicher Briefe waren die Bearbeiter des MfG erkennbar um Empathie und Hilfestellung bemüht. Daneben versuchten sie, die Betroffenen vom fehlenden Nutzen der Frischzellenbehandlung bei chronisch-degenerativen Erkrankungen wie z. B. der Multiplen Sklerose zu überzeugen.[173] Parallel wurden häufig Anstrengungen unternommen, die Erkrankten an fachlich spezialisierte Universitätskliniken zu vermitteln. Im vorliegenden Fall erhielt die Verfasserin der Eingabe bereits nach wenigen Tagen eine Antwort. Darin wurde ihr zugesichert, dass man die Möglichkeit einer Spezialbehandlung in der DDR oder im westlichen Ausland prüfe. Zugleich stellte das MfG klar:

»Zu Ihrer Frage der Frisch- und Trockenzelltherapie können wir Ihnen jedoch heute schon die gewünschte Antwort geben. Diese Behandlungsmethode, die noch vor einigen Jahren in vielen Teilen der Welt – auch bei uns in der DDR – erprobt und angewandt wurde, hat die in sie gesetzten Erwartungen in keiner Weise erfüllt. Ihre wissenschaftliche Fundierung ist nicht gelungen. Deshalb hat man fast überall diese Therapieform aufgegeben.«[174]

Die Tatsache, dass sich alternative Behandlungsweisen wie die Frischzellentherapie auf dem vergleichsweise wenig regulierten westdeutschen Gesundheitsmarkt weiter und nachhaltiger verbreiten konnten als in der DDR, bestätigte dort bei manchen Patienten das Gefühl, im Osten Deutschlands medizinisch schlechter versorgt zu sein. Verstärkt wurde dieser Eindruck durch den Umstand, dass westdeutsche Arzneimittelfirmen die Frischzellen als Trockenpräparate

172 Gudrun M. am 22.4.1971 an MfG, BArch, DQ 1/4930-2, Bl. 309.
173 Vgl. exemplarisch BArch, DQ 1/4930-2, Bl. 301.
174 MfG (Lübs) am 28.4.1971 an Gudrun M., ebd., Bl. 316. Der vom MfG ebenfalls zu Rate gezogene Neurologe Valentin Wieczorek aus Jena warnte ausdrücklich vor einer Frischzellentherapie bei MS-Kranken, »da hierbei immer die Gefahr der (experimentellen) allergischen Encephalitis oder der Auslösung eines neuen Schubes besteht«. Wieczorek an Rayner (MfG), 5.8.1971, BArch, DQ 1/4930-2, Bl. 319.

industriell herstellten.[175] Für nicht wenige Patienten in der DDR (und vermutlich nicht nur dort) verbürgte schon allein das den Nutzen und die Wirksamkeit der Methode.[176] In seiner exemplarischen Antwort auf die Eingabe einer Frau aus dem Bezirk Magdeburg, die sich von den Frischzellen Heilung für ihre unter spastischer Lähmung leidende Schwester erhoffte, fasste Gerhard Lübs, Leiter der Hauptabteilung Medizinische Betreuung im MfG, das Problem aus der Sicht des Ministeriums zusammen:

> »Die Frischzellentherapie war seit jeher bevorzugtes Thema westdeutscher Illustrierten und Boulevardblätter – ganz im Gegensatz zur medizinischen Fachliteratur, einschließlich aller in der BRD erscheinenden medizinischen Schriften.«

Unter Fachleuten herrsche Übereinstimmung, so Lübs weiter,

> »dass die behaupteten Erfolge mit dieser Methode einer wissenschaftlichen Nachprüfung nicht standhalten. Diese Tatsache wurde jedoch von den Schreibern gewisser Presseerzeugnisse nicht zur Kenntnis genommen. Sie machten in unverantwortlicher Weise weiter Hoffnungen auf Besserung und Heilung bei vielen Kranken, wobei sie auch nicht zögerten, die Wissenschaftler als ›Schulmediziner‹ zu verdächtigen und ihnen vorwarfen, sie würden sich dem wissenschaftlichen Fortschritt entgegenstellen. Wir möchten annehmen, dass Ihre Bekannten in der BRD ebenfalls auf einen solchen Artikel gestoßen sind und in gutem Glauben, behilflich sein zu wollen, Ihnen darüber berichteten. Wir müssen es daher wiederholen, dass die sogenannte Frischzellentherapie auch bei der spastischen Lähmung keine geeignete Behandlungsmethode ist. Stattdessen möchten wir Ihnen empfehlen, dass Sie unter Einschaltung der zuständigen Fürsorgerin Verbindung aufnehmen mit der Klinik

175 Zum Teil konnten die Eingabenverfasser die Namen westdeutscher Herstellerfirmen konkret benennen – und hofften, dass diese Information dem Ministerium den fallweisen Import der Präparate erleichtern würde. Vgl. etwa den Verweis auf das (von 1921 bis 2015 bestehende) Unternehmen Müller in Göppingen, BArch, DQ 1/4930-2, Bl. 309 (Eingabe vom 22.4.1971).

176 Bei der Behandlung der Multiplen Sklerose kam hinzu, dass ostdeutsche MS-Patienten bis zum Mauerbau 1961 gezielt und in größerer Zahl nach Westdeutschland geschickt wurden, um dort an (wissenschaftlich umstrittenen) Behandlungen wie der Ultraschalltherapie nach Dr. Selzer oder der sogenannten Everskur teilhaben zu können, vgl. BArch, DQ 1/22109. Bei Letzterer handelt(e) es sich um eine nach ihrem Erfinder benannte Diättherapie, die sich günstig auf die Multiple Sklerose auswirken sollte. Zur Ultraschalltherapie der Multiplen Sklerose siehe Wolfgang Rüdiger Kießling: Die Ultraschalltherapie der multiplen Sklerose nach Dr. Selzer: Ein historischer Rückblick, in: Verhandlungen der Deutschen Gesellschaft für Neurologie 6 (1991), S. 249–250. Es ist anzunehmen, dass zu Beginn der 1970er Jahre diese – staatlich sanktionierten – Patientenverschickungen noch im kommunikativen Gedächtnis vieler Ostdeutscher vorhanden waren und Hoffnungen hinsichtlich einer besseren Behandlung in der Bundesrepublik wachhielten.

> für Rehabilitation in Berlin-Buch. In der dort abgehaltenen Spezialsprechstunde [...] kann auch Ihre Schwester eine regelmäßige und wissenschaftlich begründete medizinische Betreuung erfahren.«[177]

Die hier angeführten Schreiben und Sichtweisen zeigen, dass die »Frischzellen-Fama« neben der medizinischen auch eine politische Ebene besaß und auf beiden buchstäblich Grenzbereiche berührte. Zum einen erfuhren die selbst oder in ihrem nächsten Umfeld von Krankheit betroffenen Eingabenschreiber nun auch von parteiamtlicher Seite, dass kurative Therapieoptionen in ihrem Fall nicht mehr vorhanden waren, zum anderen mussten die Vertreter des Gesundheitsministeriums bzw. der Partei erkennen, dass sich die Behandlungswünsche verzweifelter Patienten nicht allein mit medizinischer oder ökonomischer Rationalität steuern ließen. Im Gegenteil, das Beharren auf der fehlenden wissenschaftlichen Begründbarkeit individuell gewünschter Therapieverfahren lief leicht Gefahr, als Bevormundung und Besserwisserei aufgenommen zu werden. Hinzu kam das verbreitete Misstrauen gegenüber offiziellen Stellungnahmen von Staat und Partei. Dies beruhte zwar meist eher auf Erfahrungen aus Bereichen jenseits des Gesundheitssektors, doch übertrug sich die andernorts erworbene Skepsis auch auf das Feld der gesundheitlichen Versorgung. Wer permanent die wiederkehrenden Tiraden gegen den westdeutschen Klassenfeind anzuhören gewohnt war, dürfte an der Neutralität und Integrität eines parteiamtlichen Urteils über ein im Westen angewandtes Behandlungsverfahren stark gezweifelt haben, und zwar selbst dann, wenn dieses Urteil von medizinischen Experten abgegeben wurde. Ein Staat, der in vielen Bereichen die reine Lehre des Marxismus-Leninismus erkennbar wichtiger nahm als die Realität und der diese Ideologie auch noch regelmäßig mit dem Verweis auf angebliche »wissenschaftliche Gesetzmäßigkeiten« zu untermauern versuchte, musste damit rechnen, dass man seinen wissenschaftlichen Bewertungen auch auf anderen Gebieten misstraute. Insofern überzeugte selbst die wohlmeinende und medizinisch fundierte Aufklärung über den fraglichen Nutzen »alternativer« Therapien, wie sie aus den zitierten Antwortschreiben hervorgeht, durchaus nicht immer. Stattdessen vermuteten viele Patienten politische Motive dahinter. Bei nicht wenigen blieb das Gefühl zurück, ihnen würden solche Therapiemöglichkeiten letztlich doch nur deshalb vorenthalten, weil sie aus der kapitalistischen Bundesrepublik stammten. Dies schlug sich auch in der Argu-

177 Lübs am 11.10.1971 an Wilma S., BArch, DQ 1/4930-1, Bl. 19. Die Frau hatte sich am 17.8.1971 mit ihrem Anliegen an das ZK gewandt, von dort erfolgte die Weiterleitung ihres Schreibens an das Ministerium.

mentationsstrategie mancher Eingaben nieder, etwa indem versichert wurde, dass man auch bei Inanspruchnahme westlicher Therapien die (grundsätzliche oder politische) Überlegenheit des Sozialismus nicht infrage stellen würde.

Auch wenn die zuletzt genannten Aspekte der Systemkonkurrenz damals zweifellos eine Rolle spielten und auch bei der historischen Bewertung berücksichtig werden müssen, in der Fokussierung auf den deutsch-deutschen Gegensatz geht das Problem des Umgangs mit alternativen Heilmethoden nicht auf. Die Quellen zeigen, dass in den 1970er Jahren die wissenschaftlich zweifelhafte Frischzellenkur auch im sozialistischen Lager weiterhin angeboten wurde, unter anderem von sowjetischen Ärzten an der Schwarzmeerküste. Dorthin zog es im Jahr 1971 beispielsweise einen SED-Genossen aus dem Leipziger Umland, der sich von den Zellen eine Besserung oder gar Heilung seines Augenleidens (Retinopathia pigmentosa) versprach. Auch in diesem Fall blieb das MfG seiner Linie treu. Die gewünschte »Auslandsbehandlung« in Odessa sei nicht notwendig, da es bei der Netzhautdegeneration keine Indikation für eine Frischzellenbehandlung gebe. Statt der wissenschaftlich nicht begründeten Therapie empfahl der auch in diesem Fall mit der Bearbeitung der Eingabe befasste Abteilungsleiter Lübs die Vorstellung in der Augenklinik der Berliner Charité, »die auch außerhalb unserer Republik einen guten Ruf genießt«.[178]

Sauerstoff als Devisenbringer

Wer nach den bisherigen Betrachtungen annimmt, im sozialistischen Teil Deutschlands hätten hohe wissenschaftliche Standards bei der Prüfung und Zulassung medizinischer Therapieverfahren allumfassend gegolten, der wird durch die Quellen schnell eines Besseren belehrt. Auch die DDR beteiligte sich nämlich an der kommerziellen Vermarktung unorthodoxer Behandlungsmethoden, wenn auch in einem nach kapitalistischen Maßstäben überschaubaren Ausmaß. Ende der 1970er Jahre, als die Frischzellenkuren in Ostdeutschland kaum mehr verfügbar waren und auch im Westen ihren Zenit hinter sich hatten, brachte in Dresden der Universalforscher Manfred Baron von Ardenne (1907–1997) die von ihm erdachte Sauerstoff-Mehrschritt-Therapie zur klinischen Anwendungsreife.[179]

178 Lübs am 4.5.1971 an Franz K., BArch, DQ 1/4930-2, Bl. 238. Nachrichtlich ging die Antwort auch an die Abteilung Gesundheitspolitik beim ZK, an die K. seine Eingabe ursprünglich gerichtet hatte.

179 Der »rote Baron« Ardenne war einer der prominentesten und zugleich schillerndsten Wissenschaftler der DDR. Er hatte sich seit den späten 1920er Jahren mit einer Vielzahl wegweisender Erfindungen unter anderem in der Funk- und Fernsehtechnik international den Ruf

Ursprünglich ein Nebenprodukt der ebenfalls von ihm erfundenen (und umstrittenen) Krebs-Mehrschritt-Therapie, pries Ardenne die Inhalation hyperbaren Sauerstoffs bald als eigenständiges Behandlungsverfahren, das gegen altersbedingten Leistungsabfall ebenso helfen sollte wie gegen kardiologische und neurologische Beschwerden.[180] Auch zur »Krebsabwehr« sollte das Verfahren dienlich sein. Einen auf valide Studien gestützten Wirksamkeitsnachweis blieb Ardenne jedoch schuldig. Obwohl die Methode in den 1980er Jahren auch jenseits des Eisernen Vorhangs in naturheilkundlichen Kreisen Anwendung fand, zog es nicht wenige Patienten aus dem Westen in die DDR, wo man sich im Berliner Palasthotel gegen harte Währung gezielt der »originalen« Sauerstoff-Mehrschritt-Therapie unterziehen konnte.[181] Parallel dazu bewarb Ardenne sein Verfahren in westlichen Medien und versuchte über Anzeigen im *Deutschen Ärzteblatt* auch die bundesdeutsche Ärzteschaft zu erreichen.[182] Interessierte DDR-Bürger, die auf die Therapie aufmerksam wurden, hatten hingegen das Nachsehen. Nicht nur, weil das zur Gruppe der »Interhotels« gehörende Palasthotel für Gäste aus dem westlichen Ausland reserviert war, sondern auch, weil die Sauerstoffthe-

eines Universalgenies erworben. Nach dem Zweiten Weltkrieg forschte er in der Sowjetunion und konnte sich nach seiner Rückkehr 1955 im Dresdener Villenviertel Weißer Hirsch ein Privatlaboratorium aufbauen, das mit 500 Beschäftigten als größtes privates Forschungsinstitut in der sozialistischen Hemisphäre galt. Seit den 1960er Jahren war Ardenne auch in der medizinischen Forschung aktiv. Da seine Arbeit sowohl Publizität als auch Devisen einbrachte, beließ ihm das SED-Regime seinen ungewöhnlichen Freiraum. Siehe als Überblick mit weiteren Literaturverweisen den Eintrag bei Müller-Enbergs et al.: Wer war wer in der DDR?, S. 42.

180 Nach vorheriger »Konditionierung« mittels Vitamingaben zur Verbesserung der O_2-Utilisation sollte die Sauerstoff-Mehrschritt-Therapie den Sauerstoffpartialdruck im Blut erhöhen, vgl. Manfred von Ardenne: Mein Leben für Forschung und Fortschritt, 7., stark überarbeitete und ergänzte Auflage, München 1984, S. 389–399. Der ähnlich angelegten »Krebs-Mehrschritt-Therapie« entzog die DDR aufgrund mangelnder wissenschaftlicher Fundierung 1989 jegliche Unterstützung.

181 Ardennes Institut kooperierte hierbei mit der Sanitätsstelle des Palasthotels, die als nachgeordnete Einrichtung dem Versorgungszentrum für Pharmazie und Medizintechnik des MfG zugeordnet war, sodass der staatliche Einfluss auf das Geschäft gesichert blieb, vgl. SAPMO-BArch, DY 30/vorl. SED 36925/1, Seidel an Mecklinger, 16.7.1987. Das Palasthotel war nicht nur ein wichtiger Stützpunkt des für die Devisenbeschaffung zuständigen Bereichs Kommerzielle Koordinierung (KoKo), sondern auch der Stasi, die sich hier intensiv der Spionage widmete.

182 Siehe exemplarisch die immerhin halbseitige Anzeige im Deutschen Ärzteblatt 86 (1989), A-1966. Ardenne versuchte daneben auch brieflich die Bundesärztekammer von seiner Therapie zu überzeugen, vgl. SAPMO-BArch, DY 30/vorl. SED 36925/1, Vilmar an Ardenne, 6.7.1987 sowie Ardenne an Vilmar, 14.7.1987. Unmittelbar nach diesem (offenbar überwachten) Briefwechsel wurde Ardenne seitens der SED aufgefordert, diesen politisch weder erwünschten noch kontrollierten Kontakt zur Standesvertretung der westdeutschen Ärzte unverzüglich einzustellen und »derartige Aktionen in Zukunft zu unterlassen«. Ebd., Seidel an Mecklinger, 16.7.1987. Vgl. auch ebd., Aktennotiz Mecklingers nach Telefonat mit Ardenne, 30.7.1987.

rapie wegen ihrer fraglichen Wirksamkeit nicht zu den Leistungen zählte, die von der DDR-Sozialversicherung getragen wurden. Hinzu kam die begrenzte Produktionskapazität für medizinischen Sauerstoff.[183] Die DDR sah Mitte der 1980er Jahre die hyperbare Oxygenierung als reines Devisengeschäft an, ein medizinischer Wert wurde ihr nicht zugemessen. Für zahlungsbereite Westkunden bzw. -patienten war sie allemal gut, die Nachfrage aus dem eigenen Land galt es hingegen möglichst zu unterdrücken. Als Ardenne seine Werbebroschüren auf Nachfrage auch an ostdeutsche Interessenten zu verschicken begann und damit eine Welle von Eingaben auslöste, in denen zum Teil schwerkranke Patienten um Aufnahme ins Palasthotel baten, intervenierte der oberste politische Leiter des Gesundheitswesens. Karl Seidel, Leiter der Abteilung Gesundheitspolitik beim ZK, drängte darauf, das Problem zu lösen, ohne dabei den Nimbus der lukrativen Sauerstofftherapie im Ausland zu zerstören:

> »Lieber Genosse Mecklinger! Als Anlage übermittle ich Dir 9 Briefe von Bürgern, die mir kürzlich bekannt wurden. Die Bürger wenden sich mit Berufung auf ein Informationsmaterial, das sie vom Forschungsinstitut ›Manfred von Ardenne‹ erhalten haben, an die Sanitätsstelle des Palasthotels [...] und bitten um Sauerstoff-Mehrschritt-Therapie. Ich bitte Dich zu veranlassen, dass Schritte unternommen werden, die gewährleisten, dass seitens des Instituts [...] derartige Hinweise oder Aufforderungen unterbleiben, zu denen das Institut weder befugt ist noch wissenschaftlich berechtigte Grundlagen besitzt.«

Die »im Palasthotel verfügbaren Sauerstoff-Mehrschritt-Kuren« seien »ausschließlich zu Konditionierungszwecken für im Palasthotel wohnende Gäste aus dem Ausland vorgesehen«, so Seidel weiter.

> »Weiterhin bitte ich darum, zu veranlassen, dass den Bürgern in geeigneter Weise seitens des MfGe ein Bescheid gegeben wird, der sie befriedigt. Es wäre absolut unzweckmäßig, derartige Mitteilungen aus dem Palasthotel zu verschicken, weil dies bei Bekanntwerden die gutlaufenden Sauerstoff-Konditionierungskuren stören könnte, die bekanntermaßen auch ökonomisch interessant sind.«[184]

Knapp einen Monat später hatte Mecklinger die Eingaben abgearbeitet und die schulmedizinische Betreuung der Betroffenen auf dem DDR-typischen Instanzenweg »abgesichert«. Zugleich berichtete Mecklinger, dass er Ardenne angewiesen habe, seine Werbemaßnahmen im Inland einzustellen:

183 Vgl. Ardenne: Mein Leben für Forschung und Fortschritt, S. 411.
184 SAPMO-BArch, DY 30/vorl. SED 36925/1, Seidel an Mecklinger, 19. Juni 1987.

»Ich möchte Dich davon in Kenntnis setzen, dass die Schreiben der Bürger beantwortet wurden. Bei den Karzinom-Patienten wurde gleichzeitig der zuständige Bezirksarzt beauftragt, durch seinen beratenden Onkologen überprüfen zu lassen, ob alle therapeutischen Möglichkeiten ausgeschöpft und die medizinische Betreuung abgesichert ist. Ich habe veranlasst, dass mit Prof. v. Ardenne ein Gespräch geführt wird, um sicherzustellen, dass derartige Hinweise und Aufforderungen an Bürger unterbleiben, sich an bestimmte Einrichtungen zur Durchführung einer Sauerstoff-Mehrschritt-Kur zu wenden.«[185]

Im Ergebnis hatte Mecklinger dreierlei erreicht: Die DDR-Patienten waren (wieder) der Schulmedizin zugeführt, und die Werbung für die Sauerstoff-Mehrschritt-Therapie war in der DDR unterbunden worden. Zugleich hatte der Minister dafür gesorgt, dass Ardennes wissenschaftlich umstrittene, aber devisenträchtige Therapie Patienten aus dem Ausland weiterhin ungestört angeboten werden konnte.

Arzneimittel zwischen Plan und Markt

Die Bevölkerung bedarfsgerecht mit Arzneimitteln zu versorgen stellte die DDR-Planwirtschaft in den 40 Jahren ihres Bestehens vor große Herausforderungen. Dies gilt auch und gerade für die Ära Honecker. Der für diese Zeit typische »Konsumsozialismus« hatte Auswirkungen bis in den Arzneimittelsektor hinein. Was der SED-Staat aus ideologischen wie ökonomischen Gründen unbedingt verhindern wollte, trat in den 1970er Jahren sukzessive ein: Arzneimittel wurden mehr und mehr zu einer Ware.[186] Damit traten sie aus einem primär medizinisch bzw. pharmazeutisch determinierten Erörterungsrahmen heraus und wurden Gegenstand der allgemeinen Rede über Bedarfs- und Konsumgüter und deren Verfügbarkeit. Dieser Problemdiskurs war unübersichtlicher und für die SED-Führung schwerer zu steuern, weil er sich den in Medizin und Pharmazie üblichen wissenschaftlichen Argumentationsweisen (Indikation, Wirksamkeit, Sicherheit), deren Ratio die auf Kontrolle und Planung fixierte Staatspartei gern übernahm, weitgehend entzog.

Die Zahl der in der DDR verschriebenen Medikamente stieg jedes Jahr um etwa zehn Prozent. Die wachsenden Verordnungszahlen bewirkten, dass sich die Arzneimittelausgaben der Sozialversicherung von 1,1 Milliarden Mark im Jahr

185 Ebd., Mecklinger an Seidel, 15. Juli 1987.

186 Den Grundprinzipien des sozialistischen Gesundheitsschutzes zufolge sollten sie genau dies nicht sein, vgl. Arzneimittel sind keine Ware, Neues Deutschland, 1.8.1959 (Beilage), S. 11.

1970 auf 2,5 Milliarden Mark im Jahr 1980 mehr als verdoppelten. Dieser Trend setzte sich in den Folgejahren ungebrochen fort. Bereits 1988 hatten sich die Ausgaben für Medikamente mit 3,7 Milliarden Mark gegenüber 1970 mehr als verdreifacht. Lagen die jährlichen Arzneimittelkosten pro Patient 1971 noch bei 105 Mark, waren sie 1988 auf 296 Mark gestiegen.[187] Abgesehen davon, dass ostdeutsche Patienten immer mehr Medikamente schluckten, darunter besonders viele Schmerzmittel, Antibiotika und Psychopharmaka,[188] gab es zugleich das Phänomen, dass Tausende Rezepte nicht eingelöst werden konnten, weil die verordneten Wirkstoffe vorübergehend oder für längere Zeit nicht verfügbar waren. Allein im Bezirk Dresden konnten 1985 aus diesem Grund mehr als 7400 Rezepte nicht eingelöst werden, wie die Staatssicherheit, die auch diesen Bereich intensiv überwachte, in ihren Berichten festhielt.[189] Fehlende Flexibilität bei der Planung und Verteilung brachte es mit sich, dass knappe Medikamente mitunter in Bezirke geliefert wurden, in denen sie gar nicht erforderlich waren, während sie andernorts umso mehr fehlten.[190] Auch in der Produktion traten wiederholt Engpässe auf. Starre Planvorgaben, Vertragsrückstände der Hersteller sowie wachsende Ansprüche der Patienten, die an Neuentwicklungen des westlichen Auslands teilhaben wollten, führten in den 1980er Jahren vermehrt zu Mangelsituationen auf dem Arzneimittelsektor, die auch überzeugte SED-Genossen immer weniger ignorieren konnten und häufig selbst zu spüren bekamen.

> »Werte Genossen, die auf einem Tiefpunkt angelangte Versorgung der Bevölkerung mit Medikamenten der verschiedensten Art veranlasst mich zu einer Eingabe an das höchste Organ meiner Partei. In der Presse unseres Landes wird das Gesundheitswesen stets besonders lobend hervorgehoben und u.a. auch auf den Umstand hingewiesen, dass unsere Ärzte bei der Ausstellung von Rezepten keinen Beschrän-

187 Zahlen nach BMAS, Statistische Übersichten zur Sozialpolitik in Deutschland seit 1945, S. 53; Probst/Funke: Pharmazie, Apothekenwesen und Medizintechnik (2002), S. 152; Frerich/Frey: Handbuch der Geschichte der Sozialpolitik, S. 252.

188 Vgl. Tablettenmissbrauch auch in der DDR, Frankfurter Allgemeine Zeitung, 10.1.1986, S. 7. Siehe auch Ruban: Gesundheitswesen in der DDR, S. 50.

189 Vgl. Erices/Gumz: Das DDR-Gesundheitswesen in den 1980er Jahren, S. 74. Die Autoren versäumen allerdings, diese Zahl in Relation zu den mehreren Millionen Rezepten zu setzen, die jährlich im Bezirk Dresden problemlos eingelöst wurden.

190 Vgl. Ulrich Vater/Christoph Friedrich: Vorwort, in: Ulrich Vater/Christoph Friedrich (Hrsg.): Die Entwicklung des Apothekenwesens in der DDR, Jena/Quedlinburg 2010, S. 7–9, hier S. 8. Bestimmte Kliniken bzw. Apotheken wurden auch ganz bewusst bei der Versorgung mit Arzneimitteln bevorzugt, etwa diejenigen der Hauptstadt Berlin und hier insbesondere die beiden von der Öffentlichkeit streng abgeschirmten Spezialkrankenhäuser in Berlin-Buch, die ausschließlich den Mitgliedern des Staatsrats, des ZK der SED oder des Politbüros bzw. hochrangigen Angehörigen des Ministeriums für Staatssicherheit vorbehalten waren.

> kungen unterliegen. Die Praxis dieses Jahr zeigt jedoch, dass Medikamente, die in früheren Jahren ohne weiteres in den Apotheken erhältlich waren, heute nur nach ungewöhnlichen Wartezeiten zu bekommen sind. Wegen der mir für mein Hüftleiden (Cox arthrose) verordneten Schmerzlinderungszäpfchen ›Indometacin‹ habe ich in acht hiesigen Apotheken vergeblich mehrmals vorgesprochen und nun endlich soll ich nach 6 Wochen mit einer ersten Teillieferung rechnen können. Meiner Frau geht es mit Tabletten (corinfar) für ihr Herzleiden ähnlich.«[191]

Somit ließen sich in der DDR zwei Phänomene zugleich beobachten: auf der einen Seite »overmedication«, seit den 1970er Jahren ein typisches Problem westlicher Industrieländer, auf der anderen Seite Arzneimittelknappheit, eher ein Problem sozialistischer oder wirtschaftlich wenig entwickelter Volkswirtschaften. Diese Parallelität zeigt einmal mehr, dass die DDR in der Ära Honecker stets *beides* war, ein vergleichsweise weit entwickelter Industriestaat (mit dem höchsten Lebensstandard unter allen Ostblockländern) *und* ein sozialistischer Staat mit einer dysfunktionalen Zentralplanwirtschaft.

Seit Mitte der 1970er Jahre geriet die DDR-Pharmaforschung in puncto Technologie und Innovationskraft gegenüber der internationalen Entwicklung immer weiter in Rückstand.[192] Eigene Neusynthesen gelangen kaum noch, und die Nachahmung westlicher Produkte wurde durch den Patentschutz behindert, den die DDR aus Rücksicht auf ihre außenpolitische Reputation stärker als in früheren Jahren respektierte. Der stetig wachsende Arzneimittelverbrauch ging zwar mit einer Ausweitung der inländischen Produktionskapazitäten einher, die Nachfrage nach Spezialpräparaten und Neuentwicklungen ließ sich aber nur durch teure Importe aus dem westlichen Ausland decken. Die dafür nötigen Devisen musste das Gesundheitswesen seit Beginn der 1980er Jahre mehr und mehr durch eigene

191 Martin H. am 21.11.1985 an SED-Politbüro, SAPMO-BArch, DY 30/vorl. SED 34850-2, Hervorhebung im Original. Das nichtsteroidale Antiphlogistikum Indometacin wurde 1965 unter dem Handelsnamen Indocin® in den USA zugelassen. Corinfar® war ein 1977 in der DDR eingeführter und vom VEB Arzneimittelwerk Dresden hergestellter Kalziumantagonist (Wirkstoff Nifedipin). Das in den 1970er Jahren erstmals von der Firma Bayer synthetisierte Nifedipin (Handelsname Adalat®) war eines der wichtigsten Mittel in der Herz-Kreislauf-Therapie der 1970er und 1980er Jahre, vgl. Ariane Retzar: Erfassung und Bewertung von unerwünschten Arzneimittelwirkungen. Ein Beitrag zur Arzneimittelsicherheit in der DDR, Stuttgart 2016, S. 102–110. Die Nifedipin-Herstellung in Dresden blieb vergleichsweise aufwendig, erst 1986 wurde über Erfolge bei der Rationalisierung der Produktion berichtet, vgl. medicamentum 27 (1986), S. 74–76.

192 Vgl. Ulrich Meyer: »Man sollte die Entwicklung nicht hemmen« – Fritz Hauschild (1908–1974) und die Arzneimittelforschung der DDR, in: Pharmazie 60 (2005) 6, S. 468–472.

Abb. 27: Blick in eine Apotheke in Seiffen (Erzgebirge), 1978

Exporte selbst erwirtschaften.[193] Zugleich bemühte sich das MfG, den Verbrauch von Arzneimitteln zu senken oder wenigstens den weiteren Anstieg zu begrenzen. Dazu gehörte unter anderem, durch ministerielle Anweisung »alle an der Verordnung und dem Einsatz von Arzneimitteln Beteiligten [...] an ihre Pflichten zu erinnern«.[194] Der stellvertretende Minister für Gesundheitswesen, Werner Jänisch (*1932), wurde 1981 in der Mediziner-Zeitung *humanitas* ungewohnt deutlich. Zum einen seien Ärzte gehalten, so Jänisch, bei jeder Verordnung kritischer als bisher deren wissenschaftliche Begründung zu prüfen, zum anderen müssten die vorhandenen Mittel effektiver eingesetzt und jegliche Verschwendung ver-

193 Zu den materiellen Exporten in den Westen gehörten unter anderem Blutprodukte, vor allem Humanplasma, siehe Rainer Erices: The East-West blood trade. How the German Democratic Republic obtained foreign currency with blood products (1983–1990), in: Wiener Medizinische Wochenschrift 168 (2018), S. 384–390. Zu den Leistungen, die als »immaterielle Exporte« verbucht wurden, zählte beispielsweise die Durchführung von Auftragsstudien westlicher Pharmahersteller in DDR-Kliniken, siehe Volker Hess/Laura Hottenrott/Peter Steinkamp: Testen im Osten. DDR-Arzneimittelstudien im Auftrag der westlichen Pharmaindustrie, 1964–1990, Berlin 2016.

194 Probst/Funke: Pharmazie, Apothekenwesen und Medizintechnik (2003), S. 174, mit Verweis auf Anweisungen des MfG aus den frühen 1980er Jahren.

mieden werden. Das besonders im ambulanten Bereich verbreitete Nichteinnehmen und Wegwerfen von Medikamenten vergeude »wertvolles Volksvermögen«, ließ Mecklingers Stellvertreter verlauten.[195] Allein das Eingeständnis, dass es im Zuge der völlig unentgeltlichen Abgabe von Medikamenten mitunter zu einem achtlosen, vielleicht sogar verschwenderischen Umgang mit Pillen und Tabletten kam, ist bemerkenswert.[196] In seiner Klarheit ebenso ungewöhnlich war der moralische Appell, sorgsamer mit den Ressourcen des Gesundheitswesens umzugehen. Meist wurde, zumindest in öffentlichen Verlautbarungen, suggeriert, dass dies im Sozialismus ja ohnehin, quasi von selbst geschehe. Öffentlich geführte Diskussionen über die volkswirtschaftlichen Kosten der unentgeltlichen Leistungen des sozialistischen Gesundheitssystems waren bis in die 1980er Jahre hinein verpönt, weil Partei und Staat einen ideologischen Imageverlust fürchteten. Unabhängig davon waren der laxe Umgang mancher Patienten und Ärzte mit Medikamenten sowie die allgemein gestiegene Nachfrage nur Teilaspekte der Problematik. In den Antworten auf Eingaben wurde der zunehmende Arzneiverbrauch jedoch wiederholt erwähnt, um damit die Versorgungsengpässe zu erklären. So auch im Antwortschreiben an Martin H., der beim Politbüro die Engpässe bei Indometacin und Nifedipin (Corinfar®) angemahnt hatte.

> »Werter Genosse H.! Dein Schreiben vom 21.11.1985, mit dem Du Dich vertrauensvoll an das Zentralkomitee der SED gewandt hast, wurde unserer Abteilung zur Bearbeitung übergeben. Bei den von Dir genannten Arzneimitteln treten aus verschiedenen Gründen zeitweise Schwierigkeiten in der kontinuierlichen Bereitstellung auf. Die verantwortlichen Genossen in der Industrie und im Gesundheitswesen arbeiten daran, den sehr schnell gestiegenen, weit über dem Plan liegenden Bedarf zu decken.

195 Interview mit Prof. Dr. sc. med. Dr. h.c. Werner Jänisch, in: humanitas 21 (1981) 16, S. 4. Jänisch stützte sich auf eine Untersuchung, nach der zwischen 20 und 40 Prozent der ambulanten Patienten die ihnen verordneten Medikamente nicht einnehmen und wegwerfen würden, vgl. ebd. Siehe auch DDR-Ärzte sollen weniger verschreiben, Frankfurter Allgemeine Zeitung, 21.8.1981, S. 4.

196 In den 1980er Jahren wurden über 90 % der Ausgaben für Arzneimittel von der Sozialversicherung, der Staatlichen Versicherung oder dem Staatshaushalt getragen, vgl. Probst/Funke: Pharmazie, Apothekenwesen und Medizintechnik (2003), S. 174. Dass Patienten Arzneimittel auf eigene Rechnung in den Apotheken erwarben, war immer seltener der Fall. Von staatlicher Seite wurde Selbstmedikation generell nicht gern gesehen. Entsprechend stagnierte der Umsatz im sogenannten Barverkauf seit Beginn der 1970er Jahre. Der Anteil des Barverkaufs an den gesamten Arzneimittelausgaben betrug 1989 nur noch 5 Prozent, vgl. ebd. Siehe auch Frerich/Frey: Handbuch der Geschichte der Sozialpolitik, S. 258. Dort ebenfalls die Vermutung, dass sich die generell unentgeltliche Abgabe von Arznei-, Heil- und Hilfsmitteln in der DDR negativ auf deren rationellen Einsatz ausgewirkt haben könnte.

> Zur Lösung der Dich persönlich betreffenden Probleme haben wir uns mit dem Bezirksapotheker von Dresden telefonisch in Verbindung gesetzt. Über die bei Dir im Wohngebiet liegende [...] Apotheke bist Du bereits versorgt worden und wir bitten Dich, Dich auch in Zukunft vertrauensvoll an diese Apotheke zu wenden. Wir danken Dir für Deine Hinweise. Deinen Brief haben wir dem Stellvertreter des Ministers für Gesundheitswesen, Genossen OPhR Prof. Dr. Schneidewind zur weiteren Bearbeitung übergeben.«[197]

Die Problemursachen jenseits der gestiegenen Nachfrage klingen hier nur zwischen den Zeilen an. Dafür vermittelt der Subtext, dass die Realität der gewachsenen Nachfrage einmal mehr den sozialistischen Plan überholt habe. Zugleich wird ein individueller Lösungsweg aufgezeigt und um Vertrauen in die Lösungskompetenz der Genossen vor Ort, im Staatsapparat und in der Industrie geworben. Welchen Eindruck diese Antwort bei dem enttäuschten Genossen hinterlassen hat, bleibt offen, ein weiteres Schreiben von ihm in dieser Sache ist nicht überliefert. Die interne Korrespondenz, die seine Eingabe auslöste, verrät hingegen etwas mehr über die Hintergründe der prekären Versorgungslage. So erstattete ZK-Abteilungsleiter Karl Seidel dem Büro des zuständigen Politbüromitglieds Kurt Hager wie folgt Bericht:

> »Lieber Genosse Rätz! Beigefügt übersende ich Dir den Durchschlag unseres Antwortschreibens an Genossen H. auf seine Eingabe, die Versorgung mit Arzneimitteln betreffend. Seine persönliche Versorgung konnte inzwischen abgesichert werden. Über die Frage der Versorgung mit Corinfar und Indometazin habe ich Genossen Hager bereits informiert. Inzwischen sind Indometazinimporte aus der Sozialistischen Republik Rumänien eingetroffen, so dass sich dort die Lage entspannen wird. Bei Corinfar ist ein sehr hoher Bedarfsanstieg zu verzeichnen, der von der Industrie nicht voll abgedeckt werden kann. Es muss deshalb über Importe aus dem NSW entschieden werden, um die Versorgung der Bevölkerung wieder garantieren zu können.«[198]

Der ebenfalls eingeschaltete Vizegesundheitsminister Schneidewind, der wiederum der Abteilung Gesundheitspolitik berichtspflichtig war, ergänzte, »dass

197 Münter (Stellvertretender Leiter Abteilung Gesundheitspolitik beim ZK) an H., 4.12.1985, SAPMO-BArch, DY 30/vorl. SED 34850-2. Ulrich Schneidewind (1926–2002) war Apotheker, Direktor der Fachschule für Pharmazie in Leipzig und ab 1963 Leiter der Hauptabteilung Pharmazie und Medizintechnik des MfG, in den 1980er Jahren stellvertretender Minister für Gesundheitswesen.

198 Seidel an Rätz, 4.12.1985, SAPMO-BArch, DY 30/vorl. SED 34850-2. Kurt Rätz war persönlicher Mitarbeiter Hagers.

bei Corinfar auf Grund zwischenzeitlich bei der pharmazeutischen Industrie erreichter Aufkommenserhöhungen in den Monaten November und Dezember Zusatzmengen an die Bezirke ausgeliefert worden sind«.[199] Bei Corinfar® handelte es sich um ein seit 1977 in der DDR hergestelltes Präparat, dessen Wirkstoff Nifedipin zu diesem Zeitpunkt international eine der Säulen der Herz-Kreislauf-Therapie war. Um die Versorgung mit Indometacin zu stabilisieren, so Schneidewind weiter, »konnte inzwischen eine Bereitstellung des Rohstoffes an das Apothekenwesen zur Eigenherstellung organisiert werden«.[200] Mit Blick auf das in Rumänien produzierte Schmerzmittel Indometacin werden hier Probleme mit den Lieferungen aus anderen sozialistischen Ländern angedeutet, auf die das DDR-Gesundheitswesen im Rahmen der in den 1970er Jahren etablierten arbeitsteiligen Produktion innerhalb des RGW angewiesen war. Was seinerzeit noch als Sinnbild für die Rationalität sozialistischer Planwirtschaft gegolten hatte, nämlich die spezialisierte und auf die Länder des sozialistischen Wirtschaftsraums verteilte Herstellung von Arzneimitteln, funktionierte in den 1980er Jahren nur mehr schlecht als recht. So erschwerten beispielsweise die langfristigen Vertragsbindungen ein flexibles Reagieren auf den schwankenden Bedarf. Dieser ließ sich dann, wenn überhaupt, nur durch die Defekturherstellung in den lokalen Apotheken befriedigen, verlässliche »Bedarfsabschätzungen« (so der Terminus technicus), etwa durch die Bezirksärzte, gelangen immer weniger.[201]

Vor diesem Hintergrund bewertete das MfG das großzügige ärztliche Verordnungsverhalten sowie den Umgang der Patienten mit Arzneimitteln weiterhin als problematisch und bemühte sich, auf mehreren Ebenen gegenzusteuern. Die Zentrale Therapiekommission erarbeitete verstärkt Empfehlungen für eine effektive und zugleich effiziente Pharmakotherapie bei bestimmten Krankheitsbildern.[202] Durch Fortbildungen sollte die Ärzteschaft systematischer als zuvor zu einer rationalen Verschreibungspraxis angeleitet werden.[203] In das 1986 novellierte Arzneimittelgesetz fügte man Passagen ein, die sowohl Ärzte als auch Bür-

199 Schneidewind an Münter, 30.12.1985, SAPMO-BArch, DY 30/vorl. SED 34850-2.
200 Ebd.
201 Vgl. Probst/Funke: Pharmazie, Apothekenwesen und Medizintechnik (2002), S. 152. Dass diese kleinteiligen pharmazeutischen Kompensationsmechanismen von der Herangehensweise her sehr gut mit der ebenfalls stark auf die Regulierung von Einzelfällen abzielenden Eingabenbearbeitung korrespondierten, sei hier am Rande angemerkt.
202 Vgl. die Entwürfe in BArch, DQ 1/13011.
203 Vgl. »Referentenmaterial: Grundsätze der wissenschaftlich begründeten Verordnung von Arzneimitteln und Auswirkungen auf den Arzneimittelverbrauch«, undatiert (1989), BArch, DQ 1/13011.

Abb. 28: Rezepturraum der neuen Apotheke am Springpfuhl in Berlin-Marzahn, 1980

ger zu einem verantwortungsbewussten Umgang mit Arzneimitteln anhielten.[204] Letztlich war auch die bereits 1965 begonnene Unterteilung des Sortiments in verschiedene Nomenklaturen (A bis D), die mit jedem Buchstaben immer aufwendiger zu verordnen und immer seltener lokal vorrätig waren, Teil dessen, was der *Spiegel* 1988 recht treffend als »verschachteltes System« charakterisierte, »um den rapide steigenden Konsum an Tropfen, Zäpfchen und Pillen zu drosseln«.[205]

204 Vgl. Gesetz über den Verkehr mit Arzneimitteln – Arzneimittelgesetz vom 27. November 1986, Gesetzblatt der DDR 1986 I, S. 473. Zur Zielrichtung siehe Frerich/Frey: Handbuch der Geschichte der Sozialpolitik, S. 256, sowie Retzar: Erfassung und Bewertung, S. 55 – 57. Auch die Zeitung *Neues Deutschland* erinnerte ihre Leser auf der Titelseite anlässlich der Verabschiedung des Gesetzes daran, dass die unentgeltliche Abgabe von Arzneimitteln ihren möglichst effektiven Einsatz gebiete, vgl. Neues Deutschland, 28.11.1986, S. 1.

205 Von A bis D. Das Gesundheitswesen der DDR steckt in einer Krise: Ärzte wollen auswandern, Arzneimittel sind knapp, in: Der Spiegel 27/1988 (4.7.1988), S. 35 – 36, hier S. 35. Kein probater Lösungsansatz fand sich für ein Phänomen, das bereits in den 1970er Jahren durch Untersuchungen an den Tag gekommen und keineswegs DDR-spezifisch war, nämlich dass Patienten Medikamente in großem Maßstab horteten. Schätzungen gingen von mehr als 200 Millionen Arzneimittelpackungen aus, die in ostdeutschen Haushalten lagerten, ein knappes Drittel davon sogar völlig unberührt, vgl. Konrad Taubert/Hans Feldmeier/Dieter Schomann/Gerda Taubert: Über den Arzneimittelbestand von Haushalten, in: Das Deutsche Gesundheitswesen 31 (1976) 49, S. 2342 – 2345. Der Aufwand einer industriellen Wiederverwertung, so das Fazit der Studie, stünde allerdings in keinem Verhältnis zum Nutzen, vgl. ebd.

Patienten und ihre Medikamente

Die Notate der Stasi, die Meldungen der Bezirksärzte sowie die Einschätzungen der MfG-Mitarbeiter weisen fast unisono auf den krisenhaften Zustand der pharmazeutischen Versorgung in den 1980er Jahren hin. Dabei handelte es sich zumeist um Einschätzungen von Experten, sprich Ärzten und Apothekern. Auch die Berichte der Stasi stützen sich überwiegend auf kritische Aussagen von Ärzten, die vom lückenhaften Angebot an Therapeutika auch deshalb frustriert waren, weil es nicht nur ihre tägliche Arbeit erschwerte, sondern auch ihr professionelles Selbstverständnis kränkte.[206] Die Perspektive der Patienten auf die Arzneimittelversorgung war indes weniger eindeutig. Zwar lassen sich auch in den vorliegend untersuchten Eingaben genügend Hinweise auf gravierende Defizite in diesem Sektor finden, die das problematische Gesamtbild im Großen und Ganzen zu bestätigen vermögen. Jedoch gehörten Beschwerden über die mangelnde Verfügbarkeit von Medikamenten rein quantitativ *nicht* zu den vorrangigen Dingen, die in Eingaben thematisiert wurden. Dies lässt sich mit einer bis in die Mitte der 1980er Jahre hinein weitgehend intakten pharmazeutischen Basisversorgung erklären, die den Bedarf an Standardpräparaten (oft unter tatkräftiger Hilfe findiger Apotheker) abzudecken vermochte. Dadurch war die große Mehrzahl der Patienten vergleichsweise selten von Engpässen betroffen.[207] Untersucht man die Eingaben zur Arzneimittelversorgung, die beim MfG und der ZK-Abteilung für Gesundheitspolitik in den Jahren zwischen 1971 und 1989 eingingen, so imponiert weniger deren schiere Zahl als vielmehr die Eindringlichkeit der Schilderungen. Auch in den Eingabenanalysen des MfG rangierten Klagen über fehlende Medikamente über die Jahre hinweg erst an dritter oder vierter Stelle der Beschwerdelisten. Allerdings war dies auch ein Effekt der Kategorisierung (siehe Kapitel III.10, Tabelle 4). In die thematisch sehr breite Katego-

206 Vgl. Information Nr. 80/88 über Reaktionen von Ärzten und anderen Beschäftigten des Bereiches Gesundheitswesen auf Probleme der Versorgung mit bestimmten medizinischen Verbrauchsmaterialien und Arzneimitteln (16.2.1988), BStU, MfS, ZAIG, Nr. 3648, Bl. 1–6, in: Joestel: Die DDR im Blick der Stasi 1988, Dokument auf CD-ROM.

207 Dass sich ab Mitte der 1980er Jahre auch diese Basisversorgung erheblich verschlechterte, zeigen nicht nur viele Eingaben zu fehlenden Standardmedikamenten (z. B. Indometacin, siehe oben), sondern auch Berichte der Staatssicherheit. So brächten Ärzte vermehrt zum Ausdruck, »dass trotz Anerkennung begrenzter ökonomischer Möglichkeiten der DDR eine kontinuierliche und stabile Grundversorgung mit Medikamenten und medizinischen Verbrauchsmaterialien gewährleistet werden müsse«. »Information Nr. 80/88 über Reaktionen von Ärzten und anderen Beschäftigten des Bereiches Gesundheitswesen auf Probleme der Versorgung mit bestimmten medizinischen Verbrauchsmaterialien und Arzneimitteln« (16.2.1988), BStU, MfS, ZAIG, Nr. 3648, Bl. 1–6, in: Joestel: Die DDR im Blick der Stasi 1988, Dokument auf CD-ROM.

rie Medizinische Betreuung fielen zwar drei- bis viermal so viele Eingaben, doch war sie thematisch sehr weit gefasst, um nicht zu sagen diffus. Insofern rangierte die mangelhafte Arzneimittelversorgung als relativ klar umrissenes Einzelproblem deutlich weiter vorn auf der Problemskala. Ungefähr jede zehnte Eingabe, die das Ministerium im letzten Jahrzehnt seines Bestehens erreichte, drehte sich um die Nichtverfügbarkeit von Arzneimitteln.[208] Nur das Thema Soziale Betreuung rangierte angesichts der nicht ausreichenden Zahl an Kinderkrippen- und Altenheimplätzen stets klar vor den Problemen im Bereich der Versorgung mit Pharmaka.[209]

Wiederkehrende Lieferschwierigkeiten bei bestimmten Medikamenten brachten viele Patienten immer wieder in Notlagen, die begreiflicherweise – etwa bei Schmerzen, Luftnot oder anderen Symptomen – drängender und existenzieller empfunden wurden als etwa die manchmal überlange Wartezeit in einer Poliklinik oder die ungebührliche Behandlung durch Ärzte oder Schwestern. Letzteres wurde zwar ebenfalls vielfach in Eingaben bemängelt, war aber kaum spezifisch für die gesundheitliche Versorgung in der DDR. Im Fehlen eines Medikaments hingegen manifestierte sich für manche Patienten auf sehr reale Art beides: die Gefährlichkeit einer Erkrankung *und* die gefühlte Unzulänglichkeit des Gesundheitssystems. Er schreibe in einer Angelegenheit »von lebenswichtiger Bedeutung«, begann ein Lungenkranker seine Bitte nach einem in der DDR nicht gelisteten Spezialpräparat.[210] »Dieses Medikament [Pentalong®, F. B.] ist für mich lebenswichtig …«, schrieb der herzkranke Frührentner Werner K. 1982 an Erich Honecker.[211] »Wenn man in der DDR nicht in der Lage ist, kranke Menschen mit den lebensnotwendigen Medikamenten zu versorgen, so sollte man das mitteilen«, forderte ein Patient aus dem Lausitzer Braunkohlerevier, der Anfang 1980

208 Vgl. Eingabenanalysen 1978–1990 der Hauptabteilung II (Medizinische Betreuung) des MfG, BArch, DQ 1/12652, Eingabenstatistik 1985, sowie Eingabenanalysen 1975–1989 des Referats Eingaben des MfG, BArch, DQ 1/12611. Allerdings lässt sich den Analysen eine ansteigende Tendenz entnehmen: Machten Eingaben zur Arzneimittelversorgung 1981 erst 8,0 Prozent des gesamten Aufkommens an Eingaben aus, so waren es 1987 bereits 12,3 Prozent, vgl. ebd. Bei diesen Zahlen ist zu berücksichtigen, dass die entsprechende Kategorie des MfG mit Pharmazie/Medizintechnik betitelt war und somit auch Eingaben über fehlende oder schadhafte Gerätschaften enthielt. Die Zahl der Beschwerden, die spezifisch die Arzneimittelversorgung betrafen, lag somit noch etwas niedriger. Eingaben zur Medizintechnik waren indes, trotz großer Probleme in diesem Bereich, rein mengenmäßig nie sehr bedeutsam, da entsprechende Beschwerden dazu meist nicht von Patienten kamen, sondern von Mitarbeitern des Gesundheitswesens auf anderen Wegen gemeldet wurden.

209 Vgl. Eingabenanalysen 1978–1990 der Hauptabteilung II (Medizinische Betreuung) des MfG, BArch, DQ 1/12652, exemplarisch die Aufstellung der Jahre 1981 bis 1984.

210 Bernd M. an ZK der SED, 21.11.1984, SAPMO-BArch, DY 30/vorl. SED 33613-1.

211 SAPMO-BArch, DY 30/vorl. SED 32017 (Eingabe vom 17.5.1982), siehe auch Kapitel I.1.

Abb. 29: Apotheke des 1973 neu errichteten Landambulatoriums in Dommitzsch-Trossin (Bezirk Leipzig)

Schwierigkeiten hatte, das ihm verordnete Diuretikum in seinem Wohnort zu erhalten.[212] »Es ist mir unbegreiflich, dass einem so bedeutenden Industriestaat wie der DDR plötzlich die Voraussetzungen für die Medikamente fehlen, die für seine Bevölkerung notwendig sind«, empörte sich der bereits erwähnte Genosse Martin H.[213]

Entzugserscheinungen

Neben politischer Enttäuschung und krankheitsbedingter Angst kommt in solchen Äußerungen ein weiteres Phänomen zum Ausdruck, nämlich die mitunter starke emotionale Bindung eines Kranken an »sein« Medikament. Die Wirkung (oder auch Nichtwirkung) eines Arzneimittels hat häufig auch etwas mit dem Nimbus zu tun, der ein Mittel umgibt. Die besondere Beziehung zu einem bestimmten Präparat (bzw. zu seinem Handelsnamen) spielt auch in vielen Eingaben eine Rolle. Nicht wenige Patienten bekundeten, dass sie sich von »ihrem« Medikament im täglichen Leben abhängig fühlten.[214] War es, aus welchen Gründen auch immer,

212 Heinrich W. an Büro Honecker, 1.2.1980, SAPMO-BArch, DY 30/vorl. SED 21917/2.
213 Martin H. an SED-Politbüro, 21.11.1985, SAPMO-BArch DY 30/vorl. SED 34850-2.
214 Häufig versahen Eingabenschreiber ein ihnen verordnetes und vertraut gewordenes Präparat mit einem Possessivpronomen. Ein Antwortschreiben auf seine Eingabe möge man sich spa-

zeitweise nicht verfügbar, führte dies zu großer Verunsicherung. Viele Betroffene griffen dann zu Stift oder Schreibmaschine und setzten Eingaben auf, »denn mir wird es heute schon Angst, wenn ich daran denke, dass ich auf diese Kapseln verzichten soll«, so der lungenkranke Bernd M.[215] »Der Entzug [des] genannten Medikaments bedeutet für mich den Entzug jeglicher Lebensqualität. Ich fühle mich durch die Auskunft der Apotheke so bedroht, als wäre mir ein Todesurteil angekündigt worden«, kommentierte eine Patientin das Fehlen ihres gewohnten Antiparkinsonmittels Parlodel® (Bromocriptin), das zur Nomenklatur C gehörte und deshalb umständlich und langwierig per Sonderauftrag bestellt werden musste.[216] War ein Medikament einer höheren Nomenklatur zugeordnet und damit schwerer erhältlich, steigerte dies die Wirksamkeitserwartung, die Patienten (und Ärzte) in das Präparat setzten. Ähnlich verhielt es sich, wenn das Medikament aus dem Westen stammte. *Ex occidente lux* war eine verbreitete Auffassung auch im Arzneimittelsektor. Die Verbindung aus westlicher Herkunft und knapper Verfügbarkeit verlieh diesen Medikamenten eine besondere Aura und erhöhte bei den Patienten das Bedürfnis nach ihnen.[217] Dass dies rein medizinisch nicht immer gerechtfertigt war und in der DDR mitunter Analogpräparate mit gleichem Wirkstoff (heute: Generika) zur Verfügung standen, änderte daran wenig.

Knappe Medikamente als Politikum

Ganz abgesehen von den individuellen Notlagen, die sie auslösen konnten, besaßen die Defizite in der Arzneimittelversorgung ein nicht geringes Skandalisierungspotenzial auf politischer Ebene. Westdeutsche Medien griffen das Thema gern auf und dokumentierten die Mängel sozialistischer Planwirtschaft im Bereich der Produktion von Pharmaka.[218] Dies war insbesondere den Verant-

ren, schrieb ein Patient 1980 an das Büro Honecker, »ich brauche kein Papier, sondern mein Medikament ›Uregyt‹!« Heinrich W. an Büro Honecker, 1.2.1980, SAPMO-BArch, DY 30/vorl. SED 21917/2.

215 Bernd M. an ZK der SED, 21.11.1984, SAPMO-BArch, DY 30/vorl. SED 33613-1.

216 Berta H. an Karl Seidel, 14.7.1987, SAPMO-BArch DY 30/vorl. SED 36925/1.

217 Der gute Ruf, in dem Westmedikamente standen, spielte auch bei klinischen Arzneimittelprüfungen eine Rolle, die westliche Pharmaunternehmen während der 1980er Jahre in großer Zahl in der DDR durchführen ließen. Zeitzeugen haben bestätigt, dass die Aussicht, im Rahmen einer Studie mit Präparaten westlicher Hersteller behandelt zu werden bzw. Patienten damit behandeln zu können, bei Patienten wie Ärzten zu einer hohen Bereitschaft führte, an den Studien teilzunehmen, vgl. bereits Meyer: Steckt eine Allergie dahinter?, S. 320 sowie Hess/Hottenrott/Steinkamp: Testen im Osten, S. 147.

218 In der DDR drastische Beschränkungen bei Arzneien, Frankfurter Allgemeine Zeitung, 11.4.1983.

wortlichen in ZK und MfG, aber auch manchen ostdeutschen Patienten bewusst. Letztere nutzten die journalistische Neugier jenseits der Mauer und die Sorge der SED-Führung vor negativer Berichterstattung zur Durchsetzung ihrer Anliegen. Sollte das ihm verordnete Medikament dauerhaft nicht lieferbar sein, so der bereits erwähnte Heinrich W. in seiner Eingabe an Honecker, werde er sich Hilfe im Ausland holen. »Ich habe zwar keine Bekannten oder Verwandten in der BRD, aber ich würde mich dann trotzdem mit der Bitte um Hilfe und Unterstützung an eine Gesundheitsorganisation in der BRD oder an das Schweizer Internationale Rote Kreuz wenden.«[219] Ob rhetorisch oder ernst gemeint – mit dieser Ankündigung sprach W. einen empfindlichen Punkt an, denn Reputationsverluste wie jene, die mit der Einschaltung von Hilfsorganisationen verbunden gewesen wären, fürchtete die SED-Führung innen- wie außenpolitisch, schließlich wollte man auf einem ureigenen Feld sozialistischer Sozialpolitik, der Gesundheitsfürsorge, nicht als Entwicklungsland dastehen.

Mitte der 1980er Jahre war die gesamtwirtschaftliche Lage indes so prekär und die gesellschaftliche Stimmung so schlecht geworden, dass in Ost-Berlin die Bereitschaft zu ungewöhnlichen Schritten stieg. In einer Situation, in der die sogenannte Unterdeckung bei bestimmten Arzneimitteln immer offenkundiger wurde, erleichterten die DDR-Behörden Anfang 1984 erstmals die seit Oktober 1961 blockierte Einfuhr westlicher Medikamente mittels Geschenksendungen aus der Bundesrepublik.[220] Seit den 1960er Jahren war es gängige Praxis, private Warensendungen mit westlichen Arzneimitteln an der Grenze abzufangen und die Medikamente systematisch zu vernichten, ohne Rücksicht auf den individuellen Kontext und etwaige Bedürfnisse der Empfänger.[221] Die Aufweichung

219 Heinrich W. an Büro Honecker, 1.2.1980, SAPMO-BArch, DY 30/vorl. SED 21917-2.

220 Versand von Medikamenten in die DDR möglich, Süddeutsche Zeitung, 7.1.1984. Etwas ausführlicher: Arzneimittel als Geschenke in die DDR versendbar, Deutsches Ärzteblatt 81 (1984) 8, A-487. Bis dahin war die Einfuhr nur im Rahmen einer umständlichen Prozedur über den Versand von einer westdeutschen Apotheke in eine der Zentralapotheken der DDR und von dort an den anfordernden Arzt erlaubt, vgl. Welche Medikamente in die DDR? Frankfurter Allgemeine Zeitung, 29.11.1983, S. 5. Die private Einfuhr von Arzneimitteln war seit 1961 gänzlich untersagt. Das im Zuge des Mauerbaus erlassene Verbot war 1973 nochmals verschärft und auf »gleichgestellte Stoffe und Zubereitungen« ausgedehnt worden, vgl. Christian Härtel: Ostdeutsche Bestimmungen für den Paketverkehr im Spiegel westdeutscher Merkblätter, in: ders./Petra Kabus (Hrsg.): Das Westpaket. Geschenksendung, keine Handelsware, Berlin 2000, S. 45 – 56, hier S. 48 – 50.

221 Vgl. Jutta Braun: Politische Medizin. Ideologie und Gesundheitsökonomie im SED-Staat der 1950er- und 1960er-Jahre, in: Zeithistorische Forschungen/Studies in Contemporary History 17 (2020) 2, S. 349 – 361, hier S. 358. Zur Deckung des eigenen Bedarfs hatte die Staats- und Parteispitze jahrelang den Regierungsapotheker Alfred Sprenger nach West-Berlin entsandt, um dort mit einem Sonderetat an Devisen spezielle Westmedikamente zu beschaffen, vgl. ebd.

dieser restriktiven Politik erfolgte, wohl nicht zufällig, nur wenige Monate nachdem die Bonner Regierung der DDR erstmals einen Milliardenkredit gewährt und somit Bewegung in die innerdeutschen Beziehungen gebracht hatte. Ein im November 1983 geschlossenes Postabkommen sowie nachfolgende Verhandlungen zwischen den Gesundheitsministerien beider Länder bildeten die Grundlage für die neue Regelung.[222] Die zunächst 140 Positionen umfassende Liste mit Präparaten, die unter Beifügung eines zuvor in der DDR ausgestellten Rezeptes per Päckchen von West nach Ost geschickt werden durften (Ärztemuster blieben weiterhin verboten), wurde in der Folge mehrmals ergänzt. Bereits ein Jahr später durften auch Einwegspritzen für Diabetiker versandt werden.[223] Infolge einer Zusage Erich Honeckers während seines Staatsbesuchs in Bonn im September 1987 wurde die Liste Ende 1987 nochmals erheblich auf nun 270 Präparate erweitert. Darin waren auch verschiedene Gesundheitspflegemittel aus westlicher Herstellung enthalten, die von der DDR-Bevölkerung stark nachgefragt wurden.[224] Daneben durften Verbandstoffe, Wundpflaster, Stomazubehör und Desinfektions- und Pflegemittel rezeptfrei eingeführt werden.[225] Für manche Arzneimittel, die auf diese Weise in die DDR kamen, war nie ein Wirksamkeitsnachweis erbracht worden.[226] Die Legalisierung ihrer Einfuhr kam de facto einer Zulassung gleich und lief somit auf eine Aufweichung der geltenden (und im Arzneimittelgesetz von 1986 noch einmal bekräftigten) Prinzipien der Arzneimittelregulierung hinaus.

222 Ihr Entgegenkommen ließ sich die DDR durch eine kräftige Erhöhung der Postpauschale bezahlen. Das Postabkommen sah vor, diese jährliche Zahlung der Bundespost an die Deutsche Post der DDR von 85 auf 200 Millionen DM zu erhöhen, vgl. Frankfurter Allgemeine Zeitung, 29.11.1983. Das Format eines »Beauftragtengesprächs« beruhte auf einer Vereinbarung im Rahmen des 1976 in Kraft getretenen Gesundheitsabkommens zwischen beiden deutschen Staaten.

223 Vgl. Arzneiversand in die DDR: Jetzt auch Einwegspritzen, Deutsches Ärzteblatt 82 (1985) 4, A-160.

224 Vgl. das Rundschreiben Mecklingers an die Bezirksärzte vom 30.10.1987, BArch, DQ 1/14495. Dort auch die »Liste zur Einfuhr von Arzneimitteln im Geschenkpaket- und -päckchenverkehr auf dem Postwege, Stand: 1.11.1987«.

225 Vgl. ebd., Anlage 2. In der Bundesrepublik wurden die neuen Bestimmungen Anfang 1988 publik, vgl. Arzneimittelliste für DDR erweitert, Deutsches Ärzteblatt 85 (1988) 1/2, A-18. Der ostdeutsche Zoll wies in den ersten Monaten nach Einführung der neuen Bestimmungen 12 000 Arzneimittelsendungen zurück, meist wegen fehlender Rezepte oder weil das fragliche Mittel nicht in der Einfuhrliste enthalten war, vgl. Bericht K 1/185 (7.3.1988), BstU, MfS, ZAIG, Nr. 5249, Bl. 1–6, in: Joestel: Die DDR im Blick der Stasi 1988, Dokument auf CD-ROM.

226 Beispielhaft sei nur das erste Präparat auf der Liste genannt, das 1977 in der Bundesrepublik eingeführte und vergleichsweise teure Aequamen® (Wirkstoff Betahistin). Seine Wirksamkeit wurde nie nachgewiesen; heute ist es nicht mehr im Handel.

Die Liberalisierung der privaten Einfuhr von Medikamenten war gleichbedeutend mit dem Eingeständnis, dass sich in der DDR das Verlangen der Bevölkerung nach pharmazeutischen Produkten aller Art und das zur Verfügung stehende Angebot weit voneinander entfernt hatten.[227] Mit dieser indirekten Offenlegung der Versorgungsmisere verringerte sich zugleich die Wirksamkeit eines von Eingabenverfassern bis dato häufig genutzten Druckmittels, nämlich die Androhung, westliche Institutionen über die eigene Situation zu unterrichten oder gar um Hilfe zu bitten. Der Imageverlust, den das SED-Regime in solchen Fällen befürchtete, war mit der 1984 erfolgten Freigabe der privaten Medikamenteneinfuhr ohnehin bereits eingetreten. Die wenigsten Bundesbürger mochten im Detail über die Vor- und Nachteile des ostdeutschen Gesundheitswesens informiert gewesen sein; dass es den Menschen »drüben« aber neben Kaffee und Südfrüchten nun auch noch an Arzneimitteln fehlte, passte allemal ins Bild.

Ausgehend vom weitgehend deregulierten Pharmasektor der Bundesrepublik mit seiner Produktvielfalt von mehreren zehntausend im Verkehr befindlichen Arzneispezialitäten standen westdeutsche Beobachter den Prinzipien der Arzneimittelregulierung in der DDR ohnehin überwiegend skeptisch bis verständnislos gegenüber. Ein Sortiment von lediglich etwa 2000 essenziellen Präparaten, mithin nur ein Bruchteil der bundesdeutschen Angebotspalette, schien eine Unterversorgung von vornherein zu implizieren. Unabhängig davon gelang es jedoch manchen Berichterstattern, die Dinge etwas differenzierter zu sehen und gleichzeitig die Schwachstellen auf dem östlichen Pharmasektor recht genau zu identifizieren.[228]

227 Dass sich eine schlechte Versorgungslage bei bestimmten Gütern durch die Freigabe des privaten »Imports« erheblich verbessern ließ, zeigt das Beispiel Kakao. Die Einfuhr von Kakao via Westpaket war im Jahr 1986 mengenmäßig doppelt so hoch wie der staatliche Import, vgl. Petra Kabus: Das Westpaket, in: Martin Sabrow (Hrsg.): Erinnerungsorte der DDR, München 2009, S. 441–450, hier S. 443.

228 Vgl. exemplarisch: »Von A bis D. Das Gesundheitswesen der DDR steckt in einer Krise: Ärzte wollen auswandern, Arzneimittel sind knapp«, in: Der Spiegel 27/1988 (4.7.1988). Wenn auch das Unverständnis für die Arzneimittelregulierung in der DDR verbreitet war, so wurde doch bereits Anfang der 1970er Jahre von berufener Seite öffentliche Kritik am deregulierten Pharmamarkt der Bundesrepublik geäußert, vgl. Herbert Herxheimer: »Jeden Tag ein noch weißerer Riese«. Einfluss der Pharma-Industrie auf die westdeutsche Medizin, in: Der Spiegel 30/1970 (19.7.1970), S. 111–118. Zu dieser Zeit wies das beim Bundesgesundheitsamt geführte Spezialitätenregister rund 25 000 Präparate auf. Hinzu kam eine ungefähr gleich große Zahl an Altpräparaten, die bereits vor 1961 im Handel und deshalb noch nicht registriert waren, vgl. Antwort der Bundesregierung vom 11.7.1973 (Drucksache 7/892) auf die Kleine Anfrage betr. Registrierung von Arzneispezialitäten (Drucksache 7/669), http://dipbt.bundestag.de/doc/btd/07/008/0700892.pdf. [Zugriff: 2.8.2022].

Das Gegenstück zu den Meldungen bundesdeutscher Medien bildete die konsequente Nichtberichterstattung in der DDR-Presse. In den von der SED gelenkten Zeitungen hatten Artikel, die offene Kritik an den Missständen der Medikamentenversorgung geäußert oder diese auch nur benannt hätten, keinen Platz. Eine unter dem Stichwort Arzneimittel vorgenommene Recherche im Archiv des *Neuen Deutschlands* fördert für den Zeitraum Juni 1971 bis Dezember 1989 zwar 416 Treffer zutage.[229] Doch in keinem dieser Artikel werden inländische Probleme bei der Arzneimittelversorgung thematisiert. Stattdessen unterrichtete die auflagenstärkste Zeitung der DDR ihre Leser ausgiebig über die zahlreichen, stets auch Arzneimittel umfassenden Solidaritätssendungen, die Ost-Berlin in afrikanische oder mittelamerikanische Länder schickte, in denen »sozialistische Brudervölker« gegen den »Imperialismus« kämpften.[230] Auf diese Weise erfuhren die Menschen mehr über die schwierige Lage in fernen, für sie unerreichbaren Städten wie Addis Abeba oder Managua als über die Situation im nahen Anklam oder Luckenwalde. Eine Patientin schrieb: »Bitte helfen Sie mir, damit ich wieder gesund werde. In wie viele Länder schicken wir Medikamente, doch im eigenen Land wird einem nicht geholfen, obwohl die Möglichkeit besteht.«[231]

Die wenigen Berichte des *Neuen Deutschlands,* die sich mit der Arzneimittelherstellung in der DDR befassen, hielten sich strikt an die Diktion der steten Entwicklung zum Positiven und betonten die ständigen Anstrengungen und steigenden Produktionszahlen der pharmazeutischen Betriebe.[232] Eine ähnliche Semantik pflegten pharmazeutische Fachzeitschriften. Überschriften wie »Beschleunigte Entwicklung hochwertiger Arzneimittel« wichen einer Beschreibung des Gegenwärtigen aus und formulierten stattdessen eine Dynamik der konti-

229 Für die Recherche siehe http://zefys.staatsbibliothek-berlin.de [Zugriff: 2.8.2022].

230 Vgl. Sendung für kämpfende Völker im Süden Afrikas, Neues Deutschland, 24.5.1975, S. 8; Hilfe für das Volk von Afghanistan. Solidaritätsgüter der DDR nach Kabul, Neues Deutschland, 8.8.1979, S. 1; Solidaritätssendung in Daressalam übergeben, Neues Deutschland, 24.5.1980, S. 5; Hilfsgüter aus der DDR trafen in Managua ein, Neues Deutschland, 3.11.1988, S. 1.

231 Gabriele S. an ZK der SED, 13.9.1986 (Eingang), SAPMO-BArch, DY 30/vorl. SED 36914-2. Wegen einer komplexen dermatologischen Erkrankung sei sie »von einem Arzt zum anderen geschickt« und erfolglos mit verschiedenen Medikamenten behandelt worden. Auch in anderen sozialistischen Ländern stießen die (politisch motivierten) Solidaritätsaktionen mit anderen Staaten angesichts der oft schwierigen Situation im eigenen Land nicht immer auf Gegenliebe, siehe Monica Rüthers/Marianna Zhevakina: »Wir füttern halb Afrika«. Sowjetische Lebensmittelhilfe: Geschichte – Propaganda – Kritik, in: Zeithistorische Forschungen/Studies in Contemporary History 18 (2021) 2, S. 252–280.

232 Vgl. u. a. Wege zu höherer Produktion mit Chemiearbeitern beraten. Alfred Neumann bei Werktätigen des VEB Berlin Chemie, Neues Deutschland, 2.2.1988, S. 2. Neumann (1909–2001) war unter Ulbricht zeitweise Minister für Materialwirtschaft gewesen, bis 1989 gehörte er dem Politbüro an.

Abb. 30: Verblassende Spuren: Werbung für das 1989 aufgelöste Pharmazeutische Kombinat GERMED am Schiffbauerdamm in Berlin, 1992

nuierlichen, »immer weiteren« Verbesserung der aktuellen Situation.[233] Nur zwischen den Zeilen ließ sich dieser Offizialsprache entnehmen, dass es offenbar einen unbefriedigenden Ist-Zustand gab, der ständiger Verbesserung und Beschleunigung bedurfte.

Die ausbleibende Information über die Versorgungsschwierigkeiten und deren Hintergründe brachte die Menschen dazu, es einmal mehr über Eingaben zu versuchen und direkt nachzufragen: »Da eine Aufklärung über diesen Problemkreis [fehlende Medikamente] nicht erfolgt, bitte ich um eine entsprechende Un-

233 Vgl. die Grußadresse des VEB Pharmazeutisches Kombinat GERMED Dresden an Honecker anlässlich des XI. Parteitags der SED, in: medicamentum 27 (1986), S. 74. Die Semantik der ständigen Leistungssteigerung ist etwas genauer beschrieben bei Stolleis: Sozialistische Gesetzlichkeit, S. 68 f. und Wolle: Die heile Welt der Diktatur, S. 126.

terrichtung, mehr noch aber eine Einwirkung zum Positiven.«[234] Andere setzten ihre Hoffnung von vornherein auf eine individuelle Klärung ihrer Anliegen und demonstrierten zugleich ihr Vertrauen in die Lösungskompetenz der SED. Dem Interesse der Staatspartei an möglichst kleinteiligen, weder Präzedenzfälle noch Öffentlichkeit schaffenden Regelungen kamen sie damit entgegen. So schrieb Bernd M. 1984 an die »lieben Genossen« im ZK:

> »Es ist dies mein erstes persönliches Schreiben, welches ich in meiner 38jährigen Mitgliedschaft in der SED an ein übergeordnetes Organ [...] richte. Ich habe dieses Schreiben deshalb nicht an meine Kreis- oder Bezirksleitung gerichtet, weil ich der Auffassung bin, dass mein Problem nur durch das ZK meiner Partei zufriedenstellend für mich gelöst werden kann. Nun zur Sache. Im Jahre 1981 bin ich auf Grund einer schweren chronischen Erkrankung der Bronchien und oberen Luftwege Invalidenrentner geworden und zwar im Alter von 53 Jahren. Im gleichen Jahr musste ich mich noch infolge eines Tumors am Kehlkopf einer Kehlkopf-Totaloperation unterziehen. Das Schicksal hat mich also hart getroffen, und ich kann seit dieser Zeit ohne Medikamente nicht mehr leben. [...] An Medikamenten habe ich seit Jahren Aminophillin-Mixtur und -Spritzen, sowie Contra-Spasmin in reichem Maße verabreicht bekommen. Trotzdem verschlechterte sich mein Zustand immer mehr. Nun habe ich seit Mai dieses Jahres Afonilum-retard Kapseln aus der BRD (Geschenk von Verwandten) eingenommen, welche mir ausgezeichnet geholfen haben.«[235]

Sein Arzt habe ihm jedoch mitgeteilt, fuhr M. fort, dass die Kapseln in der DDR nicht erhältlich seien. Ein Verwandter aus der Bundesrepublik habe sie ihm daraufhin anlässlich einer Tagesreise mitbringen wollen, was jedoch ebenfalls gescheitert sei:

> »Leider wurde er an der Grenzübergangsstelle in Eisfeld aufgefordert, diese Kapseln wieder mit zurückzunehmen und durfte sie somit nicht in der DDR lassen. Ich kann zwar die Handlungsweise dieser Genossen an der Grenzübergangsstelle verstehen, aber mir war dadurch überhaupt nicht geholfen [...]. Liebe Genossen, ich bitte Euch

234 Martin H. an SED-Politbüro, 21.11.1985, SAPMO-BArch, DY 30/vorl. SED 34850-2.

235 Bernd M. an ZK der SED, 21.11.1984, SAPMO-BArch, DY 30/vorl. SED 33613-1. Bei Afonilum retard® handelt es sich um ein verzögert und etwas länger wirkendes Theophyllin-Präparat, mithin um einen Wirkstoff, mit dem der Patient bereits behandelt worden war (Aminophillin) und der im DDR-Sortiment vorhanden war. Eine Retard-Variante stand als Theophyllin retard® (VEB Chemisch-Pharmazeutisches Werk Oranienburg) jedoch erst Mitte 1986 und nur in der Nomenklatur C zur Verfügung, vgl. die Werksmitteilung in medicamentum 27 (1986), S. 134. Bereits vor dem Ersten Weltkrieg war in den Chemischen Werken vorm. Dr. Heinrich Byk in Oranienburg Euphyllin® hergestellt worden.

dringend, doch zu prüfen, wie und auf welchem Wege ich zu diesen Afonilum-retard Kapseln gelangen kann.«[236]

Die mit der Bearbeitung der Eingabe befasste Abteilung Gesundheitspolitik beim ZK nutzte die Gelegenheit, sich des Vertrauens, das der Genosse in seine Partei setzte, würdig zu erweisen. Der stellvertretende Abteilungsleiter Münter beauftragte das Ministerium für Gesundheitswesen, eine sogenannte Einzelbeschaffung des Medikaments in die Wege zu leiten, wofür sich Bernd M. im Januar 1985 bedankte:

> »Mittlerweile habe ich vom Ministerium für Gesundheitswesen Bescheid bekommen, dass die für mich so dringend notwendigen Kapseln beschafft werden. Ich danke Dir verehrter Genosse Dr. Münter, dass Du Dich für die Belange meiner Gesundheit so mit Erfolg eingesetzt hast. Ich danke dem Zentralkomitee meiner Partei. Ich habe mich sehr darüber gefreut. Mit sozialistischem Gruß«[237]

Mitte der 1980er Jahre liefen jedoch immer weniger Fälle derart lehrbuchmäßig nach den Vorstellungen der SED ab. Selbst Parteimitglieder schrieben zunehmend kritische oder gar resignierte Briefe nach Berlin. Darin manifestierte sich die Enttäuschung insbesondere älterer Genossen über das gebrochene Fürsorgeversprechen des sozialistischen Staates, das doch gerade in Form eines gut funktionierenden Gesundheitswesens zum Ausdruck hätte kommen sollen. Was nütze einem die kostenlose Abgabe von Arzneimitteln, wenn diese in den Apotheken gar nicht vorhanden seien, so der Tenor vieler Beschwerdebriefe.

> »Wir haben 'mal nicht geglaubt, dass wir nach 40 Berufsjahren, in denen wir unsere ganze Kraft für die Gesellschaft gegeben haben, jetzt im Rentenalter und mit vielerlei Beschwerden und Leiden behaftet, ständig in den Apotheken Schlange stehen müssen und dann noch vielfach umsonst. [...] Was nützen uns heute die vielen Ehrenzeichen und Medaillen, die wir im Berufsleben erhalten haben. Eine kleine Tablette würde wenigstens Beschwerden oder Schmerzen lindern.«[238]

Eingaben, in denen Patienten Probleme bei der Versorgung mit Arzneimitteln ansprechen, enthalten überwiegend dichte Beschreibungen der medizinischen Hintergründe, d. h. der individuellen Erkrankung und ihrer bisherigen Behandlung, um das Bedürfnis nach dem jeweiligen Medikament überzeugend zu be-

236 Bernd M. an ZK der SED, 21.11.1984, SAPMO-BArch, DY 30/vorl. SED 33613-1.
237 Bernd M. an Münter, 24.1.1985, SAPMO-BArch, DY 30/vorl. SED 33613-1.
238 Martin H. an SED-Politbüro, 21.11.1985, SAPMO-BArch, DY 30/vorl. SED 34850-2.

gründen. Naturgemäß werden auch biografische Aspekte geschildert. Einen solchen Aufbau zeigt auch das Schreiben des SED-Mitglieds Rudolf O. aus dem Jahr 1982, das vom Büro Honecker zunächst an die Abteilung für Gesundheitspolitik des ZK und von dort an die Hauptabteilung VI (Pharmazie und Medizintechnik) des MfG weitergeleitet wurde:

»Sehr geehrter Genosse Erich Honecker! Ich wurde 1941 am rechten Fuß verwundet und bin dadurch seit meinem 20. Lebensjahr Schwerbeschädigter. [...] In den folgenden 40 Jahren befand ich mich mehrmals in längeren stationären Behandlungen in der Medizinischen Akademie Magdeburg. Durch eine wiederholte Hauttransplantation konnte erst im vorigen Jahr im Kreiskrankenhaus Wolmirstedt auf der Chirurgischen Station ein Erfolg erreicht werden. Zur Weiterbehandlung und Heilung wurde mir vom behandelnden Arzt ein Solcoseryl-Gelee und eine Solcoseryl-Salbe empfohlen. Leider sind diese Arzneien nicht zu verordnen, da sie in der Schweiz hergestellt werden. Mit diesem Schreiben bitte ich Sie, mir eine Möglichkeit zu geben, diese beiden Präparate zu erhalten, damit der beginnende Erfolg zu Heilung führt.«[239]

Die Bedürftigkeit wird dabei nicht nur medizinisch, sondern auch biografisch hergeleitet. Wie viele Eingabenverfasser ist auch Rudolf O. bemüht, nicht nur als Bittsteller zu erscheinen, sondern hervorzuheben, dass er ein nützlicher und politisch zuverlässiger Mensch gewesen sei.

»Ich bin seit 1946 Mitglied der SED und seit 1.1.1981 Invalidenrentner. Die letzten 19 Jahre meiner Tätigkeit war ich als Finanzökonom im Wirtschaftsrat des Bezirkes Magdeburg tätig. Mit sozialistischem Gruß, Rudolf O.«[240]

Tatsächlich bemühten sich die zuständigen Stellen intensiv, dem verdienten Genossen zu helfen.[241] Das Ergebnis teilte die Hauptabteilung Pharmazie und Medizintechnik des MfG, wo die Eingabe schließlich gelandet war, dem Leiter der ZK-Abteilung Gesundheitspolitik mit:

239 Rudolf O. an Honecker, 25.1.1982, SAPMO-BArch, DY 30/vorl. SED 32017.

240 Ebd.

241 »Lieber Genosse Schneidewind! Mit der beiliegenden Eingabe an den Generalsekretär des ZK der SED, Genossen Erich Honecker, bittet der o. g. um Unterstützung bei der Beschaffung eines Importmedikamentes, das ihm vom behandelnden Arzt zur Weiterbehandlung und Heilung einer Hauttransplantation empfohlen wurde. Wir bitten zu prüfen, wie in diesem Falle geholfen werden kann. Zwischenbescheid erhielt der Einsender vom Büro des Generalsekretärs. Bitte informiere uns über die Erledigung der Eingabe.« Seidel an Schneidewind, 8.2.1982, SAPMO-BArch, DY 30/vorl. SED 32017.

»Zur Klärung der in der Eingabe genannten Fragestellung der Beschaffung von Solcoseryl-Gelee und -Salbe wurde am 23.2.1982 mit den örtlichen Organen des Rates des Bezirkes Magdeburg folgendes besprochen:

- Der behandelnde Arzt und der Bezirksapotheker haben sich dahingehend verständigt, dass bei dem nächsten bereits feststehenden Arzttermin von Herrn [Rudolf O.] die von ihm gestellte Frage eingehend besprochen wird.
- Im Bedarfsfall wird von der Apotheke aus Solcoseryl-Ampullen, die in der Nomenklatur C enthalten sind, ein Gel oder eine Salbe hergestellt.
- Der Bezirk wurde über die Möglichkeit einer Einzelbeschaffung der gewünschten Präparate informiert.
- Der Abschluss der Eingabenbearbeitung im Bezirk mit einer für den Bürger befriedigenden Lösung wird weiterhin kontrolliert.«[242]

Der Aufwand, der in diesem Fall betrieben wurde, um dem Parteiveteranen zu helfen, war kein Einzelfall. Auch andere Eingaben wurden nicht selten von leitenden Funktionären der Partei oder des Ministeriums für Gesundheitswesen gelesen, direkt positiv beschieden oder an nachgeordnete Fachabteilungen zur weiteren Bearbeitung abgegeben. Auf diese Weise konnten an der medikamentösen Behandlung eines Patienten nicht nur dessen behandelnder Arzt, sondern auch der Kreisarzt, der Bezirksapotheker und der Leiter der Abteilung Pharmazie und Medizintechnik im MfG mit Schriftwechseln beteiligt sein. Aus diesen lässt sich in der Regel wörtlich herauslesen, worum es letztendlich und vor allem ging: die *Kontrolle* über den Fall zu behalten.[243] Vor diesem Hintergrund war kein Problem zu nichtig, um nicht von höchster Stelle bearbeitet zu werden: »Die Versorgung von Herrn Müller mit Dilcoran 80-Tabletten wird durch den Bezirksapotheker von Rostock veranlasst und unter Kontrolle genommen.«[244] Mit anderen Worten:

242 Schneidewind an Seidel, 25.2.1982, ebd.

243 Vgl. am Beispiel der Einzelbeschaffung von »Jatrosom« Möller (MfG HA Pharmazie und Medizintechnik) an Möbus (Staatsrat, Abteilung Eingaben), 19.4.1989, BArch, DQ 1/12610: »Die kontinuierliche Bereitstellung des Arzneimittels behält der Bezirksapotheker von Erfurt unter Kontrolle.«

244 Hampich (MfG HA Pharmazie und Medizintechnik) an Eggert (Staatsrat, Abteilung), 27.1.1987, ebd. Es ist verständlich, dass Ärzte diesen Kontrollwahn auf zentraler und bezirklicher Ebene, der letztlich nur der Mangelverwaltung diente, in der Umbruchphase Ende 1989 mit als Erstes öffentlich kritisierten: »Die medikamentöse Versorgung muss so verbessert werden, dass der normalen Verschreibung durch einen Hausarzt kein Medikament mehr entzogen wird, nur weil es knapp ist. Die bürokratische Doppelbeantragung von solchen sogenannten Nomenklatur-C-Präparaten ist eine Zumutung für den Hausarzt und seine Patienten.« Dietmar Grätsch (Allgemeinarzt): Gedanken zum Tag des Gesundheitswesens, in: humanitas 29 (1989) 26, S. 3.

Auch im vermeintlich politikfernen Gesundheitswesen kam der totalitäre Steuerungs- und Gestaltungsanspruch des SED-Regimes zum Vorschein. Selbst in der individualmedizinischen Versorgung durfte kaum etwas der Expertenmacht der Ärzte oder gar dem Selbstlauf überlassen werden.[245]

Ergänzend zum gezielten Einsatz bestimmter Stilmittel argumentieren die Verfasser häufig dezidiert politisch, indem sie die besonders auf SED-Parteitagen verbreiteten Erfolgsbilanzen und Versprechungen der meist anders gelagerten Realität gegenüberstellten. Diese politische Argumentationsweise dürfte in den Eingaben zur Medikamentenversorgung auch deswegen so verbreitet gewesen sein, da sich das Fehlende in diesen Fällen sehr konkret benennen ließ. Das Problem lag nicht im zwischenmenschlichen Bereich, in dem es meist auch eine Sichtweise der anderen Seite gab, was den Sachverhalt oft weniger eindeutig machte. Das Problem war auch nicht dem Bürokratismus oder einem vermeintlichen Behandlungsfehler geschuldet – was alles wenig systemspezifisch gewesen wäre. Vielmehr lag aus Patienten- bzw. Verbrauchersicht eine typische Mangelsituation des DDR-Alltags vor, nämlich das Fehlen einer Ware, die nicht ausreichend produziert, importiert oder bedarfsgerecht im Land verteilt worden war. Dieser Mangel war nicht nur leichter fassbar und brieflich zu beschreiben, er ließ sich auch ursächlich recht genau zuordnen, nämlich der Fehlplanung durch Staat und Partei. Die Probleme diesen Institutionen anzulasten, war aus Sicht der Patienten nur folgerichtig, erklärte sich die SED in ihrem Staat doch selbst gern für allzuständig.

245 Vgl. Thomas Lindenberger: Die Diktatur der Grenzen. Zur Einleitung, in: ders. (Hrsg.): Herrschaft und Eigen-Sinn in der Diktatur. Studien zur Gesellschaftsgeschichte der DDR, Köln 1999, S. 13–44, hier S. 27.

V. Artikulation von Patienteninteressen unter staatlicher Regie – Schlussbetrachtung

Der Forschung zur DDR fehle es an historischen O-Tönen, so die Feststellung Siegfried Suckuts mit Blick auf die lediglich indirekte Wiedergabe der Bevölkerungsmeinung in Stasiakten und den meisten anderen Archivquellen.[1] Suckut ist zwar zuzustimmen, allerdings sollte die Betonung auf dem Mangel an *historischen* Originaltönen liegen, besteht doch an retrospektiv eingefärbten oder interessengeleiteten Erinnerungen von Zeitzeugen in der DDR-Forschung gerade kein Mangel. Aber wie dachten die Menschen, als die SED noch regierte und der ostdeutsche Staat noch existierte? Ereignisnah entstandene Originaltöne von Patienten sind auch und gerade in der Medizinhistoriografie ein rares Gut. Die Stimmen der Kranken und ihrer Angehörigen sind vergleichsweise selten zu hören, und wenn, dann meist nur mittelbar und gefiltert, etwa in den von Ärzten geführten Krankenakten.

Dass auch Selbstzeugnisse allein noch kein stimmiges Gesamtbild ergeben, sondern der Kommentierung und Kontextualisierung durch Politik- und Strukturgeschichte bedürfen, steht dabei außer Frage. Vor diesem Hintergrund war es das Ziel der vorliegenden Arbeit, anhand bisher nicht erforschter Quellen die Perspektive der Patienten in der Medizingeschichte der DDR stärker zur Geltung zu bringen. Hierzu wurden Patienteneingaben aus den 1970er und 1980er Jahren unter Einbeziehung der drei vorgenannten Dimensionen – DDR-Geschichte, Patientengeschichte und politische Strukturgeschichte – semiquantitativ untersucht. Dabei hat sich gezeigt, dass die Eingaben als DDR-spezifische Diskursform zwischen Patienten (und Angehörigen) auf der einen sowie Repräsentanten des Gesundheitswesens auf der anderen Seite im Wesentlichen über drei Bereiche Auskunft geben:

1 Vgl. Suckut: Volkes Stimmen, S. 14.

1. über die Erfahrungen und Erwartungen von Patienten und ihren Angehörigen
2. über das Gesundheitswesen der DDR und seine zeitgenössische Wahrnehmung
3. über die Politik der SED und die Mechanismen ihrer Herrschaft.

Entlang dieser Gliederung werden im Folgenden die gewonnenen Erkenntnisse rekapituliert und diskutiert.

1. »You shall know us by our complaints«, heißt es in Julian Bagginis Ausführungen über die Kultur der Beschwerde. Baggini zufolge lasse sich aus Beschwerden Grundlegendes über das sich beklagende Individuum, seine Generation, seine Nationalität und sein Geschlecht herauslesen.[2] Dies trifft unübersehbar auch für die zwischen 1971 und 1989 in der DDR verfassten Eingaben von Patienten zu. Zwar sind nicht alle Eingaben mit Beschwerden gleichzusetzen, doch lässt sich auch mancher Bittbrief als unausgesprochene Anklage gegen die herrschenden Zustände in der DDR und gegen die dortige Gesundheitsversorgung lesen. Wir ersehen aus den Eingaben, wie die Menschen Krankheit, Arbeitsunfähigkeit oder soziale Notlagen erfuhren und was sie vom sozialistischen Staat zu deren Behebung erwarteten. Da die Autodeskription ein zentraler Bestandteil von Eingaben ist, lassen sie sich mit Alois Hahn als »Biographiegeneratoren« auffassen, in denen eine individuelle Identität konstruiert wird.[3] Wer sich selbst beschreibt, greift immer auch auf Beschreibungen von Gesellschaft zurück, und genau dies macht – neben anderem – den heuristischen Wert dieser Quellengattung aus. Doch wir erfahren aus Eingaben nicht nur viel über die DDR-Gesellschaft. Die Texte vermitteln auch tiefe Einblicke in die Lebenswelt der Kranken und ihrer Familienangehörigen. Deren Sichtweisen wurden – und dies bestätigt Bagginis oben zitierte Annahme – immer auch durch generationelle Prägungen und Geschlechterrollen bestimmt. Naturgemäß litten die Älteren stärker unter den Defiziten des Gesundheitswesens, dessen Struktur vorrangig auf den noch im Arbeitsleben stehenden Teil der Bevölkerung ausgerichtet war. Ging infolge der Berentung die Zugehörigkeit zu einem Betrieb verloren, erschwerte dies auch den Zugang zu medizinischen Ressourcen, die das gut ausgebaute betriebliche Gesundheitswesen üblicherweise bereithielt. Insbesondere die ältere Generation

2 Baggini: Complaint, S. 128.
3 Vgl. Alois Hahn: Konstruktionen des Selbst, der Welt und der Geschichte. Aufsätze zur Kultursoziologie, Frankfurt am Main 2000.

beklagte sich über das nicht eingelöste Fürsorgeversprechen des sozialistischen Staates. Gerade die Menschen, denen die SED immer wieder pathetisch für ihre Aufbauleistung in der Nachkriegszeit dankte, fühlten sich im Alter in einer auf Produktivität zentrierten Gesellschaft benachteiligt. Auf dem Land fehlte es vielfach an Ärzten, andernorts an diesem oder jenem Medikament. Der Umgangston von Ärzten gegenüber Patienten war nicht immer so, wie er in einem angeblich klassenlosen Gesundheitswesen hätte sein sollen. Am Ende langer Erwerbsbiografien wartete oft das große Problem, einen Platz in den sogenannten Feierabendheimen zu erhalten. Aufgrund fehlender Kapazitäten wurden pflegebedürftige ältere Menschen nicht selten für längere Zeit in Krankenhäusern untergebracht, da dort zumindest ihre Betreuung sichergestellt war. Für einen Staat, der sich gerade durch seine soziale Sicherheit auszeichnen wollte, waren all diese Missstände politisch brisant. Noch deutlicher traten die Probleme hervor, wenn Eingabenschreiber auf die Widersprüche zwischen den Parteitagsreden und der Realität im Lande hinwiesen. Zugleich versuchten die Menschen, durch eine möglichst positive Selbstdarstellung in den Eingaben doch noch an das zu gelangen, was ihnen nach ihrem Empfinden im sozialistischen Staat zustand. So gehörten gezielte Verweise auf politische oder soziale Verdienste beim Aufbau der DDR zu den wiederkehrenden Stilmitteln, um dem vorgebrachten Anliegen zum Erfolg zu verhelfen. Insbesondere ältere männliche Eingabenverfasser betonten ihre Zugehörigkeit zur Partei und Arbeiterklasse, die sie vielfach als Hilfsgemeinschaft wahrnahmen, in der man sich traditionell duzte und Geborgenheit verspürte. Viele waren in ihren Eingabetexten bemüht, sich in die sozialistische Erzählung einzuschreiben, indem sie ihre Biografie zu politischen Schlüsselereignissen (etwa die Revolution 1918 oder die Gründung der SED 1946) in Beziehung setzten. Hoffnung auf eine privilegierte Behandlung, etwa in Ost-Berliner Spezialkliniken oder im Ausland, durften sich jedoch nur wenige Parteiveteranen machen.

Anders als ihre Vätergeneration konnten jüngere Männer nicht auf eine entsprechende Politbiografie verweisen. Sie definierten sich dafür stärker über ihre Arbeit und betonten zum Beispiel ihre berufliche Zuverlässigkeit (»nie krank gewesen«), ihren Arbeitsfleiß oder ihre Staatstreue, wenn es galt, per Eingabe bestimmte Gesundheitsleistungen für sich oder Familienangehörige einzufordern. Frauen wiederum konnten durch ihre weitgehende Integration in die Arbeitswelt sowohl ihre dortige Rolle als auch ihr Wirken als Mutter zur Bekräftigung ihrer Anliegen ins Feld führen. In jedem Fall forderte das Medium Eingabe dazu auf, sich selbst zu thematisieren und gegenüber dem Adressaten in Szene zu setzen. Dies erfolgte vor allem durch Angliederung an bestimmte, politisch privilegierte

Identitäten (Arbeiterschaft) oder Gruppierungen (SED bzw. Massenorganisationen).

Eingaben zu gesundheitlichen Fragen und Problemen gewähren nicht nur Einblick in die Lebens- und Erfahrungswelt kranker und hilfsbedürftiger Menschen. Sie markieren gleichzeitig einen besonderen Kommunikationsraum im Gesundheitswesen, der zwar nicht herrschaftsfrei war, aber doch die Möglichkeit bot, Kritik zu äußern, Missstände zu benennen und auf die Diskrepanz zwischen gesundheitspolitischem Ideal und realsozialistischer Wirklichkeit hinzuweisen. Patienten kommen als Teilnehmer eines Diskurses zu Wort, in dem sie festlegten, was ihnen (und ihren Familien) noch als akzeptabel galt – und wo sie die Grenzen des Hinnehmbaren überschritten sahen. Diese Grenzziehung konnte sich auf das individuelle ärztliche Verhalten, die Wartezeiten auf Operationen, den Zustand eines Krankenhauses, die Verfügbarkeit von Medikamenten oder auf materielle Leistungen des Staates beziehen. Eingaben zeigen uns, was in der sozialistischen Parteidiktatur in der Macht des Einzelnen stand – und was nicht. Obwohl in den Antworten auf Eingaben häufig ein Bemühen um Entgegenkommen sichtbar ist: Der Eingabendiskurs zeigt auch die weitgehende Verfügungsgewalt von Staat und Partei über die Lebenschancen des Einzelnen. Auf der anderen Seite machen Zahl, Inhalt und Ton der Eingaben deutlich, dass bei der Gestaltung der Gesundheitspolitik und bei der Aushandlung der medizinischen Versorgung nicht allein die SED-Führung am Werke war. Auch Patienten konnten eine aktive Rolle einnehmen, aus der heraus sie sich gegen paternalistische Bevormundung, die sie nicht selten sowohl von staatlicher als auch von individuell-ärztlicher Seite erfuhren, zur Wehr setzten. Kranke und ihre Familienangehörigen demonstrieren in ihren Eingaben Handlungsfähigkeit (»agency«), indem sie aus der bloßen Passivität eines »homo patiens« heraustreten und versuchen, ihre Situation zu verbessern und vielleicht auch das Gesundheitswesen als solches. Diese verbreitete Bereitschaft ist umso bemerkenswerter, als Patienten seinerzeit von der Medizinsoziologie grundsätzlich eher als duldsam und leidensbereit eingeschätzt wurden.[4] Die Verfasser von Eingaben hingegen finden sich nicht mit ihrer Situation ab, sondern mahnen Verbesserungen an. Dabei gilt ihre Sorge in den meisten Fällen der eigenen Situation im Hier und Jetzt – politische Fernziele artikulieren nur die wenigsten. Auch wird die Zuständigkeit des Staates für die Betreuung und Versorgung seiner Bürger so gut wie nie infrage gestellt.

Am Beispiel der Eingaben ungewollt schwangerer Frauen aus den frühen 1970er Jahren, die eine Freigabe des Schwangerschaftsabbruchs fordern, wird

4 Vgl. Siegrist: Arbeit und Interaktion, S. 10.

deutlich, dass eine kritische Zahl von Eingaben punktuelle politische Veränderungen auszulösen vermochte. Auch wenn die 1972 erfolgte Liberalisierung der Abtreibung in der DDR nicht allein mit der Vielzahl an Eingaben zu erklären ist, spielten die eindringlichen Zuschriften an die Partei und das Gesundheitsministerium doch eine wichtige Rolle. In jedem Fall ist der 1972 sanktionierte Verzicht auf staatliche Normenkontrolle in der Abtreibungsfrage bemerkenswert. In anderen Bereichen, wie etwa der Arzneimittelversorgung, blieb es dagegen trotz vieler Beschwerden bis zum Ende der DDR bei individuell-improvisierten Ad-hoc-Lösungen, die höchstens den jeweiligen Beschwerdeführer zufriedenstellten, an der latenten Versorgungskrise aber nichts änderten. Die Geste des Sich-Kümmerns und das Eingehen auf jeden einzelnen Fall mochten zwar vorübergehend das Gefühl einer gewissen Nähe zwischen Bürger und Staat bzw. Patient und Gesundheitswesen erzeugen. Auch konnte sich der Einzelne bei einem positiven Bescheid auf seine Eingabe einen seltenen Moment lang privilegiert fühlen. Grundlegende Reformen, etwa bei den Produktions- und Importstrukturen im Arzneimittelsektor, die allen Patienten geholfen hätten, blieben jedoch aus. Dies benachteiligte vor allem jene Menschen, die nicht willens oder fähig waren, sich in Notlagen per Eingabe eine Ausnahmeregelung zu erkämpfen.

Ungleich stärker als auf der Ebene der Gesundheitspolitik – und empirisch auch besser nachweisbar – ist der Einfluss von Eingaben auf die Arzt-Patient-Beziehung. Patientenbeschwerden stellen die in der Regel asymmetrische Struktur dieser Beziehung auf den Kopf. Aus dem hilfesuchenden Kranken wird eine Art Ankläger, aus dem heilkundigen Helfer eine Person, die im Verdacht steht, die mit ihr verknüpfte Rollenerwartung enttäuscht zu haben, sie vielleicht generell nicht erfüllen zu können. Es ist der beschwerdeführende Patient, der jetzt das Heft des Handelns in der Hand hält, das Verhalten seines Gegenübers infrage stellt, sich an Diagnosen versucht und, falls möglich, Vorschläge zur Besserung der Situation macht.[5] Abgesehen von dieser durch eine Beschwerde ausgelösten Machtverschiebung verfügen unzufriedene Patienten in einem staatlich-zentralistischen Gesundheitswesen wie dem der DDR über einen zusätzlichen Verbündeten: den Staat. Ohnehin misstrauisch gegenüber der als politisch-ideologisch unzuverlässig eingeschätzten Ärzteschaft machte die SED ein ums andere Mal deutlich, dass sie sich in Konfliktfällen eher auf der Seite der Patienten sah und relativ niedrigschwellig bereit war, übermäßig autoritär, arrogant oder schlicht

5 »Complaints by patients and their relatives represent a disruption of the ceremonial order of the medical encounter […]. When patients call doctors to account they step out of the ›sick role‹ anticipated of them. Complaints call into question the doctor's technical and moral authority and require that their traditional roles be renegotiated.« Mulcahy: Disputing doctors, S. 145.

unhöflich auftretende Ärzte abzumahnen. Gesundheitsminister Mecklinger und sein Ministerium traten in begründeten Fällen durchaus robust gegenüber den Medizinern auf, zumal der Minister seinerseits an scharfe, nicht selten auch anonyme Kritik aus der Ärzteschaft gewöhnt war.[6] Die sozialistische Staatsräson gebot es, jeden Anschein zu vermeiden, dass sich Ärzte einer besonderen Schicht oder Kaste zugehörig fühlen könnten. Die Empfindlichkeit der Partei- und Staatsorgane rührte auch daher, dass aus ihrer Sicht unangemessenes ärztliches Verhalten einen zentralen Anspruch des sozialistischen Gesundheitswesens gefährdete, nämlich den Patienten zuallererst Geborgenheit zu vermitteln und die medizinische Betreuung möglichst egalitär zu gestalten. Da die SED keine ärztliche Selbstverwaltung zuließ, waren die Ärzte einem direkten staatlichen Zugriff ausgesetzt. Auch dies relativierte im Konfliktfall die notorische Asymmetrie im Arzt-Patient-Verhältnis. Als Resultat all dieser Faktoren gelang es Patienten und Angehörigen mittels Eingaben relativ leicht, in Fällen offensichtlichen ärztlichen Fehlverhaltens staatliche Stellen als Unterstützer ihrer Sache oder wenigstens als Mittler zu gewinnen.[7] Schon allein weil sich die Patienten meist direkt an Partei- oder Staatsorgane wandten, waren Ärzte in diesem Diskurs eher Objekte als Subjekte, es wurde mehr über sie gesprochen bzw. geschrieben als *mit* ihnen. Etwas anders sah es bei Eingaben aus, die weniger das ärztliche Verhalten als unmittelbar medizinische Fragen ansprachen. In diesen Fällen waren Ministerium und ZK-Abteilung eher geneigt, sich hinter die Ärzte zu stellen und ihre fachliche Expertise nicht anzutasten.

Obwohl Patienten mit dem Eingaberecht über ein wirksames Beschwerdemittel und einen etablierten Kommunikationsweg verfügten, blieb es ein zweischneidiges Instrument. Dies wurde spätestens dann deutlich, wenn Eingabenverfasser in den Augen des Regimes in ihrer Kritik zu weit gingen, also das Gesundheitswesen strukturell oder den Sozialismus an sich infrage stellten. In solchen Fällen konnte sich die Beschwerde schnell gegen denjenigen richten, der sie vorbrachte und der nun als feindliches Element eingestuft wurde. Diese Gefahr war verständlicherweise geringer oder gar nicht vorhanden bei Eingaben,

6 In Polemik und Realitätsnähe hervorstechend: Ärztekollektiv (anonym) an Mecklinger, 21.11.1985, BArch, DQ 1/11644. Ebenso bemerkenswert die ausführliche Rechtfertigung Mecklingers gegenüber seinem politischen Vorgesetzten ZK-Abteilungsleiter Seidel, Mecklinger an Seidel, 29.11.1985, ebd.

7 Dieses Machtgefüge war gerade mit Blick auf Westdeutschland ungewöhnlich. Im seinerzeit noch relativ deregulierten und unverhohlen anbieterorientierten Gesundheitssystem der Bundesrepublik, in dem die ärztliche Profession als starker Akteur und Interessenvertreter auftrat, war es für Patienten oft nicht leicht, ihre Interessen gegenüber Ärzten zu wahren und diese bei Fehlverhalten zur Verantwortung zu ziehen.

die keine Beschwerde zum Gegenstand hatten, sondern ein Auskunftsersuchen oder eine Bitte, insbesondere wenn es um das Ringen mit Krankheit, Leiden und Tod ging.

2. Eingaben beschreiben überwiegend das Nichtnormale. Folglich lassen sich aus ihnen nur eingeschränkt Schlüsse auf *das* Gesundheitswesen oder *die* medizinische Versorgung in der DDR ziehen. Zu viele Üblichkeiten, aber auch Besonderheiten würden sonst übersehen. So wird man beispielsweise kaum Eingaben finden, die das Fehlen von Essbesteck oder Handtüchern in den Krankenhäusern der DDR thematisieren. Dies selbst von zu Hause mitzubringen galt als normal und fiel höchstens einem westdeutschen Zeitungskorrespondenten als Eigentümlichkeit auf.[8] Pauschalurteile sind deshalb als Fazit dieses Buches weder angebracht noch möglich. Zu berücksichtigen ist allerdings, dass wichtige Repräsentanten des DDR-Gesundheitswesens in den Eingaben aus der Bevölkerung durchaus einen Gradmesser für die Qualität der Gesundheitsversorgung sahen, allen voran Minister Mecklinger selbst.[9] Und insbesondere dort, wo in den Eingabetexten nicht die extremen Problemsituationen, sondern die kleinen Schwierigkeiten des Patientenalltags geschildert werden, bekommen wir eine Ahnung von den vielen individuellen Normalitäten der Kranken, aus denen sich das größere Bild erst zusammensetzt. Inhalt und Tonfall der hier untersuchten Eingaben vermitteln den Eindruck einer bis in die frühen 1980er Jahre hinein in der Breite gut funktionierenden Gesundheitsversorgung, aus der lediglich bestimmte Problemfelder herausragen. Hierzu zählen beispielsweise zu Beginn der 1970er Jahre die Frage des Schwangerschaftsabbruchs und am Ende des Jahrzehnts der Skandal um hepatitisinfizierte Anti-D-Seren für Schwangere. Das Scheitern der Wirtschafts- und Sozialpolitik Honeckers sowie die Reduzierung der für die DDR-Wirtschaft lebenswichtigen Rohöllieferungen aus der Sowjetunion leiten Anfang der 1980er Jahre die finale Krise der DDR ein. In dieser Zeit bleibt auch das staatliche Gesundheitswesen immer häufiger hinter seinen Ansprüchen zurück. Die Medizin verliert nicht nur den Anschluss an den technologischen Fortschritt in der westlichen Welt, auch in der bis dahin weitgehend intakten Grundversorgung treten immer häufiger Defizite auf. Selbst Basismedikamente sind häufig nicht lieferbar, alltägliche Verbrauchsmaterialien fehlen, die Bausubstanz verfällt und die Stimmung in der Ärzteschaft verschlechtert sich. Die Zahl der Patientenein-

8 Vgl. Peter Pragal: Der geduldete Klassenfeind. Als West-Korrespondent in der DDR, Berlin 2008, S. 40.
9 Vgl. Mecklinger: Zur Umsetzung der Gesundheitspolitik, S. 27.

gaben steigt von Jahr zu Jahr. Das Ministerium für Gesundheitswesen registriert den wachsenden Unmut mit stereotypen Verweisen auf eine bessere Zukunft; die Verhältnisse seien *noch* nicht so, wie sie sein sollten.[10] Dabei haben die Bevölkerung und große Teile der SED-Basis die sozialistischen Utopien, mit denen gegenwärtige Unzulänglichkeiten lange Zeit kompensiert werden konnten, längst aufgegeben. Mitte der 1980er Jahre ist der Glaube an die Zukunftsfähigkeit des Sozialismus verloren. Entgegen allen Plänen und Visionen haben sowohl die Versorgungsprobleme als auch der Abstand zum Lebensniveau des Westens nicht ab-, sondern zugenommen.[11]

Der Blick auf den Gesamtzeitraum der Ära Honecker von 1971 bis 1989 muss hingegen differenzierter ausfallen. Die Entwicklung allein vom Ende her zu denken wäre ahistorisch. Die »Mühen der Ebene«, die ostdeutsche Patienten seinerzeit zu bewältigen hatten, waren zweifellos beschwerlich. Dennoch fühlten sich viele in ihrem Gesundheitswesen, dem 1974 vom westdeutschen *Spiegel* Weltniveau attestiert worden war, lange Zeit sehr gut aufgehoben.[12] Die Probleme in anderen Lebensbereichen, etwa bei der Bereitstellung von Wohnraum, wurden von den Menschen als drängender empfunden. Ein großer Teil der Bevölkerung war bereit, sich in der DDR-typischen »Dualität von Versorgung und Überwachung« einzurichten.[13] In der Ära Honecker gelang es der Parteiführung, mithilfe expansiver sozialpolitischer Maßnahmen selbst Skeptiker politisch einzubinden oder zumindest ruhigzustellen. Ein wichtiger Bestandteil der Sozialpolitik war dabei der kostenfreie und niedrigschwellige Zugang zu gesundheitlicher Versorgung. Der Begriff der »Fürsorgediktatur« mag analytisch in der Rückschau seine Berechtigung haben, ob er das seinerzeitige Empfinden der Mehrheit der DDR-Bürger richtig wiedergibt, erscheint fraglich. Der Tenor der meisten Eingaben spricht dagegen. Eingabenschreiber wollten zwar mehr Mitsprache in Gesund-

10 »Die Zunahme der Eingabenzahl widerspiegelt die Diskrepanz zwischen der Dynamik der Bedürfnisse der Bürger nach umfassender gesundheitlicher Betreuung und der *noch nicht* ausreichenden Qualitäts- und Leistungsentwicklung der medizinischen Betreuung.« MfG, HA Medizinische Betreuung, Analyse der Eingaben 1987, 29.1.1988, BArch, DQ 1/12652, Hervorhebung F. B.

11 Zur Demoralisierung der SED-Basis in den 1980er Jahren siehe Sabine Pannen: Wo ein Genosse ist, da ist die Partei! Der innere Zerfall der SED-Parteibasis 1979–1989, Berlin 2018.

12 Von den »Mühen in unserer Ebene« sprach, in Anlehnung an Brecht, der Schriftsteller Erich Loest in seinem gleichnamigen Roman, der den DDR-Alltag erlebbar machte und 1978 nur nach mehrfacher Überarbeitung erscheinen konnte: Erich Loest: Es geht seinen Gang oder Mühen in unserer Ebene, Stuttgart 1978. Das Spiegel-Zitat in: Anonymus: »Mit dem Bewusstsein hapert es«. Spiegel-Report über das Gesundheitswesen in der DDR, in: Der Spiegel 49/1974 (1.12.1974), S. 80–86.

13 Schroeder: Der SED-Staat, S. 911.

heitsangelegenheiten, aber es ging ihnen meist ganz pragmatisch um das vor ihnen liegende, sie selbst oder die eigene Familie betreffende Problem. Bei aller Kritik im Detail erwartete die Mehrheit der Eingabenverfasser die Lösung des Problems letztlich doch vom Staat. Kaum jemand stellte dessen Fürsorgemonopol infrage. Im Gegenteil, Anlass für eine Eingabe war meist die Bitte oder Forderung nach *mehr* Unterstützung durch das staatliche Gesundheitswesen. Insofern lagen Staat und Partei nicht völlig falsch, wenn sie Eingaben prinzipiell als Vertrauensbeweise interpretierten.

Die von der SED stets proklamierten sozialen Errungenschaften sowie eine Mischung aus Resignation und Anpassungsbereitschaft dämpften bei vielen den Zorn über die politische Unfreiheit und die Alleinherrschaft der Partei. Sozialpolitik war das Feld, auf dem die Ostdeutschen ihrem Land am häufigsten eine Überlegenheit gegenüber der Bundesrepublik attestierten.[14] Allerdings setzte Honeckers ausgabefreudige Wirtschafts- und Sozialpolitik einen Prozess in Gang, der nicht zuletzt dem Gesundheitswesen mittelfristig Probleme bereiten sollte: das Kopieren der westlichen Konsumkultur und die vor allem über das Fernsehen vermittelte Orientierung am Lebensstandard der Bundesrepublik als ständiger Referenzgröße. Dadurch wirkten nicht nur das sozialistische System und sein Gesellschaftsmodell immer unattraktiver.[15] Die Fokussierung auf den Konsum sowie die Erhöhung der Industrielöhne und Sozialleistungen ruinierten zudem die Staatsfinanzen, da die Maßnahmen nicht mit einer entsprechenden Wirtschaftsleistung unterlegt waren. Die Folgen bekam auch das Gesundheitswesen zu spüren, dessen Finanzierung entscheidend vom Staatshaushalt abhing. Mecklinger gelang es als zuständigem Minister immer weniger, die notwendigen Ausgabensteigerungen für das Gesundheitswesen im Ministerrat durchzusetzen. Auch die noch näher an den Entscheidern im Politbüro angesiedelte ZK-Abteilung für Gesundheitspolitik war hierzu nicht in der Lage.

Unterdessen hatte sich jedoch das Konsumverhalten der Bürger längst auf den Bereich der gesundheitlichen Versorgung ausgedehnt und folgte damit einem Trend der 1970er Jahre, der nicht auf die DDR beschränkt war. Hieraus entstand ein weiteres Problem für das ostdeutsche Gesundheitswesen. Patienten verstanden sich immer weniger als passive Rezipienten, sondern immer häufiger als aktive Konsumenten von Gesundheitsleistungen, die sich beispielsweise im Arzneimittelsektor nicht mehr mit dem ihnen zugemessenen Bedarf zufrieden-

14 Vgl. Skyba: Sozialpolitik als Herrschaftssicherung, S. 73.

15 Vgl. hierzu jüngst Gerd Horten: Don't Need No Thought Control. Western Culture in East Germany and the Fall of the Berlin Wall, Oxford 2021.

gaben, sondern auswählen und mitentscheiden wollten. Zu dieser aktiveren Rolle gehörte auch der Anspruch, stärker als zuvor Wünsche und Kritik üben zu dürfen. So gesehen reagierte das 1975 in Kraft getretene Eingabengesetz letztlich nur auf die Erfordernisse einer Zeit, in der sich Konsum- und Beschwerdekultur ergänzten und gegenseitig verstärkten. Auf all dies war das Gesundheitswesen nicht vorbereitet. War es bis dato ein Bereich gewesen, in dem sich die Grundsätze der sozialistischen Zentralplanwirtschaft – Bedarfsermittlung, Planung sowie rationelle Produktion unter Vermeidung von Produktkonkurrenz – vergleichsweise gut umsetzen ließen, so musste es nun verstärkt auf Wünsche »von unten« reagieren. Diese bezogen sich beispielsweise auf alternative oder neue Präparate und Methoden aus dem Ausland und wurden nicht selten per Eingabe an das Gesundheitsministerium herangetragen. Dabei wurde es zusehends schwerer, den selbst gesetzten Anspruch des DDR-Gesundheitswesens aufrechtzuerhalten, nur medizinisch notwendige und auf ihren wissenschaftlichen Nutzen hin untersuchte Medikamente und Verfahren zuzulassen. Aus dem ursprünglichen Bedarf wurde immer häufiger ein Bedürfnis, aus der Bedarfsdeckung ein Angebot, und aus der Notwendigkeit entstand eine Nachfrage. Das Parteitagsmotto von 1981 »Ich leiste was! Ich leiste mir was!«, das endgültig die auf Verzicht gegründete Propaganda früherer Jahrzehnte ablöste, wurde zunehmend auch von Patienten aufgegriffen, die mehr als nur das medizinisch Notwendige erwarteten. Besonders im Arzneimittelsektor lässt sich diese Entwicklung anhand von Patienteneingaben nachweisen.[16] Katalysiert wurde die auf das Gesundheitswesen übergreifende Konsumorientierung durch den anschwellenden Informationsfluss aus dem Ausland, der trotz aller Abschottungsversuche stetig in die DDR hineinströmte. Medizinische Erfolgsmeldungen aus der Sowjetunion, die etwa das *Neue Deutschland* verkündete (und die sich mitunter als Pseudoinnovation herausstellten), beeinflussten die Wünsche und Vorstellungen der Menschen. Wohl noch mehr traf dies auf Besucher aus bzw. in der Bundesrepublik sowie auf das seit 1972 offiziell geduldete Westfernsehen zu, das Einblicke in den dortigen »Gesundheitsmarkt« lieferte.[17] Trugen ostdeutsche Patienten die dadurch geweckten Erwartungen in Form von Eingaben an das Gesundheitsministerium heran, verwies man dort auf den oftmals fraglichen Nutzen solcher vermeintlichen Innovationen. Auch wenn dies objektiv zutraf, war das Misstrauen inzwischen

16 In Ansätzen sogar bereits in den 1960er Jahren, siehe Klöppel/Hoheisel: »Wunschverordnung«.

17 Hier schien sich die von der sozialliberalen Regierung in Bonn gehegte Hoffnung auf »Wandel durch Annäherung« tatsächlich zu bewahrheiten; der in den 1970er Jahren stark anwachsende innerdeutsche Informationsaustausch wirkte, wie von Teilen der SED-Führung befürchtet, subversiv auf die DDR.

doch so groß, dass viele solche Erklärungen nicht glaubten und sich vertröstet fühlten. Tatsächlich war beispielsweise das staatlich regulierte Arzneimittelwesen nicht auf Angebot und Nachfrage ausgerichtet, sondern orientierte sich an Planung, Nutzenbewertung und Deckung des objektiven Bedarfs. Entsprechend fehlte es in der Arzneimittelproduktion an Flexibilität, um auf kurzfristige Bedarfssteigerungen zu reagieren. Die resultierenden Engpässe führten wieder zu neuen Eingaben, sodass eine fatale Dynamik entstand, zumal sich die Quote an Importarzneimitteln aufgrund der Devisenknappheit kaum steigern ließ.

Durch den Konsumsozialismus der Ära Honecker und die deutsch-deutsche Annäherung geriet das DDR-Gesundheitswesen in eine Situation, der es seiner Struktur nach nicht gewachsen sein konnte, nämlich in eine Konkurrenz mit der bunten Produktvielfalt des Gesundheitsmarkts der Bundesrepublik. Was von Honecker und der SED-Führung ursprünglich als Beitrag zur Stabilisierung des politischen Systems gedacht war, führte nun zu dessen Destabilisierung. Zugleich wuchsen in den 1980er Jahren die Mobilitätsbedürfnisse der Bevölkerung und auch der Patienten. Die Eingaben, in denen der Wunsch nach grenzüberschreitender Inanspruchnahme medizinischer Leistungen geäußert wurde, nahmen deutlich zu. Auch an dieser Entwicklung war die SED-Führung indirekt beteiligt. Die DDR engagierte sich federführend in der Weltgesundheitsorganisation WHO und proklamierte beständig die Internationalisierung von Gesundheitspolitik. Daneben setzte sie regelmäßig in den staatlichen Medien die medizinische Entwicklungs- oder Katastrophenhilfe (meist für sozialistische »Bruderländer«) in Szene. Die Vorstellung aber, sich nach außen betont weltoffen geben zu können und gleichzeitig die Gesundheitsversorgung der eigenen Bevölkerung strikt auf nationale Grenzen einengen zu können, erwies sich als nicht haltbar.

3. Eingaben bildeten in der DDR wichtige Berührungspunkte zwischen Bürger und Staat. Den Patienten ermöglichten sie den kommunikativen Zugang zu leitenden Stellen des Gesundheitswesens und noch höheren Instanzen des Staatsapparats. Per Eingabe konnte über die Legitimität von Ansprüchen verhandelt werden, bestenfalls ließen sich auch Ressourcen zum eigenen Vorteil umverteilen. Doch welche Funktionen besaß dieses Medium für die Herrschaftspraxis der SED? War das Eingabewesen Teil der angeblich »machttechnisch perfektionierten Gleichschaltung von Staat und Gesellschaft«?[18] Die Antwort fällt gespalten aus. Auf der einen Seite geben viele Eingaben beredt Ausdruck vom Eigensinn ihrer Verfasser, zeigen also gerade, dass Staat und Gesellschaft in der DDR durch-

18 Vollnhals/Weber: Einleitung, S. 16, in Anlehnung an Peter Graf von Kielmansegg.

aus nicht überall deckungsgleich waren. Die Menschen waren keine reinen Objekte der Macht – und Patienten keine sozialistisch genormten Therapieempfänger. In den hier untersuchten Eingaben zu Gesundheitsthemen werden vielfach Bedürfnisse und Interessen artikuliert, die den normativen staatlichen Vorgaben zuwiderliefen. Absendern wie Empfängern war in diesen Fällen klar, dass über Ausnahmeregelungen zu entscheiden war, was die Antwortschreiben dann auch explizit hervorhoben. Wenn es um Wünsche jenseits des Erwartbaren ging, hing der Ausgang der Sache von der Willkür oder, positiver: von der Geneigtheit des Bearbeiters ab. Entweder wurde die Ausnahme mit dem Gestus der Großzügigkeit gewährt oder mit freundlich-belehrenden Worten abgelehnt. In jedem Fall wird an dieser Stelle sichtbar, dass es jenseits dessen, was von offizieller Seite als Patienteninteresse oder -anspruch deklariert wurde, auf Patientenseite noch andere, divergierende Vorstellungen gab. Nicht zuletzt demaskierten Eingaben manche der gesundheitspolitischen Verheißungen der SED als leere Versprechung. Auf diese Weise den Spiegel vorgehalten zu bekommen, dürfte dem Regime sicher nicht angenehm gewesen sein.

Auf der anderen Seite zielte eine nicht unerhebliche Zahl von Eingaben auf Dinge ab, die DDR-Bürger von ihrem Staat billigerweise erwarten durften – zumindest, wenn sie dessen ideologisches Selbstverständnis ernst nahmen. Hier definierten Staat und Partei also Zuständigkeitsbereiche, die dann von den Bürgern durch das Schreiben einer Eingabe bestätigt wurden. Meist erfolgte dies implizit, manchmal aber auch explizit, wenn etwa Eingabenverfasser in ihrem Schreiben den Staat ausdrücklich an seine sozialistische Fürsorgepflicht erinnerten. Angesichts solcher Fälle, in denen das Problemlösungsmonopol des Staates und seiner führenden Partei akzeptiert wurde, ist unverkennbar, dass Eingaben auch eine herrschaftslegitimierende und -stabilisierende Funktion besaßen. Darüber hinaus ist nicht zu übersehen, dass Eingabenschreiber einen staatlich vorgegebenen Kommunikationskanal benutzten, dessen Regeln akzeptierten und sich einer erwünschten politischen Rhetorik bedienten. Damit eigneten sie sich eine herrschaftskonforme Handlungsweise an und legitimierten diese. Nicht umsonst interpretierten Staat und Partei eine hohe Zahl an Eingaben als Vertrauensbeweis der Bevölkerung. Manche Institutionen profilierten sich geradezu mit den vielen Eingaben, die sie erhielten, so etwa das Ministerium für Gesundheitswesen gegenüber der gesundheitspolitischen Abteilung des ZK. Diese Deutungsart von Eingaben klang zwar oft formelhaft und übersah gern die wirklichen Beweggründe der Verfasser. Gleichwohl hatte diese Auslegung etwas für sich. Wer an das ZK der SED schrieb, schien doch die Partei als führende Kraft in der sozialistischen Gesellschaft anzuerkennen. Wer sich als Patient oder

Angehöriger an die SED wandte, gestand ihr das Mandat zu, Patienteninteressen beispielsweise gegenüber der Ärzteschaft zu vertreten. Zu bedenken ist auch: Wer in seiner Eingabe politisch argumentierte – und sei es nur rhetorisch – reproduzierte darin die herrschende Ideologie. Indem die Bürger das Eingabenspiel jahrzehntelang mitspielten, entwickelten sich keine institutionell gesicherten Bereiche gesellschaftlicher oder juristischer Einflussnahme jenseits des staatlichen Machtapparates.

Eine zentrale Herausforderung für die Partei- und Staatsorgane und damit auch für die Leitung des Gesundheitswesens bestand darin, die Erwartungen der Eingabenschreiber nicht zu enttäuschen und das Vertrauen der Menschen nicht zu verspielen. Da sich die Führungsspitzen von MfG und ZK-Abteilung für alles und jedes zuständig erklärten, war es wenig verwunderlich, dass ihnen auch alle Probleme angelastet wurden. Auf andere verantwortliche Akteure (berufsständische Organisationen, pharmazeutische Betriebe, Krankenhausleitungen o. Ä.) zu verweisen, war nicht möglich, weil es sie schlicht nicht gab oder ihnen seitens der SED keine Verantwortung zugestanden wurde. Dass sie den Großteil der Kritik und Beschwerden auf sich zogen, bestätigte wiederum die leitenden Funktionäre in ihrem übersteigerten Steuerungsanspruch. Zudem waren sie durch die Vielzahl an Eingaben recht gut über das informiert, was sich an der Basis des Gesundheitswesens abspielte. Durch die Auswertung von Eingaben erhielt das MfG aus erster Hand Kenntnis von lokalen Missständen, über die es von den Kreis- oder Bezirksärzten vielleicht gar nicht informiert worden wäre. So konnte nicht zuletzt die Stimmung vor Ort seismografisch erfasst, Kritik kanalisiert und durch Vereinzelung der Beschwerden entschärft werden.[19] Selbst die Nachfrage nach bestimmten Medikamenten ließ sich anhand von Eingaben erfassen.

Die Diagnosefunktion von Eingaben wurde ergänzt durch ihre Integrationsfunktion. Im Kalkül des SED-Regimes sollte die Bearbeitung von Eingaben eine engere Bindung der Beschwerdeführer an den sozialistischen Staat bewirken, welcher in den 1980er Jahren durch die wachsende ökonomische Misere in ein Legitimationsdefizit geraten war. Die Beantwortung von Eingaben bot Gelegenheit, Nähe herzustellen und die Politbürokratie menschlich erscheinen zu lassen. Im internen Schriftverkehr finden sich denn auch häufig Anweisungen, »bürokratisches« oder »herzloses« Verhalten gegenüber den Bittstellern unbedingt zu vermeiden. Staats- und Parteichef Honecker hatte auf dem X. Parteitag der

19 Dies lässt sich besonders gut am Anti-D-Skandal belegen, der trotz einer großen Zahl direkt betroffener Frauen und indirekt mitbetroffener Familien nicht öffentlich wurde, sondern in den ersten Monaten ausschließlich über das Eingabesystem verhandelt und reguliert wurde.

SED die entsprechende Devise vorgegeben: »Größter Wert muss auf die sorgsame Bearbeitung der Eingaben gelegt werden. Erscheinungen von Verantwortungslosigkeit, Gleichgültigkeit und Herzlosigkeit gegenüber Bürgern sind mit dem Wesen unseres Arbeiter-und-Bauern-Staates unvereinbar.«[20] Dabei war der Aufwand, den eine gewissenhafte Eingabenbearbeitung verursachte, erheblich. Er schien jedoch gut investiert zu sein. Gelang es, das Anliegen zu erfüllen, hinterließ dies bei den Betroffenen nicht nur Dankbarkeit, sondern auch das Gefühl, von höchster Stelle gehört und ernst genommen zu werden. Eingaben verschafften dem SED-Regime die Möglichkeit, individuelles Interesse am Wohlergehen der Bürger zu bekunden. Im Bereich des Gesundheitswesens ging es darum, die in den Eingaben artikulierten Interessen und Normalitätsvorstellungen mit der sozialistischen Staatsidee in Einklang zu bringen. Letztlich hieß Normalität für beide Seiten vor allem staatliche Absicherung gesundheitlicher Lebensrisiken und sozialer Härten, aber auch Regelung von Alltagsproblemen.

Selbst wenn dem vorgebrachten Anliegen nicht abgeholfen werden konnte, ließ sich das Antwortschreiben nutzen, um dem Absender Grundprinzipien des sozialistischen Gesundheitsschutzes oder der staatlichen Arzneimittelregulierung zu erklären. Mitunter stellte dies tatsächlich eine Hilfe für den Betroffenen dar, zuweilen erinnerte es an Politpädagogik, die den vermeintlich unmündigen Bürger in zumeist wohlwollender, aber bevormundender Manier zum richtigen Verhalten und Verständnis anleiten sollte.

Obwohl über die Beantwortung von Eingaben normative Vorgaben und politische Botschaften vermittelt wurden, war die Machtverteilung in diesem Diskurs durchaus vielschichtig. Immerhin nötigte die Gesetzeslage den Eingabenempfänger zu einer zeitnahen und angemessenen Reaktion, die teilweise auch von übergeordneten Instanzen wie dem Staatsrat zumindest formal kontrolliert wurde. Es bestand demnach durchaus eine wechselseitige Abhängigkeit von Herrschenden und Beherrschten, die sich in einer spezifischen Interaktion ausdrückte und die Beherrschten nicht völlig machtlos ließ.

Da sich der Sozialismus gerade auch im Umgang mit Kranken beweisen sollte, musste der Staat die Beschwerden der Patienten oder Angehörigen ernst nehmen und darauf reagieren. Die gesundheitliche Versorgung war im Sozialismus eine Angelegenheit der Staatsräson. Daher stellte eine Eingabe, die auf Defizite der Gesundheitsversorgung hinwies, immer auch ein Politikum dar, dem Staat und Partei sich widmen mussten.

20 Bericht des ZK an den X. Parteitag der SED, Berichterstatter Genosse Erich Honecker, Berlin 1981, S. 117.

Anhang

Abkürzungen

ABI	Arbeiter-und-Bauern-Inspektion
ADN	Allgemeiner Deutscher Nachrichtendienst (Nachrichten- und Bildagentur der DDR)
AOK	Allgemeine Ortskrankenkasse
BArch	Bundesarchiv
BBC	British Broadcasting Corporation
BMAS	Bundesministerium für Arbeit und Soziales
BRD	Bundesrepublik Deutschland
CDU	Christlich Demokratische Union Deutschlands
ČSSR	Tschechoslowakische Sozialistische Republik
CSU	Christlich-Soziale Union in Bayern
DDR	Deutsche Demokratische Republik
DFD	Demokratischer Frauenbund Deutschlands
DFF	Deutscher Fernsehfunk (staatliche Fernsehsendeanstalt der DDR)
DHM	Deutsches Historisches Museum
DZVG	Deutsche Zentralverwaltung für das Gesundheitswesen
FDGB	Freier Deutscher Gewerkschaftsbund
FLT	Forschungsinstitut für Lungenkrankheiten und Tuberkulose
GERMED	German Medicaments (Warenzeichen des Pharmazeutischen Kombinats Dresden)
GG	Grundgesetz für die Bundesrepublik Deutschland
HA	Hauptabteilung (des MfG)
HO	Handelsorganisation
ISOG	Institut für Sozialhygiene und Organisation des Gesundheitswesens »Maxim Zetkin«
KPD	Kommunistische Partei Deutschlands
KSZE	Konferenz für Sicherheit und Zusammenarbeit in Europa
MfG	Ministerium für Gesundheitswesen der DDR
MfS	Ministerium für Staatssicherheit

MPLA	Movimento Popular de Libertação de Angola (Volksbewegung zur Befreiung Angolas)
NHS	National Health Service
NSW	Nichtsozialistisches Wirtschaftsgebiet
NVA	Nationale Volksarmee
OMR	Obermedizinalrat
OPhR	Oberpharmazierat
PLO	Palestine Liberation Organization
RGW	Rat für gegenseitige Wirtschaftshilfe
SAPMO	Stiftung Archiv der Parteien und Massenorganisationen der DDR (im Bundesarchiv Berlin)
SBZ	Sowjetische Besatzungszone
SED	Sozialistische Einheitspartei Deutschlands
SLUB	Sächsische Landesbibliothek – Staats- und Universitätsbibliothek Dresden
SMAD	Sowjetische Militäradministration
SMH	Schnelle Medizinische Hilfe
SPD	Sozialdemokratische Partei Deutschlands
Stasi	Ministerium für Staatssicherheit (MfS)
SU	Sowjetunion
TU	Technische Universität
UdSSR	Union der Sozialistischen Sowjetrepubliken
VEB	Volkseigener Betrieb
WHO	World Health Organization (Weltgesundheitsorganisation)
ZAIG	Zentrale Auswertungs- und Informationsgruppe (des MfS)
ZGA	Zentraler Gutachterausschuss für Arzneimittelverkehr
ZGB	Zivilgesetzbuch der DDR (ab 1976)
ZPKK	Zentrale Parteikontrollkommission (der SED)
ZK	Zentralkomitee (der SED)

Quellen- und Literaturverzeichnis

Quellen

Archivalien

Stiftung Archiv der Parteien und Massenorganisationen der DDR im Bundesarchiv (SAPMO-BArch)

- ZK-Abteilung Gesundheitspolitik
  DY 30: 2620, 27679, 27680, 96699
  DY 30/vorl. SED: 21917, 21918, 21919, 21929, 32012, 32013, 32015, 32017, 32025, 33613, 34847, 34850, 35715, 36914, 36925
- Beratungen der Abteilung Gesundheitspolitik mit den Instrukteuren der Bezirksleitungen der SED und Vorsitzenden der Ärzteberatungskommissionen der Bezirksleitungen der SED
  DY 30/IV 2/19/40
- Büro Hager
  DY 30: 27679, 27680, 68453
- Büro Honecker
  DY 30: 2589, 2590
- Reden und Aufsätze von Elfriede Paul 1950 – 51
  NY 4229: 13

Bundesarchiv Berlin-Lichterfelde (BArch)

- Ministerium für Gesundheitswesen der DDR
  DQ 1: 542a, 1367, 1618, 4930, 10750, 11644, 11706, 12610, 12611, 12652, 12655, 13011, 13273, 14224, 14495, 15124, 15395, 15596, 15597, 15598, 22109, 23884, 24124

Gedruckte Quellen

Anonymus: »Mit dem Bewusstsein hapert es«. Spiegel-Report über das Gesundheitswesen in der DDR, in: Der Spiegel 49/1974 (1.12.1974), S. 80 – 86.

Ardenne, Manfred von: Mein Leben für Forschung und Fortschritt, 7., stark überarbeitete und ergänzte Auflage, Lizenzausgabe für die Bundesrepublik und Berlin (West), Österreich und die Schweiz, München 1984.

Assmann, Wolfgang/Posth, Johannes: Das Gesundheitsabkommen mit der DDR, in: Deutschland Archiv 9 (1976) 3, S. 277–282.

Becker, Günter: Arzt und Patient im sozialistischen Recht, Berlin 1973.

Befehle der Sowjetischen Militäradministration in Deutschland zum Gesundheits- und Sozialwesen. Dokumentensammlung, hrsg. vom Koordinierungsrat der medizinisch-wissenschaftlichen Gesellschaften der DDR, Berlin 1976.

Bericht des Zentralkomitees an den VIII. Parteitag der Sozialistischen Einheitspartei Deutschlands, Berichterstatter Erich Honecker, Berlin 1971.

Braun, Matthias/Florath, Bernd (Bearb.): Die DDR im Blick der Stasi 1981. Die geheimen Berichte an die SED-Führung, Göttingen 2015 (mit CD-ROM).

Buck, Hannsjörg F.: Öffentliche Finanzwirtschaft im SED-Staat und ihre Transformationsprobleme, in: Deutscher Bundestag (Hrsg.): Materialien der Enquete-Kommission »Überwindung der Folgen der SED-Diktatur im Prozess der deutschen Einheit«, Bd. III/2, Baden-Baden 1999, S. 975–1267.

Bundesministerium für Arbeit und Soziales (BMAS), Statistische Übersichten zur Sozialpolitik in Deutschland seit 1945 (Band SBZ/DDR), zusammengestellt von André Steiner, unter Mitarbeit von Matthias Judt und Thomas Reichel, Bonn 2006.

Deutsch, Erwin: Das therapeutische Privileg des Arztes. Nichtaufklärung zugunsten des Patienten, in: Neue Juristische Wochenschrift (1980) 24, S. 1305–1309.

Elwenspoek, Curt: Briefe schreiben? – Kinderleicht! Kleiner Ratgeber für den Schriftverkehr mit Menschen, Firmen und Behörden, Stuttgart 1956.

Fischer, Erich: Geständnisse und Bekenntnisse, Schkeuditz 2002.

Gesundheitspolitische Richtlinien der Sozialistischen Einheitspartei Deutschlands, Berlin 1947.

Glomb, Joachim/Glomb, Eike/Rößler, Bernd: Gestaltung des Betreuungsmilieus im Krankenhaus, Jena 1983.

Hahn, Susanne (Leiterin des Autorenkollektivs): Im Mittelpunkt steht der Mensch. Zu aktuellen Tendenzen und Problemen der Arzt-Schwester-Patient-Beziehungen im Gesundheitswesen der DDR, Berlin 1987.

Hahn, Susanne/Rieske, Brigitte: Das Arzt-Schwester-Patient-Verhältnis im Gesundheitswesen der DDR, Jena 1980.

Herxheimer, Herbert: »Jeden Tag ein noch weißerer Riese«. Einfluss der Pharma-Industrie auf die westdeutsche Medizin, in: Der Spiegel 30/1970 (19.7.1970), S. 111–118.

Hörnlein, Ursula: Zum Ringen um ein sozialistisches Arzt-Patient-Verhältnis nach der Weimarer Gesundheitskonferenz, Medizinische Diplomarbeit, Berlin 1978.

Hüttner, Hannes (Leitung und Gesamtredaktion): Der Patient im Krankenhaus. Erwartungen, Rechte und Pflichten, Zufriedenheit, Berlin 1979.

Joestel, Frank (Bearb.): Die DDR im Blick der Stasi 1988. Die geheimen Berichte an die SED-Führung, Göttingen 2010 (mit CD-ROM).

Keck, Alfred (Hrsg.): Planung und Ökonomie des Gesundheitswesens, Berlin 1981.

Kleines Politisches Wörterbuch, 4., überarbeitete und ergänzte Auflage, Berlin 1983.

Klemm, Werner/Naumann, Manfred: Zur Arbeit mit den Eingaben der Bürger, Berlin 1977.

Konitzer, Paul: Die Aufgaben der Deutschen Zentralverwaltung für das Gesundheitswesen in der sowjetischen Besatzungszone, in: Das Deutsche Gesundheitswesen 1 (1946) 1, S. 4–6.

Kraatz, Helmut: Über die moralischen Imperative des Arztes, in: Keck, Alfred (Red.): Leitung und Organisation im Gesundheitswesen. Ausgewählte Beiträge, Berlin 1975, S. 15–24.

Linser, Karl: Ein Jahr Planung im Gesundheitswesen, Rückblick und Ausblick, in: Das Deutsche Gesundheitswesen 5 (1950) 21, S. 643–678.

Loest, Erich: Es geht seinen Gang oder Mühen in unserer Ebene, Stuttgart 1978.

Luther, Ernst: Ethik in der Medizin – Standpunkte und Aufgaben, in: humanitas 23 (1983) 21, S. 9.

Luther, Ernst (Leiter des Autorenkollektivs): Ethik in der Medizin, Berlin 1986.

Mandel, Joachim: Ärzte, Klinik und Patienten, Berlin 1980.

Mecklinger, Ludwig: Zu den Aufgaben der Leiter der Einrichtungen im Gesundheitswesen, in: Keck, Alfred (Red.): Leitung und Organisation im Gesundheitswesen. Ausgewählte Beiträge, Berlin 1975, S. 11–13.

Mecklinger, Ludwig: Zur Umsetzung der Gesundheitspolitik im Gesundheits- und Sozialwesen der DDR, hrsg. von Günter Ewert und Lothar Rohland, Berlin 1998.

Menge, Marlies: Sanfter Zwang zur Gesundheit. Die medizinische Versorgung in der DDR ist in vielem vorbildlich, in: Die Zeit 22/1972.

Mette, Alexander/Misgeld, Gerhard/Winter, Kurt: Der Arzt in der sozialistischen Gesellschaft, Berlin 1958.

Misgeld, Gerhard: Die Leser hatten das Wort, in: Deine Gesundheit (1971) 10, S. 312–314.

Münkel, Daniela (Hrsg.): Herbst '89 im Blick der Stasi. Die geheimen Berichte an die SED-Führung, 2. Auflage, Berlin 2014.

Novack, Dennis H./Plumer, Robin/Smith, Raymond L. et al.: Changes in physicians' attitudes toward telling the cancer patient, in: Journal of the American Medical Association 241 (1979) 9, S. 897–900.

Paul, Elfriede: Ein Sprechzimmer der Roten Kapelle, Berlin 1981.

Protokoll der Verhandlungen des VIII. Parteitages der Sozialistischen Einheitspartei Deutschlands, 15. bis 19. Juni 1971 in der Werner-Seelenbinder-Halle zu Berlin (2 Bände), Berlin (Ost) 1971.

Reimann, Brigitte/Wolf, Christa: Sei gegrüßt und lebe. Eine Freundschaft in Briefen 1964–1973, hrsg. von Angela Drescher, Berlin 1993.

Riessbeck, Karl-Heinz/Dietze, Rosemarie: »Aufklärung des Krebskranken«: die psychische Führung unserer krebskranken Patienten, in: Radiobiologia Radiotherapia 22 (1981) 2, S. 165–183.

Sarembe, Bodo: Missbildungsrisiko unter hormonalen Kontrazeptiva, in: medicamentum 29 (1988), S. 4–6.

Schmincke, Werner (Hrsg.): Ärztliche Arbeitsbefreiung und Krankenstand, Berlin 1979.

Seidel, Karl/Büttner, Lothar/Köhler, Christa (Hrsg.): Im Dienst am Menschen. Erinnerungen an den Aufbau des neuen Gesundheitswesens 1945–1949, Berlin 1985.

Seidel, Karl (u. a.): Schutz der Gesundheit – ein sozialpolitisches Grundanliegen (Reihe: Der Parteiarbeiter), Berlin 1989.

Seyfarth, Carly: Der »Ärzte-Knigge«. Über den Umgang mit Kranken und über Pflichten, Kunst und Dienst der Krankenhausärzte, Leipzig 1935.

Siegrist, Johannes: Arbeit und Interaktion im Krankenhaus. Vergleichende medizinsoziologische Untersuchungen in Akutkrankenhäusern, Stuttgart 1978.

Suckut, Siegfried (Hrsg.): Die DDR im Blick der Stasi 1976. Die geheimen Berichte an die SED-Führung, Göttingen 2009.

Suckut, Siegfried (Hrsg.): Volkes Stimmen. »Ehrlich, aber deutlich« – Privatbriefe an die DDR-Regierung, München 2016.

Taubert, Konrad/Feldmeier, Hans/Schomann, Dieter/Taubert, Gerda: Über den Arzneimittelbestand von Haushalten, in: Das Deutsche Gesundheitswesen 31 (1976) 49, S. 2342–2345.

Thom, Achim/Weise, Klaus: Medizin und Weltanschauung, Jena 1973.

Tutzke, Dietrich: Die »Krankschreibung« aus medizinischer, ethischer und ökonomischer Sicht, in: Steußloff, Hans (Hrsg.): Sozialismus und ärztliche Pflichten, Leipzig 1964, S. 47–52.

Uhlmann, Irene: Kleine Enzyklopädie Gesundheit, 3. Auflage, Leipzig 1957.

Wander, Maxie: Leben wär' eine prima Alternative. Tagebuchaufzeichnungen und Briefe, hrsg. von Fred Wander, Darmstadt/Neuwied 1980.

Wilk, Werner (Hrsg.): Zur Frage der Polikliniken. Ein Diskussionsbeitrag, Potsdam 1948.

Winkler, Gunnar (Hrsg.): Sozialreport '90. Daten und Fakten zur sozialen Lage in der DDR, Berlin 1990.

Winter, Kurt: Zum System-Aspekt des Gesundheitswesens, in: ders. (Hrsg.): Arzt und Gesellschaft, Jena 1970, S. 27–34.

Winter, Kurt: Gesundheit, Leistungsfähigkeit und Lebensfreude, in: Gemkow, Heinrich (Red.): Der Sozialismus – Deine Welt, hrsg. vom Zentralen Ausschuss für Jugendweihe in der Deutschen Demokratischen Republik, Berlin 1975, S. 296–300.

Winter, Kurt: Das Gesundheitswesen in der Deutschen Demokratischen Republik. Bilanz nach 30 Jahren, 2., überarbeitete Auflage, Berlin 1980.

Winter, Kurt: In der Landesregierung in Potsdam, in: Seidel, Karl/Büttner, Lothar/Köhler, Christa (Hrsg.): Im Dienst am Menschen. Erinnerungen an den Aufbau des neuen Gesundheitswesens 1945–1949, Berlin 1985, S. 330–337.

Zentralkomitee der Sozialistischen Einheitspartei Deutschlands (Hrsg.): Dokumente der Sozialistischen Einheitspartei Deutschlands, Band VII, Berlin 1961.

Periodika

Berliner Zeitung, Berlin (Ost)
Das Gesundheitswesen der Deutschen Demokratischen Republik, Berlin (Ost)
Der Spiegel, Hamburg
Deutsches Ärzteblatt
Die Zeit, Hamburg
Frankfurter Allgemeine Zeitung, Frankfurt am Main
humanitas, Berlin (Ost)
Neues Deutschland, Berlin (Ost)
Süddeutsche Zeitung, München

Literatur

Anonymus: Patients as Consumers: Wants and Needs, in: The Lancet 277 (1961) 7183, S. 927–928.

Apelt, Peter: Gleichheit und Ungleichheit im Gesundheitswesen der DDR, in: Medizin – Mensch – Gesellschaft 16 (1991) 1, S. 27–33.

Arndt, Melanie: Gesundheitspolitik im geteilten Berlin 1948 bis 1961, Köln 2009.

Arnold, Michael/Schirmer, Berndt: Gesundheit für *ein* Deutschland, Köln 1990.

Baggini, Julian: Complaint. From minor moans to principled protests, London 2008.

Balz, Viola: »Für einen Aktivisten wie mich muss es in einem sozialistischen Staat doch effektive Medikamente geben«. Psychopharmaka und Konsumenteninteresse in der DDR, in: NTM 21 (2013) 3, S. 245–271.

Behrends, Jan C.: Soll und Haben. Freundschaftsdiskurs und Vertrauensressourcen in der staatssozialistischen Diktatur, in: Frevert, Ute (Hrsg.): Vertrauen. Historische Annäherungen, Göttingen 2003, S. 336–364.

Behrens, Rob: Handling complaints: harnessing feedback to improve services, in: British Journal of General Practice 68 (2018) 675, S. 483.

Bergien, Rüdiger: Im »Generalstab der Partei«. Organisationskultur und Herrschaftspraxis in der SED-Zentrale (1946–1989), Berlin 2017.

Bernet, Wolfgang: Verwaltungsrecht, in: Heuer, Uwe-Jens (Hrsg.): Die Rechtsordnung der DDR. Anspruch und Wirklichkeit, Baden-Baden 1995, S. 395–426.

Betts, Paul: Die Politik des Privaten. Eingaben in der DDR, in: Fulda, Daniel/Herzog, Dagmar/Hoffmann, Stefan-Ludwig/van Rahden, Till (Hrsg.): Demokratie im Schatten der Gewalt. Geschichten des Privaten im deutschen Nachkrieg, Göttingen 2010, S. 286–309.

Bettin, Hartmut: Zwischen Verdüsterung und Verklärung. Eingabenanalysen des Ministeriums für Gesundheitswesen (MfG) der DDR als Quelle zur Beschreibung von Problemschwerpunkten und Bewältigungsstrategien im DDR-Gesundheitswesen, in: Medizinhistorisches Journal 51 (2016) 4, S. 327–363.

Bockhofer, Reinhard (Hrsg.): Mit Petitionen Politik verändern, Baden-Baden 1999.

Borowy, Iris: Medical Aid, Repression, and International Relations: The East German Hospital at Metema, in: Journal of the History of Medicine and Allied Sciences 71 (2015) 1, S. 64–92.

Botterill, David/Pennings, Guido/Mainil, Tomas (Hrsg.): Medical Tourism and Transnational Healthcare, Houndmills 2013.

Bouvier, Beatrix: Die DDR – ein Sozialstaat? Sozialpolitik in der Ära Honecker, Bonn 2002.

Braun, Jutta: Politische Medizin. Ideologie und Gesundheitsökonomie im SED-Staat der 1950er- und 1960er-Jahre, in: Zeithistorische Forschungen/Studies in Contemporary History 17 (2020) 2, S. 349–361.

Bruns, Florian: Krankheit, Konflikte und Versorgungsmängel. Patienten und ihre Eingaben im letzten Jahrzehnt der DDR, in: Medizinhistorisches Journal 47 (2012) 4, S. 335–367.

Bruns, Florian: Die gesundheitliche Versorgung in der DDR aus Patientensicht: Eine Untersuchung von Eingaben an die SED, in: Das Gesundheitswesen 78 (2016) 5, S. 285–289.

Bruns, Florian: ›Werte Genossen! Heute komme ich mit einer Bitte zu Euch …‹ Der Umgang mit Patienteneingaben im DDR-Gesundheitswesen, in: Markus Wahl (Hrsg.): Volkseigene Gesundheit. Reflexionen zur Sozialgeschichte des Gesundheitswesens der DDR, Stuttgart 2020, S. 93–109.

Büttner, Lothar/Meyer, Bernhard: Über die gesundheitspolitische Zusammenarbeit mit der Sowjetunion, in: diess./Wetzstein, Eckhard: Gesundheitspolitik. Aufgaben und Traditionen, Jena 1980, S. 99–112.

Büttner, Lothar/Meyer, Bernhard: Gesundheitspolitik der Arbeiterbewegung. Vom Bund der Kommunisten bis zum Thälmannschen Zentralkomitee der KPD, Berlin 1984.

Certeau, Michel de: Kunst des Handelns, Berlin 1988.

Combe, Sonia (Hrsg.): Archives et histoire dans les sociétés postcommunistes, Paris 2009.

Condrau, Flurin: The patient's view meets the clinical gaze, in: Social History of Medicine 20 (2007) 3, S. 525–540.

Deutscher Bundestag (Hrsg.): Stichwort Petitionen. Von der Bitte zum Bürgerrecht, Berlin 2016. Online unter: https://www.btg-bestellservice.de/pdf/20201500.pdf [Zugriff: 2.8.2022].

Duden-Redaktion: Briefe gut und richtig schreiben! Ratgeber für richtiges und modernes Schreiben, 2., überarbeitete und erweiterte Auflage, Mannheim 1997.

Dinges, Martin/Barras, Vincent (Hrsg.): Krankheit in Briefen im deutschen und französischen Sprachraum. 17.–21. Jahrhundert, Stuttgart 2007.

Eberle, Henrik (Hrsg.): Briefe an Hitler. Ein Volk schreibt seinem Führer. Unbekannte Dokumente aus Moskauer Archiven – zum ersten Mal veröffentlicht, Bergisch Gladbach 2007.

Eckart, Wolfgang Uwe/Jütte, Robert: Medizingeschichte. Eine Einführung, 2., überarbeitete und ergänzte Auflage, Köln 2014.

Eisele, Philipp: Pluralismus in der Medizin aus Patientenperspektive. Briefe an eine Patientenorganisation für alternative Behandlungsmethoden (1992–2000), Stuttgart 2016.

Elkeles, Barbara: Arbeiterautobiographien als Quellen der Krankenhausgeschichte, in: Medizinhistorisches Journal 23 (1988) 3/4, S. 342–358.

Elsner, Steffen H.: Das »EDV-Eingaben-Projekt« des Staatsrates der DDR: Stationen einer Odyssee, in: Historical Social Research/Historische Sozialforschung 24 (1999) 2, S. 135–146.

Elsner, Steffen H.: Eingaben im Visier des MfS. Eine erste Annäherung zum Thema »Staatssicherheit und Eingabewesen« in der ehemaligen DDR, in: Timmermann, Heike (Hrsg.): Die DDR in Deutschland. Ein Rückblick auf 50 Jahre, Berlin 2001, S. 313–345.

Engelmann, Lothar et al.: Development and status of nitrate therapy in East Germany, in: Zeitschrift für Kardiologie 78 (1989) Suppl 2, S. 99–101.

Engelmann, Roger/Vollnhals, Clemens (Hrsg.): Justiz im Dienste der Parteiherrschaft. Rechtspraxis und Staatssicherheit in der DDR, Berlin 1999.

Erices, Rainer: DDR-Bezirksärzte. Im Dienst von Staat und Staatssicherheit. Bezirksärzte der DDR in einem maroden Gesundheitssystem, in: Totalitarismus und Demokratie 11 (2014) 2, S. 207–220.

Erices, Rainer: The East-West blood trade. How the German Democratic Republic obtained foreign currency with blood products (1983–1990), in: Wiener Medizinische Wochenschrift 168 (2018) 15/16, S. 384–390.

Erices, Rainer/Gumz, Antje: Das DDR-Gesundheitswesen in den 1980er Jahren: Ein Zustandsbild anhand von Akten der Staatssicherheit, in: Das Gesundheitswesen 76 (2014) 2, S. 73–78.

Ernst, Anna-Sabine: Von der bürgerlichen zur sozialistischen Profession? Ärzte in der DDR, 1945–1961, in: Bessel, Richard/Jessen, Ralph (Hrsg.): Die Grenzen der Diktatur. Staat und Gesellschaft in der DDR, Göttingen 1996, S. 25–48.

Ernst, Anna-Sabine: »Die beste Prophylaxe ist der Sozialismus«. Ärzte und medizinische Hochschullehrer in der SBZ/DDR 1945–1961, Münster 1997.

Ernst, Katharina: Patientengeschichte – Die kulturhistorische Wende in der Medizinhistoriographie, in: Bröer, Ralf (Hrsg.): Eine Wissenschaft emanzipiert sich. Die Medizinhistoriographie von der Aufklärung bis zur Postmoderne, Pfaffenweiler 1999, S. 97–108.

Fangerau, Heiner: »Geräucherte Sülze, mit Schwarten durchsetzt, teilweise kaum genießbar …« – Patientenkritik und ärztliche Reaktion in der Volksnervenheilstätte 1903–1933, in: ders./Nolte, Karen (Hrsg.): »Moderne« Anstaltspsychiatrie im 19. und 20. Jahrhundert – Legitimation und Kritik, Stuttgart 2006, S. 371–393.

Fangerau, Heiner/Polianski, Igor: Die Wahrheit am Krankenbett. Das »Gespenst des therapeutischen Privilegs«, in: Ärzteblatt Baden-Württemberg 65 (2010) 9, S. 370–374.

Farge, Arlette/Foucault, Michel: Familiäre Konflikte. Die »Lettres de cachet«. Aus den Archiven der Bastille im 18. Jahrhundert, Frankfurt am Main 1989.

Faupel, Rainer: Vereinheitlichung der Rechtssysteme und Neuaufbau der Justiz im Zuge der Wiedervereinigung, in: Zeitschrift für Geschichtswissenschaft 67 (2019) 2, S. 139–161.

Fenske, Michaela: Demokratie erschreiben. Bürgerbriefe und Petitionen als Medien politischer Kultur 1950–1974, Frankfurt am Main/New York 2013.

Foucault, Michel: Das Leben der infamen Menschen, in: ders.: Schriften in vier Bänden. Dits et Ecrits, Band III 1976–1979, Frankfurt am Main 2003, S. 309–332.

Fraenkel, Ernst: Der Doppelstaat, Frankfurt am Main 1974.

Frerich, Johannes/Frey, Martin: Handbuch der Geschichte der Sozialpolitik in Deutschland. Band 2: Sozialpolitik in der Deutschen Demokratischen Republik, München/Wien 1993.

Fulbrook, Mary: Methodologische Überlegungen zu einer Gesellschaftsgeschichte der DDR, in: Bessel, Richard/Jessen, Ralph (Hrsg.): Die Grenzen der Diktatur. Staat und Gesellschaft in der DDR, Göttingen 1996, S. 274–297.

Fulbrook, Mary: Ein ganz normales Leben. Alltag und Gesellschaft in der DDR, 2., durchgesehene Auflage, Darmstadt 2011.

Geertz, Clifford: Dichte Beschreibung. Beiträge zum Verstehen kultureller Systeme, 3. Auflage, Frankfurt am Main 1994.

Geisler, Hans: Gesundheitswesen, in: Eppelmann, Rainer/Möller, Horst/Nooke, Günter/Wilms, Dorothee (Hrsg.): Lexikon des DDR-Sozialismus. Das Staats- und Gesellschaftssystem der Deutschen Demokratischen Republik. Band 1: A–M, 2., aktualisierte und erweiterte Auflage, Paderborn 1997, S. 341–352.

Gieseke, Jens: Soziale Ungleichheit im Staatssozialismus. Eine Skizze, in: Zeithistorische Forschungen/Studies in Contemporary History 10 (2013) 2, S. 171–198.

Golz, Hans-Georg: Eingabefreudige Ostdeutsche. Jahresbericht des Petitionsausschusses, in: Deutschland Archiv 30 (1997) 5, S. 700–701.

Grafenhorst, Gabriele M.: Abtreibung. Erfahrungsberichte zu einem Tabu, München 1992 (Erstausgabe Berlin 1990).

Grossmann, Atina: »Sich auf ihr Kindchen freuen.« Frauen und Behörden in Auseinandersetzungen um Abtreibungen, Mitte der 1960er Jahre, in: Lüdtke, Alf/Becker, Peter (Hrsg.): Akten. Eingaben. Schaufenster. Die DDR und ihre Texte. Erkundungen zu Herrschaft und Alltag, Berlin 1997, S. 241–257.

Günther, Sebastian/Janssen, Wiebke: »Beamte des sozialistischen Staates?« Professoren der Medizin in der DDR (1968–1989), in: Bios 26 (2013) 2, S. 200–217.

Hahn, Alois: Konstruktionen des Selbst, der Welt und der Geschichte. Aufsätze zur Kultursoziologie, Frankfurt am Main 2000.

Hähner-Rombach, Sylvelyn: Gesundheit und Krankheit im Spiegel von Petitionen an den Landtag von Baden-Württemberg 1946 bis 1980, Stuttgart 2011.

Härtel, Christian: Ostdeutsche Bestimmungen für den Paketverkehr im Spiegel westdeutscher Merkblätter, in: ders./Kabus, Petra (Hrsg.): Das Westpaket. Geschenksendung, keine Handelsware, Berlin 2000, S. 45–56.

Harsch, Donna: Society, the State and Abortion in East Germany, 1950–1972, in: American Historical Review 102 (1997) 1, S. 53–84.

Herrn, Rainer/Hottenrott, Laura (Hrsg.): Die Charité zwischen Ost und West 1945–1992. Zeitzeugen erinnern sich, Berlin 2010.

Hess, Volker: Psychochemicals crossing the wall. Die Einführung der Psychopharmaka in der DDR aus der Perspektive der neueren Arzneimittelgeschichtsschreibung, in: Medizinhistorisches Journal 42 (2007) 1, S. 61–84.

Hess, Volker/Hottenrott, Laura/Steinkamp, Peter: Testen im Osten. DDR-Arzneimittelstudien im Auftrag der westlichen Pharmaindustrie, 1964–1990, Berlin 2016.

Hockerts, Hans Günter: Der deutsche Sozialstaat. Entfaltung und Gefährdung seit 1945, Göttingen 2011.

Hofer, Hans-Georg: 1957 – Frischzellen-Fama. Paul Niehans und die westdeutsche Aufbaugesellschaft der 1950er Jahre, in: Eschenbruch, Nicholas/Balz, Viola/Klöppel, Ulrike/Hulverscheidt, Marion (Hrsg.): Arzneimittel des 20. Jahrhunderts. Historische Skizzen von Lebertran bis Contergan, Bielefeld 2009, S. 229–253.

Hoffmann, Dierk: Sozialpolitische Neuordnung in der SBZ/DDR. Der Umbau der Sozialversicherung 1945–1956, München 1996.

Hoffmann, Dierk: Otto Grotewohl (1894–1964). Eine politische Biographie, München 2009.

Hoffmann, Dierk: Von Ulbricht zu Honecker. Die Geschichte der DDR 1949–1989, Berlin 2013.

Horten, Gerd: Don't Need No Thought Control. Western Culture in East Germany and the Fall of the Berlin Wall, Oxford 2021.

Janssen, Wiebke: Medizinische Hochschulbauten als Prestigeobjekt der SED. Das Klinikum Halle-Kröllwitz, in: Deutschland Archiv Online, http://www.bpb.de/147756 [Zugriff: 2.8.2022].

Jarausch, Konrad H.: Realer Sozialismus als Fürsorgediktatur: zur begrifflichen Einordnung der DDR, in: Historical Social Research, Supplement (2012), 24, S. 249–272. URN: http://nbn-resolving.de/urn:nbn:de:0168-ssoar-379121 [Zugriff: 2.8.2022]. Erstmals erschienen in: Aus Politik und Zeitgeschichte B20 (1998), S. 33–46.

Jesse, Eckhard: Die Periodisierung der DDR, in: Brunner, Detlev/Niemann, Mario (Hrsg.): Die DDR – eine deutsche Geschichte. Wirkung und Wahrnehmung, Paderborn 2011, S. 21–35.

Jütte, Robert: Sprachliches Handeln und kommunikative Situation. Diskurs zwischen Obrigkeit und Untertanen am Beginn der Neuzeit, in: Hundsbichler, Helmut (Red.): Kommunikation und Alltag in Spätmittelalter und Früher Neuzeit, Wien 1992, S. 159–181.

Jureit, Ulrike: Erfahrungsaufschichtung: Die diskursive Lagerung autobiographischer Erinnerungen, in: Brechtken, Magnus (Hrsg.): Life Writing and Political Memoir – Lebenszeugnisse und Politische Memoiren, Göttingen 2012, S. 225–242.

Kabus, Petra: Das Westpaket, in: Sabrow, Martin (Hrsg.): Erinnerungsorte der DDR, München 2009, S. 441–450.

Kaminsky, Annette: Konsumpolitik in der Mangelwirtschaft, in: Vollnhals, Clemens/Weber, Jürgen (Hrsg.): Der Schein der Normalität. Alltag und Herrschaft in der SED-Diktatur, München 2002, S. 81–112.

Kießling, Wolfgang Rüdiger: Die Ultraschalltherapie der multiplen Sklerose nach Dr. Selzer: Ein historischer Rückblick, in: Verhandlungen der Deutschen Gesellschaft für Neurologie 6 (1991), S. 249–250.

Klein, Rudolf: Complaints against doctors. A study in professional accountability, London 1973.

Klöppel, Ulrike: 1954 – Brigade Propaphenin arbeitet an der Ablösung des Megaphen. Der prekäre Beginn der Psychopharmakaproduktion in der DDR, in: Eschenbruch, Nicholas/Balz, Viola/Klöppel, Ulrike/Hulverscheidt, Marion (Hrsg.): Arzneimittel des 20. Jahrhunderts. Historische Skizzen von Lebertran bis Contergan, Bielefeld 2009, S. 199–227.

Klöppel, Ulrike/Balz, Viola: Psychopharmaka im Sozialismus. Arzneimittelregulierung in der Deutschen Demokratischen Republik in den 1960er Jahren, in: Berichte zur Wissenschaftsgeschichte 33 (2010) 4, S. 382–400.

Klöppel, Ulrike/Hoheisel, Matthias: »Wunschverordnung« oder objektiver »Bevölkerungsbedarf«? Zur Wahrnehmung des Tranquilizer-Konsumenten in der DDR (1960–1970), in: NTM 21 (2013) 3, S. 213–244.

Kochan, Thomas: Blauer Würger. So trank die DDR, Berlin 2011.

Kondratowitz, Hans-Joachim von: Zumindest organisatorisch erfasst ... Die Älteren in der DDR zwischen Veteranenpathos und Geborgenheitsbeschwörung, in: Glaeßner, Gert-Joachim (Hrsg.): Die DDR in der Ära Honecker. Politik – Kultur – Gesellschaft, Opladen 1988, S. 514–528.

Kowalczuk, Ilko-Sascha: Von der Freiheit, Ich zu sagen. Widerständiges Verhalten in der DDR, in: Poppe, Ulrike/Eckert, Rainer/Kowalczuk, Ilko-Sascha (Hrsg.): Zwischen Selbstbehauptung und Anpassung. Formen des Widerstandes und der Opposition in der DDR, Berlin 1995, S. 85–115.

Krumbiegel, Heike: Polikliniken in der SBZ/DDR. Konzeption und Umsetzung öffentlicher, poliklinischer Einrichtungen unter der besonderen Berücksichtigung Brandenburgs, Frankfurt am Main 2007.

Kübler, Thomas: »So wende ich mich mit dieser Eingabe ...«. Ein Streifzug durch das Eingabenwesen in den 70er und 80er Jahren in Dresden, in: Dresdner Geschichtsbuch 12 (2007), S. 250–269.

Kumbier, Ekkehardt/Steinberg, Holger (Hrsg.): Psychiatrie in der DDR. Beiträge zur Geschichte, Berlin 2018.

Kumpf, Johann Heinrich: Petitionsrecht und öffentliche Meinung im Entstehungsprozess der Paulskirchenverfassung 1848/49, Frankfurt am Main 1983.

Kunisch, Johannes: Friedrich der Große. Der König und seine Zeit, München 2004.

Labisch, Alfons: Die gesundheitspolitischen Vorstellungen der deutschen Sozialdemokratie von ihrer Gründung bis zur Parteispaltung (1863–1917), in: Archiv für Sozialgeschichte 16 (1976), S. 325–370.

Lachmund, Jens/Stollberg, Gunnar: Patientenwelten. Krankheit und Medizin vom späten 18. bis zum frühen 20. Jahrhundert im Spiegel von Autobiographien, Opladen 1995.

Lapp, Peter Joachim: Die Volkskammer der DDR, Opladen 1975.

Leo, Annette/König, Christian: Die »Wunschkindpille«. Weibliche Erfahrung und staatliche Geburtenpolitik in der DDR, Göttingen 2015.

Lindenberger, Thomas: Die Diktatur der Grenzen. Zur Einleitung, in: ders. (Hrsg.): Herrschaft und Eigen-Sinn in der Diktatur. Studien zur Gesellschaftsgeschichte der DDR, Köln 1999, S. 13–44.

Lindenberger, Thomas: Eigen-Sinn, Herrschaft und kein Widerstand, Version 1.0, in: Docupedia-Zeitgeschichte 2.9.2014, DOI: http://dx.doi.org/10.14765/zzf.dok.2.595.v1 [Zugriff: 1.8.2022].

Linek, Jenny: Gesundheitsvorsorge in der DDR zwischen Propaganda und Praxis, Stuttgart 2016.

Link, Jürgen: Diskursive Ereignisse, Diskurse, Interdiskurse: Sieben Thesen zur Operativität der Diskursanalyse, am Beispiel des Normalismus, in: Bublitz, Hannelore/Bührmann, Andrea D./Hanke, Christine/Seier, Andrea (Hrsg.): Das Wuchern der Diskurse. Perspektiven der Diskursanalyse Foucaults, Frankfurt am Main/New York 1999, S. 148–161.

Löffler, Ulrich: Eingaben im Bereich des Zivilrechts, in: Schröder, Rainer (Hrsg.): Zivilrechtskultur in der DDR. Band 1, Berlin 1999, S. 213–243.

Lohmann, Ulrich: Zur Staats- und Rechtsordnung der DDR. Juristische und sozialwissenschaftliche Beiträge 1977–1996, Wiesbaden 2015.

Lorke, Christoph: Dozenten und die »sozialistische Umgestaltung«. Die Hochschullehrerschaft der Medizinischen Akademie Magdeburg vom Mauerbau bis zum Ende der 60er Jahre, in: Schröder, Benjamin/Staadt, Jochen (Hrsg.): Unter Hammer und Zirkel. Repression, Opposition und Widerstand an den Hochschulen der SBZ/DDR, Frankfurt am Main 2011, S. 205–221.

Lüdtke, Alf: Einleitung. Was ist und wer treibt Alltagsgeschichte?, in: ders. (Hrsg.): Alltagsgeschichte. Zur Rekonstruktion historischer Erfahrungen und Lebensweisen, Frankfurt am Main 1989, S. 9–47.

Lüdtke, Alf: Lohn, Pausen, Neckereien. Eigensinn und Politik bei Fabrikarbeitern in Deutschland um 1900, in: ders., Eigen-Sinn. Fabrikalltag, Arbeitererfahrungen und Politik vom Kaiserreich bis in den Faschismus, Hamburg 1993, S. 120–160.

Lüdtke, Alf: Alltagsgeschichte: Aneignung und Akteure. Oder – es hat noch kaum begonnen!, in: Werkstatt Geschichte (1997) 17, S. 83–91.

Lüdtke, Alf/Becker, Peter (Hrsg.): Akten. Eingaben. Schaufenster. Die DDR und ihre Texte. Erkundungen zu Herrschaft und Alltag, Berlin 1997.

Mallik, Stephan: Lebendgeburt und Totgeburt in der DDR. Motive und Konsequenzen der Neudefinition von 1961, in: Der Gynäkologe 46 (2013) 11, S. 858 – 864.

Malycha, Andreas: Die SED in der Ära Honecker. Machtstrukturen, Entscheidungsmechanismen und Konfliktfelder in der Staatspartei 1971 bis 1989, München 2014.

Mandt, Peter: Das Gesundheitsabkommen mit der DDR, in: Deutsches Ärzteblatt 71 (1974) 21, S. 1568 –1570.

Markovits, Inga: Der Handel mit der sozialistischen Gerechtigkeit. Zum Verhältnis zwischen Bürger und Gericht in der DDR, in: Lindenberger, Thomas (Hrsg.): Herrschaft und Eigen-Sinn in der Diktatur. Studien zur Gesellschaftsgeschichte der DDR, Köln 1999, S. 315 – 347.

Marx-Jaskulski, Katrin: Narratives of ill-health in applicant letters from rural Germany, 1900 – 30, in: Gestrich, Andreas/Hurren/Elizabeth/King, Steven (Hrsg.): Poverty and sickness in modern Europe. Narratives of the sick poor, 1780 –1938, London 2012, S. 209 – 223.

Medick, Hans: »Missionare im Ruderboot«? Ethnologische Erkenntnisweisen als Herausforderung an die Sozialgeschichte, in: Lüdtke, Alf (Hrsg.): Alltagsgeschichte. Zur Rekonstruktion historischer Erfahrungen und Lebensweisen, Frankfurt am Main 1989, S. 48 – 84.

Meese, Gisela: Schriftliche Patientenbeschwerden professionell beantworten. Erfolgreich kommunizieren und überzeugen, Stuttgart 2018.

Merkel, Ina (Hrsg.): »Wir sind doch nicht die Meckerecke der Nation!« Briefe an das Fernsehen der DDR, 2. Auflage, Berlin 2000.

Meyer, Ulrich: Steckt eine Allergie dahinter? Die Industrialisierung von Arzneimittel-Entwicklung, -Herstellung und -Vermarktung am Beispiel der Antiallergika, Stuttgart 2002.

Meyer, Ulrich: »Man sollte die Entwicklung nicht hemmen« – Fritz Hauschild (1908 –1974) und die Arzneimittelforschung der DDR, in: Pharmazie 60 (2005) 6, S. 468 – 472.

Mold, Alex: Complaining in the age of consumption. Patients, consumers or citizens?, in: Reinarz, Jonathan/Wynter, Rebecca (Hrsg.): Complaints, controversies and grievances in medicine. Historical and social science perspectives, London 2015, S. 167 –183.

Mück, Herbert: Die rechtliche Entwicklung des Arzt-Patient-Verhältnisses in der DDR. Vom Dienstvertrag zum medizinischen Betreuungsverhältnis, Köln 1982.

Mühlberg, Felix: Bürger, Bitten und Behörden. Geschichte der Eingabe in der DDR, Berlin 2004.

Müller, Klaus-Dieter: Zwischen Hippokrates und Lenin. Gespräche mit ost- und westdeutschen Ärzten über ihre Zeit in der SBZ und DDR, Köln 1994.

Müller, Klaus-Dieter: Die Ärzteschaft im staatlichen Gesundheitswesen der SBZ und der DDR 1945–1989, in: Jütte, Robert (Hrsg.): Geschichte der deutschen Ärzteschaft. Organisierte Berufs- und Gesundheitspolitik im 19. und 20. Jahrhundert, Köln 1997, S. 243–273.

Müller-Dietz, Heinz: Die Entwicklung des Gesundheitswesens in der Sowjetunion (1917 bis 1967), in: Medizinhistorisches Journal 3 (1968) 3, S. 243–253.

Müller-Enbergs, Helmut/Wielgohs, Jan/Hoffmann, Dieter/Herbst, Andreas/Kirschey-Feix, Ingrid (Hrsg.): Wer war wer in der DDR? Ein Lexikon ostdeutscher Biographien, 5. Auflage, Berlin 2010.

Müller-Jahncke, Wolf-Dieter/Friedrich, Christoph/Meyer, Ulrich: Arzneimittelgeschichte, 2., überarbeitete und erweiterte Auflage, Stuttgart 2005.

Mulcahy, Linda: Disputing doctors. The socio-legal dynamics of complaints about medical care, Maidenhead 2003.

Naser, Gerhard: Hausärzte in der DDR. Relikte des Kapitalismus oder Konkurrenz für die Polikliniken? Bergatreute 2000.

Niethammer, Lutz: Ego-Histoire? und andere Erinnerungsversuche, Wien 2002.

Nipperdey, Thomas: Kulturgeschichte, Sozialgeschichte, historische Anthropologie, in: Vierteljahrschrift für Sozial- und Wirtschaftsgeschichte 55 (1968) 2, S. 145–164.

Nolte, Karen: Gelebte Hysterie. Erfahrung, Eigensinn und psychiatrische Diskurse im Anstaltsalltag um 1900, Frankfurt am Main 2003.

Nubola, Cecilia/Würgler, Andreas (Hrsg.): Bittschriften und Gravamina. Politik, Verwaltung und Justiz in Europa (14.–18. Jahrhundert), Berlin 2005.

Obertreis, Julia/Stephan, Anke (Hrsg.): Erinnerungen nach der Wende – Oral History und (post)sozialistische Gesellschaften (Remembering after the fall of communism), Essen 2009.

Ockel, Edith: Gesundheit der Frauen und Gesundheitspolitik in der DDR, in: Jahrbuch für kritische Medizin 24 (1995), S. 105–119.

Oldenhage, Klaus: Die Gesetzgebung zur Sicherung des Archivgutes der Parteien und Massenorganisationen der DDR, in: Historisch-Politische Mitteilungen 2 (1995) 1, S. 299–307.

Osten, Philipp (Hrsg): Patientendokumente. Krankheit in Selbstzeugnissen, Stuttgart 2010.

Pannen, Sabine: Wo ein Genosse ist, da ist die Partei! Der innere Zerfall der SED-Parteibasis 1979–1989, Berlin 2018.

Pearce, Matthew/Wilkins, Victoria/Chaulk, David: Using patient complaints to drive healthcare improvement: a narrative overview, in: Hospital Practice 49 (2021) sup1, S. 393–398.

Petrowski, Boris V.: Das sozialistische Gesundheitswesen in der UdSSR, Berlin 1972.

Porter, Roy: The patient's view. Doing medical history from below, in: Theory and society 14 (1985) 2, S. 175–189.

Potthoff, Heinrich/Miller, Susanne: Kleine Geschichte der SPD: 1848–2002, 8. aktualisierte und erweiterte Auflage, Bonn 2002.

Potulow, Boris M.: W. I. Lenin und der Gesundheitsschutz, Berlin 1970.

Pragal, Peter: Der geduldete Klassenfeind. Als West-Korrespondent in der DDR, Berlin 2008.

Price, Kim: Towards a history of medical negligence, in: Lancet 375 (2010) 9710, S. 192–193.

Pritzel, Konstantin: Gesundheitswesen und Gesundheitspolitik in der DDR, in: Deutschland Archiv 9 (1976) 3, S. 260–276.

Pritzel, Konstantin: Konvergenzen und Divergenzen im Gesundheitswesen der beiden deutschen Staaten, in: Deutschland Archiv 14 (1981) 12, S. 1284–1296.

Probst, Hans/Funke, Dietmar: Pharmazie, Apothekenwesen und Medizintechnik, in: Spaar, Horst (Hrsg.): Dokumentation zur Geschichte des Gesundheitswesens der DDR. Teil V, B, Das Gesundheitswesen der DDR in der Periode der weiteren Gestaltung der entwickelten sozialistischen Gesellschaft und unter dem Kurs der Einheit von Wirtschafts- und Sozialpolitik (1971–1981), Berlin 2002, S. 152–158.

Probst, Hans/Funke, Dietmar: Pharmazie, Apothekenwesen und Medizintechnik, in: Spaar, Horst (Hrsg.): Dokumentation zur Geschichte des Gesundheitswesens der DDR. Teil VI, B, Das Gesundheitswesen in der Periode wachsender äußerer und innerer Widersprüche, zunehmender Stagnation und Systemkrise bis zur Auflösung der bestehenden sozialistischen Ordnung in der DDR (1981–1989), Berlin 2003, S. 172–183.

Reeder, Leo G.: The Patient-Client as a Consumer: Some Observations on the Changing Professional-Client Relationship, in: Journal of Health and Social Behavior 13 (1972) 4, S. 406–412.

Reinarz, Jonathan/Wynter, Rebecca (Hrsg.): Complaints, controversies and grievances in medicine. Historical and social science perspectives, London 2015.

Retzar, Ariane: Erfassung und Bewertung von unerwünschten Arzneimittelwirkungen. Ein Beitrag zur Arzneimittelsicherheit in der DDR, Stuttgart 2016.

Reuter-Boysen, Christiane: Artikulation von Fraueninteressen – Die Rentendiskussion in der frühen DDR im Spiegel von Eingaben, in: Becker, Ulrich/Hockerts, Hans Günter/Tenfelde, Klaus (Hrsg.): Sozialstaat Deutschland. Geschichte und Gegenwart, Bonn 2010, S. 81–102.

Rimkeit, Konstantin/Wegmarshaus, Fredo: Internationale Beziehungen des Gesundheitswesens, in: Spaar, Horst (Hrsg.): Dokumentation zur Geschichte des Gesundheitswesens der DDR. Teil V, B, Das Gesundheitswesen der DDR in der Periode der weiteren Gestaltung der entwickelten sozialistischen Gesellschaft und unter dem Kurs der Einheit von Wirtschafts- und Sozialpolitik (1971–1981), Berlin 2002, S. 24–35.

Ruban, Maria Elisabeth: Gesundheitswesen in der DDR, Berlin 1981.

Rüthers, Monica/Zhevakina, Marianna: »Wir füttern halb Afrika«. Sowjetische Lebensmittelhilfe: Geschichte – Propaganda – Kritik, in: Zeithistorische Forschungen/Studies in Contemporary History 18 (2021) 2, S. 252–280.

Sammer, Christian: Gesunde Menschen machen. Die deutsch-deutsche Geschichte der Gesundheitsaufklärung, 1945–1967, Berlin/Boston 2020.

Schädlich, Susanne: Briefe ohne Unterschrift. Wie eine BBC-Sendung die DDR herausforderte, München 2017.

Schagen, Udo: Kongruenz der Gesundheitspolitik von Arbeiterparteien, Militäradministration und der Zentralverwaltung für das Gesundheitswesen in der Sowjetischen Besatzungszone?, in: Woelk, Wolfgang/Vögele, Jörg (Hrsg.): Geschichte der Gesundheitspolitik in Deutschland. Von der Weimarer Republik bis in die Frühgeschichte der »doppelten Staatsgründung«, Berlin 2002, S. 379–404.

Schagen, Udo/Schleiermacher, Sabine: Die Sowjetische Besatzungszone und Berlin, in: Bundesministerium für Arbeit und Sozialordnung/Bundesarchiv (Hrsg.): Geschichte der Sozialpolitik in Deutschland seit 1945, Band 2/1, Die Zeit der Besatzungszonen 1945–1949. Sozialpolitik zwischen Kriegsende und der Gründung zweier deutscher Staaten, hrsg. von Udo Wengst, Baden-Baden 2001, S. 511–528.

Schagen, Udo/Schleiermacher, Sabine: Gesundheitswesen und Sicherung bei Krankheit, in: Bundesministerium für Gesundheit und Soziale Sicherung/Bundesarchiv (Hrsg.): Geschichte der Sozialpolitik in Deutschland seit 1945, Band 8, Deutsche Demokratische Republik 1949–1961. Im Zeichen des Aufbaus des Sozialismus, hrsg. von Dierk Hoffmann und Michael Schwartz, Baden-Baden 2004, S. 387–433.

Schattner, Angela: Zwischen Familie, Heilern und Fürsorge. Das Bewältigungsverhalten von Epileptikern in deutschsprachigen Gebieten des 16.–18. Jahrhunderts, Stuttgart 2012.

Schildmann, Jan/Bruns, Florian/Hess, Volker/Vollmann, Jochen: »History, Theory and Ethics of Medicine«: The last ten years. A survey of course content, methods and structural preconditions at twenty-nine German medical faculties, in: GMS Journal for Medical Education 34 (2017) 2: Doc23.

Schleiermacher, Sabine: Rückkehr der Emigranten: Ihr Einfluss auf die Gestaltung des Gesundheitswesens in der SBZ/DDR, in: dies./Pohl, Norman (Hrsg.): Wissenschaft in der SBZ und DDR. Organisationsformen, Inhalte, Realitäten, Husum 2009, S. 79–94.

Schneider, Heinz Theodor/Schalleicken, Dirk (Hrsg.): Pentaerithrityltetranitrat. Beiträge zum klinischen und pharmakologischen Status, Darmstadt 1995.

Schröder, Christina: Sozialismus und Versorgungsprobleme: Die Zunahme materieller Unzufriedenheit und das Ende der DDR, in: Hallische Beiträge zur Zeitgeschichte (2001) 10, S. 43–90.

Schroeder, Klaus: Der SED-Staat. Geschichte und Strukturen der DDR 1949–1990, Köln 2013.

Schütterle, Juliane: Gesundheit im Dienste der Produktion? Das betriebliche Gesundheitswesen und der Arbeitsschutz im Uranbergbau der DDR, in: Deutschland Archiv 44 (2011) 8, S. 362–368.

Schulze, Winfried (Hrsg.): Ego-Dokumente. Annäherung an den Menschen in der Geschichte, Berlin 1996.

Schulze, Winfried: Ego-Dokumente: Annäherung an den Menschen in der Geschichte? Vorüberlegungen für die Tagung »Ego-Dokumente«, in: ders. (Hrsg.): Ego-Dokumente. Annäherung an den Menschen in der Geschichte, Berlin 1996, S. 11–30.

Schwartz, Michael: Emanzipation zur sozialen Nützlichkeit: Bedingungen und Grenzen von Frauenpolitik in der DDR, in: Hoffmann, Dierk/ders. (Hrsg.): Sozialstaatlichkeit in der

DDR. Sozialpolitische Entwicklungen im Spannungsfeld von Diktatur und Gesellschaft 1945/49–1989, München 2005, S. 47–87.

Schwartz, Michael: »Liberaler als bei uns«? Zwei Fristenregelungen und die Folgen. Reformen des Abtreibungsstrafrechts in Deutschland, in: Wengst, Udo/Wentker, Hermann (Hrsg.): Das doppelte Deutschland. 40 Jahre Systemkonkurrenz, Berlin 2008, S. 183–212.

Schweig, Nicole: Gesundheitsverhalten von Männern. Gesundheit und Krankheit in Briefen, 1800–1950, Stuttgart 2009.

Seifert, Ulrike: Gesundheit staatlich verordnet. Das Arzt-Patienten-Verhältnis im Spiegel sozialistischen Zivilrechtsdenkens in der DDR, Berlin 2009.

Skyba, Peter: Sozialpolitik als Herrschaftssicherung. Entscheidungsprozesse und Folgen in der DDR der siebziger Jahre, in: Vollnhals, Clemens/Weber, Jürgen (Hrsg.): Der Schein der Normalität. Alltag und Herrschaft in der SED-Diktatur, München 2002, S. 39–80.

Spaar, Horst: Dokumentation zur Geschichte des Gesundheitswesens der DDR. Teil I: Die Entwicklung des Gesundheitswesens in der sowjetischen Besatzungszone (1945–1949), Teil II: Das Gesundheitswesen zwischen Gründung der DDR und erster Gesellschaftskrise (1949–1953), Berlin 1996.

Spaar, Horst: Die leitenden staatlichen Organe des Gesundheitswesens und die gesundheitspolitische Verantwortung im ZK der SED, in: ders. (Hrsg.): Dokumentation zur Geschichte des Gesundheitswesens der DDR. Teil VI, A, Das Gesundheitswesen in der Periode wachsender äußerer und innerer Widersprüche, zunehmender Stagnation und Systemkrise bis zur Auflösung der bestehenden sozialistischen Ordnung in der DDR (1981–1989), Berlin 2003, S. 65–71.

Sprau, Mirjam: Leben nach dem GULAG. Petitionen ehemaliger sowjetischer Häftlinge als Quelle, in: Vierteljahrshefte für Zeitgeschichte 60 (2012) 1, S. 93–110.

Staadt, Jochen: Eingaben. Die institutionalisierte Meckerkultur in der DDR, Berlin 1996.

Stanislaw-Kemenah, Alexandra-Kathrin: Spitäler in Dresden. Vom Wandel einer Institution (13. bis 16. Jahrhundert), Leipzig 2008.

Stauss, Bernd/Seidel, Wolfgang: Beschwerdemanagement. Unzufriedene Kunden als profitable Zielgruppe, 4., vollständig überarbeitete Auflage, München 2007.

Steger, Florian/Schochow, Maximilian: Disziplinierung durch Medizin. Die geschlossene Venerologische Station in der Poliklinik Mitte in Halle (Saale) 1961–1982, Halle 2014.

Steger, Florian/Wiethoff, Carolin/Schochow, Maximilian: Vertuschter Skandal. Die kontaminierte Anti-D-Prophylaxe in der DDR 1978/1979 und ihre Folgen, Halle 2017.

Steiner, André: Von Plan zu Plan. Eine Wirtschaftsgeschichte der DDR, Berlin 2007.

Stelkens, Jochen: Machtwechsel in Ost-Berlin. Der Sturz Walter Ulbrichts 1971, in: Vierteljahrshefte für Zeitgeschichte 45 (1997) 4, S. 503–533.

Stolberg, Michael: Homo patiens. Krankheits- und Körpererfahrung in der Frühen Neuzeit, Köln 2003.

Stolleis, Michael: Sozialistische Gesetzlichkeit. Staats- und Verwaltungsrechtswissenschaft in der DDR, München 2009.

Streubel, Christiane: Wir sind die geschädigte Generation. Lebensrückblicke von Rentnern in Eingaben an die Staatsführung der DDR, in: Hartung, Heike/Reinmuth, Dorothea/Streubel, Christiane/Uhlmann, Angelika (Hrsg.): Graue Theorie. Die Kategorien Alter und Geschlecht im kulturellen Diskurs, Köln 2007, S. 241–263.

Süß, Sonja: Politisch missbraucht? Psychiatrie und Staatssicherheit in der DDR, Berlin 1998.

Szpak, Ewelina: »Zdrowie na peryferiach«. Lecznictwo i opieka zdrowotna w praktyce codziennej pierwszych dwóch dekad PRL na przykładzie listów do władz, in: Polska 1944/45–1989. Studia i Materiały 16 (2018), S. 227–243.

Tennstedt, Florian: Sozialgeschichte der Sozialversicherung, in: Blohmke, Maria et al. (Hrsg.): Handbuch der Sozialmedizin, Band III, Sozialmedizin in der Praxis, Stuttgart 1976, S. 385–492.

Thießen, Malte: Immunisierte Gesellschaft. Impfen in Deutschland im 19. und 20. Jahrhundert, Göttingen 2017.

Thietz, Kirsten (Hrsg.): Ende der Selbstverständlichkeit? Die Abschaffung des § 218 in der DDR, Berlin 1992.

Thompson, Steven: Paying the piper and calling the tune? Complaints against doctors in workers' medical schemes in the south Wales coalfield, in: Reinarz, Jonathan/Wynter, Rebecca (Hrsg.): Complaints, controversies and grievances in medicine. Historical and social science perspectives, London 2015, S. 93–108.

Tikhomirov, Alexey: Das »Vertrauen der Partei« verdienen, rechtfertigen und wiederherstellen. Das sowjetische »Ich« in Briefen an das Regime im frühen Sowjetrussland, in: Geschichte in Wissenschaft und Unterricht 69 (2018) 5/6, S. 271–293.

Ulbricht, Otto: Supplikationen als Ego-Dokumente. Bittschriften von Leibeigenen aus der ersten Hälfte des 17. Jahrhunderts als Beispiel, in: Winfried Schulze (Hrsg.): Ego-Dokumente. Annäherung an den Menschen in der Geschichte, Berlin 1996, S. 149–174.

Vanja, Christina: Supplikationen als Quelle der Patientengeschichte, in: Friedrich, Arnd/Sahmland, Irmtraut/Vanja, Christina (Hrsg.): An der Wende zur Moderne. Die hessischen Hohen Hospitäler im 18. und 19. Jahrhundert, Petersberg 2008, S. 163–172.

Vanja, Christina: Zur Kur in die Alpenregion – Heilanstalten in der Belle Epoche, in: Historia Hospitalium 30 (2016/17), S. 353–365.

Vater, Ulrich/Friedrich, Christoph: Vorwort, in: dies. (Hrsg.): Die Entwicklung des Apothekenwesens in der DDR, Jena/Quedlinburg 2010, S. 7–9.

Vilímek, Tomáš: »Vážený soudruhu prezidente«. Stížnosti československých občanů adresované prezidentovi republiky v letech 1970 až 1989, in: Soudobé dějiny / CJCH 29 (2022) 1, S. 43–89.

Vilímek, Tomáš/Rameš, Václav: Pohyblivé hranice diktatury ve světle stížností občanů, in: Soudobé dějiny / CJCH 28 (2021) 3, S. 17–42.

Volkov, Shulamit: Antisemitismus als kultureller Code. Zehn Essays, 2. Auflage, München 2000.

Vollnhals, Clemens/Weber, Jürgen: Einleitung, in: dies. (Hrsg.): Der Schein der Normalität. Alltag und Herrschaft in der SED-Diktatur, München 2002, S. 9–16.

Wahl, Markus (2015): »Warum habt ihr solche Angst, dass wir nicht wiederkommen?« Grenzübertritte der medizinischen Intelligenz in den 1970er Jahren, in: Frewer, Andreas/Erices, Rainer (Hrsg.): Medizinethik in der DDR. Moralische und menschenrechtliche Fragen im Gesundheitswesen, Stuttgart 2015, S. 59–80.

Walton, Merrilyn: Why complaining is good for medicine, in: Internal Medicine Journal 31 (2001) 2, S. 75–76.

Wanke, Anne Thordis/Bruns, Florian: Die Impfaktion gegen Poliomyelitis in der DDR im Jahr 1960 am Beispiel der Stadt Halle (Saale): Historische Erfahrungen und Probleme, in: Bundesgesundheitsblatt – Gesundheitsforschung – Gesundheitsschutz 65 (2022) 6, S. 718–724.

Wasem, Jürgen/Mill, Doris/Wilhelm, Jürgen: Gesundheitswesen und Sicherung bei Krankheit und im Pflegefall, in: Bundesministerium für Arbeit und Soziales/Bundesarchiv (Hrsg.): Geschichte der Sozialpolitik in Deutschland seit 1945, Band 10, 1971–1989. Deutsche Demokratische Republik. Bewegung in der Sozialpolitik, Erstarrung und Niedergang, Baden-Baden 2008, S. 363–415.

Weber, Hermann: Die DDR 1945–1990, 5., aktualisierte Auflage, München 2012.

Weil, Francesca: Zielgruppe Ärzteschaft. Ärzte als inoffizielle Mitarbeiter des Ministeriums für Staatssicherheit der DDR, Göttingen 2008.

Weiß, Wilhelm: Das Gesundheitswesen in der sowjetischen Besatzungszone. I. Textteil, 3. Auflage, Bonn 1957.

Wittich, Ursula: »Dann schreibe ich eben an Erich Honecker!« »Eingaben« und »Stellungnahmen« im Alltag der DDR, in: Reiher, Ruth/Baumann, Antje (Hrsg.): Vorwärts und nichts vergessen. Sprache in der DDR – was war, was ist, was bleibt, Berlin 2004, S. 195–205.

Wolff, Eberhard: Perspektiven der Patientengeschichtsschreibung, in: Paul, Norbert/Schlich, Thomas (Hrsg.): Medizingeschichte: Aufgaben, Probleme, Perspektiven, Frankfurt am Main/New York 1998, S. 311–334.

Wolle, Stefan: Die heile Welt der Diktatur. Alltag und Herrschaft in der DDR 1971–1989, 4. Auflage, Berlin 2013.

Woodward, John/Richards, David: Towards a social history of medicine, in: dies. (Hrsg.): Health care and popular medicine in nineteenth century England. Essays in the social history of medicine, London 1977, S. 15–55.

Zatlin, Jonathan R.: Ausgaben und Eingaben. Das Petitionsrecht und der Untergang der DDR, in: Zeitschrift für Geschichtswissenschaft 45 (1997) 10, S. 902–917.

Abbildungsnachweis

S. 16: © Deutsches Historisches Museum/I. Desnica
S. 42 und 45: Stadtarchiv Halle
S. 44: Bundesarchiv, Bild 183-1983-1116-018/Fotograf: Rainer Weisflog
S. 48: Bundesarchiv, Bild 183-N0103-414/Fotograf: Helmut Schaar
S. 49: Bundesarchiv, Bild 183-N0103-415/Fotograf: Helmut Schaar
S. 53: Bundesarchiv, Bild 183-F0708-0004-001/Fotograf: Hartmut Reiche
S. 55: © SLUB Dresden/Deutsche Fotothek/Gerhard Weber
S. 62: © SLUB Dresden/Deutsche Fotothek/Erich Höhne & Erich Pohl
S. 72, 76 und 77: Institut für Geschichte der Medizin, TU Dresden
S. 73: © ddrbildarchiv.de/Heinz Schönfeld/Süddeutsche Zeitung Photo
S. 96: Bundesarchiv, Bild 183-1982-0622-311/Fotograf: Heinz Junge
S. 97: Bundesarchiv, Bild 183-1982-0702-304/Fotograf: Hubert Link
S. 107: Privatarchiv des Autors
S. 120: Bundesarchiv, Bild 183-1984-0404-008/Fotograf: Thomas Uhlemann
S. 133: © SLUB Dresden/Deutsche Fotothek/Gerhard Weber
S. 158: Bundesarchiv, Bild 183-R1202-014/Fotograf: Wolfgang Thieme
S. 161: Bundesarchiv, Bild 183-T0404-0019/Fotograf: Benno Bartocha
S. 165: Bundesarchiv, Bild 183-1985-0515-011/Fotograf: Wolfried Pätzold
S. 181: Bundesarchiv, Bild 183-L0309-0019/Fotograf: Joachim Spremberg
S. 195: Bundesarchiv, Bild 183-S1202-0303/Fotograf: Erwin Schneider
S. 198: Bundesarchiv, Bild 183-R0210-414/Fotograf: Hartmut Reiche
S. 200: Bundesarchiv, Bild 183-S0316-0308
S. 201: Bundesarchiv, Bild 183-L1112-0004/Fotograf: Hubert Link
S. 218: Bundesarchiv, Bild 183-T0404-0308/Fotograf: Horst Sturm
S. 222: Bundesarchiv, Bild 183-W0421-022/Fotograf: Peter Zimmermann
S. 225: Bundesarchiv, Bild 183-M1213-0011/Fotografin: Waltraud Raphael, verehel. Grubitzsch
S. 231: © SLUB Dresden/Deutsche Fotothek/Manfred Uhlenhut

Dank

Dieses Buch erscheint als überarbeitete Fassung meiner Habilitationsschrift, die 2020 von der Charité – Universitätsmedizin Berlin angenommen wurde. Es verdankt seine Entstehung vielen Gesprächen und Diskussionen mit Kolleginnen und Kollegen aus Medizin und Geschichtswissenschaft. Angeregt zum Aufsuchen der Patientenperspektive in der Medizingeschichte haben mich nicht zuletzt die Erzählungen von Patientinnen und Patienten während meiner klinischen Tätigkeit in Berlin-Buch.

Den nötigen Freiraum zum Recherchieren und Schreiben bot mir über Jahre Volker Hess am Berliner Institut für Geschichte der Medizin und Ethik in der Medizin. Ihm gilt daher mein Dank an erster Stelle. Zeit und Verständnis für die Fertigstellung der Arbeit gewährte mir Jan Schildmann am Hallenser Institut für Geschichte und Ethik der Medizin. Für diese Unterstützung danke ich ihm sehr herzlich.

Zu Dank verpflichtet bin ich den Mitarbeiterinnen und Mitarbeitern des Bundesarchivs in Berlin-Lichterfelde, von denen ich Sven Schneidereit wegen seiner großen Hilfsbereitschaft stellvertretend hervorheben möchte. Profitiert habe ich einmal mehr von den einzigartigen Beständen der Bibliothek des Berliner Instituts für Geschichte der Medizin und Ethik in der Medizin. Für die stets unkomplizierte und vertrauensvolle Möglichkeit der Nutzung danke ich Melanie Scholz.

Für die positive Begutachtung meiner Habilitationsschrift habe ich Karen Nolte und Flurin Condrau zu danken. Jens Gieseke verdanke ich nicht nur positiven Zuspruch zum Manuskript, sondern auch die Aufnahme in die Reihe »Kommunismus und Gesellschaft« des Leibniz-Zentrums für Zeithistorische Forschung Potsdam. Auch den weiteren Herausgeberinnen und Herausgebern der Buchreihe möchte ich dafür danken. Ein großes Dankeschön geht an Jana Fröbel, insbesondere für die Geduld, mit der sie das Manuskript verlagsseitig betreut hat. Für das aufmerksame Lektorat danke ich Margret Kowalke-Paz. Dank sagen möchte ich auch der Bundesstiftung zur Aufarbeitung der SED-Diktatur, die durch einen Druckkostenzuschuss die Veröffentlichung des Buches in dieser Form ermöglicht hat. Kundigen Rat, oft über das rein Fachliche hinaus, haben Thomas Beddies, Johanna Bleker, Susanne Doetz, Fritz Dross, Andreas Frewer, Annette Hinz-Wessels, Laura Hottenrott, Axel Hüntelmann, Christian König, Karl-Heinz Leven, Marina Lienert, Ulrich Meyer und Christina Vanja beigesteuert. Sehr vermisse ich den Austausch mit Gerrit Hohendorf, dessen zu früher Tod eine große Lücke hinterlassen hat.

Niemals zustande gekommen wäre dieses Buch ohne die Unterstützung meiner Familie. Meinem Vater danke ich für wertvolle Hinweise und kritisches Gegenlesen einer frühen Fassung. Meiner Frau und unseren Kindern schulde ich größten Dank für ihre liebevolle und nachsichtige Begleitung auch in intensiven Arbeitsphasen.

Der Autor

© Universitätsmedizin Halle (Saale)

Florian Bruns, Jahrgang 1978, ist Arzt und Historiker. Er studierte Medizin, Geschichte und Philosophie in Göttingen, Wien und Berlin. Nach klinischer Tätigkeit in der Inneren Medizin beschäftigt er sich seit Jahren mit historischen und ethischen Fragen der Medizin im 20. Jahrhundert. Zu den Schwerpunkten seiner Forschung zählt das Gesundheitswesen der DDR. Nach wissenschaftlichen Stationen u. a. in Erlangen, Berlin und Halle (Saale) ist er seit 2022 Direktor des Instituts für Geschichte der Medizin der Medizinischen Fakultät Carl Gustav Carus an der Technischen Universität Dresden.